dtv
premium

Herbert Schmidt-Kaspar

»Kaiser, König, Edelmann«

Das Heilige Römische Reich Deutscher Nation
Ein Streifzug durch 1000 Jahre

Mit 20 farbigen Abbildungen

Deutscher Taschenbuch Verlag

Der Inhalt dieses Buches wurde auf einem nach den Richtlinien des Forest Stewardship Council zertifizierten Papier der Papierfabrik Munkedal gedruckt.

Originalausgabe
Juli 2006
2. Auflage November 2006

www.dtv.de
Dieses Werk wurde vermittelt durch die Literarische Agentur Thomas Schlück GmbH, 30827 Garbsen

Umschlagkonzept: Balk & Brumshagen
Umschlagfoto: ›Kaiser Heinrich VI.‹ aus der Heidelberger Handschrift Codex Manesse (Universitätsbibliothek Heidelberg)
Satz: Greiner & Reichel, Köln
Gesetzt aus der Trump Mediäval 9,25/12˙
Druck und Bindung: Kösel, Krugzell
Gedruckt auf säurefreiem, chlorfrei gebleichtem Papier
Printed in Germany
ISBN-13: 9-783423-24552-4
ISBN-10: 3-423-24552-2

Inhalt

Ein Tag nach tausend Jahren

Das Schreiben hebt majestätisch an, mit allem Pomp, wie er sich für einen Monarchen geziemt:

»Wir Franz der Zweite, von Gottes Gnaden erwählter römischer Kaiser, zu allen Zeiten Mehrer des Reichs, Erbkaiser von Oesterreich etc., König in Germanien, zu Hungarn, Böheim, Croatien, Dalmazien, Slavonien, Galizien, Lodomerien und Jerusalem, Erzherzog zu Oesterreich etc.«

Es folgt ein langer, verschachtelter und für den heutigen Leser schwer verständlicher Satz, in dem viel vom Frieden und speziell von einem »Preßburger Frieden« die Rede ist. Dann wird eine »... am 12. Julius zu Paris unterzeichnete ... Uebereinkunft mehrerer vorzüglicher Stände zu ihrer gänzlichen Trennung von dem Reiche und ihrer Vereinigung zu einer besonderen Conföderation ...« erwähnt. Schließlich kommen die entscheidenden Sätze:

»Wir erklären demnach durch Gegenwärtiges, dass Wir das Band, welches Uns bis jetzt an den Staatskörper des deutschen Reichs gebunden hat, als gelöst ansehen, da Wir das reichsoberhauptliche Amt und Würde durch die Vereinigung der conföderirten rheinischen Stände als erloschen und Uns dadurch von allen übernommenen Pflichten gegen das deutsche Reich losgezählt betrachten, und die von wegen desselben bis jetzt getragene Kaiserkrone und geführte kaiserliche Regierung, wie hiermit geschieht, niederlegen. Wir entbinden zugleich Churfürsten, Fürsten und Stände und alle Reichsangehörigen, insonderheit auch die Mitglieder der höchsten Reichsgerichte und die übrige Reichsdienerschaft, von ihren Pflichten, womit sie an Uns, als das gesetzliche Oberhaupt des Reichs, durch die Constitution gebunden waren. Unsere sämmtlichen deutschen Provinzen und Reichsländer zählen Wir dagegen wechselseitig von allen Verpflichtungen, die sie bis jetzt, unter was immer für einem Titel, gegen das deutsche Reich getragen haben, los, und Wir werden selbige in ihrer Vereinigung mit dem ganzen oesterreichischen Staatskörper, als Kaiser von Oesterreich, unter den wiederhergestellten und bestehenden friedlichen Verhältnissen mit allen Mächten und benachbarten Staaten, zu jener Stufe des Glückes und Wohlstandes zu bringen beflissen seyn, welche das Ziel aller Unserer Wünsche, der Zweck Unserer angelegensten Sorgfalt stets seyn wird.

Gegeben in Unserer Haupt- und Residenzstadt Wien, den sechsten August im eintausend achthundert und sechsten, Unserer Reiche des Römischen und der Erbländischen im fünfzehnten Jahre. Franz.«

Nicht ohne ironischen Reiz und unfreiwillige Tragikomik ist es, dass der Kaiser sich in der Eingangsformel nach hergebrachter Sitte als »Mehrer des Reichs« bezeichnet, zum Schluss sich noch einmal auf das Römische Reich (Deutscher Nation) beruft, dessen Ende er doch gerade dekretiert hat. Deutlich werden seine Frustration und der Groll gegen jene »Stände« – also Reichsfürsten, Oberhäupter deutscher Teilstaaten wie Bayern, Württemberg, Baden –, die sich vom Reich losgesagt und einen Rheinbund unter dem Protektorat Napoleons geschlossen hatten. Andererseits kann man aus dem Schreiben fast so etwas wie Erleichterung herauslesen: Uff, endlich ist es vorbei! Und irgendwie wird es schon weitergehen.

Worum geht es da eigentlich?

Seit 1792 hatten die Monarchen Europas, hatten Preußen, England, zeitweise auch Russland, hatte die Habsburger Monarchie und auch das Heilige Römische Reich Deutscher Nation, dessen Kaiser Franz II. war, mit wechselnden Bündnissen Krieg gegen Frankreich geführt. Zuerst gegen das Frankreich der Revolution, dann gegen das des »Ersten Konsuls« und seit 1804 gegen das des Kaisers Napoleon Bonaparte. Zwischendurch wurde immer mal wieder Friede geschlossen, aber der hielt nie sehr lang. Er war wohl auch von keiner Seite aufrichtig gemeint. Auch die Hinweise auf »wiederhergestellte friedliche Verhältnisse« im Schreiben des Kaisers wirken wenig glaubwürdig, so als wollte er seinen geplagten Untertanen Sand in die Augen streuen.

Das Ergebnis dieser »Koalitionskriege« (man zählt im Ganzen fünf, drei davon waren im August 1806 schon vorbei) war für die Gegner Frankreichs bis zu diesem Jahr katastrophal. Weniger für die Engländer. Deren Admiral Nelson konnte bei Trafalgar (1805) die französische Flotte vernichtend schlagen und damit Napoleons Invasionspläne vereiteln. Dafür steht sein Denkmal bis heute auf hoher Säule in der Mitte von London. Russland war – oder glaubte sich – wenigstens vorläufig weit vom Schuss, obwohl es in eben diesem Jahr 1805, zusammen mit den verbündeten Österreichern, die verheerende Niederlage von Austerlitz einstecken musste. Und Preußen hatte, nach einer Reihe blamabler Schlappen, bereits 1795 einen ruhmlosen Frieden mit den Revolutionären geschlossen. Die meisten Schläge musste die Habsburger Monarchie einstecken – und das Heilige Römische oder, wie man damals schon sagte, Deutsche Reich, dieses seltsame, altersmorsche, aus über dreihundert größeren, kleineren und kleinsten »reichsunmittelbaren« Einzelterritorien bestehende Staatsgebilde, dessen letzter Kaiser der Habsburger Franz II. seit 1792 war.

Die österreichischen Niederlande (also das heutige Belgien) waren verloren gegangen, die meisten habsburgischen Besitzungen in Oberitalien, im Breisgau, schließlich das ganze linke Rheinufer. 1805 marschierte Napoleon mit seiner Armee quer durch Deutschland und besetzte sogar Wien. Österreich musste Tirol und Vorarlberg an Bayern, Venetien und die Adriaküste an ein von Napoleon als Satellitenstaat gegründetes Königreich Italien abtreten. Das bestimmte der im Schreiben von Franz II. erwähnte Frieden von Pressburg.

Napoleon nämlich hatte Verbündete innerhalb des Reiches. Nach dem Verlust des linken Rheinufers hatte der Immerwährende Reichstag, der sich in Regensburg versammelte, eine »Deputation«, wir würden sagen einen Ausschuss, eingesetzt, der darüber zu befinden hatte, wie diejenigen mittelgroßen deutschen Staaten, die dort etwas eingebüßt hatten, zu entschädigen seien. Man kam auf eine ebenso einfache wie brutale Idee: Die Entschädigung sollte rechtsrheinisch erfolgen, und zwar sollten kleinere »Stände« – Reichsgrafen, Reichsfreiherrn, Reichsritter, Reichsstädte, reichsfreie Dörfer »mediatisiert«, geistliche Fürstentümer, Klöster, Stifte »säkularisiert«, also einem größeren Herrschaftsgebiet zugeschlagen werden. Dass der französische Gesandte bei diesem Geschacher eine ausschlaggebende Rolle spielte, versteht sich von selbst. Man musste also bei ihm und in Paris antichambrieren, wenn man nicht verschluckt werden, sondern sich möglichst noch vergrößern wollte. Den Beschluss dieses Gremiums (1803) bezeichnete man mit einem echt deutschen Bandwurmwort als »Reichsdeputationshauptschluss«. Durch ihn verschwanden mehr als zweihundert deutsche Klein- und Kleinststaaten von der Landkarte. (Ob das dem Land später nicht letztlich zum Segen gereichte, ist eine andere Frage.) Hauptnutznießer waren Bayern – es gewann Freising, Nürnberg, ganz Franken und das Allgäu; dabei nahm es ungefähr seine heutige Gestalt an –, Württemberg und Baden. Von jetzt an wussten sie, wo sie zu stehen hatten, wenn sie nicht zu den Verlierern zählen wollten. Diese drei und dreizehn weitere, kleinere Landesherren also bildeten die im Schreiben Franz' II. erwähnte »Conföderation«, auch Rheinbund genannt, und erklärten ihren Austritt aus dem Reich. Es folgten noch weitere zwanzig Territorialherren (unter anderen Goethes Fürst und Freund Karl August von Weimar), so dass schließlich nur mehr Österreich, Preußen und Vorpommern, das zu Schweden gehörte, außerhalb dieses Bündnisses blieben.

Kein Wunder, dass Franz II. keinen Sinn mehr darin sah, Kaiser eines Reiches zu bleiben, zu dem sich niemand mehr bekennen wollte. Seine Abdankung erinnert, obwohl in steiferer Sprache verfasst, ein bisschen an den Ausspruch des letzten Königs von Sachsen Friedrich August, als man ihm, über hundert Jahre später, mitteilte, er sei abgesetzt: »Macht eich eiern Dreck alleene!«

Ohnehin hatte Kaiser Franz dieses Ende vorausgesehen und schon vorgesorgt. Bereits 1804 hatte er, zusätzlich zu seiner Würde als Römisch-Deutscher Kaiser, den Titel eines Kaisers von Österreich angenommen. Es war das gleiche Jahr, in dem sich Napoleon selbst zum Kaiser der Franzosen krönte. Franz hatte das anerkennen müssen, wollte aber wohl gleichziehen und vor allem seinen protokollarischen Vorrang vor anderen deutschen Fürsten beibehalten. Und zwar sollte dieses österreichische Kaisertum eine Erbmonarchie werden, wie die anderen europäischen Staaten auch, kein Wahlkaiserreich wie das alte Imperium. Deshalb nennt er sich in der oben zitierten Eingangsformel ausdrücklich Erbkaiser von Österreich.

Ein seltsamer, eigentlich in sich widersprüchlicher Titel, besonders wenn er vom Erben der imperialen, christlich-katholischen Tradition beansprucht wird. Es ist so, als ob sich jemand zum Papst von Unterhaching proklamieren würde. Nichts gegen Österreich oder Unterhaching. Aber nach ursprünglichem Verständnis konnte es keinen Kaiser »von« irgendetwas geben, sondern nur einen Kaiser, den Kaiser, den obersten Herrscher der Christenheit. Freilich, dieser Anspruch hatte immer nur in der Theorie bestanden, war nie verwirklicht worden. Und seit Hunderten von Jahren war er immer mehr in Vergessenheit geraten. Das zeigt sich schon daran, dass man seit dem 16. Jahrhundert vom »Heiligen Römischen Reich Deutscher Nation« und später – so wie Franz II. in seiner Abdankung – kurz vom »Deutschen Reich« sprach.

Dieses »uralte Imperium«, wie es Napoleons Außenminister Talleyrand nannte, war jetzt also am Ende. Das scheint indes niemanden sonderlich bekümmert zu haben. Der König von Schweden, als Herzog von Vorpommern ja »Reichsstand«, legte Protest ein – ohne jede Wirkung. Der berühmteste Deutsche jener Zeit, Johann Wolfgang von Goethe, schrieb in sein Tagebuch, die Nachricht habe ihn auf der Heimreise von Karlsbad erreicht, aber er und seine Mitreisenden hätten sich über den Streit eines Postkutschers mit Goethes Diener eher erregt als über den Sturz des Reiches. Sturz kann man das ja eigentlich nicht nennen. Das Reich hatte – so ist jedenfalls die bis heute gängige Auffassung – schon seit Jahrhunderten am Boden gelegen: machtlos nach Außen und im Inneren zerrissen und ineffizient. Ein Staatsgebilde »irregulare aliquod et monstro simile« (unregelmäßig und einem Ungeheuer ähnlich), hatte es der Staatsrechtler Samuel von Pufendorf schon 1667 genannt. Seine Institutionen wie etwa das Reichskammergericht in Wetzlar (an dem Goethe als junger Jurist gearbeitet hatte) oder der Immerwährende Reichstag in Regensburg: schwerfällig und ohne die Machtinstrumente, ihre Beschlüsse auch durchzusetzen.

Früh gegen 6 Uhr aus Eger abgefahren. Trübes Wetter. Über Franzensbad u. s. w. nach Asch, das wir schmutzig fanden, wie das erstemal, den Gasthof höchst schlecht bestellt, wo wir Mittag auf der Straße hielten, da der Postmeister über Feld gegangen war. Der Pfarrer mit den vielen Kindern und Zwillingen. Politische Neugier des Mautners. Einfallender Regen. Schwarze Chaussee mit Kieselschiefer überschüttet. Abends um 7 Uhr in Hof. Nachricht von der Erklärung des rheinischen Bundes und dem Protectorat. Reflexionen und Discussionen …

… Zwiespalt des Bedienten und Kutschers auf dem Bocke, welcher uns mehr in Leidenschaft versetzte als die Spaltung des römischen Reichs. In Gefäll den Pferden etwas Heu gegeben.

Johann Wolfgang von Goethe: Tagebücher, August 1806

»Das liebe, heil'ge röm'sche Reich. Wie hält's nur noch zusammen?« lässt Goethe den Saufbruder Frosch in Auerbachs Keller grölen. Der Kapuziner in Schillers ›Wallensteins Lager‹ dagegen spottet, das Römische Reich sollte eher »Römisch arm« heißen. Die Reichsverfassung, schreibt Goethe in ›Dichtung und Wahrheit‹ habe aus »lauter gesetzlichen Missbräuchen« bestanden. (Wobei anzumerken ist, dass eine Verfassung in unserem Sinne nicht existierte. Was Goethe meinte, war der Zustand des Reiches.)

Und doch gab es auch Menschen, die dieses Ende als Verlust erlebten. So schreibt Goethes Mutter ihm am 19. August: »… mir ist übrigens zu muthe als wenn ein alter Freund sehr kranck ist, die ärzte geben ihn auf mann ist versichert dass er sterben wird und mit all der Gewißheit wird man doch erschüttert wann die Post kommt er ist todt. So gehts mir und der ganzen Stadt – Gestern wurde zum ersten mahl Kaiser und Reich aus dem Kirchengebet weggelaßen.«

Und als es endgültig versunken war, dieses Reich, begannen die Deutschen von ihm zu träumen und zu schwärmen. Es wurde zu einem Mythos, zu etwas, was es nie gewesen war.

Kapitel 1
Ungewisse Anfänge: Der König Vogelfänger

Das Ende dieses Reiches also kann man auf den Tag genau datieren. Aber wo liegen seine Anfänge? Es ist nicht ausgerufen worden wie das Bismarckreich (am 18. Januar 1871 in Versailles). Es wurde nicht durch Beschluss einer verfassungsgebenden Versammlung konstituiert wie die Bundesrepublik (am 23. Mai 1949 in Bonn). Das Alte Reich ist über Jahrhunderte gewachsen.

Man kann den Anfang auf den Weihnachtstag des Jahres 800 legen, auf jenen Tag also, da Karl der Große von Papst Leo III. in Rom zum Kaiser gekrönt wurde. Oder in das Jahr 843, in dem Karls Enkel das Frankenreich durch den Vertrag von Verdun in drei Teilreiche aufspalteten: Westfranken, Ostfranken und Lothringen. Dadurch entstand zum ersten Mal ein eigenständiger Herrschaftsbereich auf dem Gebiet, das später als Deutschland bezeichnet werden sollte. Oder man nimmt das Jahr 911. Da wählten die Ostfranken mit Konrad I. einen Mann zum König, der zwar Franke, aber kein Mitglied der karolingischen Königsfamilie war, die bis dahin die Herrscher gestellt hatte. Man hätte sich einen Karolinger aus Westfranken holen können, aber das tat man nicht. Die lokale Zugehörigkeit war wichtiger geworden als die dynastische.

Seit dem 19. Jahrhundert hat es sich eingebürgert, die deutsche Geschichte im Jahr 919 beginnen zu lassen, mit der Wahl Heinrichs I. Der war Herzog von Sachsen, also weder Karolinger noch Franke, sondern ein Angehöriger jenes Stammes, der erst wenig mehr als hundert Jahre davor von Karl dem Großen unterworfen, bekehrt, sozusagen in den christlichen Kosmos hineingezwungen worden war. Natürlich hängt diese Datierung auch mit dem Führungsanspruch Preußens im Kampf um Wiederherstellung der deutschen Einheit zusammen: Die deutsche Geschichte sollte im Norden beginnen, auf später preußischem und protestantischem Gebiet, nicht etwa im katholischen Süden. (Sachsen heißt, wenn vom Mittelalter die Rede ist, immer Niedersachsen oder vielmehr ganz Norddeutschland bis zur Elbe. Das Gebiet des heutigen Freistaats Sachsen war zunächst noch von Slawen bewohnt, wurde erst später kolonisiert.)

Aber lassen wir's dabei! Heinrich I. war, so wenig wir über ihn wissen, keine unsympathische Gestalt. Er soll die Nachricht von seiner Wahl vor einer Scheune sitzend und mit Vogelfang beschäftigt erhalten haben. Ein Dichter der Biedermeierzeit stellte sich das so vor:

Herr Heinrich sitzt am Vogelherd
Recht froh und wohlgemut.
Aus tausend Perlen blinkt und blitzt
Der Morgenröte Glut.

In Wies' und Feld, in Wald und Au'n
O, welch ein süßer Schall,
Der Lerche Sang, der Wachtel Schlag,
Die süße Nachtigall.

Herr Heinrich schaut so fröhlich drein –
Wie schön ist heut' die Welt!
Was gilt's? Heut gibt's nen guten Fang!
Er schaut zum Himmelszelt.

Er lauscht und streicht sich von der Stirn
Das blondgelockte Haar,
Ei doch! Was sprengt denn dort herauf
Für eine Reiterschar?

Der Staub wallt auf, der Hufschlag dröhnt,
Es naht der Waffen Klang.
Dass Gott, die Herrn verderben mir
Den ganzen Vogelfang!

Ei nun, was gibt's? – Es hält der Tross
Vorm Herzog plötzlich an.
Herr Heinrich tritt hervor und spricht:
Wen sucht ihr, Herrn, sagt an?

Da schwenken sie die Fähnlein bunt
Und jauchzen: Unsern Herrn!
Hoch lebe Kaiser Heinrich! – Hoch
Des Sachsenlandes Stern!

Dies rufend knien sie vor ihm hin
Und huldigen ihm still
Und rufen, als er staunend fragt:
'S ist Deutschen Reiches Will'!

Da blickt Herr Heinrich tief bewegt
Hinauf zum Himmelszelt:
Du gabst mir einen guten Fang,
Herr Gott, wie dir's gefällt!

Johann Nepomuk Vogl, der diese Ballade 1835 verfasste, war übrigens Wiener. Damals konnte man als Österreicher noch deutsch-patriotische Gedichte schreiben. In der Vertonung von Carl Loewe war dieses hier in bürgerlichen Kreisen sehr populär. Es entwirft ja auch wirklich ein schönes Bild. Man kann es sich gut von Piloty oder Kaulbach gemalt vorstellen. Nur wenn man den Text etwas genauer ins Auge fasst, erscheint einiges etwas anachronistisch:

Da lassen die Herren zunächst einmal Heinrich als Kaiser hochleben. Aber Heinrich I. war nie Kaiser. Kaiser wurde man im Früh- und Hochmittelalter nicht durch Wahl. Gewählt wurde der König. Um Kaiser zu werden, musste er erst mit einem Heer nach Rom ziehen und vom Papst gekrönt werden. Das hat Heinrich I. nie getan. Er hatte, wie wir sehen werden, andere Sorgen.

Sodann teilen ihm die Herren mit, seine Wahl sei »Deutschen Reiches Will'«.

Da hätte der frisch Gekürte wohl ein recht erstauntes Gesicht gemacht: Wie bitte? Was für ein Reich? Das Deutsche Reich gab es ja noch gar nicht. Das bildete sich in der folgenden Zeit erst heraus, und bis man es wirklich so nannte, verging mindestens ein Jahrhundert. Heinrich selbst nannte sich *rex Francorum orientalium,* König der Ostfranken. Zu seiner Zeit gab es noch nicht einmal den Begriff deutsch, sondern nur die Namen der Stämme, die man erst später als deutsche Stämme bezeichnete: Franken, Schwaben, Bayern, Lothringer und Sachsen. Und von denen hatten ihn beileibe nicht alle zum König gewählt, sondern nur seine Sachsen und ein Teil der Franken. Die Bayern hatten sogar einen eigenen König namens Arnulf erkoren. (Es ist nicht ganz klar, ob er seinerseits König über die erwähnten fünf Stämme oder nur über die Bayern sein sollte wie in der Neuzeit die Ludwige und Maxe.)

Der wirkliche, der historische Heinrich I. eignet sich kaum zu romantischer und nur bedingt zu patriotischer Verherrlichung. Er war, nach allem, was wir über ihn wissen, ein eher nüchterner, pragmatischer Mensch und Herrscher.

Er stand, einmal gewählt, vor zwei großen Aufgaben: Das zu bewahren oder vielmehr erst einmal herzustellen, was man später pathetisch als »Einheit des Reiches« bezeichnete. Und zum anderen, dieses sein Königreich gegen äußere Feinde zu verteidigen.

Was die Einheit angeht: Zentrifugale Tendenzen ziehen sich durch die gesamte Geschichte des alten Imperiums, und wir haben ja schon gesehen, dass es letzten Endes an ihnen zerbrach. Sie haben einen recht einleuchtenden Grund. Die Stammesherzogtümer auf dem Gebiet des heutigen Deutschlands hatten sich aus den Völkerschaften der Wanderungszeit entwickelt. Um sie in den Griff zu bekommen, hatten die Könige schon seit der Merowingerzeit, besonders aber seit Karl dem Großen, eigene Leute, also fränkische Adelige, als Herzöge, als eine Art Gouverneure eingesetzt. Die konnte der König aber nicht bezahlen, denn es gab keinen Geldverkehr in unserem Sinne. Um sie für ihre Dienste zu entlohnen, musste er ihnen Landbesitz mitsamt den darauf befindlichen Anlagen (Burgen, Meierhöfen, Dörfer usw.) und den dort ansässigen dienstpflichtigen Bauern zu Lehen geben. Lehen heißt eigentlich Leihgabe, aber die Herzogswürde und mit ihr der Landbesitz der Herzöge war praktisch erblich. Das führte dazu, dass sich die Familien der Herzöge im Laufe der Zeit immer mehr mit dem lokalen Adel versippten und sich dann ihren Verwandten enger verbunden und verpflichtet fühlten als dem König. War dieser König – so wie die späten Karolinger – auch noch schwach und das Land von außen bedroht – so wie seit 900 vor allem durch die Ungarn –, dann musste der lokale Herzog das tun, wozu der König nicht im Stande war, nämlich, so gut es ging, die Abwehr organisieren. Das brachte einen erneuten Machtzuwachs. Und wir wissen ja, wer einmal ein Stück Macht in Händen hat, gibt es so leicht nicht wieder her.

Jeder König musste sich erst einmal eine Machtbasis schaffen. Das gelang oft nicht. Konrad I. zum Beispiel war daran gescheitert. Und den hartnäckigsten Widerstand hatte ihm der Herzog von Sachsen geleistet, Heinrich: der, der jetzt König war.

Wahrscheinlich war es das warnende Beispiel seines Vorgängers, das Heinrich bewog, sehr bedachtsam vorzugehen. Er zog zwar mit einem Heer nach Süddeutschland, aber dort trat er mitnichten als Rächer und strenger Verfechter der Einheit auf, sondern er verhandelte erst einmal. Und tatsächlich gelang es ihm, Schwaben und Bayern zur Anerkennung seines Königtums zu überreden und die Lothringer, die sich zwischenzeitlich dem Westfrankenreich angeschlossen hatten, in seine Gefolgschaft zurückzubringen. Was er für Zugeständnisse gemacht hat, wissen wir nicht. Es fällt auf, dass nur wenige Kirchenstiftungen von ihm beurkundet sind. Also kann man vermuten, dass er die Schutzherrschaft über die Kirche (die aus wirtschaftlichen und anderen Gründen sehr wichtig war) den lokalen Gewalten weitgehend überlassen hat.

Solche Diplomatie nahm Zeit in Anspruch. Immerhin hatte Heinrich nach einigen Jahren den Rücken frei, um sich mit den äußeren Feinden seines Königreichs und besonders seines Herzogtums auseinander zu setzen. Das waren zum einen die noch heidnischen slawischen Stämme jenseits der Elbe, die allerdings keine wirkliche Gefahr darstellten. An der Stelle, wo heute die Stadt Brandenburg steht, ließ Heinrich den Hauptort und die Burg eines dieser Stämme erobern und zerstören.

Schwieriger war es, der Ungarn Herr zu werden. Die waren Ende des 9. Jahrhunderts, aus der Gegend zwischen Wolga und Ural kommend, in die Donau-Theiß-Ebene und das Karpathenbecken eingefallen, ein Reitervolk, natürlich ebenfalls noch nicht christianisiert. Von ihrer neuen Heimat aus unternahmen sie Raubzüge in Gegenden, wo es etwas zu holen gab, also in Richtung Byzanz und Italien, immer öfter auch nach Mitteleuropa und sogar bis nach Frankreich. Seit etwa 900 erschienen sie fast jährlich in Süddeutschland, vermehrt auch im Norden, plünderten, zündeten Häuser und Kirchen an, trieben das Vieh weg, raubten Frauen und Kinder, vernichteten Ernten. In zeitgenössischen Quellen werden sie auch als »Hunnen« bezeichnet. Nach Erscheinungsbild und Kampfesweise scheinen sie dieser legendären Gottesgeißel ähnlich gewesen zu sein. Eine Gegenwehr war schier unmöglich. Die Aufgebote der deutschen Stämme und auch des Königs bestanden überwiegend aus bewaffneten Adeligen und Bauern zu Fuß. Bis die zusammengerufen und ins Feld gestellt waren, waren die Ungarn auf ihren schnellen Pferden schon längst wieder verschwunden und plünderten an einem anderen Ort. Wie man sieht, sind wir hier noch nicht in der Ritterzeit, der Lieblingsepoche aller Romantiker.

Auch da ging Heinrich ohne Hast und ohne zur Schau gestelltes Heldentum vor. 923 konnte er einen Führer der Ungarn gefangen nehmen, und diesen glücklichen Zufall benützte er, um einen Waffenstillstand von neun Jahren auszuhandeln. Er fand sich sogar bereit, den Ungarn einen jährlichen Tribut zu zahlen. Die Atempause benützte er, um seinerseits eine bewaffnete Reiterei aufzustellen und in Feldzügen gegen aufständische Slawen zu trainieren. Als dann die ungarischen Gesandten wiederkamen, ließ er ihnen angeblich statt des erwarteten Goldes einen toten Hund vorwerfen. 933 kam es in Thüringen, am Flüsschen Unstrut, zu einer Schlacht. Es soll nicht sehr blutig hergegangen sein. Angeblich drehten die Ungarn um und ritten weg, als sie merkten, dass sie anderen Reitern gegenüberstanden. (Vorsicht ist gegenüber solchen Anekdoten geboten. Die Hauptquelle, die wir zu Heinrich I. haben, die Chronik des Mönchs Widukind von Corvey, wurde siebzig Jahre später geschrieben. Da mag man sich in der Zwischenzeit alles Mögliche erzählt und vorgeprahlt haben.)

Drei Jahre nach diesem Sieg erlitt Heinrich einen Schlaganfall, starb und wurde in der Stiftskirche Sankt Servatius in Quedlinburg begraben. Lange vorher schon hatte er seine Nachfolge geregelt. Es zeugt von dem Machtzuwachs, den er errungen hatte, dass dieser designierte Nachfolger, Heinrichs Sohn Otto, von den Adeligen der fünf Stämme nun tatsächlich einstimmig gewählt wurde.

Nachtrag:
In Sankt Servatius kann heute wieder Gottesdienst gefeiert werden. 1936, zum tausendsten Todestag des »Reichsgründers«, hatte Heinrich Himmler, »Reichsführer SS« und Hitlers Hauptscherge, in dieser Kirche eine »Weihestätte« errichten lassen, an der seine SS-Rekruten eingeschworen werden sollten. Himmler nämlich hielt sich für eine Reinkarnation Heinrichs I. Vom Erhabenen zum Lächerlichen, hat Napoleon gesagt, ist nur ein Schritt. Und vom Lächerlichen zum Grauenerregenden scheint es auch nicht weiter zu sein.

Kapitel 2
Das Reich – was war das?

Heinrichs Sohn Otto, Otto I. oder, wie man ihn später nannte, Otto der Große, wurde von den Adeligen der fünf Stämme einstimmig zum König gewählt. Die hatten sich in Aachen versammelt, dort, wo Karl der Große begraben lag und heute noch liegt. Und dort, im Aachener Dom, wurde er am 7. August 936, fast auf den Tag genau 870 Jahre vor dem Thronverzicht Franz' II., in einer aufwendigen Zeremonie vom Erzbischof von Mainz zum marmornen Thron Karls geführt, auf dem er Platz nahm, mit den Königsinsignien (Schwert, Lanze, Reichsapfel und Szepter) ausgestattet, gesalbt, gekrönt, den Versammelten als neuer König vorgestellt, die ihm durch Zuruf huldigten.

Aber was bedeutet in der damaligen Zeit: gewählt? Natürlich dürfen wir uns keine Wahl vorstellen, wie wir sie kennen, mit Wählerlisten, Wahlzetteln (damit hätten die meisten Wähler auch nichts anzufangen gewusst, weil sie nicht lesen und schreiben konnten), Wahlurnen und genauer Auszählung der Stimmen. Wahlberechtigt war damals im Prinzip noch jeder freie, waffenfähige Mann, in Wirklichkeit aber wohl doch nur ein Kreis von Adeligen. Eben die, die es sich leisten konnten, auf diesem Wahltag zu erscheinen. Eigentlich waren es auch nicht sie, die den König ausgewählt hatten. Der war ja »von Gottes Gnaden«, also von Gott gewählt, und seine irdischen Wähler zeigten nur, dass sie den Willen Gottes erkannt hatten oder auch, dass Gott durch sie seinen Willen kundtat. Deshalb musste die Wahl einstimmig sein. Wenn, wie später einige Male, ein Gegenkönig gewählt wurde, so erfolgte diese Wahl an einem anderen Ort und zu einem anderen Zeitpunkt. Dass zwei Kandidaten gegeneinander antraten und die Mehrheit entschied, war ein dem Mittelalter unbekanntes Verfahren.

Eine andere Bedingung für die Anwartschaft war, dass der zu Wählende aus der königlichen Familie stammte oder zumindest eng mit ihr verwandt war. Man glaubte nämlich, dass dem königlichen Blut eine Heilswirkung innewohne, dass der König Felder segnen, durch Handauflegen heilen und überhaupt Unheil vom Land abwehren könne. Insofern war die Wahl Konrads I. und die Heinrichs ein Bruch mit einer geheiligten Tradition gewesen. In der Folgezeit aber kam man auf diese Tradition wieder zurück.

Um als adelig zu gelten, musste man Land besitzen, und zwar genug davon, um sich ein bewaffnetes Gefolge halten und es ausstatten zu können. Und natürlich musste man auch Leute haben, abhängige Bauern, die das Land bestellten und durch die Abgaben und Arbeiten, die sie leisteten, es dem Adeligen und seinem Gefolge ermöglichten, ein Leben ohne Erwerbsarbeit zu führen. Das Land war entweder Allod, ererbtes Eigentum des Adeligen, oder man hatte es zu Lehen genommen: vom König, von einem Herzog, Grafen (also einem höheren Adeligen) oder auch von einem Bischof, einem Kloster, manchmal auch von mehreren Lehensgebern gleichzeitig. Der Lehensnehmer war immer nur seinem direkten Lehensherrn verpflichtet. Man spricht daher von einer Lehenspyramide.

Brauchte der König z. B. ein Heer, um gegen die Ungarn zu kämpfen, konnte er nicht einfach die Männer seines Reiches zu den Waffen rufen. Er musste sich zunächst an die großen Lehensträger wenden, vor allem an die Herzöge. Die gaben das Aufgebot an die nächste Ebene weiter und die wieder an die nächste, bis es schließlich an der untersten angelangt war. Wie viele Bewaffnete zu Pferd und zu Fuß der einzelne Vasall (Lehensnehmer) zu stellen hatte, richtete sich nach der Größe seines Besitzes und war genau festgelegt.

Andere Verpflichtungen des Lehensmannes waren etwa, bei Gerichtstagen oder am Hof des Lehensherren zu erscheinen, wenn er aufgefordert wurde. Verpflichtung des Lehensherren war es, für den »Frieden« seiner Untertanen zu sorgen, das heißt für Sicherheit vor äußeren und inneren Feinden, »Störenfrieden«. Eine Aufgabe, die oft nur sehr mangelhaft erfüllt wurde.

Grundsätzlich fiel ein Lehen mit dem Tod des Lehensmannes zurück an den Lehensherrn und konnte neu vergeben werden. In der Praxis wurden die Lehen bis ins 13. Jahrhundert immer mehr zu vererbbarem Besitz, zunächst die großen Lehen (also vor allem die Herzogtümer), dann die kleineren und zuletzt die des niederen Adels (der Ritter, wie man sie dann schon nannte). Das schwächte natürlich die Macht der Lehensherren, vor allem die des obersten von ihnen, des Königs.

Das Lehenssystem war die organisatorische Grundstruktur, sozusagen das Skelett des Reiches. Und nicht nur des ostfränkisch-deutschen Reiches, sondern aller damals in Europa existierenden Staaten. Aber wir sollten gar nicht von Staaten reden, um nicht falsche Vorstellungen zu erwecken. Das Reich war kein Staat im heutigen Sinne. Wir sahen schon, dass es zwar Krieger hatte, aber eigentlich keine Armee. Es hatte auch keine Verwaltung, konnte sie gar nicht haben, weil außer den Geistlichen fast niemand lesen und schreiben konnte, auch und vor allem die Adeligen nicht. Unter denen galt es geradezu als unmännlich, diese Kulturtechniken zu beherrschen. Heinrich I. erlernte sie nie, seine Gattin nahm die Mühe erst als Witwe auf sich. Otto I. lernte erst nach zehn Regierungsjahren das Lesen, und zwar, wie der Mönch Widukind von Corvey anerkennend vermerkt, so gut, dass er ganze Bücher lesen konnte. Um unumgänglich notwendige, von Klerikern geschriebene Urkunden zu signieren, beschränkten sich die meisten Könige darauf, einen Strich in ein vom Schreiber vorgefertigtes Monogramm zu ziehen.

Der König konnte also befehlen, Anordnungen treffen, aber durchsetzen konnte er sie nur dort, wo er persönlich anwesend war. Das Reich hatte im frühen und hohen Mittelalter nie eine Hauptstadt. Der König zog mit einem riesigen Hofstaat von Pfalz zu Pfalz. Das Wort kommt von lateinisch »palatium«. Es waren im Land verstreute Königpaläste, man kann etliche von ihnen heute noch als Bauwerke oder Ruinen bewundern, etwa in Ingelheim, Goslar, Paderborn, Wimpfen, Trifels und Gelnhausen. Manchmal residierte man auch gastweise in Bischofssitzen. Der König hielt Gerichts- und Hoftage, regelte Belehnungen und Schenkungen und dergleichen und blieb so lange, bis die örtlichen Vorräte an Nahrungsmitteln aufgezehrt waren. Für die betroffenen Gegenden muss das eine rechte Plage gewesen sein.

Auch die Rechtspflege erfolgte zum Großteil mündlich. Es

gab zwar Gerichte, und die Adeligen waren sogar verpflichtet, die niedere Gerichtsbarkeit auszuüben. Aber es gab kein einheitliches Gesetz. (Das älteste deutsche Rechtsbuch, Eike von Repgows ›Sachsenspiegel‹, entstand um 1230, was nichts über das Ausmaß sagt, in dem es dann auch angewandt wurde.) Stattdessen wurde nach Gewohnheitsrecht geurteilt, und auch das war nicht einheitlich geregelt. Es galt nicht ein Recht für alle, sondern jeder Landesteil und innerhalb der Landesteile jeder Stand, jede Korporation hatte eigene Rechte, Privilegien, Verpflichtungen. Das Recht für Adelige galt nicht für Bauern, das für freie Bauern nicht für Hörige, für Handwerker galt anderes Recht als für Kaufleute, für die wenigen Stadtbewohner anderes als auf dem flachen Land. Und Recht war immer das, was seit jeher gewesen war, das »gute alte Recht«. Da das aber nirgends festgelegt war, konnten auch Missbräuche und Willkür, wenn sie nur eine geraume Zeit lang von niemandem beanstandet wurden, zum »guten alten Recht« werden. In die Sprache unserer eigenen Zeit übersetzt, könnte man sagen, der Satz »Das war schon immer so, das haben wir nie anders gemacht, da könnt' ja jeder kommen« war oberste Rechtsmaxime.

Die Möglichkeiten, ein Gerichtsurteil auch durchzusetzen, waren gering. Es gab keine Polizei. Der Ankläger konnte »Zeter schreien« und ein Schwert in alle vier Himmelsrichtungen schwingen. Der Richter konnte »den Stab brechen«. (Das war das Symbol für ein Todesurteil.) Wenn der Täter entkommen war, konnte man ihn allenfalls für »vogelfrei« erklären und hoffen, dass irgendwer dieses Urteil vollstrecken werde.

Auf der anderen Seite existierte kein Gewaltmonopol, das heißt, es war nicht so, dass niemand außer den Organen des Staates unmittelbaren Zwang ausüben darf, und dies nur nach gesetzlichen Regeln. Vielmehr glaubte sich jeder, zumindest jeder Adelige, berechtigt zu bewaffneter Selbsthilfe, wenn er sich in seinem Recht oder in einem seiner Rechte beeinträchtigt glaubte. Das nannte man Fehde, es war eine gesellschaftlich anerkannte Art und Weise, seine Interessen zu vertreten. Die Fehde wurde formell durch Zustellung eines Fehdebriefes erklärt oder indem der Herausforderer »den Fehdehandschuh hinwarf«. Ziel der Fehde war es, dem Gegner auf jede mögliche Weise zu schaden, also etwa dadurch, dass man die Dörfer der ihm untertänigen Bauern plünderte, anzündete, die Ernte vernichtete, das Vieh wegtrieb usw. Auch Erbstreitigkeiten innerhalb von Familien wurden auf diese Weise ausgefochten. So herrschte im Land immer eine Vielzahl von Kleinkriegen. Und die, die sie führten, hatten kein Unrechtsbewusstsein. Sie kämpften ja für ihr gutes Recht.

Kapitel 3
Das Reich, die Kirche, die Krone

Wahrscheinlich hängt es mit dieser Vorstellung zusammen, dass alles so zugehen müsse, wie man es gewohnt war, und dass man sich notfalls mit Waffengewalt gegen unbillige Neuerungen wehren dürfe. Jedenfalls war die Einmütigkeit, die bei der Wahl Ottos I. geherrscht hatte, nicht von langer Dauer. Bereits im Jahr darauf rührte sich Widerstand, weil Otto etliche wichtige Neubesetzungen (etwa die Befehlsgewalt in den östlichen Grenzmarken und die Neuvergabe des Herzogtums Bayern) nicht so vornahm, wie man es von ihm erwartete. Er zeigte auch nichts von der diplomatischen Kompromissbereitschaft seines Vaters, sondern setzte seinen Willen mit Waffengewalt durch, gegen diesen ersten und zwei spätere Aufstände.

Es wäre ermüdend und eher verwirrend, hier über diese Kämpfe im Einzelnen zu berichten, mit der Vielzahl von Namen und Streitpunkten, die dabei auftauchen. Auffällig ist, dass sich an den Verschwörungen und Aufständen auch Mitglieder von Ottos engstem Familienkreis beteiligten, nämlich sein Bruder Heinrich, sein Schwiegersohn und sogar sein Sohn Liudolf. (Der Aufstand des Sohnes gegen den Vater ist ein Hauptmotiv des im Mittelalter sehr beliebten Versepos vom ›Herzog Ernst‹.) Trotzdem versuchte Otto zunächst, die Macht dadurch in den Griff zu bekommen, dass er wichtige Positionen, vor allem erledigte Herzogtümer, an Männer aus seiner Verwandtschaft vergab. Das schlug allerdings fehl, die so Erhöhten verfolgten wieder ihre eigenen Interessen, verbündeten sich mit lokalen Mächtigen oder anderen Unzufriedenen. (So Bruder Heinrich, dem Otto seinen ersten Aufstand verziehen und den er zum Herzog von Lothringen gemacht hatte. Erst nachdem er zum zweiten Mal geschlagen, gefangen genommen und pardoniert worden war, hielt Heinrich Frieden und seinem Bruder und König die Treue.)

Otto versuchte also, die Macht auf anderem Weg zu sichern, indem er politische, militärische, auch wirtschaftliche Aufgaben immer mehr der Kirche, genauer gesagt einzelnen Bischöfen übertrug. Das war deshalb sinnvoll, weil der König seit karolingischer Zeit das Investiturrecht hatte, das heißt das Recht, die Bischöfe einzusetzen. Er konnte also auf Männer seines Vertrauens zurückgreifen, und die waren ihrerseits an einem starken Königtum interessiert, um nicht unter die Fuchtel lokaler Mächtiger zu geraten. Kirchliche Ämter waren, anders als weltliche, nicht erblich, der König konnte sie also jeweils neu an ihm genehme Anwärter vergeben. Seinen jüngsten Bruder Brun machte er zunächst zum Erzbischof von Köln und betraute ihn dann mit der Herzogsgewalt über Lothringen. Im Osten gründete er das Erzbistum Magdeburg, um auch dort die Kirche zu stärken. Die Geschichtsschreibung hat später von der ottonischen Reichskirche und vom Reichskirchensystem gesprochen. Ob dieses System methodisch aufgebaut wurde oder aus einer gegebenen Situation erwuchs, brauchen wir nicht zu erörtern. Wir wollen nur festhalten, dass es zunächst sehr wirksam und der Königsmacht zuträglich war, später aber zu schweren Konflikten und Krisen führte.

Heinrich I. hatte sich im Großen und Ganzen damit begnügt, die Oberherrschaft über die Herzöge zu gewinnen und äußere Feinde, vor allem die Ungarn, abzuwehren. Otto dagegen trieb bewusste Außen-, man könnte auch sagen Expansionspolitik. Zunächst traf er sich mit dem französischen (westfränkischen) König Ludwig IV. und bewog diesen, seine Ansprüche auf Lothringen aufzugeben. Als Ludwig dann von einem inneren Nebenbuhler gefährdet wurde, kam ihm Otto zu Hilfe und gelangte mit seinem Heer bis vor die Tore von Paris, auf den Montmartre, der damals noch außerhalb der Stadt lag.

Wichtiger und folgenreicher waren andere Schauplätze. Im Osten wurden die Slawen zwischen Elbe und Oder von Magdeburg aus missioniert, in verschiedenen Feldzügen, die von ihm selbst oder von seinen Beauftragten, den Mark-(Grenz-)grafen geführt wurden, militärisch bekämpft und unterworfen. Diese Gebiete gingen allerdings später wieder verloren und bewahrten ihre Unabhängigkeit und ihre »heidnische« Religion für weitere

150 Jahre. Das Lehensverhältnis, in das Böhmen 950 zum Reich trat, sollte sich dagegen als dauerhafter erweisen.

Was die Zeitgenossen am meisten beeindruckt und sich dem Gedächtnis der Menschen am tiefsten eingeprägt hat, war aber die »Ungarnschlacht« auf dem Lechfeld (955). Diese Reiter waren, wahrscheinlich ermutigt durch Nachrichten über den Aufstand von Ottos Sohn Liudolf, erneut eingefallen und belagerten die Stadt Augsburg, die sich unter Führung ihres Bischofs Ulrich zäh wehrte. (Sankt Ulrich ist bis heute der Augsburger Stadtpatron.) Otto kam mit einem Heer aus Kriegern aller Stämme und einem nicht unbedeutenden böhmischen Hilfskontingent zum Entsatz. Diesmal wurden die Ungarn so gründlich geschlagen, dass sie fortan nicht mehr wiederkamen. Sie wurden sesshaft, bekehrten sich eine Generation später zum Christentum und wuchsen in die europäische Völkerfamilie hinein.

Die tiefgreifendsten Auswirkungen, die weitreichendsten Konsequenzen auf die deutsche Geschichte der folgenden Jahrhunderte bis zu dem am Anfang zitierten Schreiben Franz' II. von 1806 und noch darüber hinaus hatte Ottos Italienpolitik; seine Italienzüge, die ersten drei von den zahlreichen, fast ist man versucht zu sagen zahllosen, bewaffneten Expeditionen deutscher Könige und Kaiser bis hin zu Ludwig dem Bayern und Karl IV. in das Land südlich der Alpen. Ob diese Konsequenzen, ob diese Fixierung auf Italien und Rom die Größe oder das Unglück der deutschen Geschichte im Mittelalter ausmachten, ist bis heute umstritten und letztlich wohl nicht zu entscheiden. Sein politisches Ziel hat keiner dieser Züge erreicht, jedenfalls nicht auf Dauer.

Otto I. griff damit bewusst karolingische Traditionen auf und bekannte sich zu Zielen, die weit über die seines Vaters, und auch weit über die Sicherung eines möglichst stabilen Gemeinwesens für die ostfränkischen Stämme, oder, wenn man den späteren Sprachgebrauch vorwegnehmen will, für die Deutschen hinausgingen.

Um das zu verdeutlichen, müssen wir einen Augenblick innehalten und zurückschauen. Wir haben schon einmal den Vertrag von Verdun, 843, erwähnt, durch den die Enkel Karls des

Großen, die Söhne des Kaisers Ludwig des Frommen, das Reich unter sich aufteilten, wie das alte fränkische Sitte (oder Unsitte) war. Und zwar sollte Bruder Karl, mit Beinamen »der Kahle«, den westlichen Teil bekommen, Ludwig »der Deutsche« (aber so können ihn erst spätere Geschlechter bezeichnet haben) den östlichen Teil, eben das, was später Deutschland werden sollte. Lothar aber, der älteste Bruder, die Kaiserkrone und ein Reich, das zwischen den beiden anderen lag und nach ihm Lotharingien oder Lothringen genannt wurde. Dieses Lothringen ist nicht identisch mit der Landschaft in Frankreich, die sich heute so nennt, auch nicht mit dem Herzogtum, das zu Heinrichs und Ottos Zeit zwischen West- und Ostfranken umstritten war, und auch nicht mit jenem Territorium, das achthundert Jahre später Franz I., der Gatte Maria Theresias, an den polnischen Schwiegervater Ludwigs XV. und damit praktisch an Frankreich abtrat, im Tausch gegen die Toskana. Es war vielmehr ein langer, relativ schmaler Landstreifen, der sich von Friesland über die heutigen Niederlande, Flandern, Ostfrankreich, Burgund, über die Alpen in die Lombardei (das Königreich der Langobarden), das Friaul und Mittelitalien bis Spoleto und Benevent, südlich von Rom, erstreckte. Nur das Patrimonium Petri, der Kirchenstaat, blieb ausgespart, der gehörte dem Papst als weltliches Herrschaftsgebiet. Auch sollte Lothar als Kaiser eine Art Oberherrschaft über seine Brüder innehaben, woran sich diese aber natürlich nicht hielten.

Uns erscheint es ganz offensichtlich, dass es unmöglich sein musste, so weit auseinander liegende Gebiete mit so unterschiedlichen Bevölkerungen und so divergenten Wirtschaftsstrukturen auf die Dauer zusammenzuhalten und auf dieser Basis die Aufgabe des Kaisertums zu erfüllen, nämlich die Kirche, ihre Einheit und die Integrität des Papsttums zu sichern und zu schützen. Damals dachte man nicht so rational. Jedenfalls zerfiel Lothars Reich alsbald in eine Anzahl von Einzelteilen – unter anderem eben in das Herzogtum, das weiterhin den Namen Lothringen führte, und das Langobardenreich, das sich jetzt Königreich Italien nannte. Die Kaiserwürde kam zeitweise an westfränkische Könige, dann wieder nach Italien, umstritten unter lokalen Adelsgeschlechtern und mangels realen

Machthintergrunds praktisch bedeutungslos. Die Papstwahlen dagegen machte der römische Stadtadel unter sich aus.

951 erfuhr Otto I., dass die Witwe des bis dahin letzten italischen Königs, eine Dame namens Adelheid von Burgund, zwanzig Jahre alt, von einem lokalen Gewalthaber, Berengar von Ivrea, entführt worden sei und in Garda in, wie es hieß, schmählicher Gefangenschaft gehalten werde. Nach einiger Zeit gelang ihr die Flucht, und sie richtete einen Hilferuf an Otto. Der zog mit einem Heer über die Alpen, eroberte die Hauptstadt Pavia, ließ sich dort zum König der Langobarden krönen, und da auch er seit einiger Zeit (946) verwitwet war, hielt er um die Hand Adelheids an, die nicht nur Königin war, sondern auch schön und klug gewesen sein soll. Berengar aber, der gleich nachgegeben hatte, wurde nun seinerseits von Otto mit dem Königreich Italien belehnt und wurde sozusagen Ottos Vize südlich der Alpen.

Das liest sich sehr romantisch, fast wie in einem Ritterroman. Aber natürlich lag dieser Heirat auch ein Machtkalkül zugrunde: Indem Otto die Witwe und legitime Erbin heiratete, war er in Italien nicht nur durch Eroberung, sondern kraft regulären Erbgangs König. Er fasste auch schon den Gedanken, weiter nach Rom zu ziehen, aber da von dort, vom Papst, keine Ermutigung kam, nahm er davon noch Abstand.

Nach Rom gelangte Otto erst auf seinem zweiten Italienzug (961–965). 956 hatte er zunächst seinen Sohn Liudolf mit einem Heer nach Italien geschickt, um seine Herrschaft dort zu festigen. (Denselben Liudolf, der vorher einen Aufstand angezettelt hatte. Nachtragend war der König augenscheinlich nicht.) Der erreichte dort einiges, starb aber 957 plötzlich am Fieber. Ein Schicksal, das nach ihm noch viele Deutsche, manchmal auch ganze Heere, auf Italienzügen erlitten.

960 rief dann Papst Johannes XII. den König zu Hilfe. Berengar nämlich, den Otto als seinen Stellvertreter in Italien eingesetzt hatte, fasste dieses Amt recht eigenwillig auf: Zusammen mit den Herzögen von Benevent und Capua drang er in päpstliches Gebiet ein. Otto sollte also Ordnung schaffen. Dafür versprach der Papst, ihn zum Kaiser zu krönen.

Bevor er sich auf den Weg machte, ließ Otto seinen damals

sechsjährigen Sohn gleichen Namens zum König wählen, krönen und salben, um ihn so zum Nachfolger zu machen. Es zeugt von der Macht und dem Ansehen, die er mittlerweile gewonnen hatte, dass es dagegen keinen Widerstand gab. Auch nach Rom gelangten er und sein Heer ohne Hindernisse, begleitet von seiner Frau Adelheid, mit der Kaiserkrone im Gepäck. Es war wahrscheinlich dieselbe Krone, die man heute noch in der Schatzkammer der Wiener Hofburg besichtigen kann. Der Papst kam ihm persönlich bis vor die Stadt entgegen und geleitete ihn und Adelheid in die Peterskirche. Dort wurden Krönung und Salbung vollzogen. Adel und Klerus von Rom akklamierten bei dieser Zeremonie und leisteten, zusammen mit dem Papst, dem nunmehrigen Kaiser den Treueid. Der wiederum hatte eine prunkvolle Urkunde vorbereiten lassen, mit der er dem Papst seinen Schutz und den Besitz des Kirchenstaates garantierte.

Wer hatte nun wem geholfen? Der Kaiser dem Papst, indem er dessen lokale Gegner Mores lehrte? Oder der Papst dem Kaiser, indem er ihn krönte und damit zum Nachfolger Karls des Großen und Konstantins machte, ihn rangmäßig über alle anderen Monarchen in Europa heraushob? Und was war so ein Vorrang wert, wenn die organisatorischen und die Machtmittel fehlten, ihn zu verwirklichen und zu bewahren?

Und wer war eigentlich dieser Papst, der Otto gerufen, dem der König zu Hilfe gekommen, der ihn und seine Frau gekrönt und gesalbt hatte? Ein ›Lexikon der Päpste‹ nennt ihn »… eine der erbärmlichsten und niederträchtigsten Figuren, die je den Heiligen Stuhl entweiht haben. Unter seinem Regiment wurde der Lateran zum Bordell … In jeder Hinsicht ungebildet, sprach Johann, ein zynischer Tyrann, nur die Vulgärsprache …«. Zum Papst war er mit zwanzig Jahren gewählt worden.

Jedenfalls scheint er den erwähnten Treueid nicht ganz wörtlich gemeint zu haben. Allzu ordentliche Verhältnisse waren wohl nicht das, was er sich vorgestellt hatte. Kaum war der Kaiser mit seinem Heer abgezogen, nahm Johannes Fühlung mit Berengar auf, der in Norditalien immer noch Widerstand leistete. Otto musste also 966 zum dritten Mal nach Italien ziehen. Er setzte Johannes ab, ließ ihn aber entkommen und sorgte für die Wahl eines Nachfolgers. In die erwähnte Urkunde, »Privilegium Ottonianum« genannt, wurde eine Bestimmung aufgenommen, nach der in Zukunft kein Papst mehr ohne Zustimmung des Kaisers gewählt werden durfte. Otto wollte also das Investiturrecht, das ihm in Deutschland für die Bischöfe zustand, auch auf den Bischof von Rom, das Haupt der Christenheit anwenden. So wie ein Grundherr, der auf seinem Land eine Kirche baute, sich damals den Pfarrer aussuchen durfte, sollte es der Kaiser in Zukunft auch mit dem Papst halten dürfen.

Bestimmungen erlassen ist eine, sie durchsetzen eine andere Sache. In Ottos Heer brach eine Seuche aus, er musste abziehen. Daraufhin kehrte Johannes zurück, sein von Otto eingesetzter Nachfolger, Leo VIII., musste seinerseits fliehen. Allerdings für nicht sehr lange. Bevor der Kaiser zum vierten Mal nach Italien ziehen konnte, wurde Papst Johannes XII. mit einer Dame in flagranti erwischt und von dem gehörnten Gatten so zugerichtet, dass er eine Woche später starb. Leo VIII. konnte ruhig sein Amt ausüben, obwohl manche in ihm einen Gegenpapst sahen. Die Römer hatten nämlich, noch bevor Otto in Rom angekommen war, einen anderen Nachfolger für Johannes XII. gewählt, Benedikt V. Den schickte Otto nach Hamburg ins Exil. Leo hatte noch ein Jahr Zeit, um über die Christenheit zu herrschen. Dann starb auch er.

Was nachdenklich macht: dass sogar eine so starke Persönlichkeit, ein so energischer Herrscher wie Otto I. seine Autorität nur durchsetzen konnte, wo und solange er persönlich und mit Heeresmacht anwesend blieb. Dabei galt er als der mächtigste Herrscher Europas. Das besagt allerdings nicht viel. Auch in Frankreich hatte die Zersplitterung überhand genommen, der König verfügte über nicht mehr als zehn Prozent des Gebietes, aus dem sein Reich nominell bestand. In England existierten mehrere angelsächsische und jütische Teilreiche nebeneinander, Spanien war zum größten Teil noch von Arabern besetzt, in Italien herrschte permanentes Chaos, in Nord- und in Osteuropa begannen sich Anfänge staatlichen (oder sagen wir besser feudalen) Lebens erst langsam zu entwickeln. Otto konnte sich immerhin auf sein Herzogtum Sachsen stützen, auf den seit Karolingerzeiten bestehenden Reichsbesitz, wie wir gesehen haben, auch auf die Reichskirche. Auch gegenüber den Herzögen und anderen großen Lehensträgern hatte er es verstanden, seinen Willen durchzusetzen.

Trotzdem ist der Widerspruch eklatant zwischen dem universalen Anspruch des Titels Imperator, der ja eben nicht den Kaiser von irgendetwas, den Herrscher über irgendein Land bezeichnet, sondern den Schutzherrn der Christenheit, das heißt damals der europäischen, der bekannten Menschheit – und der Tatsache, dass Otto diesen Titel von einer schrägen Figur wie Johannes XII. verliehen bekommen hatte und sich weiter mit ihm und seinesgleichen abplagen musste. Es war vielleicht auch so, dass die Römer, Klerus und Volk, ihn empfangen und akklamiert hatten, weil er mit Heeresmacht anrückte, dass sie aber hofften, er werde, wie seine westfränkischen und italischen Vorgänger, schon wieder verschwinden.

Sehen wir das zu rational, zu modern, zu sehr als Menschen von heute, für die der Staat eine zweckgerichtete Institution ist? Für die Menschen damals hatten Dinge wie Krone und Reichsschwert, Zeremonien wie Krönung und Salbung nicht lediglich symbolische Bedeutung, sondern etwas Magisches, sie stellten das Königsheil her, verbanden den Herrscher mit der Transzendenz, verliehen ihm Kräfte und stellten ihn vor Aufgaben, die menschliches Normalmaß überstiegen.

Kapitel 4
Renovatio Imperii – Traum eines Knaben

Können wir uns das vorstellen: Ein vierundzwanzigjähriger Papst krönt seinen sechzehnjährigen Cousin zum Kaiser. Dieser Sechzehnjährige ist schon seit dreizehn Jahren König. Seit er vierzehn wurde, ist er volljährig und regiert. Als er sechs war, hat er ein großes Festmahl gegeben, ein Krönungsmahl. Dabei haben ihn vier Herzöge bedient, um zu demonstrieren, dass er ihr Oberherr ist. Mit einundzwanzig wird er sterben, an der Malaria. Aber noch tausend Jahre später werden sich Gelehrte darüber streiten, ob er nun gescheitert ist oder seine Ziele noch hätte erreichen können, wenn er nur länger gelebt hätte.

Die Rede ist von dem Enkel Ottos des Großen, Otto III. Dass er schon mit drei Jahren zum König gewählt und auch gekrönt wurde, hatte einen in der damaligen Zeit einleuchtenden Grund. In diesem Jahr, 983, zog sein Vater, auch er mit Namen Otto (Otto II.) und König seit seinem sechsten Lebensjahr, nach Rom. Um die Nachfolge zu sichern, für den Fall, dass dem Vater etwas zustoßen sollte, musste sein Sohn schon deutscher König sein, so klein er auch noch war. Und zwar wurde die Wahlversammlung in Verona abgehalten, unter Beteiligung italienischer Bischöfe und Fürsten. Eine politische Geste, deren Sinn leicht ersichtlich ist.

Das Kind wurde unter der Obhut des Bischofs von Mainz nach Deutschland zurückgeschickt. Dass die Vorsicht seines Vaters sinnvoll gewesen war, stellte sich nur allzu bald heraus: Otto II. gelang es zwar, in Rom einen Papst seiner Wahl durchzusetzen. Dann entschloss er sich, mit seinem Heer nach Süditalien zu marschieren, wo sich mittlerweile die Sarazenen, also die Araber, festgesetzt hatten und es auch noch Reste byzantinischen Herrschaftsgebiets gab. Die Expedition endete als Fiasko: In einer Schlacht (bei Cotrone) gegen die Araber wurde sein Heer vernichtet, er selber konnte sich nur schwimmend retten, wurde von einem byzantinischen Schiff aufgefischt. Zwar war seine Frau eine byzantinische Prinzessin, aber sie stammte aus einer Dynastie, die dort inzwischen gestürzt worden war. Also schwebte er in Gefahr, nach Konstantinopel ausgeliefert zu werden. Durch eine List (er erzählte dem habgierigen Kapitän, seine Frau habe große Schätze bei sich, die er noch abholen wolle) und durch einen beherzten Sprung von Bord konnte er entkommen.

Bald darauf ist dieser Kaiser in Rom gestorben, wahrscheinlich an einer Überdosis Medikamente gegen die Malaria. Er war nicht älter geworden als achtundzwanzig Jahre. Als Einziger in der Reihe der römisch-deutschen Kaiser ist er in Rom begraben.

Italien und auch Rom blieben erstaunlicherweise ruhig, aber in Deutschland sah ein alter Gegner Ottos II. seine Stunde gekommen. Heinrich, Herzog von Bayern, trug den Beinamen »der Zänker«. Er hatte sich früher an einem Aufstand gegen Otto beteiligt, sein Herzogtum war ihm weggenommen und er in die Verbannung geschickt worden. Jetzt kehrte er nach Bayern zurück und behauptete, als Urenkel Ottos I. sei er der nächste Verwandte des kleinen Königs und habe Anspruch darauf, die Vormundschaft zu übernehmen. Tatsächlich übergab ihm der Erzbischof von Mainz das Kind. Dessen Mutter und Großmutter waren immer noch in Italien. Im nächsten Jahr allerdings überspannte der Zänker den Bogen und ließ sich selbst von Anhängern zum Gegenkönig wählen. Daraufhin zwang ihn eine Versammlung von sächsischen Adeligen unter der Führung eben jenes Erzbischofs von Mainz, den kleinen Otto an seine Mutter und Großmutter zu übergeben, die mittlerweile aus Italien zurückgekehrt waren. Die sollten für ihn das Reich regieren.

Zwei erstaunliche Frauen! Die Großmutter Adelheid haben wir bereits kennen gelernt. Das war die, die als Zwanzigjährige dem Unhold Berengar von Ivrea aus der Burg von Garda entwischt war und sich in die Arme Ottos I. geflüchtet hatte. Mittlerweile war sie eine Dame von sechzig, für damalige Verhältnisse ein hohes Alter. Trotzdem ging sie zurück nach Pavia, um möglichst viel von den Rechten des Königs in Italien zu sichern.

Und Theophanu, die Byzantinerin, sollte die Regentschaft in

Deutschland übernehmen. Leider kennen wir nicht viele Einzelheiten über ihre Person. Die Chronisten der Ottonenzeit betreiben keine Psychologie. Aber man kann sich doch vorstellen, was es für eine junge Frau bedeutete, aus Konstantinopel nach Deutschland zu kommen. Aus einer mediterranen Stadt mit damals schon mehreren hunderttausend Einwohnern, mit einer alten, raffinierten, ja bereits dekadenten Kultur und Lebenskunst in den Norden, wo die Sitten so rau waren wie das Klima, wo man statt Griechisch eine ungefüge, hart klingende Sprache redete und Schriftliches nur in heruntergekommenem Latein festhalten konnte. Vom kaiserlichen Palast neben der Hagia Sophia an einen Hof, der überhaupt keine feste Bleibe hatte, der von Pfalz zu Pfalz zog, von einem Kaff ins andere.

Wir erfahren nichts davon, dass sie sich von alldem hätte einschüchtern, deprimieren oder entmutigen lassen. Sie packte ihre Aufgabe beherzt und entschlossen an, zog sogar mit einem Heer nach Rom, zeichnete Urkunden als »Theophanu Dei Gratia Imperatrix« und manchmal auch als »Theophanius von Gottes Gnaden Kaiser«. Man muss bedenken, dass es absolut unüblich war, dass eine Frau (oder zwei Frauen) das Herrscheramt ausübte. Wir sind hier auch noch nicht in der Stauferzeit mit ihren ritterlichen Sitten, die es geboten, Frauen eine gewisse Ehrfurcht entgegenzubringen. Natürlich, Theophanu und Adelheid waren nicht einfach Frauen, sondern die Witwen von Kaisern. Aber es ist doch erstaunlich, dass es in den elf Jahren, die überbrückt werden mussten, bis Otto III. für volljährig erklärt werden konnte, zu keinem nennenswerten Versuch kam, den kindlichen König zu stürzen oder sich seiner Person zu bemächtigen.

Seiner Mutter verdankte es Otto III. wahrscheinlich auch, dass er der erste Gebildete auf dem deutschen Königs- und dem neu errichteten Kaiserthron wurde. Als Erzieher hatte er unter anderen zwei Bischöfe, einer war Deutscher, der andere, Johannes Philagathos, Grieche. Wir wissen nicht, ob Otto auch etwas von der Sprache seiner Mutter erlernt hat, ob er von der Literatur, der Wissenschaft und Philosophie erfuhr, die in Byzanz ja noch überliefert, in Europa aber erst fünfhundert Jahre später neu entdeckt wurden. Jedenfalls hat er auch als Erwachsener –

oder sagen wir lieber altmodisch, als Jüngling, denn eigentlich erwachsen zu werden war ihm ja nicht vergönnt – gern mit Gelehrten, mit Priestern, aber auch mit frommen Eremiten gesprochen, also mit den Intellektuellen der damaligen Zeit, hat ihnen zugehört, sich von ihren Gedanken anregen lassen. Einer seiner späteren Ratgeber, der Franzose Gerbert von Aurillac, als Papst Silvester II., galt als der bedeutendste Gelehrte seiner Zeit: Rhetoriker, Mathematiker, Musiktheoretiker. Otto bat ihn, da war er schon Kaiser, um Unterricht in Latein, Griechisch und Mathematik und um politische Beratung.

Auch die Kaiserin Theophanu starb jung, 991, da war sie sechsunddreißig Jahre alt, ihr Sohn elf. Adelheid führte die Regentschaft weiter. Mit vierzehn wurde Otto III. für volljährig und regierungsfähig erklärt. Es existieren noch Urkunden, die er schon vorher unterzeichnet hat. Mit kindlich ungelenker Hand hat er den »Vollziehungsstrich« in sein Monogramm eingefügt.

Wahrscheinlich nahm er weiter die Dienste der Berater in Anspruch, deren sich schon seine Mutter und seine Großmutter bedient hatten, also vor allem des Erzbischofs Willigis von Mainz. Darauf würde hindeuten, dass der Vierzehnjährige kaum Zeichen von Unsicherheit oder Unentschlossenheit zeigte.

Es gab zwei große Aufgabenfelder. (Und das sind auch für die Folgezeit die beiden Richtungen der mittelalterlichen Reichspolitik geblieben.) Jenseits der Elbe hatten die heidnischen Stämme, während Otto II. in Italien sein Ende fand, sich erhoben, Kirchen und Bischofssitze zerstört, in eben dem Jahr 983, in dem das Kind Otto III. zum König gekrönt worden war. In der Zeit der Regentschaft hatte man zahlreiche Feldzüge gegen diese Liutizen, Obotriten, Heveller und wie sie sonst noch hießen, geführt. Mit wenig Erfolg. Auch Otto III. richtete bei einem Unterwerfungsversuch im Jahre 995 kaum etwas aus, obwohl er diesmal mit den inzwischen christianisierten Polen und Böhmen verbündet war und man, wie zeitgenössische Quellen mit einem Unterton von Tadel berichten, das Land »durch Brand und Raub« verwüstete.

Offenkundig war dieses Land mit seinen zahlreichen Seen, Flüssen, Wäldern und Sümpfen noch sehr unwegsam, eine Art

Wilder Osten Europas. Und die Elbslawen wehrten sich mit der gleichen Verbissenheit, nur mit mehr Erfolg gegen ihre Bekehrung, gegen Christentum, Fürstenherrschaft, Feudalsystem und den Untergang ihrer traditionellen Lebensformen, wie zweihundert Jahre davor Ottos eigener Stamm, die Sachsen, sich gegen die Missionierung durch Karl den Großen gewehrt hatten. Es lohnt sich aber die Frage, warum diese Elbslawen in den folgenden Jahrhunderten bis auf geringe Reste (die Sorben im Spreewald und in der Lausitz, die es noch heute gibt) verschwunden sind – ebenso wie die Pruzzen an der Ostsee, von denen nur der Name »Preußen« überlebt hat, während jene westslawischen Völker, die christlich wurden, nationale Kulturen entwickeln, ihre Sprachen und Eigenarten bewahren, gesellschaftliche und staatliche Strukturen aufbauen konnten, die denen in West- und Mitteleuropa zumindest ähnelten. Offenbar war gesellschaftlicher und kultureller Fortschritt damals ohne die Kirche nicht möglich, so schwer für uns heutige Menschen dieser Gedanke nachzuvollziehen ist.

Dass in der Kirche geordnete Zustände herrschten, lag also auch im Interesse weltlicher Herrscher, insbesondere in dem des ostfränkisch-deutschen Königs, des Anwärters auf den Kaiserthron. In Wirklichkeit herrschte vor allem in Rom wieder das altgewohnte Chaos, in dem sich der dortige Stadtadel, unter Umständen aber auch Klerus und Volk, augenscheinlich ganz behaglich fühlten. Die politische Herrschaft hatte ein Mann aus der Familie der Creszentier an sich gerissen, der sich »Patricius« nannte, ein Titel, der seit dem Frühmittelalter verliehen, manchmal auch usurpiert wurde und den zum Beispiel auch der Gotenkönig Theoderich der Große getragen hatte. Dieser Crescentius hatte bald nach dem Tode Ottos II. einen Gegenpapst eingesetzt (Bonifaz VII.), welcher den unter Otto II. gewählten Johannes XIV. ins Gefängnis werfen und dort verhungern ließ, allerdings nach einem Jahr selbst umgebracht, verstümmelt und als Leiche durch die Straßen geschleift wurde. Darauf ließ Crescentius einen neuen Papst wählen, Johannes XV., gegen den die Kaiserin Theophanu nichts ausrichten konnte, obwohl sie persönlich (natürlich mit militärischer Begleitung) vor Rom erschien. Dagegen kam es alsbald zum Streit zwischen Adel, Patricius und Papst. Der setzte sich in die Toskana ab, rief von dort aus den inzwischen zur Herrschaft gelangten Otto III. zu Hilfe und versprach, ihn zum Kaiser zu krönen.

Otto III. brach im Frühjahr auf, machte in Pavia Station und ließ sich auch dort krönen, und zwar zum König von Italien. Während der Feierlichkeiten erreichte ihn die Nachricht vom Tod Johannes' XV. Wir können annehmen, dass das eine durchaus willkommene Nachricht war. Otto schickte seinen Kanzler und den Erzbischof von Mainz nach Rom voraus, zusammen mit seinem Vetter, Brun von Kärnten, vierundzwanzig, Kleriker und Mitglied der Hofkapelle. Der sollte, so befahl es der junge König, zum Papst gewählt werden. Angesichts des Heeres, mit dessen Ankunft in nächster Zukunft zu rechnen war, erhob sich kein Widerstand, auch nicht von Seiten des Crescentius. Brun – Gregor V. – war übrigens der erste aus Deutschland stammende Papst.

So kam es zu der weiter oben erwähnten Szene: Ein junger Mann krönte einen Teenager zum Kaiser. Was natürlich anschließend mit gebührendem Pomp gefeiert wurde. Bemerkenswert erscheint, dass beide, Kaiser und Papst, die Konstantinische Schenkung als Fälschung erkannten, also jene Urkunden, durch die der spätantike Kaiser angeblich den Kirchenstaat, das weltliche Herrschaftsgebiet des Papstes, begründet hatte. Otto schenkte diese Gebiete von sich aus noch einmal. Aber Gregor V. – er war schließlich der Ältere der beiden Vettern – war durchaus kein willenloses Werkzeug. Es kam sogar zu einem Zwist zwischen beiden um ein Gebiet nördlich von Rom. Was nichts daran änderte, dass Crescentius samt Parteigängern sich wieder gegen den neuen Papst auflehnte und ihn vertrieb, sobald der Kaiser nicht mehr da war. Dass er Otto einen Treueid geschworen hatte, scheint Crescentius wenig belastet zu haben. Er stellte sogar einen Gegenpapst auf.

Rätselhaft ist, warum sich Ottos früherer Lehrer Johannes Philagathos für diese schäbige Rolle hergab. Er hat schwer dafür gebüßt. 997, auf seinem zweiten Italienzug, ließ ihn Otto blenden, Ohren, Nase und Zunge wurden ihm abgeschnitten. So lebte er dann noch fünfzehn Jahre in einem römischen Kloster.

Crescentius dagegen, der sich noch zwei Monate in der »Engelsburg«, dem früheren Mausoleum des Kaisers Hadrian, verteidigte, wurde nach seiner Gefangennahme geköpft, seine Leiche von der Mauer dieser Burg in die Tiefe gestürzt und an den Beinen aufgehängt. Diese Grausamkeit sagt etwas über die tiefe Enttäuschung des siebzehnjährigen Kaisers darüber, dass sein alter Freund und Lehrer ihn verraten und der Führer der Aufständischen ihn offensichtlich nicht ernst genommen hatte.

Nach vier Monaten zog Otto nach Oberitalien, wo er in Streitigkeiten eingriff, die sich zwischen den Stufen der dortigen Lehenspyramide ergeben hatten. Man muss zugeben, dass er die Partei der großen geistlichen Feudalherren gegen die kleineren Adeligen und auch gegen die untertänigen Bauern ergriff. Die freizulassen sollte fortan verboten sein, und die bereits freigesetzten sollten in kirchliche Untertänigkeit zurückgeholt werden.

Als Nächstes ging er auf Wallfahrt: zum Grab des Bischofs Adalbert von Prag im polnischen Gnesen. Den hatte er persönlich gekannt und sehr verehrt.

Es lohnt sich, auf das Schicksal dieses Kirchenmannes und 999 heilig gesprochenen Missionars einzugehen, weil es ein Schlaglicht auf die Entwicklung in Osteuropa wirft. Aus dem tschechischen Adelsgeschlecht der Slavnikiden stammend, hieß er ursprünglich Vojtěch. Während seiner Ausbildung in Magdeburg nahm er bei der Firmung den Namen Adalbert an. 983 wurde er Bischof von Prag, verzweifelte aber nach fünf Jahren, weil seine Schäflein ihre heidnischen Sitten einfach nicht ändern wollten. Mit Erlaubnis des Papstes trat er in ein italienisches Kloster ein, musste dann aber nach Prag zurückkehren, wo er wieder nichts erreichen konnte. Er ging nach Ungarn, dann wieder nach Italien. In Böhmen wurde fast seine ganze Familie wegen ihrer Beziehungen zu Deutschland und Polen des Landesverrats verdächtigt und ermordet. (Es war das eine fremdenfeindliche Reaktion, ähnlich der, der der Herzog und Heilige Wenzel schon 929 zum Opfer gefallen war.) Als Adalbert noch einmal beantragte, in sein Bistum zurückkehren zu dürfen, wurde das abgelehnt. Jetzt ging er nach Polen, um an der Ostsee die heidnischen Pruzzen zu missionieren. Dort wurde er von einem, wie es heißt, Götzenpriester erschlagen. Seinen Leichnam kaufte der polnische Herzog Boleslaw Chrobry den Pruzzen ab und ließ ihn im Bischofssitz Gnesen bestatten.

Dorthin also pilgerte Otto III. Er hätte Adalbert gern nach Deutschland überführt, was Herzog Boleslaw aber verweigerte. Nur einen Arm durfte er als Reliquie mitnehmen. (1039 kamen die Gebeine dann nach Prag.) Trotzdem zeichnete Otto den Herzog mit dem Titel »amicus populi romani« (Freund des römischen Volkes) aus und hätte ihn wohl auch zum König erhoben, wenn Boleslaw eingewilligt hätte, ihm den Leichnam des Märtyrers zu überlassen. Und er tat ein Übriges: Er erhob Gnesen zum Erzbistum, so dass Polen jetzt kirchenrechtlich vom Erzbistum Magdeburg unabhängig war. In Deutschland nahm man das dem Kaiser übel, ebenso wie die Errichtung eines ungarischen Erzbistums in Gran und die Erhebung Ungarns zum Königtum. (Otto schickte König Stefan – dem Heiligen – eine Krone.) Hier zeigt sich vielleicht ein groß angelegter politischer Plan, man kann sagen eine Vision.

Den Weg nach Rom nahm Otto über Aachen. Dort ließ er nach dem Grab Karls des Großen suchen, dessen genauer Ort in Vergessenheit geraten war. Er ließ es öffnen, stieg hinab und nahm ein goldenes Kreuz und Stücke vom Gewand des Toten als Reliquie an sich. Darin sahen manche Zeitgenossen eine Grabschändung. Aber Otto wollte anderen und sich selbst wohl seine mystische Verbundenheit mit dem Toten zeigen, in dem man den Stammvater aller europäischen Königreiche und Herrscher sah.

Ein Siegel, das Otto nach byzantinischem Vorbild für wichtige Urkunden anfertigen ließ, trug die Umschrift »Renovatio Imperii Romanorum«, Erneuerung des Reiches der Römer. Es ist unter Historikern umstritten, aber zumindest ein faszinierender Gedanke, zwischen Ottos Politik in Polen und Ungarn, seiner Andacht in der Aachener Gruft und der Devise auf seinem Siegel einen Zusammenhang zu sehen. Den Plan eines Reiches, das eben nicht das eines einzelnen Volkes sein, sondern aus Königreichen und Völkern bestehen sollte, die gleichberechtigt nebeneinander stehen und von Rom aus regiert werden sollten. Dazu würde passen, dass Otto in Rom eine Pfalz errichten ließ und dort Wohnung nahm – wie es schien, auf Dauer oder zumindest für längere Zeit. Er hatte Hofämter, Titel und Zeremonien nach byzantinischem Vorbild eingeführt, bei feierlichen Gelegenheiten speiste er an einem Tisch, der getrennt von der allgemeinen Tafel auf einem Podest stand.

Das alles gefiel manchen Deutschen nicht. Unter den Fürsten begann sich eine Opposition zu formieren. Und es war auch nicht nach dem Geschmack der Römer. Wenn der Kaiser meinte, er müsse sich in der Stadt krönen lassen, dann tat man ihm eben seinen Willen. Zumal er ja mit einem Heer anrückte. Aber dass er für immer hier residieren und regieren wollte, mit eben diesem Heer und seinem aufwendigen Gefolge, das war doch zu viel der Ordnung, wäre auch teuer gekommen und lästig gewesen.

Es kam zu einem Volksaufstand, Otto wurde drei Tage lang in seiner Pfalz belagert, bevor es ihm gelang, sich zu den Teilen seines Heeres außerhalb der Stadt durchzuschlagen. Ob er die Rede wirklich gehalten hat, die ihm ein späterer Chronist in den Mund legt, können wir nicht wissen. Aber sie gibt wahrscheinlich seine Stimmung, seine Enttäuschung und Verzweiflung treffend wieder.

> Seid ihr nicht meine Römer? Euretwegen habe ich mein Vaterland und meine Nächsten verlassen. Aus Liebe zu euch habe ich meine Sachsen und alle Deutschen, meine Blutsverwandten zurückgesetzt. Euch habe ich in die entlegensten Gebiete unseres Imperiums geführt, wohin eure Väter, als sie den Erdkreis beherrschten, nie den Fuß gesetzt haben. Und dies, um euren Namen bis ans Ende der Welt zu verbreiten.

Otto schickte um Verstärkung nach Deutschland, und die wurde auch prompt in Marsch gesetzt. Aber bevor sie eintraf, starb der Kaiser im Januar 1002. Er war einundzwanzig Jahre alt geworden. Sein Leichnam wurde nach Aachen überführt und dort beigesetzt.

Eine herzzerreißende Geschichte: dieser Knabe, seine Frömmigkeit, sein Sendungsbewusstsein, seine Ideale und hochfliegenden Pläne und sein Mangel an Realitätssinn. Sein Schicksal ist, in nuce, die Geschichte des mittelalterlichen Kaisertums.

Eine sehr romantische Geschichte. Dass Otto III. nicht zu den legendären Heroen deutschen Geschichtsbewusstseins zählt, liegt wahrscheinlich an seinem Scheitern und seinem frühen Ende und auch daran, dass er nicht in das Bild passt, das sich das nationalbewusste 19. Jahrhundert von einem deutschen Herrscher machte: Von Herkunft ein halber Grieche, wollte er lieber Römer als Deutscher sein. Auch sein Mystizismus, seine Affinität zu Grüblern, Märtyrern und frommen Eremiten wirkte wohl befremdend auf Menschen, die im Geiste preußisch-protestantischer Tüchtigkeit aufgewachsen waren. Für Felix Dahn oder Gustav Freytag hätte er kein Sujet abgegeben. Man wünscht sich, Hugo von Hofmannsthal hätte über ihn geschrieben.

Kapitel 5
Die Kirche im Dorf und im Reich

Schüler, Studenten, überhaupt die meisten Menschen, die (noch) keine Profis auf dem Gebiet der Historie sind und es vielleicht gar nicht werden wollen, haben oft mit aufkommendem Unmut, mit Unverständnis zu kämpfen, wenn sie sich, aus welchen Gründen auch immer, mit mittelalterlicher Geschichte und besonders mit deutscher mittelalterlicher Geschichte beschäftigen müssen oder wollen. Also bitte, was soll das, diese lange Reihe von Königen und Kaisern, sie heißen alle Heinrich oder Otto oder Konrad oder Friedrich, jeder von ihnen zieht nach Italien, ein-, zwei-, dreimal oder noch öfter, wird von einem Papst, der ihn entweder gerufen hat oder den er erst selber einsetzen muss, gekrönt, dann ziehen sie wieder ab, weil sie sich in Italien, aber auch zu Hause in Deutschland, mit irgendwelchen Feinden herumschlagen müssen. Dabei wird das Land, und besonders das Land westlich der Elbe, in immer kleinere Teile aufgespalten. Wenn man einen historischen Atlas anschaut, erkennt man zur Zeit Ottos I. noch die großen Stammesherzogtümer. Zweihundert Jahre später, am Ende der Stauferzeit, sieht die Karte dann aus wie ein unordentlich gewebter Flickenteppich. Warum sind die deutschen Könige nicht zu Hause geblieben, haben Italien in Ruhe, den Papst Papst sein und die Kirche sich selbst überlassen?

Ähnlich, nur in akademischerer Sprache und mit differenzierteren Argumenten, hat im 19. Jahrhundert, in den Jahren zwischen der Revolution von 1848 und Bismarcks Reichsgründung, eine Gruppe von Historikern gefragt, deren bekanntester Heinrich von Sybel (1817–1895) war, Professor in Bonn, Marburg, München, Berater des bayerischen Königs Max II., Mitglied des preußischen Abgeordnetenhauses. Darauf und auf die Auseinandersetzungen mit anderen Historikern, deren führender Kopf der Innsbrucker Professor Julius von Ficker war, wollen wir hier nicht eingehen. Es hängt mit der damals gerade aktuellen Frage zusammen, ob das immer noch in zweiunddreißig Territorien zersplitterte Deutschland »großdeutsch« (mit Einschluss Österreichs) oder »kleindeutsch« (so wie dann von Bismarck verwirklicht) vereinigt werden sollte. Man projizierte also die eigenen Probleme zurück ins Mittelalter. Das ist nicht unbedingt eine streng wissenschaftliche Methode, sicherte den Historikern aber das Interesse eines bürgerlichen Lesepublikums.

Aber auch uns stellt sich immer noch die Frage, warum Imperium und Kirche denn so eng miteinander verbunden, man kann sagen verstrickt waren. Dabei legen wir freilich ebenfalls die Maßstäbe unserer Zeit an, sehen die ferne Vergangenheit aus unserer eigenen Perspektive. Für uns steht fest, ja es ist geradezu ein Postulat freiheitlicher Moral, dass Religion Privatsache jedes Einzelnen ist. Friedrichs des Großen Ausspruch, dass »jeder nach seiner Façon selig werden« solle, ist uns seit mehr als zweihundert Jahren in Fleisch und Blut übergegangen. Die Kirche – aber *die* Kirche gibt es ja schon seit langem nicht mehr, es gibt Kirchen verschiedener Konfessionen und Denominationen, theoretisch kann sich jeder die Kirche aussuchen, die ihm am genehmsten ist, oder es auch ganz lassen. Die Kirchen also sind eine Art eingetragene Vereine. In Deutschland haben sie bestimmte Privilegien, aus Gründen der Tradition, aber auch wegen ihrer sozialen Verdienste. Jedenfalls ist es dem Einzelnen überlassen, inwieweit er von den Angeboten einer Kirche (Glaubenslehre, seelsorgliche Betreuung, Mitgliedschaft und Geborgenheit in einer Gemeinde, existentieller Rückhalt, soziale Dienste usw.) Gebrauch machen will oder auch nicht. Der Staat, meinen wir, soll sich in das religiöse Leben seiner Bürger nicht einmischen, und die Kirchen sollen sich ihrerseits, wenn es um politische Entscheidungen geht, möglichst zurückhalten.

Einem Menschen des Mittelalters wäre unsere Haltung völlig unbegreiflich erschienen, als Wahnsinn, Sünde, Abfall, teuflische Besessenheit. Und dafür hätte er Gründe anführen können, die – jedenfalls für ihn – sehr einleuchtend waren.

War der König nicht für das Heil seiner Untertanen verantwortlich, also auch für ihr Seelenheil? In einer Zeit, da wissenschaftliche Kenntnisse und rationales Denken, soweit sie in der Antike schon vorhanden gewesen waren, allenfalls sehr engen Zirkeln zugänglich blieben, hatten die Menschen keine andere Möglichkeit als die Religion und den Glauben, um einen Sinn ihrer Existenz ausfindig oder vorstellbar zu machen, um Trost, Rückhalt in ihrem harten, mühseligen Leben zu finden, im Angesicht der eigenen Hinfälligkeit, der mannigfachen Bedrohung durch die Kräfte der Natur, aber auch durch eine Gesellschaft, in der materielle Not, Brutalität und Gewalt gang und gäbe waren. Schließlich war der Tod allgegenwärtig. Wir haben gesehen, wie früh manchmal auch Mitglieder der führenden Gesellschaftsschicht dahingehen mussten. (Übrigens erwartete man in der Ottonenzeit für das Jahr 1000 das Kommen des Antichrist und die Apokalypse. Zum Psychotherapeuten konnten die Leute damals nicht gehen, wenn sie solche Ängste verspürten.)

Der lebensnotwendige Glaube musste von einer dazu befugten, kompetenten Institution vermittelt werden, denn der gewöhnliche Mensch, aber auch Ritter, Fürsten und Herren konnten ja nicht schreiben und lesen, Bücher wären für die meisten auch zu teuer und zudem unerreichbar gewesen, sie waren lateinisch geschrieben, also für die große Mehrheit unverständlich. Gedrucktes gab es noch nicht, ebenso wenig andere Medien, aus denen man sich sein eigenes Weltbild hätte herauslesen können. Die Kirche hatte das Erziehungs- und Informationsmonopol. Sie war, daran glaubte man fest, von Gott eingesetzt und deshalb im Besitz der Wahrheit, sie hatte die Macht, den Menschen zum Heil, zur Vergebung seiner Sünden, zur Seligkeit zu führen: mit dem, was sie lehrte, aber vor allem mit ihren Ritualen, der Messe, den Sakramenten, Taufe, Beichte, Eucharistie, Firmung, Ehe, Letzte Ölung und mit den Festen des Kirchenjahres. Und natürlich war es die Pflicht der Mächtigen, diese Kirche zu beschützen und zu fördern. Es war auch im Interesse eigenen Seelenheils, die Kirche materiell zu unterstützen, durch Schenkungen von Ländereien (samt der darauf ansässigen, dienstpflichtigen Bevölkerung), Gründung von Klöstern, Übertragung von Rechten usw. Die Mönche mussten dann für die Seelen der Spender beten, die Priester Messen lesen.

Dadurch wurde die Kirche, wurden kirchliche Institutionen

wie die Bistümer, aber auch viele Klöster reich, und durch ihren Reichtum gewannen sie wiederum politische Macht. Viele von ihnen machten sich von den Herzogtümern und anderen fürstlichen Territorien unabhängig, unterstanden direkt dem Kaiser, sie waren »reichsunmittelbar«. So etwa die Bistümer Mainz, Köln und Trier, aber auch Salzburg, Bamberg, Würzburg und andere. Da die Kleriker und Mönche (oder sagen wir vorsichtiger: manche von ihnen) die einzigen Gebildeten in dieser Zeit waren und ihre Energien auch nicht ständig damit vergeuden mussten, gegen andere Fehde zu führen, waren diese Stifte (so nennt man den »weltlichen« Besitz, der zu einem Bistum oder Kloster gehörte) die Teile des Reiches, in denen es noch am ehesten so etwas wie eine geordnete Verwaltung gab. Das förderte wiederum ihr wirtschaftliches Gedeihen. Im späteren Mittelalter gab es den Spruch: »Unter dem Krummstab (dem gebogenen Bischofsstab) ist gut wohnen«.

»Geistiges Leben« klingt so anspruchsvoll und hochgestochen. Sagen wir so: Wenn jemand etwas lernen wollte, Lesen und Schreiben etwa, wenn er sein Dasein nicht als Bauer mit Plackerei auf dem Feld, als Adeliger nicht mit ewigen Fehden, Kriegszügen, Waffenübungen verbringen und womöglich mit einem unzeitigen Tod beenden wollte, so blieb eigentlich kein anderer Weg, als Kleriker zu werden oder gleich in ein Kloster einzutreten. Klöster waren die einzigen Orte, wo Schule gehalten, Bücher abgeschrieben, Kultur tradiert, Chroniken und Traktate verfasst, gedichtet und musiziert wurde.

Übrigens war dieser Weg auch für Frauen gangbar und wurde oft beschritten. Hrotswith oder – in weniger althochdeutschknarziger Lautung – Roswitha von Gandersheim, die erste Dichterin und Dramatikerin auf deutschem Boden, eine Verwandte des ottonischen Kaiserhauses, lebte ebenso im Kloster wie später die großen Mystikerinnen Hildegard von Bingen, Mechthild von Magdeburg, Katharina von Gebweiler und viele andere.

Der König/Kaiser hatte also die Kirche zu beschützen, und zwar gegen äußere Feinde (benachbarte Adelige etwa, die lüstern auf den angesammelten Reichtum schielten und nicht zögerten, etwas davon abzuzwacken, wenn sich Gelegenheit dazu bot), aber auch gegen Gefahren im Inneren. Denn natürlich, wo

Reichtum entsteht und große Chancen sich bieten, da sammeln sich auch Leute, die das ausnützen wollen, wobei ihnen die moralischen Bedingungen und Auflagen, die mit solchen Vergünstigungen einhergehen, eher lästig sind.

Wir haben schon gesehen, dass sich der römische Stadtadel zeitweise das Recht nahm, den Heiligen Stuhl in Insiderkreisen auszukarten, wodurch dann ein Jüngling wie Johannes XII. die Tiara tragen durfte, der die unpriesterliche Neigung zeigte, anderer Leute Ehefrauen zu vernaschen. Das war beileibe kein Einzelfall. Wir wollen jetzt nicht auf den berüchtigten Borgia-Papst Alexander VI. (1492–1503) vorgreifen, der seine zahlreichen Nachkommen mit Kardinalshüten, Herzogtümern und anderem weltlichen Besitz versorgte und sie mit Angehörigen europäischer Dynasten verheiratete, der sich anschickte, den Kirchenstaat in ein weltliches Fürstentum für seine Familie umzuwandeln, und dem man ein inzestuöses Verhältnis zu seiner Tochter Lucretia nachsagte. Schon in der Zeit, von der hier bis jetzt die Rede war, hörte und las man zahlreiche Klagen über »Zuchtlosigkeit« in Klöstern, also darüber, dass man es mit Fasten, Beten und Askese, aber auch mit der Keuschheit nicht so genau nahm. (Später wurde der »geile Mönch« ein beliebtes Schwankmotiv, und im 19. Jahrhundert verkauften sich Bilder von dicken, rotnasigen Klosterbrüdern, die mit Weingläsern in der Hand vor einem Fass saßen, besonders gut.) Von Pfarrern ist die Rede, die kaum Latein konnten, den Text der Messe, die sie lasen, selbst nicht verstanden und überhaupt völlig ungebildet waren, die auf Kosten ihrer Gemeinden schlemmten, bewaffnet daherkamen wie Krieger und auf die Jagd gingen, statt in frommen Büchern zu lesen. Dass sie verheiratet waren, galt damals noch nicht als Fehltritt. Den Zölibat setzte erst Gregor VII. durch. Aber davon später! Von Bischöfen erfahren wir (zwei werden uns im nächsten Kapitel begegnen), die macht- und besitzgierig, intrigant und skrupellos waren, sehr viel mehr auf politischen Erfolg bedacht als auf das Seelenheil ihrer Herden.

Teilweise hat die Sündhaftigkeit auch ihre schönen Seiten, besonders wenn man als Nachgeborener die Zeugnisse genießen kann, die sie hinterlassen hat:

Du bist mîn, ich bin dîn
Des solt du gewis sîn.
Du bist beslozzen
In mînem herzen;
Verlorn ist daz sluzzelîn:
Du muost immer drinne sîn.

Dieses früheste Liebesgedicht in deutscher Zunge (und eines der hübschesten) wurde vermutlich von einer jungen Klosterfrau geschrieben und ist an einen Mönch gerichtet. Wer es derber mag, wäre nicht schlecht beraten, ein bisschen Latein zu verstehen und sich die ›Vagantenbeichte‹ des Archipoeta vorzunehmen. Dieser »Erzpoet« war ebenfalls Kleriker (wenn auch möglicherweise ein verkrachter), er gehörte zum Gefolge von Kaiser Friedrich Barbarossas Kanzler Rainald von Dassel, Erzbischof von Köln, der seine Gedichte sehr schätzte. Hier drei Strophen mit dem Versuch einer Übertragung ins Neuhochdeutsche:

Via lata gradior more iuventutis,
implico me vitiis immemor virtutis,
voluptatis avidus magis quam salutis,
mortuus in anima curam gero cutis.

Res est arduissima vincere naturam,
in aspectu virginis mentem esse puram;
iuvenes non possumus legem sequi duram
leviumque corporum non habere curam.

Meum est propositum in taberna mori,
ut sint vina proxima morientis ori;
tunc cantabunt laetius angelorum chori:
»Sit Deus propitius huic potatori.«

Und ich fahr die breite Bahn so wie alle Knaben,
die, des Lasters eingedenk, Gott vergessen haben,
die sich mehr als an ihr Heil an die Wollust gaben.
Ist die Seele hin, so will ich die Haut noch laben.

Ach, am allerschwersten ist es, die Natur zu kränken
und beim Anblick eines Weibes nicht ans Bett zu denken,
seine Wege in die Bahn des Gesetzes lenken
und den Adam, wenn er juckt, weise einzuschränken.

In der Schenke geh ich einst, Brüder, vor die Hunde,
wo dem Sterbenden der Wein allernächst am Munde.
Engelchöre singen dann fröhlich in der Runde:
»Diesem Säufer reich die Hand, Herr, zum Gnadenbunde!«

Es ist ja verständlich: Jüngere Söhne von Adelshäusern wurden oft ins Kloster geschickt, oder es wurde ihnen zu Pfründen (kirchlichen Positionen, die mit einem hohen Einkommen verbunden waren) verholfen, etwa im Domkapitel einer Bischofskirche oder, bei hohem Adel, auf dem Bischofsstuhl selbst. Dort waren sie versorgt und konnten ihren Einfluss auf Besitz und Macht des Stifts zugunsten der Familie geltend machen, deren Besitz und Lehen dann auch nicht geteilt werden mussten. Mit Töchtern, die nicht dynastisch günstig verheiratet werden konnten, verfuhr man entsprechend. Es gab Frauenklöster, die überhaupt nur Damen aus hohem Adel aufnahmen.

Nun waren diese Herrschaften meist sehr jung, wenn sie zu Amt und Würden oder ins Kloster kamen. Und sie waren an adeligen Hofhaltungen aufgewachsen, unter Menschen also, die gewohnt waren, von der Arbeit anderer, vom Fett des Landes zu leben und das voraussichtlich eher kurze Dasein mit derben, wenig sublimen Vergnügungen zu genießen, so weit das möglich war. Die meisten von ihnen hatte man nicht lange gefragt, ob sie ein geistliches Leben führen wollten oder nicht. Das Interesse der Familie ging vor, dagegen war kein Widerspruch möglich. So nimmt es nicht wunder, dass viele dieser Mönche, Nonnen und Priester mit den Idealen von Armut, Keuschheit und Gehorsam wenig im Sinn hatten.

Nebenbei gesagt: Solche Zustände wurden während des ganzen Mittelalters und bis tief in die Neuzeit hinein beklagt und bekämpft, und doch rissen sie immer wieder ein, so lange eben, wie mit kirchlichen Ämtern Reichtum und weltliche Macht verbunden waren. Bekannt ist Luthers Empörung über die Zustände in Rom bei seinem Aufenthalt dort. Wer in München wohnt, kann einen Nachmittagsausflug nach Ismaning unternehmen. Dieser Ort, heute im Speckgürtel der Landeshauptstadt gelegen und Sitz einiger Computerfirmen, gehörte bis zur Säkularisation zum Erzstift Freising, also nicht zum Kurfürstentum Bayern. Der Bischof aber war traditionell immer ein Wittelsbacher Prinz. Einer dieser Bischöfe und Prinzen ließ in Ismaning ein hübsches Rokokoschlösschen mit Park errichten. Heute ist dort ein kleines Museum für moderne Kunst untergebracht, aber ursprünglich war es für die Maitressen des Bischofs gedacht (er hielt sich immer deren mehrere). Im 18. Jahrhundert war man schon so weit sensibilisiert, dass es untunlich gewesen wäre, die Damen in Freising selbst, in der Nachbarschaft der Domkirche unterzubringen. Aber solange sie in Ismaning wohnten, jenseits der Isar, nahm offenkundig niemand Anstoß, und der Bischof konnte sich dort regelmäßig entspannen. Der Bischof von Salzburg und der Erzabt von Berchtesgaden hielten es übrigens ähnlich.

Aber trotzdem waren solche Zustände ein Skandal. Und es lebten durchaus auch Christen, die ihr Priestertum, ihr Mönchtum, ihre religiöse Sendung, die Verantwortung der Kirche ernst nahmen. Im 10. und 11. Jahrhundert, zu der Zeit also, von der wir oben geredet haben und bald weiter reden werden, formulierte sich zum ersten Mal der Protest, der Ruf nach Reform, zunächst des klösterlichen, dann überhaupt des geistlichen Lebens. Zentren dieses Protests waren verschiedene Klöster, vor allem in Frankreich und Burgund, später aber auch in Deutschland (Hirsau im Schwarzwald). Das wichtigste davon war die Benediktinerabtei Cluny in Burgund. Deswegen spricht man von der cluniazensischen Reform.

Worum ging es? Zunächst einmal um die »Wiederherstellung der Regel des heiligen Benedikt«, also darum, dass Mönche und Nonnen wieder so leben sollten, wie das der Begründer des abendländischen Mönchtums bestimmt hatte, mit Arbeit und Gebet, streng geregeltem Tagesablauf, unter der Obhut des Abtes oder der Äbtissin, durchaus nicht weltfremd, aber doch geschieden von der Welt, jedes Kloster eine große Familie und zugleich ein geistliches, aber auch ein wirtschaftliches Zentrum. Damit dies gelingen konnte, sollten die Klöster möglichst von jedem Einfluss weltlicher Macht, also vor allem dem ihrer Stifter und deren Nachkommen befreit, aus dem System des Eigenkirchenrechts herausgelöst werden und sich direkt dem Papst unterstellen.

Tatsächlich gelang es einer Anzahl von Klöstern, diese Ziele zu erreichen. Sie traten dann in Verbindung miteinander, eine Kongregation, in der der Abt von Cluny so etwas wie der Primus inter Pares war. Welche Bedeutung dieser Verband hatte, kann man daraus ersehen, dass in Cluny die größte Basilika Europas stand, gewaltiger als die damalige Peterskirche in Rom. Deutsche Könige und Kaiser, der letzte Ottone, Heinrich II., die beiden ersten Salier, Konrad II. und Heinrich III., unterstützten diese Reformbestrebungen. Wahrscheinlich aus aufrichtiger Frömmigkeit, aber auch aus politischem Interesse. Solange die Reichskirche ein Machtinstrument der Kaiser war, solange Kaiser und Papst konform gingen und in dieser Partnerschaft der Kaiser dominierte, waren Klöster, in denen Disziplin herrschte und in die örtliche Machthaber nichts hineinzureden hatten, ja ganz in seinem Sinn.

Es war diesen Kaisern wohl nicht bewusst, welch zweischneidiges Schwert sie da in die Hand nahmen. Jeder dieser drei Herrscher hatte, als sei das ganz selbstverständlich, während seiner Regierungszeit Päpste eingesetzt. So war das nun einmal seit Otto dem Großen. Wenn man allerdings den Reformgedanken weiterdenkt, dann ergibt sich ganz klar, dass weltliche Macht nicht nur in Klöstern, sondern in der Kirche als Ganzes keinen entscheidenden Einfluss haben durfte, jedenfalls keinen, der sich auf geistliche, auf religiöse Fragen und Entscheidungen auswirkte.

In welchen Schritten diese Gedanken entwickelt wurden, wäre ein fesselndes, aber sehr weitläufiges Thema. Hier begnügen wir uns, an zwei zentrale Begriffe zu erinnern, die in der zunächst innerkirchlichen Debatte eine Rolle spielten. Schon in den Konzilien von Chalzedon (451 n. Chr.) und Nicaea (787) hatten sich die Kirchenoberen gegen die Unsitte der *Simonie* gewandt. Der Ausdruck bezieht sich auf eine Stelle in der Apostelgeschichte (Kap. 8, 18–24).

> Da aber Simon sah, dass der Geist gegeben ward, wenn die Apostel die Hände auflegten, bot er ihnen Geld an und sprach: Gebt mir auch die Macht, dass, wenn ich jemand die Hände auflege, derselbe den heiligen Geist empfange. Petrus aber sprach zu ihm: Dass du verdammt werdest mitsamt deinem Gelde, weil du meinst, Gottes Gabe werde durch Geld erlangt. Du hast weder Teil noch Anrecht an diesem Wort; denn dein Herz ist nicht rechtschaffen vor Gott.

Simon, von dem es vorher heißt, er habe Zauberei betrieben und vorgegeben, »er wäre etwas Großes«, will also priesterliche, geistliche Macht gegen Bezahlung erwerben. Und genau so handelten, so war jetzt die These, jene Priester, Bischöfe, Äbte, die nach dem Eigenkirchenrecht von einem weltlichen Machthaber in ihre Ämter eingesetzt wurden und sich dafür durch »Geschenke« (z. B. den kostbaren Ornat ihrer Vorgänger) erkenntlich zeigten. Zumindest konnte der Eindruck entstehen, dass sie sich damit ihr kirchliches Amt, ihr Priestertum, ihre Macht über menschliche Seelen erkauft hatten.

Überhaupt war das ja ein fragwürdiges Verfahren: dass ein Laie, also ein nicht zum Priester Geweihter, nicht nur Pfarrer, sondern hohe und höchste geistliche Würdenträger, Äbte, Bischöfe, ja sogar den Papst einsetzte oder jedenfalls bestimmenden Einfluss auf ihre Wahl ausübte. Man nannte das *Laieninvestitur*. Investitur heißt eigentlich Einkleidung. Der Bischof wurde vom Kaiser mit seinem Amtsornat bekleidet und erhielt Ring und Stab überreicht, als Insignien seiner weltlichen und seiner geistlichen Macht. Das Recht, diese Investitur vorzunehmen, hatten die Kaiser seit Otto I. ausgeübt. Und sie hatten es guten Gewissens getan, in dem Bewusstsein, damit die Ordnung in der Kirche aufrechtzuerhalten, die Ordnung im Reich, das sie mit Hilfe der Kirche und deren geistlicher wie weltlicher Macht zu beherrschen vermochten. Die gottgewollte Ordnung der Welt. Der Gedanke, dass Imperium und Kirche nicht zusammengehören, nicht vereint herrschen sollten, dass sie getrennte Institutionen darstellen könnten, war ihnen noch nicht gekommen. Jetzt aber wurde dieser Gedanke gefasst. Und nicht nur das: Es erhob sich folgerichtig auch die Frage, welcher dieser zwei Mächte der Vorrang zustand. Für einen kirchlich gesinnten Priester konnte es auf diese Frage nur eine Antwort geben.

Vielleicht hätte sich der Konflikt lösen lassen, wenn als Repräsentanten von Kaisertum und Kirche nicht zwei Männer aufeinander getroffen wären, die, jeder für sich, gleichermaßen imponierend wie schreckenerregend anmuten.

Kapitel 6
Nach Canossa und nach Worms

Seltsam, wie von einem Menschen, auch wenn er zu seinen Lebzeiten weit bekannt und mächtig war, oft nur ein Bild bleibt, ein Name, ein Geschehnis aus einem langen, ereignisreichen Leben. Von Kaiser Heinrich IV. weiß der durchschnittliche Deutsche – oder sagen wir besser, der durchschnittlich *gebildete* Deutsche, im Allgemeinen nicht viel mehr, als dass er nach Canossa gegangen ist und dass das eine demütigende Situation war. Allenfalls haben wir noch eine vage Vorstellung von einem Büßer, der in härenem Gewand (was, bitte, heißt »hären«?) im Schnee eines Burghofes steht, drei Tage lang, barfuß, bevor ihm der Papst dann doch verzeiht. Was eigentlich? Und auch diese ungenauen Vorstellungen verdanken wir nur der Tatsache, dass Otto von Bismarck in einer Reichstagsrede 1872, es ging um einen Konflikt mit dem Heiligen Stuhl, sagte: »Nach Canossa gehen wir nicht – weder körperlich noch geistig.« Damit hatte er eine stehende Wendung kreiert, derer sich Politiker und Leitartikler heute noch mit Inbrunst bedienen. Wenn jemand zugeben soll, aber nicht will, dass er Mist gebaut hat, dann zitiert man den Gang nach Canossa.

Dabei war Heinrich IV. im Jahr 1077, als er diesen schweren Gang antreten musste, bereits seit einundzwanzig Jahren König, und er sollte es weitere neunundzwanzig Jahre bleiben, bevor er am 7. August 1106 starb, genau hundertsiebzig Jahre nach der Krönung Heinrichs I., siebenhundert Jahre minus einen Tag vor dem Ende des Reiches, um dessentwillen er so vieles ausgestanden hatte.

Zum König gekrönt wurde er 1056, mit sechs Jahren, und im gleichen Jahr starb sein Vater, Heinrich III. Der war ein kraftvoller Herrscher gewesen, hatte einmal in einem Jahr gleich drei Päpste ab- und einen neuen eingesetzt. Böhmen hatte er vorübergehend unter deutsche Lehenshoheit gebracht. Jetzt übernahm seine Witwe die Regentschaft. Aber diese Agnes von Poitou war keine Theophanu und auch keine Adelheid. Bei der Vergabe großer Lehen (der Herzogtümer Schwaben, Bayern und Kärnten) bewies sie eine unglückliche Hand. Sie gab sie an Leute, die sich später als Gegner des Königs hervortun sollten. Überhaupt schlug ihr Versuch fehl, die Politik ihres Mannes fortzusetzen und den Einfluss der großen Adelsfamilien zurückzudrängen. Sie bewirkte eher das Gegenteil.

Um das verständlich zu machen, sollten wir etwas ausholen. Wir haben schon einmal darüber gesprochen, dass dieses Reich kein Staat in unserem Sinne war, sondern auf einem Netz von persönlichen Beziehungen beruhte. Historiker haben von einem Personenverband gesprochen. Das Lehens- oder Feudalsystem, das wir ebenfalls schon erwähnt haben, war ein Machtinstrument innerhalb dieses Personenverbands, ein schwerfälliges, wenig effizientes Instrument, weil der König immer nur indirekten Zugriff auf die unteren Stufen der Pyramide hatte und weil die Handhabung immer schwieriger wurde, je mehr sich einzelne Gewalten und Territorien aufsplitterten. (Schon 976 war beispielsweise Kärnten aus Bayern herausgelöst und zu einem eigenen Herzogtum erhoben worden. Die Markgrafschaften, Bistümer, Stifte und andere Herrschaftsgebiete wurden immer selbständiger. Wir wollen das im Einzelnen nicht darlegen, es ist verwirrend und ermüdend.) Auch hatte der König in dem Maße, wie die Lehen erblich wurden, immer weniger Druckmittel gegen widerspenstige Vasallen.

Ein zweites Herrschaftsinstrument war die Reichskirche. Die war die einzige Institution, die einen einigermaßen einheitlichen, konsequent hierarchischen Aufbau und eine geordnete Verwaltung aufwies. Sie funktionierte relativ hervorragend, aber nur so lange, wie ihre Rolle als Machtmittel der Krone nicht in Frage gestellt wurde.

Drittens gab es das Königsgut, also das, was dem König und seiner Familie (die ja ebenfalls dem Hochadel entstammten) an Ländereien und anderen Besitztümern unmittelbar gehörte. Und das Reichsgut, den Besitz vorhergegangener, erloschener Dynastien (also zur Salierzeit den der Ottonen, der vorwiegend in Sachsen lag), dessen Einkünfte dem König zustanden.

Hier waren die Besitzverhältnisse allerdings manchmal unklar. Schließlich standen dem König noch die so genannten Regalien zu, königliche Rechte: Weg- und Marktzölle zu erheben, Münzen schlagen zu lassen, Gerichte einzusetzen und dafür Gebühren zu erheben, Bergrechte und andere. Solche Regalien und auch Teile des Reichsguts mussten die Könige oft verpfänden, wenn größere Ausgaben (etwa für Kriegszüge) nötig waren. Wurde das Pfand dann über längere Zeit nicht ausgelöst, neigten die Pfandnehmer dazu, es als Teil ihres Eigentums zu betrachten, oder es geriet in Vergessenheit, was Pfand, was Lehen und was Eigentum eines Adeligen war.

Der Konkurrenzkampf unter den großen Lehensträgern des Reiches war hart. Jeder raffte zusammen, so viel er bekommen konnte. Da der abstrakte Begriff des Staates und des Staatseigentums unbekannt war, fühlte man sich dem König nur dann verpflichtet, wenn er oder seine Vertreter seine Macht auch ausüben konnten. Und genau das konnte Heinrich IV. während seiner Minderjährigkeit nicht. Also bedienten sich die Großen nach Kräften, am Reichsgut und natürlich auch am Eigentum Schwächerer, vor allem im Herzogtum Sachsen, weil die Familie der Salier, als Franken, dort landfremd war und man wohl meinte, das Erbe der Ottonen stehe ihnen nicht zu. Als besonders gierig erwiesen sich zwei Bischöfe, Anno von Köln und Adalbert von Bremen. Anno ging sogar so weit, den jungen König in seine Gewalt zu bringen: Er lockte den Zwölfjährigen, der sich in der Pfalz Kaiserswerth aufhielt, auf ein prächtig geschmücktes Rheinschiff, das dann ablegte und schnell davongerudert wurde. Es nützte nichts, dass der Junge in seiner Angst in den Strom sprang. Er glaubte, er solle ermordet werden. Man zog ihn wieder heraus und brachte ihn nach Köln. Anno übernahm die Regentschaft, der Ausverkauf des Reiches wurde noch skrupelloser betrieben. Der Bischof muss ein harter und schroffer Mensch gewesen sein. Heinrich fürchtete und hasste ihn, und auch den anderen Fürsten wurde die Skrupellosigkeit, mit der er seine Macht über den König ausnützte, zu viel. Sie zwangen ihn, die Regentschaft und die Person Heinrichs an Adalbert von Bremen abzutreten. Der war ein eher jovialer Typ, liebte Gastmähler und amüsante Gesellschaft – am liebsten Naturwissenschaftler, Ärzte, Schauspieler, Astrologen, lauter Leute, die nach damaligen Begriffen kein Umgang für einen Kirchenfürsten waren. Es gelang ihm sogar, die Sympathie des jungen Königs zu gewinnen. Er zeigte sich gern freigiebig. Freigiebigkeit, »milte«, galt als hervorragende Tugend eines Mächtigen. Die anderen Fürsten versuchte er durch »Geschenke« auf seine Seite zu bringen, vornehmlich aus dem Reichsgut im Herzogtum Sachsen. Natürlich fiel dabei auch für ihn selbst ein beträchtlicher Anteil ab. Er plante, sich die reichsunmittelbaren Klöster Corvey und Lorsch anzueignen. Daraufhin versammelten sich die Fürsten und stellten König Heinrich ein Ultimatum: Er solle entweder diesen Bischof entlassen oder auf den Thron verzichten.

Mit sechzehn Jahren, 1065, trat Heinrich selbst die Regierung an. Er versuchte, möglichst viel von dem wiederzugewinnen, was dem Reich in den zehn Jahren seit dem Tod seines Vaters verloren gegangen war. Allzu geschickt stellte er sich dabei nicht an, und er ging mit einer Härte vor, die er vielleicht durch bittere Erfahrungen mit Anno und Adalbert gelernt hatte. Aber er besaß kaum die Machtmittel, seine Ansprüche durchzusetzen. In Sachsen ließ er, um das entfremdete Reichsgut wieder in die Hand zu bekommen, eine Anzahl von Burgen bauen. Die Besatzungen bestanden aus süddeutschen, meist fränkischen Ministerialen – das waren Leute niedriger, unfreier Herkunft, die aber Waffen tragen durften, weil sie im Dienst des Königs standen. Das erbitterte die sächsischen Adeligen, die den König beschuldigten, er habe eine Fremdherrschaft errichtet. Und natürlich glaubten sie, sie hätten das, was sie sich während der Regentschaft der Witwe Heinrichs III. angeeignet hatten, ganz zu Recht erworben, und wenn der König jetzt auf ältere Rechte pochte, sei das reine Willkür. Es gelang ihnen sogar, ihre Bauern gegen Heinrich zu mobilisieren. Die hatten beim Burgenbau Frondienste (das heißt unbezahlte Arbeit) leisten müssen, und es war zu Übergriffen, Erpressung von Abgaben und zu Plünderungen gekommen.

Ein Aufstand brach los. Die Aufständischen hätten es wohl eher eine Fehde genannt. Sympathisanten hatten sie auch im Süden, vor allem unter den großen Adeligen. Heinrich musste nachgeben und zugestehen, dass seine Burgen geschleift wurden. Die sächsischen Bauern gingen dabei mit einer Gründlichkeit zu Werke, die man beinahe schon als deutsch bezeichnen kann. Sogar die Fundamente wurden wieder herausgerissen, und auch ein Kloster, das als Grabstätte für die Königsfamilie neben einer der Burgen errichtet worden war, ließen sie nicht stehen. Das dürfte etliche der adeligen Rebellen doch erschreckt haben. Wie, wenn die Bauern einmal auf den Gedanken kamen, dass sie ja auch andere Burgen als die des Königs ruinieren könnten? Im Jahr darauf (1075) gelang es Heinrich, die Aufständischen zu schlagen. Er konnte seine Burgen wieder aufbauen. Jetzt fühlte er sich mächtig. Aber gefestigt war seine Position in Deutschland deshalb noch nicht.

Solche Konflikte, man sieht es, pflegten sich hinzuziehen. Sie im Einzelnen zu verfolgen ist weder spannend noch sonderlich erkenntnisträchtig. Was Heinrichs Zwistigkeiten mit den Sachsen und ihren Gesinnungsfreunden Gewicht verleiht, ist der Umstand, dass sie sozusagen parallel gehen mit einem anderen, viel tieferen Konflikt, nämlich dem mit der Reformpartei in der Kirche. In Rom war 1059 eine neue Wahlordnung für die Papstwahl beschlossen worden: Stimmberechtigt sollten in Zukunft ausschließlich die Kardinäle sein. »Klerus und Volk« – und auch der Kaiser – hatten nur mehr die Befugnis, einer solchen Wahl zuzustimmen. Außerdem wurde die Laieninvestitur verboten.

Als zum ersten Mal ein Papst (Alexander II., 1061–1072) auf die neue Art erhoben wurde, ließ die deutsche Regentschaft zwar einen Gegenpapst wählen, tat aber nichts, ihn auch durchzusetzen. Zum ersten Mal machte auch eine Volksbewegung ihren Einfluss in der Kirche geltend: die Pataria, was so viel heißt wie Lumpengesindel. Sie stellte sich in den oberitalienischen Städten, vor allem in Mailand, im Sinne der Reform gegen den hohen Klerus, der sich aus dem Stadtadel rekrutierte und nicht davon lassen wollte, kirchliche Ämter und Pfründen auf die altbewährte Art unter sich zu verteilen. Der Pataria nahe stand ein Mann, der auch entscheidenden Einfluss auf den Erlass des Papstwahldekrets ausgeübt hatte: Hildebrand, päpstlicher Diakon und früherer Mönch, Vertrauter mehrerer Päpste und kompromissloser Reformanhänger. Früher hatte er mit einem von

Heinrich III. abgesetzten Papst die Verbannung in Deutschland geteilt.

Er wurde jetzt, 1073, zum Papst gewählt, obzwar nicht streng nach den Regeln der neuen Ordnung, und nahm den Namen Gregor VII. an. Alsbald ergingen neue, scharfe Bestimmungen gegen die »Simonie«. Und ein weiteres Thema wurde in Angriff genommen, das in der katholischen Kirche bis heute aktuell und umstritten ist: der Zölibat, also das Eheverbot für alle Kleriker, nicht nur für Mönche und hohe Würdenträger. Bis dahin war es durchaus üblich gewesen, dass »Weltpriester«, also das theologische Fußvolk in den Kirchengemeinden, verheiratet waren. (So wie das in der Ostkirche bis heute üblich ist.) Modernen Menschen, auch vielen Katholiken, erscheint der Zölibat als etwas Widersinniges, Kontraproduktives: Er zwingt, so wird argumentiert, die betroffenen Geistlichen entweder zur Heuchelei, oder er macht verklemmte Menschen aus ihnen. Zudem blockiert er ihnen den persönlichen Zugang zu einem Erfahrungsbereich, der gerade für sie als Seelsorger ungemein wichtig wäre: zu allem, was mit Sexualität, Ehe, Familie zu tun hat.

Damals sah man im Priester nicht, wie heute, in erster Linie den Seelsorger, eine Art geweihten Psychotherapeuten, sondern vor allem einen Spender der Sakramente, durch die er den Menschen die Gnade Gottes vermittelte. In den schweren Konflikten mit der weltlichen Gewalt, auf die die Reformkirche zusteuerte, würden unverheiratete Priester, die nicht durch Druck auf ihre Familien eingeschüchtert werden konnten, die unabhängigeren, zuverlässigeren Streiter sein. Zudem: Lehen, Pfründen, Privilegien neigten immer mehr dazu, als erblicher Besitz verstanden zu werden. Wenn das auch in der Kirche einriss, wenn Pfarrer ihre ältesten Söhne zu Nachfolgern heranzogen, dann wären ähnlich schwerfällige, ineffiziente Strukturen wie im Lehenssystem entstanden, die Kirche wäre noch weiter verweltlicht, zu einer Versorgungsanstalt für bevorzugte Familien mutiert. Ihr religiöser Auftrag wäre weiter verwahrlost. Es war vom Standpunkt der Kirchenreformer aus durchaus vernünftig, da einen Riegel vorzuschieben.

Im Register Gregors VII., also in dem, was man heute als seine Briefablage bezeichnen würde, fand sich später ein Papier, das als Dictatus Papae bezeichnet wird. Seine Entstehung ist nicht ganz geklärt. Offensichtlich aber stellt es eine Art Grundsatzprogramm des Papstes dar. Es ist in siebenundzwanzig Punkte oder Thesen gegliedert. Der Übersichtlichkeit halber lassen wir hier einige davon aus und kürzen andere.

- Einzig und allein von Gott ist die römische Kirche gegründet.
- Nur der römische Papst trägt zu Recht den Titel des universalen Papstes.
- Er ganz allein kann Bischöfe absetzen und auch wieder einsetzen.
- Von anderer Gemeinschaft ganz abgesehen, darf man mit Exkommunizierten sich nicht einmal in demselben Hause aufhalten.
- Nur der Papst verfügt über die kaiserlichen Insignien.
- Alle Fürsten haben die Füße einzig und allein des Papstes zu küssen.
- Nur sein Name darf in der Kirche genannt werden.
- In der ganzen Welt gilt nur dieser Papsttitel.
- Der Papst kann Kaiser absetzen.
- Über ihn besitzt niemand richterliche Gewalt.
- Die römische Kirche hat nie geirrt und wird nach dem Zeugnis der heiligen Schrift auch in Ewigkeit nicht irren.
- Wenn der römische Papst in kanonischer Wahl erhoben ist, dann wird er ohne Zweifel ... heilig durch die Verdienste des heiligen Petrus ...
- Wer nicht mit der römischen Kirche übereinstimmt, kann nicht als katholisch [rechtgläubig] gelten.
- Er kann Untertanen vom Treueid gegen unbillige [Herrscher] entbinden.

An eine breitere Öffentlichkeit, soweit es sie damals schon gab, dürfte das Dokument nicht gelangt sein. Dazu war sein Inhalt zu revolutionär. Es stürzte die damals bestehende Weltordnung um. Nicht mehr der Kaiser sollte den Papst in sein Amt einsetzen, sondern umgekehrt, »nur er (der Papst) verfügt über die kaiserlichen Insignien«, das heißt, er hat zu entscheiden, wer diese Insignien zu tragen, wer Kaiser zu sein hat. Die Kirche kann nicht irren, ist unfehlbar, und innerhalb dieser unfehlbaren Kirche hat der Papst uneingeschränkte Befehlsgewalt. Er ist von Amts wegen heilig, und das ist nicht als Floskel oder Metapher zu verstehen, sondern ganz wörtlich, und da er ein Heiliger ist, steht er über allen Menschen, auch über den weltlichen Herrschern. Die haben ihm die Füße zu küssen. Und wenn sich ein Herrscher dieser päpstlichen Macht nicht fügt, dann ist ihm niemand mehr Treue und Gehorsam schuldig, er stellt sich außerhalb der Gemeinschaft der Gläubigen. Dasselbe tut jeder, der gegen die Lehrmeinungen und Entscheidungen der Kirche (des Papstes) Einwände vorbringt. Es ist eine Art geistlicher Absolutismus, der hier verkündet wird, ein totaler Anspruch, der sich, religiös fundiert, in erster Linie auf den politischen Bereich erstreckte. Datiert wird der Dictatus Papae in das Jahr 1075.

Ob die Menschen jener Zeit überhaupt hätten begreifen können, was hier gefordert wurde? Jedenfalls können wir sagen, dass dies der Geist war, der die Politik des Papstes in den kommenden Jahren bestimmte. Heinrich IV. andererseits, der gerade den Sachsenaufstand niedergeschlagen hatte, war nicht bereit, auf diese Umkehr der Machtverhältnisse einzugehen.

Zum Ausbruch kam der Konflikt über die Frage der Neuvergabe des Erzbistums Mailand und zweier anderer italienischer Bistümer. In Mailand setzte Heinrich, so wie das seine Vorgänger getan hatten, im Einvernehmen mit dem Stadtadel und dem etablierten Klerus einen neuen Erzbischof ein. Dagegen rebellierte die Pataria und wählte einen anderen, der vom Papst bestätigt wurde. Das war ein unerhörter Vorgang. Üblich war, dass der Kaiser bzw. König einen Kandidaten bestimmte, »Volk und Klerus« bzw. das Domkapitel ihn dann wählten.

Gregor hatte kurz zuvor wegen ähnlicher Vorfälle den französischen König Philipp mit dem Kirchenbann belegt. Jetzt richtete er ein Schreiben an Heinrich IV., in dem er sich über dessen Vorgehen beschwerte und ihn an das Schicksal des biblischen Saul erinnerte, der wegen seines Hochmuts von Gott bestraft worden sei.

Heinrich war nicht gewillt, sich sein wirksamstes Machtmittel, die Reichskirche, einfach aus der Hand schlagen zu lassen. Er berief eine Versammlung deutscher Bischöfe ein, die sich in Worms trafen. Das waren lauter Herren aus hohem Adel. Sie hatten sich seit geraumer Zeit über immer neue Reform-Anordnungen aus Rom geärgert, wollten sich von einem Papst, der aus plebejischen Verhältnissen stammte, nicht weiter schikanieren lassen. Die Versammlung erklärte Gregor für abgesetzt, schickte ihrerseits einen Brief, in dem sie ihn »nicht mehr Papst, sondern falscher Mönch Hildebrand« nannte und ihn feierlich aufforderte, von dem »angemaßten Stuhl Petri« herabzusteigen. In sehr starken Worten warfen sie ihm vor, sich über alle anderen Geistlichen, die »Gesalbten des Herrn«, gestellt zu haben.

Mit dieser Absetzung hatte sich Heinrich sichtlich übernommen. Auch sein Vater und dessen Vorgänger hatten, wir sahen es, Päpste ab- und andere eingesetzt. Aber sie hatten das in Rom getan, mit einem Heer im Rücken, nicht aus der Ferne und schriftlich. Bei Übergabe und Verlesung dieses Briefes soll es in Rom zu Ausschreitungen und Tätlichkeiten von Gregors Anhängern gegen die deutschen Gesandten gekommen sein. Der Papst griff nun zu seiner schärfsten Waffe: Er verhängte den Kirchenbann über Heinrich, das hieß, er stieß ihn aus der Kirche aus und, da er ja König war, mit ihm alle seine Anhänger, sein ganzes Land.

Wir, für die kirchliches Leben etwas ist, was ein immer kleiner werdender Teil der Gesellschaft freiwillig auf sich nimmt, von der Mehrheit eher befremdet und mit Unverständnis beobachtet, wir können uns nicht mehr vorstellen, was dieser Bann und das mit ihm verbundene Interdikt, das Verbot kirchlicher Handlungen, für Menschen bedeutete, denen Religion ein wichtiges, ein unentbehrliches Mittel war, ihr Leben zu bewältigen, die Frage nach dem Sinn dieses Lebens zu beantworten. Die Kirchen blieben verschlossen, die Glocken stumm. Es konnte keine Messe mehr gelesen werden, die Gemeinden konnten sich nicht im Gebet versammeln. Die kirchlichen Feste, die den Rhythmus des Jahreslaufes bestimmten, fielen aus. Niemand konnte ordnungsgemäß eine Ehe schließen, die Sterbenden mussten ohne Beichte und Wegzehrung den Schritt ins Dunkel gehen. Allen Sündern waren Buße und Absolution verwehrt. Es war, als sei jedes Leben erstorben oder zumindest jeden Inhalts, jeden Sinns beraubt.

Für Heinrichs Gegner allerdings, die er im Jahr davor schon besiegt zu haben meinte, war das eine Chance. Eine Anzahl von Fürsten, auch von Bischöfen gingen zu ihnen über. Sie versammelten sich in Tribur am Rhein und stellten dem König wieder einmal ein Ultimatum: Er solle binnen Jahresfrist die Aufhebung des Bannes erreichen, ansonsten werde er abgesetzt, ein neuer König gewählt. Natürlich nahm man an, dass es ihm nie und nimmer gelingen könne, diese Frist einzuhalten, ja sich überhaupt vom Bann zu lösen. Der Papst wurde eingeladen, nach Deutschland zu kommen und Schiedsgericht über König und Fürsten zu halten. Das war eine Rolle, die hervorragend zu Gregors Selbstverständnis passte. Er machte sich alsbald auf den Weg.

Dies war also die Vorgeschichte der Tage von Canossa. Eigentlich war Heinrich am Ende. Er hatte den Papst und die Mächtigen seines Landes gegen sich, musste froh sein, wenn ihm einzelne Städte zeitweilig Schutz und Obdach gewährten. Ein Heer, um seine Autorität durchzusetzen, stand ihm nicht mehr zur Verfügung. Er entschloss sich also zu einem Schritt, den man entweder als verzweifelt oder als genial bezeichnen kann. Nur von seiner Frau und einem kleinen Gefolge begleitet, brach er nach Italien auf. Dabei musste er den Umweg über Burgund nehmen, weil ihm die Herzöge von Bayern und Schwaben den Weg über ihre Alpenpässe verwehrten.

Gregor, als er erfuhr, der König sei in Italien, glaubte nicht anders, als dass er mit einem Heer gekommen sei. Und es gab auch hier Reformgegner, die sich einer solchen Aktion gern angeschlossen hätten. Also zog sich Gregor eilends auf die Burg Canossa zurück, die einer seiner treuesten Anhängerinnen gehörte, der Markgräfin Mathilde von Tuszien. (Über das Verhältnis des Papstes zu dieser Frau haben sich spätere Schriftsteller den üblichen Phantasien hingegeben. Da man aber nichts Genaues weiß, sollte man lieber darüber schweigen.) Mathilde selbst und die intellektuelle Leitfigur der Reformpartei, der Abt Hugo von Cluny, waren ebenfalls anwesend.

Hier also erschien Heinrich im Büßergewand und stellte sich drei Tage in Folge barfuß in den Schnee des Burghofes. Für einen König war das eine noch nie da gewesene Geste der Demütigung. Andererseits aber war es für Papst Gregor eine höchst unwillkommene, eine in jeder Hinsicht peinliche Situation. Natürlich wollte er den König unter keinen Umständen vom Bann lösen. Er wollte nach Deutschland reisen, Heinrich absetzen, einen neuen König bestimmen und die Oberherrschaft der Kirche über das damals mächtigste Land Europas errichten.

Aber als Priester, das machten ihm wohl auch die Markgräfin und der Abt klar, als Oberhaupt der Mutter Kirche hätte er sich jeder moralischen Autorität begeben, wenn er sich geweigert hätte, einem Sünder zu vergeben, der seine Reue so augenfällig zeigte. Das wäre in den Augen der Menschen grausam und unmenschlich gewesen. Es blieb ihm gar nichts übrig, als Heinrich zu verzeihen. Es wurde sogar ein Versöhnungsmahl gehalten, zusammen mit Mathilde und Hugo. Die Stimmung dabei muss man sich vorstellen!

Gregors Triumph war also zugleich eine diplomatische Niederlage. Aus seiner Reise nach Deutschland und der Schiedsrichterrolle wurde nichts. Heinrich dagegen hatte Zeit gewonnen, konnte heimkehren und sogar ein Heer aufstellen, um seine Gegner zu bekämpfen. Die hatten inzwischen einen Gegenkönig gewählt, Rudolf von Rheinfelden, den die Regentin Agnes seinerzeit zum Herzog von Schwaben erhoben hatte. Zwei Jahre später fand Gregor einen Vorwand, Heinrich erneut zu bannen. Aber das scheint nicht mehr die Wirkung gehabt zu haben wie beim ersten Mal. Zu offensichtlich war der politische Zweck dieser Kirchenstrafe. Außerdem fiel der Gegenkönig Rudolf im Kampf. Das heißt, es wurde ihm die rechte Hand abgeschlagen, und er starb an dieser Verwundung. Für die Menschen damals war das das Zeichen eines Gottesurteils: die rechte Hand, mit der er seinem König die Treue geschworen hatte!

Ein Großteil der deutschen und auch der italienischen Bischöfe stellte sich wieder auf Heinrichs Seite, erklärte Gregor erneut für abgesetzt und wählte einen Gegenpapst. Mit dem – und natürlich mit einem Heer – zog Heinrich 1084 nach Rom und ließ sich zum Kaiser krönen. Gregor VII. verschanzte sich unterdessen in der uns schon bekannten Engelsburg. Von dort aus rief er die Normannen aus Unteritalien zu Hilfe. (Warum diese Nachkommen der Wikinger nicht nur die Normandie und seit 1066 England, sondern auch Sizilien und den Süden Italiens beherrschten, muss erklärt werden, aber das würde hier zu weit führen, wir verschieben es deshalb.) Die Normannen kamen tatsächlich, hauten ihn heraus und zwangen den Kaiser und seine Leute zum Abzug. Dann aber hausten sie derart in Rom, dass der Papst den Volkszorn hätte fürchten müssen, wenn er ohne ihren Schutz zurückgeblieben wäre. Er ging also mit ihnen und starb im Jahr darauf, vierundsechzig Jahre alt, in Salerno. Im dortigen Dom kann man heute noch sein Grab besichtigen. Es trägt die Inschrift: »Ich habe die Gerechtigkeit geliebt und das Unrecht gehasst, deshalb sterbe ich im Exil«. Das sollen seine letzten Worte gewesen sein, subjektiv sicher aufrichtig. 1606, während der Gegenreformation, hat ihn die katholische Kirche heiliggesprochen.

Die deutschnationale, meist von Protestanten geschriebene Geschichtsschreibung des 19. Jahrhunderts sah ihn natürlich anders: als Urbild des herrschsüchtigen Pfaffen. Von solchen Vorstellungen zeigt sich auch Bismarck in der zitierten Reichstagsrede beeinflusst. Und er hatte damit den Nerv seiner Zeit getroffen, das ist daran zu ersehen, wie begierig diese Redewendung aufgenommen und tausendfach wiederholt wurde. Canossa war eine nationale Schmach gewesen, die sich nie mehr wiederholen durfte!

Wie immer, wenn ein Zeitalter seine eigenen Wertmaßstäbe an ein anderes Zeitalter legt, stimmte dieses Urteil nur bedingt. Natürlich hatte sich Heinrich IV. vor dem Papst demütigen müssen. Aber Kirchenbuße zu tun war für einen mittelalterlichen Christen, auch für einen Herrscher, keine Schande, nichts, was ihn verächtlich oder lächerlich machte. Man sieht ihn allzu einseitig, wenn man immer nur das Bild von Canossa vor Augen hat.

Ja, er war ein unglücklicher Mensch, wahrscheinlich tief traumatisiert durch die Erlebnisse seiner Kindheit. Er schätzte seine Möglichkeiten oft falsch ein, unter ihm stürzte das Reich von dem Höhepunkt der Macht, den es unter Heinrich III. erreicht hatte. Er musste Niederlagen hinnehmen, die innere Zerrissenheit erreichte nie da gewesene Ausmaße. Andererseits: Gerade weil er den Großteil des Adels gegen sich hatte, musste er sich auf Kräfte stützen, die zu seiner Zeit aufkamen und Bewegung in das starre Gefüge der Feudalgesellschaft brachten: auf die Städte, die damals begannen, nach Unabhängigkeit von ihren Oberherren, meist einem Bischof, zu streben und Ansätze einer selbstverwalteten bürgerlichen Gesellschaft zu entwickeln, wie sie dann im Spätmittelalter zu voller Blüte kam. Und auf die Ministerialen, die sich mit der Zeit von ihrer unfreien Herkunft emanzipieren und mit dem niederen Adel eine einheitliche Klasse bilden konnten, den Ritterstand, erster Träger einer weltlichen, nichtklerikalen Kultur in Deutschland, der so große Leistungen wie die mittelhochdeutsche Lyrik und die großen Epen hervorbringen sollte. Falls es in der Geschichte überhaupt etwas wie Fortschritt gibt, dann war Heinrich IV. – wenn auch eher gezwungenermaßen – auf seiner Seite. Er war auch der erste Kaiser, der das Fehdewesen, diese Landplage, einzudämmen versuchte. (Damit verwirklichte er paradoxerweise eine Forderung der cluniazensischen Reform.) 1103 verkündete er einen allgemeinen Landfrieden, den die Fürsten sogar beschworen. Nicht, dass man für alle Zeiten auf seine Privatkriege verzichtete, aber wenigstens für vier Jahre sollte der Frieden eingehalten werden.

Davor allerdings hatte sein zweiter Italienzug (1090–1097) ein wenig ruhmvolles Ende genommen. Anlass war ein Bündnis, das durch eine bizarre Eheschließung zustande gekommen war: Die vierzigjährige Markgräfin Mathilde von Tuszien (Toskana), die wir schon von Canossa her kennen, hatte den siebzehnjährigen Sohn Welf des Bayernherzogs geheiratet. (Bei dem böhmischen Chronisten Cosmas von Prag findet sich eine deftige Anekdote über die missglückte Hochzeitsnacht dieses ungleichen Paares. Adel, Klerus und Volk scheinen sich allenthalben das Maul zerrissen zu haben.) So entstand eine Verbindung zwischen den süddeutschen und den oberitalienischen Feinden des Kaisers. Sein Versuch, dagegen einzuschreiten, führte lediglich dazu, dass er schließlich mit einem Rest seines Heeres vier Jahre lang in Verona festsaß, sich weder nach Norden über die von den Bayern blockierten Alpenpässe bewegen konnte, noch nach Süden, wo ihm Mathildes Verbündete den Weg versperrten. Erst als die seltsame Ehe gescheitert war, wechselte Bayern wieder einmal die Seiten, der Kaiser konnte nach Deutschland zurückkehren.

Dort gingen die Kämpfe weiter. Schon 1093, also während der Abwesenheit Heinrichs in Italien, hatte sich sein ältester Sohn mit der päpstlichen Partei verbündet. Er war inzwischen verstorben. Jetzt, 1104, fiel der zweite Sohn, Heinrich, den er 1103 zum König hatte krönen lassen, von ihm ab. Das ist eine der hässlichsten Einzelheiten, die es aus der mittelalterlichen Kaisergeschichte zu berichten gibt: wie sich dieser Heinrich V. scheinbar zur Versöhnung bereit erklärt, wie er es versteht, das Misstrauen seines Vaters zu besänftigen, ihn auf die Burg Böckelheim zu locken. Und wie er ihn dort dann gefangen hält.

Natürlich, Heinrich V. befürchtete, die Fürsten würden wieder einen Gegenkönig wählen, es werde ihnen diesmal endlich gelingen, den Kaiser abzusetzen, und damit werde die Krone ihm selbst und der ganzen Salierdynastie endgültig verloren gehen. Außerdem herrschten im Reich chaotische Zustände, es kam sogar zu Hungersnöten. Aber die Hinterlist, mit der er sich seines Vaters bemächtigte, gibt doch ein widerwärtiges Schauspiel ab.

Es gelang Heinrich IV. erstaunlicherweise, aus seiner Haft zu entfliehen. Unbeugsam und zäh, wie er war, fing er sogar noch einmal an, Anhänger zu sammeln. Aber noch bevor es zu Kämpfen kam, starb er (1106). Nach unseren Begriffen war er nicht alt geworden, sechsundfünfzig Jahre. Fünfzig Jahre lang war er König gewesen, vierzig Jahre lang hatte er selbst geherrscht, sich durch eine endlose Kette von Niederlagen und temporären Erfolgen gekämpft. Das, wofür er stand, die Macht des Kaisertums über die Kirche, war beinahe in Vergessenheit geraten. Die Menschen müssen das Gefühl gehabt haben, dass da einer abtrat, dessen Zeit schon längst vorbei war. Sein Leichnam wurde, da er bei seinem Tod noch immer unter Kirchenbann gestanden hatte, in einer ungeweihten Kapelle aufgebahrt und erst 1111 im Dom von Speyer beerdigt.

Vielleicht war man den ewigen Streit auch leid. Heinrich V. fand zunächst allgemeine Anerkennung. Allerdings wurde bald offenbar, dass er nichts anderes anstreben konnte als sein Vater. Ohne die Reichskirche war Deutschland nicht zu beherrschen. Also geriet auch er in Konflikt mit dem Papsttum, wurde zweimal von der Kirche gebannt und bekam es mit einer Fürstenopposition zu tun. Wir wollen darüber nicht ausführlich erzählen. Einmal, weil das Thema eintönig zu werden beginnt, zweitens, weil man sich ungern mit einem unsympathischen Charakter wie Heinrich V. beschäftigt. Aber wie der Investiturstreit ausging, also die Frage, wer das Sagen haben solle, wenn es um die Bistümer und ihre Machtmittel ging, das muss doch noch erwähnt werden.

Auf seinem ersten Italienzug versuchte Heinrich V. zusammen mit Papst Paschalis II. eine Radikallösung: Die Kirche sollte alle weltlichen Güter und Machtmittel an die Krone abgeben und dafür das alleinige Recht zur Investitur der Bischöfe erhalten, die sich dann (so wie heute) auf ihre spirituellen Aufgaben beschränkt oder vielmehr konzentriert hätten. Dagegen erhob sich wütender Protest von Seiten der deutschen Kirchenfürsten. Sie hatten nicht vor, auf ihre weltliche Macht und ihre Reichtümer zu verzichten. Und wovon sollten sie schließlich leben?

Heinrich V. reagierte auf eine für ihn sehr kennzeichnende Weise: Er nahm Papst Paschalis gefangen und erpresste ihn. Jetzt musste der Papst *ihm* das alleinige Investiturrecht zugestehen und außerdem schwören, ihn niemals mit dem Kirchenbann zu belegen. Natürlich blieb auch diese Regelung nicht bestehen, sondern wurde von kirchlicher Seite widerrufen, sobald der Kaiser (Heinrich hatte Paschalis auch gezwungen, ihn zu krönen) wieder weit weg in Deutschland war. Erst 1122 gelangte man, nachdem zwischenzeitlich Papst Paschalis und sein Nachfolger verstorben waren, zu einer Einigung. Ähnliche Verträge hatte die Kurie vorher mit dem englischen und dem französischen König geschlossen.

Man unterschied also jetzt, wenn es um das Bischofsamt ging, zwischen den Temporalien, den weltlichen Besitztümern und Machtbefugnissen, und den Spiritualien, den geistlichen, priesterlichen Aufgaben des Amtes. Für die Spiritualien standen als Insignien Ring und (Bischofs-)Stab, für die Temporalien das Szepter.

Gewählt werden sollte der Bischof vom Domkapitel, in Deutschland aber in Anwesenheit des Königs/Kaisers, dem die Entscheidung zustand, wenn keine Einstimmigkeit erreicht wurde. Der Kaiser hatte in Deutschland das Recht, dem neu gewählten Bischof als Erster das Szepter zu verleihen und ihn so in sein Amt einzuführen. Erst dann wurde er von einem Kirchenvertreter mit Ring und Stab ausgestattet. In Italien und in Burgund, das seit den Zeiten Heinrichs III. ebenfalls zum Reich gehörte, sollte die Reihenfolge umgekehrt sein.

Man nennt diesen Vertrag das Wormser Konkordat, weil er in dieser Stadt abgeschlossen wurde. Konkordat heißen bis heute alle Verträge, die das Verhältnis zwischen der katholischen Kirche und einem Staat regeln. War das Wormser Konkordat ein guter Kompromiss, eine vernünftige Regelung? Im Sinne der Zeit kann man das bejahen: Es brachte die Verfechter der kirchlichen Reform ihren Zielen einen Schritt näher, indem es Geistliches und Weltliches zumindest gedanklich auseinander hielt. Und es sicherte andererseits den Bestand der Reichskirche, ohne die die Ausübung der Herrschaft in Deutschland nicht möglich war. Aber es blieb auch sehr viel Konfliktstoff zwischen den Universalmächten Kaiser und Papst bestehen. Und aus der Sicht von heute kann man fragen, ob es für die Entwicklung in Deutschland nicht zuträglicher gewesen wäre, wenn die Kaiser vor die Notwendigkeit gestellt worden wären, staatliche Strukturen – Verwaltung, einheitliches Recht, Gerichtswesen, Steuern usw. – zu entwickeln, so wie das, zunächst in Ansätzen, aber mit sich steigernder Dynamik im normannischen England und später auch in Frankreich geschah.

Aber es hat natürlich nicht viel Sinn, im Nachhinein danach zu fragen, was hätte sein können und sollen.

Kapitel 7
Was heißt deutsch?

Ist Ihnen aufgefallen, dass in den letzten Kapiteln wiederholt die Ausdrücke »deutsch« und »Deutschland« vorkamen? Was das Wort Deutschland angeht, so ist es für die Zeit, von der die Rede war, immer noch ein Anachronismus. Man kannte es nicht, sprach allenfalls von »deutschem Land«, »deutschen Landen«. Noch Walther von der Vogelweide (etwa 1170–1230) schreibt in einem seiner politischen Gedichte:

»Sô wê dir, tiuschiu zunge
wie stêt dîn ordenunge!«

Mit der deutschen Zunge meint er offensichtlich Deutschland oder die Deutschen als Gesamtheit. Aber der Name Deutschland wurde nicht vor dem 15. Jahrhundert gebraucht.

Wohl aber gab es schon seit karolingischer Zeit das Wort »deutsch«, oder vielmehr Þiotisc, wobei das seltsame Zeichen Þ wie ein englisches th auszusprechen ist. Þiotisc leitet sich ab von Þiot, und das heißt »Volk«. (Es steckt noch in heute etwas aus der Mode gekommenen Eigennamen wie Dietrich, »Volkskönig«, Dietmar, »der im Volk Berühmte«, Diethelm, Dietlinde und dergleichen.) Þiotisc bedeutet also ursprünglich »in der Volkssprache«, nicht im gelehrten Latein der Kleriker. In diesem Sinne taucht das Wort schon im 8. Jahrhundert auf, aber seltsamerweise nicht in Deutschland, sondern in England, und dort bedeutet es dann natürlich »auf Altenglisch«.

Im Althochdeutschen wird aus Þiotisc dann diutisc und im Mittelhochdeutschen »tiusch« oder »tiutsch«, wobei das iu wie ü auszusprechen ist. Das bezeichnete ursprünglich auch bei uns den Gegensatz zum Latein. Im Laufe der Zeit aber kamen die Stämme des Ostfrankenreiches immer öfter in Berührung mit Leuten, die »anders« sprachen als sie: die fränkische Oberschicht im Westreich wurde romanisiert und sprach jetzt (alt)französisch. Als sich 842 der west- und der ostfränkische

König gegen ihren Bruder Lothar verbündeten und dieser Pakt von ihren Heeren beschworen werden sollte, musste man den Text ins Altfranzösische und ins Althochdeutsche übersetzen, damit die Krieger auch verstanden, was sie da schworen. Diese so genannten Straßburger Eide gehören zu den ältesten Zeugnissen beider Sprachen. Später, auf den Romzügen der sächsischen und salischen Kaiser, begegnete man Menschen, die eine andere romanische Sprache gebrauchten, das sich aus dem Vulgärlatein entwickelnde Italienisch. Alle romanischen Sprachen fasste man unter dem Begriff »welsch« zusammen, nannte ihre Sprecher »Welsche«. Das hatte keine abschätzige Bedeutung, sondern war von der germanischen Bezeichnung für einen keltischen Volksstamm (Volcae) abgeleitet. Die steckt noch in Länder- und Ortsnamen wie Wallis, Wales, Wallonien, Walchensee, Straßwalchen usw. Im Osten wiederum traf man auf Slawen, nicht nur auf die christianisierten Polen und Tschechen (der Name war unbekannt, Böhmen nannte man sie), sondern auch auf »Wenden«, jene Stämme also, die hartnäckig an ihrer althergebrachten Religion und Lebensform festhielten und im Zuge der Ostkolonisation nur sehr langsam integriert wurden. (Noch im 16. Jahrhundert lebten etwa in der Mark Brandenburg Menschen, die ein slawisches Idiom sprachen.)

Diutisc, tiutsch, Deutsch also war die Sprache, die man selbst sprach, im Gegensatz zu diesen anderen Völkern. Genauer gesagt und in heutiger Terminologie formuliert: die Sprache der in Mitteleuropa südlich von Dänemark ansässigen Stämme germanischer Abstammung. Die nordischen Sprachen (Dänisch, Schwedisch, Norwegisch, Isländisch und ihre Vorstufe, das Altnordische) gehörten nicht dazu, dagegen bezeichneten auch Holländer und Flamen ihre Sprache als Duutsc, Dietsc, später als Duits. Deswegen heißt auf Englisch dutch nicht etwa deutsch sondern holländisch, ein Dutchman ist ein Holländer. (Außer in Amerika, da ist das eine etwas abschätzige Bezeichnung für deutsche Einwanderer, und Pennsylvania Dutch ist eine Redeweise, die auf pfälzischem Dialekt mit englischen Einsprengseln basiert. Man begegnet ihr z. B. in John Updikes Rabbit-Romanen.) Erst als sie gegen die Spanier um ihre Unabhängigkeit kämpften und sich so auch vom Reich lösten, begannen die Holländer, ihre Sprache »Nederlands« zu nennen.

Es lag nahe, den Namen der Sprache auf ihre Sprecher zu übertragen. Die, die deutsch sprachen, waren dann eben die Deutschen. Heinrich II. (973–1024, der, der den Bamberger Dom bauen ließ) gebrauchte als Erster den Titel »rex teutonicorum«, König der Deutschen, wobei seine gelehrten Schreiber auf eine lateinische Form des Namens zurückgriffen, die sich eigentlich auf einen Germanenstamm aus altrömischer Zeit bezog und mit den mittelalterlichen Deutschen wenig zu tun hatte. Immerhin zeigt der Gebrauch dieses Titels, dass sich unter den Stämmen des Ostfrankenreiches eine Art Zusammengehörigkeitsgefühl entwickelt hatte oder zumindest suggeriert werden sollte.

Denn natürlich waren diese Deutschen alles andere als ein einheitliches Volk, war auch ihre Sprache keineswegs auf einheitliche, für alle verbindliche Formen festgelegt. Noch heute, nach mehr als zweihundert Jahren Schulpflicht und trotz der Allgegenwart der Standardsprache im öffentlichen Leben und in den ständig auf uns eindonnernden Medien, merkt man der Mehrheit der Deutschen, sobald sie den Mund auftun, noch an, woher sie kommen. (Da wünscht man sich dann manchmal, sie hätten ihn in Gottes Namen zugelassen.) Damals aber kamen die Menschen ja fast nie oder jedenfalls äußerst selten aus ihrer engeren Sprachheimat heraus. Auch die Adeligen und die Kleriker dürften stark dialektgefärbt gesprochen haben. Wie denn sonst? Eine Standardsprache existierte nicht. An den Königshöfen, bei Reichstagen und anderen großen Veranstaltungen hat man augenscheinlich einen Weg gefunden, miteinander zu reden. Man dürfte allzu krasse Lokalismen vermieden haben. Dass sprachliche Unterschiede auch Aggressionen wecken konnten, liegt als Vermutung nahe. Die sächsischen Bauern sahen in den fränkischen Ministerialen, die Heinrich IV. auf seinen Burgen stationierte, wahrscheinlich unverständlich kauderwelschende Fremde. Das erklärt zum Teil ihre Wut.

Wir wissen sehr wenig darüber, wie solche Bauern oder auch ihre adeligen Herren wirklich redeten. Die wenigen Texte, die aus althochdeutscher oder frühmittelhochdeutscher Zeit, also aus der Zeit der Ottonen und Salier erhalten sind, sind von Klerikern geschrieben, von Leuten, die sprachlich am Latein geschult waren und durch ihre Bildung über lokale Beschränktheiten hinwegdenken konnten. Ihre Sprache war nicht die des gemeinen Mannes, nicht die, die wirklich gesprochen wurde. Ohnehin blieben sie meist lieber beim Latein. Obwohl die Humanisten später sehr viel über die Verderbtheit des Mönchslateins spotteten, gab es da doch immer noch einigermaßen gültige orthographische und grammatische Regeln. Die gab es im Deutschen nicht.

Was war denn das für eine Sprache? In der Zeit, von der hier zuletzt die Rede war, stand sie an einem Übergang: vom Althochdeutschen zum Mittelhochdeutschen. Natürlich erfolgte so ein Sprachwandel nicht in Form einer Zäsur, sondern sehr langsam, den Sprechern weitgehend unbewusst und auch lokal mit unterschiedlicher Intensität. Das merkt man deutschen Dialekten bis heute an. Der Ausdruck »Hochdeutsch« bedeutet in diesem Zusammenhang auch etwas anderes, als wir im Allgemeinen darunter verstehen. Wenn wir heute von jemandem sagen, er oder sie spreche hochdeutsch, dann meinen wir, diese Person spreche »nach der Schrift«, also weder Dialekt noch die vor allem in größeren Städten übliche Umgangssprache, sondern das Standarddeutsch, so wie es Schauspieler und Rundfunksprecher artikulieren, Politiker, wenn sie deutschlandweit »ankommen« wollen. Das reinste Hochdeutsch spricht man angeblich in der Gegend von Hannover. (Meinen jedenfalls die Hannoveraner.) Ein solches Standarddeutsch sprach im Mittelalter niemand, weil es, wie schon bemerkt, nicht existierte. Hochdeutsch im Sinne der Sprachgeschichte meint, wie es ein Fachlexikon formuliert, »die Gesamtheit aller Dialekte, die von der zweiten (althochdeutschen) Lautverschiebung erfasst wurden, im Gegensatz zu den niederdeutschen Dialekten, die diese Lautverschiebung nicht mitgemacht haben«.

Mit einer ersten Lautverschiebung hatte sich das Germanische von einer größeren Sprachengruppe, dem Indoeuropäischen, getrennt, mit der zweiten jetzt das Deutsche oder vielmehr Hochdeutsche, vom Germanischen. Mit den Regeln und Ausnahmen dieser Lautverschiebungen haben sich Generationen von Germanistikstudenten und -innen gequält, sie sollen hier niemandem zugemutet werden. Die auffälligste Veränderung ist, dass die harten Verschlusslaute, nämlich p, t und k zu f oder pf, s oder ts und ch werden. Deshalb heißt die Pfeife auf Plattdeutsch Pipe, die Zeit Tid, und statt machen sagt man maken, statt ich sagen echte Berliner heute noch ick oder icke. Niederdeutsch also sind die norddeutschen Dialekte, Hochdeutsch die süd- und mitteldeutschen, also Bairisch, Schwäbisch, Fränkisch mit den Abarten Hessisch und Pfälzisch, das, was man heute Sächsisch nennt, und das nach dem Zweiten Weltkrieg verklungene Schlesisch.

Also sollten wir eigentlich nicht nur vom Althochdeutschen und Mittelhochdeutschen sprechen, sondern auch vom Altniederdeutschen und Mittelniederdeutschen. Die Ottonenkaiser haben höchstwahrscheinlich nicht hochdeutsch, sondern so gesprochen, wie es in ihrem Herzogtum Sachsen üblich war, nämlich niederdeutsch. Dass man so viel häufiger vom Hochdeutschen spricht, hat den Grund, dass in dieser Sprachform ein Großteil der überlieferten Literatur geschrieben ist und dass sich aus ihr seit Anfang der Neuzeit unsere heutige Standardsprache entwickelt hat.

Vom Alt- zum Mittelhochdeutschen gibt es dann noch einmal Veränderungen. Lange Vokale werden zu Zwielauten (Diphtongen). Deswegen sagen wir (außer eben auf Platt sowie in Schwyzerdütsch und anderen allemannischen Dialekten) Zeit statt zît, Haus statt hûs. Aus Walthers »tiuschiu zunge« ist eine deutsche Zunge geworden. Das weiter oben zitierte Liebesgedicht klingt in unserer Sprache so:

Du bist mein, ich bin dein,
des sollst du gewiß sein.
Du bist beschlossen
in meinem Herzen.
Verloren ist das Schlüsselein,
du mußt immer drinnen sein.

Natürlich gibt es noch viel mehr Änderungen vom Alt- zum Mittel- und weiter zum Neuhochdeutschen. Vor allem fallen die vollen Endungen weg oder werden zu einem abgeschwächten -e. Statt taga sagt man jetzt Tage, statt namo Name, statt in himilon im Himmel. Aber Schluss mit dem Gefiesel! Schauen wir lieber ein paar kurze Texte an und versuchen wir uns vorzustellen, wie das geklungen haben mag. Die ersten, die althochdeutschen, sind vor der Zeit entstanden, mit der wir es zu tun haben. Aber sie zeigen, wo diese Sprache herkam und wie sie sich entwickeln musste, damit sie dann – sehr viel später – zu einer »Hochsprache« werden konnte.

Der erste dieser Texte hätte eigentlich gar nicht aufgeschrieben werden dürfen, und schon gar nicht auf das Vorsatzblatt einer geistlichen Handschrift im Kloster Fulda. Geschrieben von einem Mönch, verbotenerweise, wie wir annehmen können. Später ist die Handschrift nach Merseburg gekommen. Deswegen wird dies der »Erste Merseburger Zauberspruch« genannt. (Es gibt noch einen zweiten.)

Eiris sazun idisi, sazun hera duoder
suma hapt heptidun, suma heri lezidun
suma clubodun umbi cuoniouuidi:
insprinc haptbandun, inuar uigandun.

Alles klar? Versuchen wir es mit einer Übersetzung in heutiges Deutsch:

Einst saßen Idise, saßen hier oder dort.
Einige hefteten Hafte, einige hemmten das Heer,
einige entflochten Gliedern die Fesseln:
»Entspring den Haftbanden, entflieh den Feinden!«

Gestehen wir frank, dass wir immer noch nicht sehr viel kapieren. Wer sind diese Idise, was geht hier vor, und was soll das Ganze? Es handelt sich, belehren uns die Altgermanisten, um eine Art Walküren, Schlachtjungfrauen, Halbgöttinnen. Hier helfen sie gefangenen Kriegern zur Flucht, und eben dazu, zur Befreiung aus Kriegsgefangenschaft, soll es gut sein, wenn man diesen Spruch aufsagt.

Eine dunkle, schwer nachvollziehbare Vorstellungswelt tut sich kund. Was dem Klosterbruder wohl passiert wäre, wenn man ihn beim Niederschreiben solch heidnischen Gemurmels erwischt hätte? Kaum zu glauben, dass unser zweiter Text aus dem gleichen Jahrhundert datiert:

Dat gafregin ih mit firahim firiuuizzo meista,
dat ero ni uuas noh ûfhimil,

noh paum ... noh pereg ni uuas, ni ... nohheinîig
noh sunna ni scein,
noh mâno ni liuhta,
noh der mâreo sêo.
Dô dâr niuuiht ni uuas enteo ni uuenteo,
enti dô uuas der eino almahtîco cot, manno miltisto,
enti dâr uuârun auh manake mit inan cootlîhhe geistâ.

Das erfuhr ich unter den Menschen als der Wunder größtes,
dass Erde nicht war, noch oben der Himmel,
nicht Baum ..., noch Berg nicht war, noch ... irgendetwas,
noch die Sonne nicht schien,
noch der Mond nicht leuchtete,
noch das herrliche Meer.
Als da nichts war an Enden und Wenden,
da war der eine allmächtige Gott, der Wesen gnädigstes,
und da waren mit ihm auch viele herrliche Geister.

Das ist um 790 im Kloster Wessobrunn in Oberbayern aufgeschrieben worden und heißt deshalb ›Wessobrunner Gebet‹. Es mag auch nicht mehr unserem heutigen Fühlen und Denken entsprechen, aber nachvollziehbar ist es allemal. Großartig ist, wie der Text gerade aus den Mängeln der Sprache Kraft und Wucht gewinnt. Das Althochdeutsche hatte ja noch kaum Wörter für abstrakte Begriffe und Gedanken. (Die fanden erst die Mystiker des späten Mittelalters.) Der Schreiber musste sich ganz in konkreten Bildern ausdrücken: »dat ero ni uuas noh ûfhimil«. Und gerade das ist das Schöne an diesem Gebet.

Solches Althochdeutsch dürfte man zur Zeit Heinrichs I. und Ottos des Großen noch gesprochen haben. Im 11. und an der Wende zum 12. Jahrhundert war es schon verklungen. Die Sprachstufe, in die es überging, haben wir schon an den Zeilen kennen gelernt, die die unbekannte Nonne an ihren Freund schrieb. Schauen wir sie uns aber noch einmal an, und zwar in Walthers schönstem Liebeslied:

Under der Linden

Under der linden an der heide,
da unser zweier bette was,
Da mugt ir vinden schone beide
gebrochen bluomen unde gras.
Vor dem walde in einem tal,
tandaradei,

schone sanc die nahtegal.

Ich kam gegangen zuo der ouwe,
do was min friedel komen e.
Da wart ich empfangen, here frouwe,
daz ich bin saelic iemer me.
Kust er mich? Wol tusentstunt,
tandaradei,
seht wie rot mir ist der munt!

Do het er g(e)machet also riche
von bluomen eine bettestat.
Des wirt noch gelachet innecliche,
kumt iemen an daz selbe pfat.
Bi den rosen er wol mac,
tandaradei,
merken wa mirs houbet lac.

Daz er bi mir laege, wessez iemen
(nu entwelle got!), so schamt ich mich,
Wes er mit mir pflaege niemer niemen
bevinde daz wan er unde ich,
Und ein kleinez vogellin,
tandaradei,
daz mac wol getriuwe sin.

Statt des unbeholfenen Versuchs einer neuhochdeutschen Fassung ein paar Hinweise: ouwe – Aue, Au; min friedel – mein Liebster; here frouwe – etwa »heilige Maria!«; tusentstunt – tausend Mal; daz selbe pfat – denselben Weg; houbet – Haupt, Kopf; wessez iemen – wenn das jemand wüsste; nu entwelle got! – »dass Gott es nicht wolle«, »Um Gottes willen!«; bevinde – finde das heraus; wan – außer; getriuwe – verschwiegen. Und »tandaradei« heißt gar nichts, ist ein Ausruf schierer Freude.

Dieses Gedicht ist um 1200 geschrieben. Damals hatte sich schon eine Art Hochsprache herausgebildet, und zwar auf der Basis des schwäbischen Dialekts. Auch ein Südtiroler wie Walther oder ein Oberpfälzer wie Wolfram von Eschenbach schrieb damals Schwäbisch. Das kommt uns seltsam vor. Heute wirbt ja das Land Baden-Württemberg mit dem Slogan: »Wir können alles – außer Hochdeutsch«. Damals aber herrschten, nach den sächsischen Ottonen und den fränkischen Saliern, die schwäbischen Staufer, und wie die Könige und ihr Hof redeten, so sangen auch die Dichter. Diese Dichter der Stauferzeit waren fast alle ritterlicher Herkunft und schrieben für ein ritterliches Publikum. Das war die erste kulturtragende Schicht, die sich nicht aus dem Klerus rekrutierte und deren Mitglieder kein Latein konnten.

Das wirft die Frage auf, was den Menschen damals ihre Sprache, die Zugehörigkeit zu einer Sprachgemeinschaft, was ihnen ihr Deutschsein bedeutete. Aus Walthers Liedern »im Reichston« wissen wir, dass er an den wirren Zuständen litt, die nach dem Tod Heinrichs VI. in Deutschland wieder einmal herrschten, und dass er wünschte, jemand möge Ordnung und vergangene Größe wiederherstellen. Natürlich kann man von einem Meister der Sprache wie Walther, von einem wachen Geist, der weit im Lande herum- und auch an Fürstenhöfe und andere politische Zentren kam, nicht ohne weiteres auf den damaligen Durchschnittsmenschen oder Durchschnittsadeligen schließen. Andererseits muss Walther ja ein Publikum für seine Lieder gehabt haben, sonst wären sie uns nicht überliefert.

Seit wir Deutsche mit unserem Nationalismus so gründlich, so schmerzlich und so schändlich Fiasko gemacht haben, gilt es bei uns als Axiom, dass in früheren, besseren Zeiten, also vor dem 19. Jahrhundert, dem Zeitalter des Nationalismus eben, die Nation in der Politik und auch im Gefühlsleben der Einzelnen keine Rolle gespielt habe. Das mag insoweit stimmen, als sie nicht so pseudoreligiös besetzt war wie bei unseren Großvätern und Urgroßvätern, die aufgehört hatten, an Gott zu glauben, aber nicht damit leben konnten, an gar nichts zu glauben. Für ihre religiösen Bedürfnisse hatten die Menschen des Mittelalters eben die Religion. Es ist aber doch unwahrscheinlich, dass die Sprache, in der er redet, denkt und träumt, gar nichts zum Selbstverständnis, zum Selbstbild eines Menschen beiträgt, dass er sich nicht durch diese Sprache mit anderen verbunden und von wieder anderen unterschieden fühlt, besonders dann, wenn er in eine Umgebung kommt, wo eine oder mehrere andere Sprachen gesprochen werden und er sich mit Verständigungsschwierigkeiten konfrontiert sieht.

Wir brauchen das nicht zu entscheiden, wollten aber die Frage ansprechen, bevor wir fortfahren zu erzählen.

Kapitel 8
Die Macht und die Herrlichkeit?
Friedrich I. Barbarossa

Keiner in der langen Reihe der römisch-deutschen Kaiser, außer vielleicht Karl der Große, hat es bei der Nachwelt zu so überwältigender Popularität gebracht wie Friedrich I., »Kaiser Rotbart lobesam« (Ludwig Uhland). Man könnte eine ganze Anthologie aus den (nicht immer erstklassigen) Gedichten zusammenstellen, die im 19. Jahrhundert über ihn verfasst wurden. Die von Uhland, Rückert und Geibel, Freiligrath, Hoffmann von Fallersleben, Ernst Moritz Arndt und Gustav Freytag waren nur die bekanntesten. Auch an Barbarossa-Dramen herrschte kein Mangel, eines davon immerhin von Christian Dietrich Grabbe. In Lesebüchern fand sich die Geschichte vom Kaiser, der tief im Kyffhäuser schläft, wobei sein Bart durch die marmorne Tischplatte wächst. Nach der Reichsgründung von 1871 gab es Versuche, den neu erhöhten Wilhelm I. zum »Barbablanca« zu stilisieren, um ihn so an der romantischen Aura des Staufers partizipieren zu lassen.

Vielleicht kommen wir später darauf, woher diese Faszination rührte. Zunächst ein paar Fakten. Friedrich I. war der zweite Staufer auf dem Thron, Nachfolger seines Onkels Konrad III. Der wiederum hatte sich während seiner ganzen Regierungszeit (1138–1152) mit der schwierigen Hinterlassenschaft abplagen müssen, die er nach seinem Vorgänger Lothar von Supplinburg (Lothar III.) vorfand. Den hatten die Fürsten nach dem Tod des kinderlosen Heinrich V. gewählt. Lothar war ein Realist, achtete vor allem darauf, dass er nicht wieder in Konflikt mit der Kirche geriet, und war bestrebt, im Inneren seine Macht und die seiner Familie zu stärken. Zu diesem Zweck belehnte er seinen Schwiegersohn (Sohn hatte er keinen) mit dem Herzogtum Bayern und vererbte ihm dann noch sein eigenes Herzogtum Sachsen. Dieser Heinrich, mit Beinamen der Stolze, stammte aus der Familie der Welfen, die wie die Staufer schwäbischer

Herkunft waren, nur reicher und mächtiger als diese. (Von den Welfen stammt das heutige englische Königshaus ab, und auch in Deutschland floriert das Geschlecht bis heute. Sein Familienoberhaupt erfreut die Klatschpresse immer mal wieder durch Eskapaden und ruppige Manieren.)

Lothar hatte in Heinrich dem Stolzen seinen natürlichen Nachfolger gesehen. Den wahlberechtigten Fürsten aber war dieser hochfahrende Mann, der gleich zwei Herzogtümer innehatte, zu mächtig. Sie wählten Konrad von Schwaben, unter dem Vorwand, er sei mit den Saliern verwandt. Der stand nun vor der schweren Aufgabe, sich selbst eine Machtbasis zu schaffen, die es ihm ermöglichte, dem Sohn des inzwischen verstorbenen Heinrich wenigstens eines seiner Herzogtümer, nämlich Bayern, abzunehmen. Dieser Sohn hieß übrigens ebenfalls Heinrich »der Löwe«. Wir werden einiges von ihm hören. Und der, der jetzt Bayern bekam, war auch ein Heinrich: aus der Familie der Babenberger und »Jasomirgott« benannt, weil er angeblich nach jedem gesprochenen Satz in den Ruf ausbrach: »Ja, so mir Gott helfe!«

Konrad bestimmte vor seinem Tod, dass nicht sein erst fünfjähriger Sohn, sondern sein Neffe Friedrich von Schwaben Nachfolger werden sollte. Der war dreißig Jahre alt, hatte schon politische und als Teilnehmer am zweiten Kreuzzug auch militärische Erfahrung vorzuweisen. Seine Mutter war eine Welfin. Heinrich der Löwe war sein Cousin. Das legte die Hoffnung nahe, dass die beiden zu einem Kompromiss über das Herzogtum Bayern gelangen würden, dessen Verlust der Löwe natürlich nicht so einfach hinnehmen mochte.

Tatsächlich wurde Friedrich ohne größere Schwierigkeiten zum König gewählt. Mit Heinrich dem Löwen wurde vereinbart, dass er das Herzogtum Bayern zurückbekommen sollte. Da man aber Heinrich Jasomirgott nicht einfach enteignen konnte, sollte dieser die Markgrafschaft Österreich behalten, und die sollte den Rang eines eigenen Herzogtums bekommen. Es umfasste etwa das Gebiet der heutigen Bundesländer Ober- und Niederösterreich. Um Jasomirgott für die schmerzhafte Verkleinerung seines Territoriums zu entschädigen, wurden das neue Herzogtum und die Dynastie der Babenberger mit

Privilegien ausgestattet: Erblichkeit, nicht nur über die männliche, sondern auch über die weibliche Linie, sowie volle Gerichtshoheit, das heißt es gab in Österreich keine Möglichkeit, von einem herzoglichen Gericht an ein kaiserliches zu appellieren. Hoftage mussten die Österreicher nur besuchen, wenn sie in Bayern stattfanden, und zu Kriegsdiensten sollten der neu ernannte Herzog und seine Gefolgsleute nur dann verpflichtet sein, wenn sie der Verteidigung dienten oder in angrenzenden Landstrichen zu leisten waren. Österreich ist damit praktisch unabhängig. Wir haben hier ein Beispiel, wie um momentaner Vorteile willen immer mehr Rechte und Machtmittel vom Kaiser an die Territorien abgetreten wurden, und zwar an solche, die sich von den alten, großen Stammesherzogtümern absplitterten. (Kärnten war ja schon seit 976 eigenes Herzogtum, die Steiermark rückte später, 1180, auf.)

Der innere Friede war also vorläufig halbwegs gesichert. Andererseits befand sich Friedrich in der misslichen Lage, dass er zwar Kaiser war, sein Vetter und möglicher Rivale aber den weitaus größeren Landbesitz, die reichhaltigeren Macht- und Geldmittel und dazu noch die Möglichkeit hatte, sein Gebiet von Sachsen aus weiter nach Osten auszudehnen.

Um dieses Ungleichgewicht einigermaßen in Balance zu bringen, waren unterschiedliche Methoden möglich: Friedrich konnte Reichs- und Königsgut, das unter seinen Vorgängern entfremdet worden war, wiederzugewinnen versuchen, möglichst viele, große und zusammenhängende Gebiete in Deutschland erwerben, in denen er unmittelbar herrschte, ohne die Zwischeninstanz eines großen Vasallen. Diesem Vorgehen waren allerdings Grenzen gesetzt, wenn er nicht riskieren wollte, sich den Großteil des Hochadels zum Feind zu machen.

Er konnte – oder musste vielmehr – den Spielraum ausnutzen, den ihm das Wormser Konkordat ließ, und sich weiter auf die Reichskirche stützen, vor allem auf Parteigänger, im Klerus und besonders im Episkopat. Deren Zahl war nicht gering. Die deutschen und auch die italienischen Bischöfe waren in der Regel alles andere als entzückt von dem Gedanken, einer strengen päpstlichen Disziplin unterworfen zu werden. Sie standen, als es zum Konflikt kam, mehrheitlich auf der Seite des Kaisers.

Und dieser Konflikt war nahezu unvermeidlich. Auch Friedrich wurde wieder mit dem Kirchenbann belegt und musste achtzehn Jahre lang mit ihm leben. Auch er ließ Gegenpäpste wählen. Die fanden allerdings nur in Deutschland und Norditalien Anerkennung – und nicht einmal ungeteilte. Anderswo, besonders in England, Frankreich, Spanien, aber auch in Irland, Skandinavien und Osteuropa war man der Ansicht, es genüge, wenn die Deutschen den Kaiser stellten, sie brauchten nicht auch noch den Papst zu bestimmen.

Die dritte Möglichkeit war, sich die Macht- und besonders die Geldmittel dort zu holen, wo sie reichlich vorhanden waren: in Italien, vor allem in der Lombardei. Dort nämlich hatte eine gesellschaftliche Entwicklung eingesetzt, die ungeahnte wirtschaftliche, aber auch kulturelle Energien freisetzte und eigentlich schon das alte Feudalsystem mit seiner Lehenspyramide in Frage stellte. Städte wie Venedig (das formal zum byzantinischen Reich gehörte), aber auch Genua, Cremona, Lucca, Vicenza, Pisa, Verona, zahlreiche kleinere Gemeinden, vor allem aber die größte von allen, Mailand, waren durch Handel mit der Levante, also den Ländern an der Ostküste des Mittelmeers, aber auch durch eigenes Gewerbe und vorindustrielle Produktionsformen, etwa Seidenweberei und Kunsthandwerk, reich geworden, hatten sich praktisch unabhängig gemacht und Rechte an sich gezogen, die früher dem König vorbehalten gewesen waren und von denen Friedrich I. meinte, dass sie ihm noch immer zustünden: Zollrechte, Wegerechte, Münzrechte, Marktrechte, für die Abgaben zu zahlen gewesen wären. Diese Städte hatten, jede für sich, Selbstverwaltungen eingerichtet. Sie wählten ihre eigenen Oberhäupter, Konsuln genannt, hatten regelrechte Stadträte, deren Mitglieder sich Senatoren nannten, setzten eigene Gerichte ein, deren Urteile sie vollstreckten, schlugen eigene Münzen, verwalteten ihre Finanzen und umgaben sich mit dicken, turmbewehrten Befestigungsmauern. Das alles, ohne irgendjemanden um Erlaubnis zu fragen. Wen denn auch? Konrad III. war, wie wir gesehen haben, überhaupt nicht nach Italien gekommen. Lothar zweimal: einmal, um sich in Rom krönen zu lassen, und einmal tatsächlich, um Ansprüche anzumelden und dagegen einzuschreiten, dass

Kronlehen verloren gingen. Viel hatte er nicht erreicht, und auf dem Heimweg war er dann gestorben (1137). Warum, so konnten die Bürger dieser Städte fragen, sollte man einem König oder Kaiser Gehorsam oder gar Geld schulden, der nichts, aber auch gar nichts zu dem beitrug, was man erreicht hatte: durch Arbeit, durch wagemutigen Handel, durch Unternehmungsgeist.

Untereinander waren diese Gemeinwesen ständig zerstritten und bekriegten sich, und zwar so, dass immer der nächste Nachbar der Feind und der zweitnächste, der, dessen Gebiet hinter dem des nächsten lag, der Verbündete war. Dies scheint aber weder die wirtschaftliche Dynamik noch das politische Selbstbewusstsein der Städter ernsthaft beeinträchtigt zu haben. Für sie muss das Auftreten Barbarossas, wie sie ihn wegen seines rotblonden Barts bald nannten, etwas Gespenstisches gehabt haben, etwas Lächerliches und zugleich Bedrohliches. Da kam einer aus der Vergangenheit und stellte Forderungen, pochte auf Rechte, über die die Zeit doch längst hinweggegangen war.

Wir können von diesen Auseinandersetzungen hier nicht im Einzelnen erzählen. Friedrich I. hat achtunddreißig Jahre lang regiert und ist nicht weniger als sechsmal nach Italien gezogen. Wenn man davon berichten will, muss man ein Buch schreiben. Das hat eine ganze Reihe von Autoren getan, als Erster Friedrichs eigener Onkel, der Bischof Otto von Freising (die ›Gesta Friderici‹.) Wir begnügen uns mit ein paar Schlaglichtern, mit den charakteristischen Gipfel- und Wendepunkten in der Geschichte Friedrich Barbarossas.

Die Anfänge schienen unter günstigen Vorzeichen zu stehen. Papst Hadrian IV. hatte es in Rom wieder einmal mit einer Adelsopposition zu tun und wurde außerdem von den Normannen bedrängt. (Schon wieder die Normannen! Es muss endlich erklärt werden, wie sie nach Süditalien kommen. Aber bitte nicht jetzt! Im nächsten Kapitel.) Auch unter den lombardischen Städten gab es eine Faktion, die sich von den hochmütigen Mailändern bedrückt fühlte und hoffte, die würden von Friedrich und seinen Deutschen gehörig gedeckelt werden.

In einem Vertrag versprach Friedrich dem Papst Eugen III. Hilfe gegen die Normannen und die aufmüpfigen Römer, und der Papst wiederum versprach, ihn zum Kaiser zu krönen. Mit einem nicht sehr großen Heer kam Barbarossa ohne größere Hindernisse bis Rom. Eine Abordnung von Senatoren, die ihm vorschlugen, er solle die Kaiserwürde doch lieber von den Römern entgegennehmen als vom Papst, wies er schroff zurück.

> Wollt ihr wissen, wo der alte Ruhm eures Rom geblieben ist, der würdevolle Ernst des Senats, die tapfere Zucht der Ritterschaft und der unbezwingliche Schlachtenmut? Bei uns Deutschen sind sie geblieben. Auf uns gingen jene Tugenden über mit der Krone der Caesaren: Hier sind eure Konsuln, hier euer Senat, hier eure Legionen! Unserer Weisheit und unserem Schwert seid ihr euer Dasein schuldig!

Barbarossa war der Meinung, er verdanke die Kaiserwürde überhaupt keinem Menschen, auch nicht dem Papst, sondern einzig und allein der Gnade Gottes, der sie von den Römern auf die Franken und dann auf die Deutschen übertragen habe. So verweigerte er zunächst auch eine Zeremonie, die der Papst von ihm verlangte. Das war mittlerweile nicht mehr Eugen III., sondern Hadrian IV., ein Engländer und von eher schroffem Charakter. Er wollte, dass Friedrich ihm bei der ersten Begegnung »Stallmeisterdienste« leisten sollte, das heißt er sollte ihm zum Aufsitzen auf sein Pferd den Steigbügel halten und dann das Pferd ein paar Schritte am Zügel führen. Erst nachdem man ihm lange zugeredet und beteuert hatte, dies sei ein alter Brauch, der weiter nichts besage, ließ sich Friedrich dazu herbei. Er tat es sehr widerwillig, weil er alles vermeiden wollte, was den Eindruck erwecken konnte, der Papst sei ihm übergeordnet. Er war ein Vertreter der so genannten Zwei-Schwerter-Theorie: Es gebe zwei von Gott eingesetzte Gewalten auf der Welt, die geistliche und die weltliche, die beide ihre jeweiligen Aufgaben aus eigenem Recht nach dem Auftrag Gottes zu erfüllen hätten.

Leider entsprachen seine realen Möglichkeiten keineswegs diesem hohen Anspruch. Er konnte zwar einen Führer des Aufstandes gefangen nehmen und dem Papst übergeben, der ihn dann hinrichten ließ. Hadrian IV. krönte ihn in der Peterskirche, aber das deutsche Heer war zu schwach, um dem Papst seine Stadt zurückzuerobern. Und als der Kaiser weiter nach Süden ziehen wollte, gegen die anderen Feinde des Papstes, die

Normannen, da verweigerten ihm die Fürsten in seinem Heer die Gefolgschaft. Kein Wunder, dass Hadrian IV. jetzt eine Lösung mit den Normannen suchte. Die gingen bereitwillig darauf ein.

Man kann diesen ersten Italienzug Barbarossas also nur bedingt als Erfolg bezeichnen, zumal nachgetragen werden muss, dass die Lombarden auf sein Ansinnen, die alten Regalien wiederherzustellen, nicht oder eher spöttisch reagiert hatten. Um die ging es bei dem zweiten Zug, der sorgfältig vorbereitet war. Zum einen kam Friedrich diesmal mit einem für die Verhältnisse der Zeit ansehnlichen Heer von 30 000 Mann, zehntausend Ritter samt Gefolge. Zum anderen hatte er von den Juristen der Universität Bologna ein Gutachten anfertigen lassen, das alle diese Rechte auflistete und formal begründete. Er berief eine Versammlung (»Hoftag«) auf die Ronkalischen Felder in der Nähe von Piacenza und ließ diese Ansprüche als Beschlüsse verkünden, die darauf hinausliefen, dass der Kaiser in Zukunft durch eine Art Beamte (Podestà) in die Selbstverwaltung der Städte eingreifen, Wahlen kontrollieren und sich natürlich an den Einnahmen beteiligen wollte.

Die meisten Städte gaben nach. Widerstand wurde mit Gewalt gebrochen, die Stadt Crema zerstört. Mailand leistete zwei Jahre lang Widerstand gegen eine grausame Belagerung, bei der Gefangene, aber auch Kinder als menschliche Schutzschilde missbraucht wurden. Schließlich musste die ausgehungerte Stadt kapitulieren, ihre Konsuln und Ritter mussten sich bedingungslos unterwerfen, in einer Prozession vor die Stadt ziehen, in Büßerhemden, die Schwerter an Stricken um den Hals, sich vor dem Kaiser niederwerfen, der bei dieser Szene eine erschreckend starre Haltung ohne das geringste Anzeichen von Mitleid eingenommen haben soll. Die Stadt wurde in Brand gesetzt und bis auf die Grundmauern eingerissen, ihre Einwohner an vier verschiedenen Orten in einiger Entfernung neu angesiedelt.

Das Schicksal Mailands muss die Menschen in Oberitalien verstört haben, auch die, die selbst auf der Seite des Kaisers standen. In ganz Europa rührte sich Unmut. Befremdend ist vor allem Friedrichs Verhalten. Er galt sonst als Mann von gewinnender Wesensart, der die Menschen für sich einnehmen konnte.

> Wer hat denn die Deutschen zu Richtern der Nationen bestellt? Wer hat nur diesen wilden und plumpen Menschen das Recht gegeben, einen Herrn über die Häupter der Menschenkinder zu setzen?
>
> *Aus einem Brief Johanns von Salisbury an einen Freund*

Es muss so gewesen sein, dass er sich seinerseits von den Mailändern tief verletzt, in seinen Rechten gekränkt fühlte. Für ihn waren Könige von Gott eingesetzt, um Gesetz und Gerechtigkeit in der Welt zu wahren, und wer sich dagegen auflehnte, verstieß gegen die göttliche Ordnung. Dass den Vorstellungen, die sich in den lombardischen Gemeinwesen verwirklicht hatten, viel eher die Zukunft gehörte als den seinen, konnte er sich nicht vorstellen, und zu seiner Zeit konnte es ihm noch niemand verständlich machen.

Schon vor der Belagerung Mailands war er auch in Konflikt mit dem Papst geraten, weil Barbarossa – wahrscheinlich unter dem Einfluss seines Kanzlers Rainald von Dassel – darauf bestand, Regalien auch im Kirchenstaat einzufordern. Als Hadrian IV. 1159 starb, kam es zu einer Doppelwahl: eine Minderheit war für Viktor IV. Das war Barbarossas Papst. Die Mehrheit wählte Alexander III., der als Legat schon einmal mit Friedrich zusammengestoßen war. Beide Päpste belegten einander mit dem Bann und titulierten sich als Schismatiker (Kirchenspalter), Alexander bannte auch den Kaiser. Er konnte nicht nur die Mehrheit der Christen in Europa hinter sich bringen, er war auch die viel stärkere Persönlichkeit als sein Rivale und dessen Nachfolger Paschalis III.

Ein dritter Italienzug, der hauptsächlich gegen die Normannen geführt werden sollte, kam zu keinen nennenswerten Ergebnissen. Beim vierten hingegen (1166–1168) stand man knapp vor dem entscheidenden Erfolg. Die römischen Parteigänger Alexanders III. wurden in einer Schlacht bei Tusculum geschlagen. Daraufhin ging der Papst ins Exil nach Frankreich. Von dort aus arbeitete er sehr wirksam gegen den Kaiser, indem er sich zur Leitfigur des Widerstandes in der Lombardei machte.

Barbarossa aber schloss einen Vertrag mit dem römischen Senat und konnte seinen Gegenpapst, Paschalis III., feierlich im

Petersdom inthronisieren. Da brach einige Tage danach, nach einem Wolkenbruch, der das kaiserliche Heerlager zerstört hatte, eine Malariaepidemie aus, der ein Großteil von Friedrichs Leuten zum Opfer fiel. Auch der Kanzler, Rainald von Dassel, starb, Erzbischof von Köln, militärischer Anführer bei Tusculum und, wie wir gesehen haben, Gönner des Archipoeta. Er hatte in den letzten Jahren die kaiserliche Politik bestimmt. Nicht immer zu ihrem Nutzen: Er war ein gebildeter, kluger, beredter, energischer, weltoffener und treuer Gefolgsmann seines Herrn gewesen, neigte aber auch zu Härte, Machtbewusstsein und gelegentlicher Großsprecherei. Und auch dazu, andere unnötig zu kränken, so wenn er die Könige von England und Frankreich als »Reguli«, Kleinkönige, bezeichnete. In manchen Charakterzügen ähnelt er schon jenem neuzeitlichen Typ von Deutschen, den die Franzosen später als Boche und die Österreicher als Piefke charakterisierten.

Auf die Nachricht von der Katastrophe in Friedrichs Heer brach sein Herrschaftssystem in der Lombardei mit einem Schlag zusammen. Seine Podestà hatten sich dort sehr unbeliebt gemacht, indem sie nicht nur die Abgaben für den Kaiser mit aller Härte eintrieben, sondern nebenbei auch noch große Summen in ihre eigenen Taschen umleiteten. Jetzt schlossen sich immer mehr Städte zu einem Lombardischen Bund zusammen. Die Mailänder begannen damit, ihre Stadt wieder aufzubauen. An strategisch wichtiger Stelle errichtete man eine neue, befestigte Stadt und gab ihr trotzig den Namen des Papstes: Alessandria. Barbarossa konnte sich auch im kaisertreuen Pavia nicht mehr halten. Er musste sich als Knecht verkleiden, um überhaupt nach Deutschland zurückzukommen, und zwar auf dem Weg über Burgund.

Es dauerte sechs Jahre, bis Barbarossa wieder nach Italien ziehen konnte. Diese Zeit benützte er, um seine Basis in Deutschland zu verbreitern, durch Landausbau und Städtegründungen, aber auch dadurch, dass er Lehen einzog, deren Träger oder Erben vor Rom an der Malaria gestorben waren.

Trotzdem endet auch dieser fünfte Zug beinahe wieder in einer Katastrophe, die Barbarossa nur durch eine politische Kehrtwendung vermeiden kann. Bei Legnano trifft das deutsche auf das Heer des Lombardischen Bundes – und wird geschlagen (1176).

Früher, als die Völker noch stolz auf ihre militärischen Erfolge waren, gab es boshafte Menschen, die behaupteten, die Schlacht von Legnano sei die letzte gewesen, in der eine italienische Armee ohne Unterstützung ausländischer Verbündeter den Sieg davongetragen habe. Bedenkenswerter erscheint eine Einzelheit, die über den Verlauf dieser Schlacht berichtet wird: Es war den deutschen Rittern schon gelungen, ihre italienischen Standesgenossen in die Flucht zu schlagen, aber an dem Fußvolk, das sich um den Carrocio, den mailändischen Fahnenwagen, zu einer mit Spießen bewehrten Phalanx formiert hatte, scheiterten sie und mussten schließlich selbst fliehen. Dieses Fußvolk, können wir annehmen, das waren die gewöhnlichen, die armen Leute, die Handwerker und Bürger aus den Städten. Sie kämpften nicht nach den Regeln adeliger Herren, auch nicht um Ruhm oder die Gunst eines Lehensherrn, sondern für ihr städtisches Gemeinwesen, für ihre Stadt Mailand, die Barbarossa hatte niederbrennen lassen. Wenn man es pathetisch formulieren will: Sie kämpften für ihre Freiheit. Gegen solche Kämpfer kam ein Ritterheer nicht an. Ist es zu viel der Spekulation, wenn man darin schon ein Vorzeichen auf die Entwicklung im Mittel- und Westeuropa des Spätmittelalters sieht, als die Bauern- und Bürgerheere der Schweizer, der Flamen, der Hussiten den Adeligen Österreichs, Deutschlands, Burgunds handgreiflich bewiesen, dass ihre militärische Rolle ausgespielt war?

Nach der Niederlage von Legnano wandte sich Friedrich um Beistand an die deutschen Fürsten, vor allem an einen, der die Mittel dazu in überreichlichem Maße besessen hätte: an seinen Vetter Heinrich den Löwen, Herzog von Sachsen und Bayern. Dieser Welfe hatte die Zeit, in der sich Friedrich in Italien abmühte, zu nutzen gewusst, um seine eigene Machtposition auszubauen. Einmal, indem er sein Herrschaftsgebiet weiter nach Osten ausweitete, zum anderen, indem er auch im Inneren seiner Herzogtümer Ländereien und Rechte an sich zog, wo es nur ging. Dabei bediente er sich oft sehr ruppiger Methoden. Bekannt ist die Geschichte von der Isarbrücke bei Oberföhring, über die ein einträglicher Salzhandel ging, was reichlich Zölle abwarf. Nur gehörte sie nicht dem Herzog, sondern dem Bischof von Freising, Otto, einem Onkel Barbarossas. Heinrich der Löwe ließ sie einfach abbrennen (1158) und baute ein paar Kilometer flussabwärts eine neue Brücke, deren Zölle nun ihm zukamen. So gründete er München. Barbarossa hatte das, um des Friedens willen und weil er gerade in Italien war, hingenommen. Mit Lübeck verfuhr Heinrich ähnlich: Es wurde erst blockiert und durch Feuer zerstört. Dann nahm er den Grafen von Schauenburg das Gelände durch Erpressung ab und ließ die Stadt neu erbauen. Auch hier ging es übrigens hauptsächlich um den Salzhandel.

Dies sind nur zwei Beispiele für die Methoden des Löwen. Jetzt also trifft er sich mit seinem armen Vetter, dem Kaiser, in Norditalien, in Chiavenna. Die Szene hat die Phantasie von Historikern und Literaten immer wieder beschäftigt, und Heinrich spielt in ihr die Rolle des hartherzigen Schurken. Er verweigerte zunächst jede Hilfeleistung, obwohl der Kaiser vor ihm sogar auf die Knie gefallen sein soll. Dann stellte er eine Bedingung: Friedrich solle ihm die Stadt Goslar abtreten. Die lag in Sachsen, gehörte aber zum Reichsgut. Dort stand eine der prächtigsten Kaiserpfalzen. (Man kann sie heute noch besichtigen, sie ist immer noch wunderschön, obwohl sie nach 1870 durch Restauration und die Anbringung wilhelminischer Fresken verunstaltet wurde.) Wichtiger noch war das Silberbergwerk, das auf dem Gebiet von Goslar lag, eine der reichsten Einnahmequellen für Barbarossa. Er lehnte also empört ab, und Heinrich verließ ihn, ohne eine Zusage gemacht zu haben. Wahrscheinlich hat er das später bereut. Er war nach dem Lehensvertrag nicht dazu verpflichtet, dem Kaiser in Italien beizustehen, wo, mag er gedacht haben, für ihn nichts zu holen war. Aber Barbarossa hatte wahrscheinlich gemeint, in seiner Notlage und wegen der Bevorzugung, die er Heinrich früher eingeräumt hatte, auf dessen Hilfe bauen zu dürfen.

Ohne sie war ein Sieg in Italien nicht möglich. Friedrich musste das einsehen. Und jetzt zeigte er, dass er auch zu anderem fähig war als zu militärischer Gewaltanwendung. Er erkannte Alexander III. als Papst an und wurde dafür vom Kirchenbann gelöst. Dadurch verlor der Lombardische Bund seinen wichtigsten Verbündeten, seine moralische Stütze, und musste sich nun ebenfalls zu Kompromissen bereit finden. Auf neutralem Boden, in Venedig (das ja zum Ostreich gehörte), wurde der Frieden geschlossen. Der Kaiser sollte sogar weiterhin Anteil an den Einkünften der Lombarden haben, wenn auch einen geringeren als ursprünglich beansprucht. Von direkter Herrschaft über die Städte war nicht mehr die Rede, weder jetzt, noch in dem endgültigen Frieden von Konstanz, sechs Jahre später. Immerhin hatte Barbarossa so sein Gesicht bewahrt und konnte, wenn nicht als Sieger, so doch als Gewinner und als Friedensbewahrer nach Deutschland heimkehren. Er nahm den Weg über Burgund, wo er sich in Arles zum König krönen ließ.

(Burgund, das sei hier eingefügt, also das heutige Südostfrankreich, die Franche-Comté, Bresse, Dauphiné, Provence, Savoyen und Teile der Westschweiz, gehörte nominell schon seit den Zeiten Konrads II. [1024–1039] zum Reich, aber der Zugriff der Herrscher war dort noch schwächer als in Deutschland und Italien. Barbarossa hatte 1157 eine burgundische Grafentochter geheiratet, Beatrix, was ihm einigen Einfluss im Lande sicherte. Und natürlich verschaffte diese vierte Krone, die er jetzt neben der deutschen, der lombardischen und der römischen Kaiserkrone trug, einen Zuwachs an Prestige.)

Zurück in Deutschland ging es an die Abrechnung mit Heinrich dem Löwen. Der hatte sich durch seine Art der Machterweiterung wenig Freunde gemacht. Besonders in Sachsen beklagte sich der Adel über seine Methoden. Das kam dem Kaiser natürlich gelegen. Heinrich wurde zweimal zu einem Hoftag vorgeladen, und beide Male erschien er nicht. Also wurde erst die Reichsacht, dann die »Aberacht« (die zweite Acht) über ihn ausgesprochen. Das war die weltliche Form des Banns. Er war damit für rechtlos, für außerhalb der Gemeinschaft stehend erklärt. 1180 wurden ihm auf einem Reichstag in Würzburg alle seine Reichslehen abgesprochen. Bevor ein Feldzug gegen ihn geführt wurde, unterwarf sich Heinrich. Er ging nach England ins Exil, zu seinem Schwiegervater. (Das war jener König Heinrich II., der durch eine hingeworfene Bemerkung die Ermordung des später heilig gesprochenen Bischofs Thomas Becket verursacht hatte.) Sein Familienbesitz in der Gegend von Braunschweig und Lüneburg verblieb ihm, und nach einiger Zeit konnte er dorthin zurückkehren.

Eine offene, nicht endgültig zu beantwortende Frage ist es, ob sein Konzept der Landesentwicklung im Inneren und der Ausdehnung nach Osten bei Verzicht auf Universalmacht und Reichsideologie nicht das realistischere und für Deutschland zuträglichere gewesen wäre, wenn es die Kaiser übernommen hätten. Wir dürfen unseren eigenen Erfahrungsstand allerdings nicht zum Maßstab für vergangene Epochen machen.

Sachsen wurde aufgeteilt: Der westliche Teil kam als Herzogtum Westfalen an den Erzbischof von Köln, der östliche an einen Vertreter des Markgrafengeschlechts der Askanier, die sich besonders beim Landesausbau in den ehemals slawischen Gebieten (im heutigen Brandenburg und Sachsen-Anhalt) hervorgetan hatten. Bayern ging an den Pfalzgrafen Otto von Wittelsbach, dessen Nachkommen dann bis 1918 dort die Herrscherdynastie stellten, als Herzöge, Kurfürsten und zum Schluss als Könige.

Es war dieses energische Auftreten, diese Durchsetzung der kaiserlichen Macht gegen einen hochgeborenen Rechtsbrecher (der Heinrich der Löwe zweifellos war, aber er war beileibe nicht der Einzige) und damit einhergehend der relative Friede, der für einige Zeit im Reich herrschte, was Barbarossa den Respekt seiner Zeitgenossen verschaffte und ihn zu einer Herrscherfigur machte, in die spätere Zeitalter ihre Wunschvorstellungen von einem »starken« Reich projizieren konnten, als die Deutschen zunehmend an der staatlichen Zersplitterung und der Schwäche der Zentralgewalt litten oder zu leiden meinten. Freilich gelang es ihm nicht, so wie später den Monarchen in England und Frankreich, den ausschlaggebenden Teil des Landes seiner direkten Herrschaft zu unterstellen. Und der Versuch, direkten Einfluss durch Beauftragte oder eine Art Beamte auszuüben, hat er nur in Italien unternommen, mit der Einsetzung der Podestà, die recht kläglich endete. In Deutschland gab es keinen solchen Ansatz. Den Nutzen vom Sturz Heinrichs des Löwen hatte nicht die Krone, sondern die Teilfürsten.

Der Nimbus, der ihn schon zu Lebzeiten umgab, rührt sicher auch daher, dass in die zweite Hälfte seiner Regierungszeit die erste, man kann sagen die höchste Blüte der ritterlichen Kultur in Deutschland fällt. Ritterliche Kultur? Für die meisten von uns ist das ein vager Begriff, wir kennen allenfalls ein paar Namen (Walther von der Vogelweide, Hartmann von Aue, Wolfram von Eschenbach), kennen die Werke und den Gehalt dieser Kultur eher aus zweiter Hand – aus Wagners Opern oder aus Jugendbuchfassungen der Nibelungensage und der Artuserzählungen. Wir haben eine unbestimmte Vorstellung davon, dass vieles, was wir heute noch als gute Umgangsformen bezeichnen oder bis vor kurzem so bezeichneten, seinen Ursprung in dieser Kultur hat: dass man links von einer Dame geht, ihr die Tür öffnet und den Vortritt lässt, zum Grüßen den Hut abnimmt, den Handschuh auszieht, bevor man jemandem die Hand reicht, und dergleichen. Und wir wissen vielleicht, dass Ausdrücke wie Ritterlichkeit, Höflichkeit, aber auch Abenteuer (aventiure), Wappen, Turnier dorther stammen.

Diese Kultur, diese Lebensform des Rittertums, zu dem der alte Adel und die ehemals unfreien Ministerialen zusammengewachsen waren, war die erste *weltliche* Kultur seit Ende der Antike. Sie wurde nicht mehr von Klerikern getragen, war nicht mehr in erster Linie mit dem Jenseits, mit Sünde, Reue und Buße befasst. Sie fand den Begriff der Minne, was mit »Liebe« nur unzulänglich übersetzt ist, sondern gleichermaßen Bewunderung und inniges Gedenken einschließt. Ein anderes Leitwort ist »fröude«, Freude, eine Hochstimmung, die den ritterlichen Menschen beseelen soll. Nicht, dass das Leben durchwegs ein Fest gewesen wäre. Aber zumindest hatte man die Vision eines festlichen Daseins.

Ein solches Fest veranstaltete der Kaiser zu Pfingsten 1184 in oder vielmehr vor Mainz, denn die Tausende von Gästen hatten in der Stadt selbst keinen Platz. Man musste eine Stadt aus hölzernen Buden und Zelten errichten. Fürsten, Ritter und ihr Gefolge waren dabei, Dichter wie Heinrich von Veldeke, einer der frühesten höfischen Epiker, Spielleute, wahrscheinlich alle möglichen Arten von Vaganten. Gefeiert wurde die Schwertleite, die feierliche Übergabe ihrer Schwerter an zwei Söhne Barbarossas. Das war das deutsche Gegenstück zum Ritterschlag. Natürlich gehörten dazu auch Gottesdienste, Festmähler, Turniere. Die Zeitgenossen erzählten sich Wunderdinge über die Pracht dieser Veranstaltung.

Drei Jahre später wurde Europa durch die Nachricht erschüttert, dass die Araber unter ihrem Sultan Saladin den Kreuzrittern im Heiligen Land ihre Hauptstadt Jerusalem abgenommen hatten. Der Kaiser, jetzt schon hoch in den Sechzigern, nahm, wie man damals sagte, das Kreuz. Ob er sich dazu verpflichtet fühlte oder ob er glaubte, er werde seine Stellung als erster Herrscher der Christenheit stärken und legitimieren, wenn er das Heilige Grab zurückeroberte? Eine der wenigen unter Deutschen ziemlich wohl bekannten Fakten ist, dass Barbarossa nie in Palästina angekommen ist, sondern nach dem Marsch über den Balkan und durch Anatolien im Fluss Saleph in der Nähe der heutigen Stadt Silifke ertrunken ist. (Das Wasser der Flüsse dort ist, von den Höhen des Taurus kommend, eiskalt, und er dürfte vom Ritt durch die feuchtheiße Küstenebene erhitzt gewesen sein.) Sicher hat sein Tod in einem fernen, für die Menschen von damals unbekannten Land mit dazu beigetragen, dass seine Gestalt bald ins Märchenhafte entrückt wurde.

Vor dem Kreuzzug war der Kaiser allerdings noch einmal in Italien gewesen (1184–1186). Was er dabei erreichte, ist nicht so wesentlich. Bis auf eines: Es wurden Verhandlungen mit König Wilhelm II. von Sizilien über die Verlobung von dessen Tante, Konstanze, mit Barbarossas Sohn Heinrich geführt. Heinrich war neunzehn, Konstanze dreißig Jahre alt, nach damaligen Begriffen schon eine alte Jungfer. Aber da Wilhelm kinderlos war, war sie die Anwärterin auf sein Erbe.

Wenn das gelang, die Vereinigung von Deutschland, Burgund und Oberitalien mit dem Normannenreich im Süden unter der Kaiserkrone, dann war man dem Ziel einer Vormachtstellung in Europa einen entscheidenden Schritt näher. Dann saß der Papst in Rom zwischen staufischem Gebiet im Norden und staufischem Gebiet im Süden.

Die Verlobung fand 1186 in Augsburg statt, die Trauung im gleichen Jahr in Mailand. Es war Barbarossa tatsächlich gelungen, die Milanesen so zu versöhnen, dass sie seinem Sohn die Hochzeit ausrichteten.

Kapitel 9
Lernfähige Raufbolde
Die Normannen

Hört man den Namen Wikinger, stellt man sich struppige Seeräuber vor, Hörner an den Helmen, wilde Kriegslieder grölend. (In diesem Look treten dänische Fußballfans häufig heute noch auf.) Die Vorstellung ist durchaus richtig. Diese Nordmänner, wie sie auch genannt wurden, waren vom 7. bis ins 10. Jahrhundert eine Landplage, ähnlich wie die Ungarn. In ihren schlanken, flachkieligen Schiffen, die gesegelt, aber auch gerudert werden konnten, tauchten sie überall an den Küsten Europas auf, fuhren die Flüsse hinauf, plünderten, brandschatzten, vergewaltigten, machten alles nieder, was sich ihnen in den Weg stellte. Bevor das schwerfällige Lehensaufgebot gegen sie mobilisiert werden konnte, waren sie schon wieder verschwunden. 845 überfielen sie Paris, 860 Köln, 881 Aachen und wieder Köln. Mit Vorliebe nahmen sie sich Kirchen und Klöster vor, weil dort die Beute am reichsten war.

Wenn es nicht anders ging, betätigten sie sich auch als friedliche Kaufleute. Sie gründeten Städte wie das Handelszentrum Haithabu in der Nähe des heutigen Kiel, oder auch Kiew in der Ukraine. Dorthin kamen sie rudernd, über die Flüsse und Seen, manchmal schleppten sie ihre Boote auch über Land. Sie hatten eine hochstehende materielle Kultur und müssen brillante Schiffbauer gewesen sein. Im Osten nannten sie sich Waräger oder Rus. Die byzantinischen Kaiser hielten sich eine Leibgarde aus Waräger-Kriegern.

Auch west- und ostfränkische Herrscher versuchten, die Plage dadurch einzudämmen, dass sie entweder »Danegeld«, eine Art Schutzgeld, zahlten oder gleich Scharen der Wikinger als Söldner in Dienst nahmen und ihnen die Landesverteidigung anvertrauten. Im Jahre 911 schließlich belehnte der westfränkische König Karl der Einfältige einen gewissen Rollo mit Ländereien an der Seinemündung. Davon hat die Normandie ihren Namen.

Rollo und seine Leute mussten sich dafür zum Christentum bekehren. Chronisten erzählen, dass sich manche von ihnen gleich zehnmal taufen ließen, weil sie bei jeder dieser Zeremonien ein Taufhemd aus weißem Leinen geschenkt bekamen. Ein pragmatisches Verhältnis zur Religion war den Normannen auch in späterer Zeit eigen. Sie waren durchaus fromm, achteten aber darauf, dass ihnen ihre Frömmigkeit auch diesseitigen Nutzen einbrachte.

Im Laufe der Zeit übernahmen sie neben dem Christentum auch die französische Sprache von ihrer neuen Umgebung. Sie wurden, wie ein englischer Historiker schreibt, »zu zivilisierten, wenn auch gewissenlosen Christen«. Was sie beibehielten, war die Fortpflanzungsfreudigkeit ihrer heidnischen Ahnen, so dass das neu erworbene Herzogtum bald schon wieder zu eng für die vielen jüngeren Söhne wurde, die nicht mit einem Lehen rechnen konnten. Außerdem zog es junge Normannen noch immer in die Ferne. Da sie aber als Christen nicht mehr einfach auf Kriegs-, das heißt auf Raubzüge gehen konnten und da es im Mittelalter noch keine touristischen Reiseveranstaltungen gab, verlegten sie sich auf die Form des Reisens, die zu ihrer Zeit die populärste war: die Pilgerfahrt. Beliebteste Ziele waren Santiago de Compostella, Rom und vor allem Jerusalem. Aber auch sonst mangelte es nicht an heilbringenden Stätten, die man auf der Hin- oder Rückreise mitnehmen konnte. Eine der berühmtesten war der Monte Sant' Angelo, ein Michaelsheiligtum, auf dem Monte Gargano, dem Sporn des italienischen Stiefels.

Zunächst auf diese Weise, als Pilger, kamen also Normannen nach Süditalien. Das war damals noch nicht der arme Mezzogiorno, sondern ein wirtschaftlich blühendes Land, das Weizen, Wein und Olivenöl exportierte und in dem auch der Geldverkehr vergleichsweise hoch entwickelt war.

Die politischen und ethnischen Verhältnisse allerdings waren kompliziert. Neben oder über der seit je ansässigen italienischen Bevölkerung hatten sich – wie in Norditalien auch – am Ende der Völkerwanderungszeit Langobarden oder Lombarden eingenistet, als Adelsschicht etabliert und Herzogtümer errichtet: Capua, Benevent, Salerno. Die Lombarden scheinen sich auch nach fünfhundert Jahren in Italien Reste ihres germanischen

Volkstums erhalten zu haben, was man aus Eigennamen wie Pandulf, Gaimar, Rainulf schließen kann. Daneben gab es selbstverwaltete Städte wie Neapel und Amalfi, und immer noch, vor allem in Apulien, Kalabrien und der Basilicata, einen Rest byzantinischen Gebiets, der sich aber um das Jahr 1000 wieder ausgedehnt hatte, auch auf lombardische Gebiete. Dort empfand man die Byzantiner, mit ihrer straffen Verwaltung, den hohen Steuern und der Wehrpflicht, als Fremdherrscher. Andere Gegenden, etwa Kalabrien, hatten eine mehrheitlich griechischsprachige Bevölkerung. Diese hing dem Ritus der Ostkirche an, während Italiener und Lombarden lateinische Katholiken waren. Schließlich kam noch hinzu, dass Sizilien von den Sarazenen erobert worden war, die von dort aus häufig Raubzüge gegen die Ungläubigen in ihrer Nachbarschaft unternahmen. Ihre Methoden dabei waren nicht zimperlich.

Ein Chronist berichtet von einer Gruppe von etwa vierzig normannischen Pilgern, die im Jahr 999 in Salerno in einen solchen Sarazenenüberfall hineingerieten und nicht nur über die Brutalität der Seeräuber, sondern auch über den mangelnden Verteidigungsmut der Überfallenen staunten. Schließlich besorgten sie sich selbst Schwerter und gingen auf die Araber los. Die, eine solche Gegenwehr nicht gewohnt, suchten schleunigst das Weite. Der lokale Fürst hätte die mutigen Kämpfer am liebsten gleich dabehalten. Siebzehn Jahre später wurde eine ähnliche Pilgergruppe in der Höhlenkirche von Monte Sant'Angelo von einem etwas sinister wirkenden Menschen angesprochen, der sich als lombardischer Adeliger und Verschwörer gegen die byzantinische Herrschaft vorstellte. Er wies die Normannen auf den Reichtum und die Schönheit des Landes hin, stellte ihnen reichen Lohn in Aussicht, wenn sie ihm helfen würden, sein Volk zu befreien. Sie seien nur für eine Pilgerfahrt ausgerüstet, war die höfliche Antwort. Aber sie könnten ja im nächsten Jahr wiederkommen und zu Hause auch noch andere Interessenten für eine solche Aktion anwerben.

So beginnt also die Infiltration Süditaliens durch die Normannen. Sie kamen nicht als ein machtvolles Heer, sondern in kleinen Gruppen, manche sogar einzeln, und sie brachten nichts mit als ihre Waffen, ihre Pferde (mancher aber hatte nicht einmal ein Pferd), ihre Kampfkraft und vor allem die skrupellose Gier, sich in diesem Lande so schnell und so heftig zu bereichern, wie es nur ging. Natürlich war ihnen die Freiheit der Lombarden völlig egal. Sie wechselten, wenn dabei etwas heraussprang, ohne Zögern die Partei, kämpften einmal für den, ein anderes Mal für jenen lombardischen Herzog oder auch für den byzantinischen Katapan (den Gouverneur), notfalls auch gegen eigene Landsleute, wobei sie dann nach der Schlacht darauf achteten, dass die Rache der Sieger in diesem (aber nur in diesem) Fall nicht allzu grausam ausfiel. Auch vor Listen und Tricks scheuten sie nicht zurück, aber es fällt doch auf, dass es ihnen, deren Abteilungen nicht nach Tausenden, sondern eher nach Hunderten zählten, immer wieder gelang, Heere, die ihnen numerisch um ein Vielfaches überlegen waren, in die Flucht zu schlagen, mochte es sich nun um Italiener, Lombarden, Byzantiner oder Araber handeln. In einem Fall, in der Schlacht von Civitate (1053) gegen ein Heer Papst Leos IX., wurde auch ein Kontingent deutscher Ritter bis auf den letzten Mann aufgerieben.

Besonders tat sich in dieser endlosen Reihe von Kämpfen die Nachkommenschaft eines eher unbedeutenden normannischen Barons namens Tankred d'Hauteville hervor, der mit zwei Gattinnen nicht weniger als zwölf Söhne gezeugt hatte. Diese erschienen der Reihe nach in Unteritalien, beginnend mit Wilhelm »Bras de Fer« (Eisenarm) und Drogo, die 1030 in den Dienst des Fürsten von Capua traten, bis zum jüngsten, Roger (geboren 1031), dem man nachsagte, er habe als Pferdedieb begonnen, der dann zum Grafen von Sizilien aufstieg und dessen gleichnamiger Sohn schließlich zum König beider Sizilien gekrönt wurde.

Es ist ungemein amüsant, die Karrieren dieser begabten Raufbolde zu verfolgen und dabei gelegentlich etwas über ihre Schurkereien zu erfahren. So soll der junge Roger seinem Bruder Robert Guiscard (der Beiname bedeutet etwa »der Listige, der Gerissene«) stolz berichtet haben, wie er sich den Zugang zu einem stark befestigten, auf einem Berg gelegenen Kloster verschaffte: Seine Leute hätten die Mönche flehentlich gebeten, in der Klosterkirche eine Messe für einen ihrer toten Mitkämpfer zu singen. Das konnte von den Patres nicht verweigert werden. Die Normannen kamen also in feierlichem Zug, einen Sarg in ihrer Mitte tragend. Ihre Waffen legten sie, wie das üblich war, vor dem Eingang zum Kloster ab. In der Kirche wurde der Sarg im Mittelgang abgestellt. Dann tat sich der Deckel auf, und der Tote, plötzlich sehr lebendig, stieg heraus. Unter ihm hatten jede Menge Schwerter gelegen, mit denen sich die Trauergäste jetzt bewaffneten. Den Rest der Geschichte kann man sich denken.

Diese beiden sind die unter den zwölf Brüdern d'Hauteville, die es am weitesten brachten und die größte Berühmtheit erlangten. Auch Robert fing im Dienst der Fürsten von Capua an. Es gelang ihm aber schnell, zunächst ein kleines, dann ein größeres Lehen und die Zusicherung zu bekommen, dass er alle neuen Eroberungen behalten dürfe. Seine Streitmacht betrug zunächst nicht mehr als sechzig Mann, aber bei seiner Heirat führte ihm die Braut weitere zweihundert zu. (Zum Dank trennte er sich später von ihr, angeblich wegen zu naher Verwandtschaft, in Wirklichkeit wegen einer günstigeren Partie.) Anfänglich hatte er auch mit der Eifersucht seiner älteren Brüder Wilhelm, Drogo und Humfred zu kämpfen, die sich nicht scheuten, sich mit lokalen Machthabern gegen ihn zu verbünden. Aber ein allgemeiner Aufstand der apulischen Bevölkerung, die auch den (deutschen) Papst Leo IX. zu Hilfe rief, zwang die Normannen zu gegenseitiger Solidarität. Es kam zu der erwähnten Schlacht bei Civitate, nach der Leo IX. in Gefangenschaft geriet. Inzwischen war Wilhelm Eisenarm gestorben, Humfred starb 1057. Robert nannte sich als Führer der normannischen Heerhaufen »Herzog von Apulien«. Er bot Leo IX. an, dieses Herzogtum als päpstliches Lehen zu nehmen, und der willigte ein, mehr oder weniger unter Druck. Später wiederholte Papst Nikolaus II. die Belehnung. Mit der Zeit gelang es Robert, die letzten Reste byzantinischer Herrschaft in Unteritalien zu beseitigen und auch die verbliebenen lombardischen Gebiete in Süditalien, etwa Benevent, zu vereinnahmen. Gegen Ende seines Lebens plante er sogar einen Feldzug gegen die Stadt Byzanz selbst, landete auch mit einem Heer auf dem Balkan, erlitt aber Niederlagen gegen eine venezianische Flotte und gegen byzantinische Landstreitkräfte und starb 1085, bevor er noch einmal damit beginnen konnte. Vorher, 1084, hatte er noch die normannischen Truppen angeführt, die Gregor VII., wie wir sahen, aus der belagerten Engelsburg herausholten und dabei Rom ausplünderten und niederbrannten.

Immerhin, vom armen Ritter oder besseren Straßenräuber zum Herzog und päpstlichen Lehensmann, der es gleichzeitig mit zwei Kaisern, mit Heinrich IV. und Alexios Komnenos von Byzanz, aufnimmt – das ist schon eine Laufbahn! Noch beachtlicher war die des jüngsten Hauteville-Bruders, Roger, auch Roger I. genannt. Robert blieb bis zu seinem Tod der ungestüme, unbekümmerte Haudegen, als der er aus der Normandie gekommen war. Bei Roger haben wir eher den Eindruck, dass er sich mit dem, was er erreichte, mit dem Land, das er sich aneignete, auch gedanklich auseinander setzte und dass er dabei zu Schlüssen kam, mit denen er seiner Zeit weit voraus war.

Auch er war, als er 1057 in Apulien eintraf, seinem älteren Bruder, in diesem Fall also Robert Guiscard, nicht unbedingt willkommen, sondern wurde misstrauisch als möglicher Konkurrent beäugt und sicherheitshalber in einer entlegenen Gegend mit einer schwierigen Aufgabe betraut. Er sollte zunächst die Verhältnisse in Kalabrien (der Landschaft an der Spitze des italienischen Stiefels) stabilisieren und dann von dort aus die Sarazenen bekämpfen, die jenseits der Straße von Messina ganz Sizilien in Besitz genommen hatten und von dort aus immer wieder die Küsten Italiens heimsuchten. In Kalabrien bestand die Bevölkerung mehrheitlich aus Griechen, und auch auf Sizilien bestanden noch viele griechische Gemeinden und profitierten von der Toleranz, die die Moslems in dieser Zeit gegen religiöse Minderheiten zu üben pflegten. Die Normannen waren bei den Griechen noch unbeliebter als bei Lombarden und Italienern.

Trotzdem gelang es Roger in einem jahrzehntelangen, zäh und beharrlich geführten Kampf, diesen Auftrag auszuführen. (Was ihn natürlich nicht hinderte, sich gelegentlich auch gegen seinen Bruder aufzulehnen, mit anderen Aufständischen zu paktieren und sich dann wieder mit Robert zu versöhnen.) Diese Kämpfe normannischer Ritter gegen die Heiden gehörten noch bis ins 20. Jahrhundert zur sizilianischen Folklore, als Thema fürs Puppentheater etwa oder als Sujet für bunte Bilder auf den Seitenwänden zweirädriger Bauernkarren. Das Erstaunlichste aber ist, dass es ihm augenscheinlich gelang, den Eroberten die Einsicht zu vermitteln, dass es besser sei, sich in ihr Schicksal zu fügen und für den Wohlstand der Insel zu arbeiten, als diesen Wohlstand durch vergebliche Befreiungsversuche zu gefährden.

Um dies zu erreichen, zeigte sich der Graf von Sizilien, wie er sich jetzt nennen durfte, zu Zugeständnissen bereit, ergriff er Maßnahmen, die im damaligen Europa einzigartig und fast undenkbar waren. Wir haben gesehen, wie wichtig für den damaligen Staat (wenn man ihn so nennen kann) die Religion, besser gesagt die Kirche war. Dabei ging man von der Grundannahme aus, dass es in einem Land, einem Gemeinwesen immer nur eine Religion geben könne. In Sizilien aber gab es deren drei: den Islam, die griechische Orthodoxie und, als zahlenmäßig schwächste Gruppe, das lateinische, das heißt, römisch-katholische Christentum. Zwischen den beiden Letzteren war nach der Kirchenspaltung von 1054 der Graben tiefer als je. Außerdem lebten hier mindestens vier verschiedene Völker: Araber, Griechen, Lombarden und französisch sprechende Normannen. Dazu kamen wahrscheinlich noch romanische Italiener, Juden, Albaner, einzelne versprengte Deutsche und Angehörige anderer Ethnien. Eine solche Gesellschaft war mit den Mitteln des Feudalsystems, einem persönlichen Beziehungsgeflecht und einer Staatskirche nicht zu beherrschen. Es war auch nicht möglich, die große Mehrheit der Nicht-Katholiken zwangsweise zu bekehren. Das hätte zu großen wirtschaftlichen Verlusten geführt, denn was Handel, Gewerbe, Landwirtschaft, Kunsthandwerk, Architektur, Alltagskultur, Medizin und jede Art von Gelehrsamkeit angeht, waren die Byzantiner, vor allem aber die Araber, damals den Normannen, ja der ganzen westlichen Christenheit meilenweit voraus.

Die Lösung war, dass jeder bleiben durfte, was er war. Die Araber behielten ihre Moscheen, ihre eigenen Gerichte, ihre Scharia, die Griechen ihre Klöster und ihre Kirchen mit Ikonostase und griechischer Liturgie und eigene Bischöfe, die weiterhin ihr Amt ausüben konnten. Allerdings durften sie keine Anweisungen aus Byzanz mehr annehmen. Für die Lateiner wurden neue Kirchen und Klöster gebaut. Aber auch die Moslems konnten bei Bedarf neue Moscheen errichten. Roger selbst stiftete neben katholischen auch orthodoxe Klöster.

Er scheint sehr bald begriffen zu haben, wo Araber und Griechen seinen eigenen Leuten überlegen waren. Außer auf den schon erwähnten Gebieten auch auf dem der Verwaltung und des Finanzwesens. Bei ihnen nämlich hatte es kein Feudalwesen mit Lehenspyramide gegeben, sondern bezahlte Amtsträger, Beamte, die ihre Weisungen unmittelbar vom Herrscher erhielten und wirksam kontrolliert werden konnten. Dieses System wurde übernommen, manchmal auch die ausführenden Personen, vor allem aber die arabischen und griechischen Amtsbezeichnungen, selbst wenn der Posten mit einem Lateiner besetzt wurde. So hießen die vom Grafen eingesetzten Stadtoberhäupter und lokalen Gouverneure weiterhin Emire. Der Schriftverkehr wurde, je nach Opportunität, lateinisch, griechisch oder arabisch geführt. (Emir war übrigens später auch der Titel des Flottenkommandanten, und aus »Al-Amir« ist durch Verballhornung unser Wort »Admiral« geworden.)

Später, als Roger nach dem kinderlosen Tod seines Neffen auch die Besitzungen Robert Guiscards auf dem Festland erbte und als sein eigener Sohn, Roger II., König »beider Sizilien« wurde, war es dort weniger einfach. Denn in Apulien und der Basilikata hatten sich, wie überall in Europa, ungebärdige Vasallen ihre eigenen Machtstützpunkte eingerichtet. Es gab also wieder Kämpfe und Aufstände. Aber der Machtschwerpunkt dieses Reiches lag ohnehin auf Sizilien, Palermo blieb die Hauptstadt. Dort entstand eine Kunst, die in Architektur, Mosaiken und Skulpturen die Stilelemente von drei Kulturen vermischte. Es wurde weiter auf Arabisch gedichtet, arabische Ärzte übten ihre Kunst aus, die Normannen selber gewöhnten sich an einen halb orientalischen Lebensstil mit teppichgeschmückten Räumen, Bädern, weiten Gewändern, mit kühlen Brunnen in prächtigen Gärten, mit Lebensgenüssen und Raffinessen, die dem Rest des plumpen Europa unbekannt waren.

Es ist ein schier unglaubliches Bild: im tiefen Mittelalter ein fast schon moderner Staat, wirtschaftlich und kulturell blühend, militärisch immer noch schlagkräftig, eine beachtliche Seemacht.

Die Erbin dieses Königreichs sollte jetzt Heinrich heiraten, den Sohn Friedrich Barbarossas.

Kapitel 10
Stupor mundi – Das Staunen der Welt

Dass Kaiser Heinrich VI. ein anziehender Charakter war, kann man beim besten Willen nicht behaupten. Schroffheit, Jähzorn, Grausamkeit, die an seinem Vater in Extremsituationen wie bei der Eroberung Mailands in Erscheinung traten, gehörten bei ihm zu den bestimmenden Wesenszügen. Dazu kam ein gehöriges Maß an Skrupellosigkeit: Den englischen König Richard (»Löwenherz«), der auf der Rückkehr vom Kreuzzug über deutsches Gebiet kam, ließ er so lange gefangen setzen, bis ein Lösegeld erpresst war, mit dem Heinrich den Kampf gegen die deutsche Fürstenopposition und seinen zweiten Italienzug finanzieren konnte. (Dieser Richard Löwenherz, dem der britische Romantiker Sir Walter Scott in dem Roman ›Ivanhoe‹ ein idealisierendes Denkmal gesetzt hat, war in Wirklichkeit ebenfalls ein unsympathischer, arroganter, hirnloser Haudrauf. Immerhin stand ihm aber als heimkehrendem Kreuzfahrer freies Geleit zu.) Auf diesem zweiten Italienzug wurde die Stadt Salerno in Schutt und Asche gelegt. Dem Gegenkönig, den normannische Adelige aufgestellt hatten, ließ Heinrich eine glühende Krone auf den Kopf nageln.

Augenscheinlich hat dieser Kaiser durch seine Rücksichtslosigkeit und Ungeduld immer wieder zerstört, was er zu erreichen im Begriff war. Er hatte große Ziele: in Deutschland die Erbmonarchie einführen, so wie sie sich in England, Frankreich, Spanien durchgesetzt hatte und später den Aufbau moderner Staaten ermöglichte. Für ihn hätte das auch die dauerhafte Vereinigung seines deutschen mit seinem süditalienischen Königreich bedeutet. Aber weder die deutschen Fürsten noch das Papsttum waren bereit, da einzuwilligen. Es hätte großer Geduld und Zähigkeit bedurft, dieses Ziel durchzusetzen. Heinrich aber hatte schon andere, noch größere Pläne: Er hatte die Könige von Zypern und Armenien dazu gebracht, ihn als Lehensherrn anzuerkennen. Jetzt wollte er durch einen Kreuzzug auch die Kreuzfahrerstaaten an der Levanteküste (das Königreich Jerusalem, die Grafschaften Tripolis und Edessa, das Fürstentum Antiochia) unter seinen Einfluss bringen, ein mittelmeerisches Imperium gründen, dem vielleicht auch Byzanz eingefügt werden sollte.

Ob man das nun eine Vision oder schlicht Größenwahn nennen will – jedenfalls konnte nichts davon verwirklicht werden. Heinrich VI. starb mit einunddreißig Jahren an Malaria oder Ruhr. Er wurde in Messina begraben und später nach Palermo überführt. In Sizilien übernahm die Königin Konstanze die Regentschaft für ihren erst dreijährigen Sohn. Er war schon als Zweijähriger zum deutschen König gewählt worden, jetzt ließ ihn Konstanze zum König beider Sizilien krönen. Sie starb ihrerseits wenige Monate später und setzte vorher Papst Innozenz III. zum Vormund ein.

In Deutschland aber stürzte alles zusammen. Es kam zu einem zehnjährigen Thronstreit zwischen Heinrichs Bruder Philipp von Schwaben und einem Sohn Heinrichs des Löwen, Otto IV. (Seitdem heißen die Parteien, auch in Italien, Guelfen – das sind die Päpstlichen – und Ghibellinen, Waiblinger, das sind die Kaiserlichen, die staufische Partei.) Dieser Streit wurde dadurch entschieden, dass Philipp von einem Wittelsbacher aus Privatrache ermordet wurde. Vorher aber gingen im Verlauf der Auseinandersetzung der staufische Hausbesitz, das Reichs- und Königsgut, das Barbarossa hinterlassen hatte, sowie die Reste des Einflusses der Krone auf die Reichskirche zum großen Teil verloren. Es sind diese Zustände, auf die sich Walthers weiter oben zitierter Klageruf bezieht: »Sô wê dir, tiuschiu zunge wie stêt dîn ordenunge!«

Bezeichnend ist auch, um das vorwegzunehmen, die letzte größere Unternehmung Ottos IV. Er, der in seiner Jugend mit seinem Vater ins englische Exil gegangen und dort aufgewachsen war und dessen Wahl Richard Löwenherz durch reichliche Schmiergelder unterstützt hatte, entschloss sich 1214, die Entscheidung herbeizuführen, indem er gegen den Erzfeind seines Protektors, den französischen König Philipp II., zu Felde zog. Bei Bouvines wurden er und seine englischen Verbündeten geschlagen, er entkam nur knapp der Gefangennahme. Die Entscheidungen über die Vormachtstellung in Europa fielen nicht mehr in Deutschland und Italien, nicht zwischen Kaiser und Papst, sondern zwischen den Königen von England und Frankreich.

Vorher hatte es zwei seltsame Kehrtwendungen gegeben. Otto IV. war, wie angedeutet, eigentlich der Mann des Papstes. Kaum aber war sein Rivale tot, schickte er sich seinerseits an, nach Unteritalien zu ziehen und das Normannenreich zu erobern. Das konnte nicht im Interesse des Papstes sein, und so wurde jetzt auch über den Welfen der Kirchenbann verhängt. Innozenz III. ging noch weiter. Im Verein mit dem König von Frankreich brachte er eine Anzahl deutscher Fürsten dazu, einen Gegenkönig aufzustellen: Friedrich, den inzwischen sechzehnjährigen Sohn Heinrichs VI. und der Konstanze, »das Chint von Pülle (Apulien)«. Der Papst forderte ihn auf, nach Deutschland zu ziehen und sein Recht geltend zu machen. Tatsächlich gelang es diesem Buben, unterstützt von Pisanern und Genuesen, mit kleinem Gefolge durch das von Mailand beherrschte, feindselige Oberitalien und über das Engadin bis an den Bodensee zu gelangen. Die befestigte Stadt Konstanz nahm ihn auf. Otto, der schon am Nordufer des Sees stand, musste abziehen. Seitdem sank seine Macht beständig. Er war unbeliebt, wegen seines Geizes und seiner hochfahrenden Art. 1217 starb er, fast von allen Anhängern verlassen, auf einer seiner Burgen im Harz. Er selbst ordnete an, dass die Reichsinsignien an Friedrich überstellt werden sollten.

Friedrich II. war im Dezember 1194 in der kleinen Stadt Jesi in der Mark Ancona geboren. Seine Mutter war, wie schon erwähnt, elf Jahre älter als ihr Mann, dreißig, als sie heiratete. Zehn Jahre blieb die Ehe kinderlos. Das legte die Vermutung nahe, dass Konstanze nicht mehr gebärfähig oder Heinrich VI. zeugungsunfähig sei. Also musste sie, als die Stunde ihrer Niederkunft kam, ihr Kind in einem offenen Zelt auf dem Marktplatz von Jesi zur Welt bringen. Angeblich hatte sie das selbst angeordnet. Jedermann sollte zuschauen, niemand später behaupten können, das Kind sei untergeschoben. Konstanzes Verhältnis zu ihrem Mann scheint mehr als kühl gewesen zu sein.

Man sagte ihr Deutschenhass nach. Sie geriet sogar in Verdacht, mit der normannischen Adelsopposition in Verbindung zu stehen, und wurde gezwungen, bei der Exekution von Aufständischen zuzuschauen.

Von dem Thronstreit in Deutschland blieb der junge Friedrich zunächst unberührt, aber die Verhältnisse in Unteritalien und auf Sizilien waren chaotisch genug. Zu den normannischen Baronen, die nach mehr Selbständigkeit und nach möglichst großen Anteilen am Königsgut gierten, kamen, als Hinterlassenschaft Heinrichs VI., deutsche Söldnerführer wie der Truchsess Markwart von Annweiler, dem es zeitweise sogar gelang, sich der Person des jungen Königs zu bemächtigen. Ferner erhoben sich im Inneren Siziliens die Sarazenen, und ein französischer Adeliger erhob Anspruch auf zwei Grafschaften. Der kindliche König hatte dem nichts entgegenzusetzen, und die Geistlichen, die als seine Vormünder fungierten, waren der Lage ebenfalls nicht gewachsen.

Friedrich habe wie ein Gassenjunge die Straßen Palermos durchstreift, gutmütige Bürger hätten ihn an ihren Tisch geladen, damit er nicht Hunger leiden musste – solche Erzählungen dürften wohl in den Bereich der Legende gehören. Aber dass er die eigene Ohnmacht, den Übermut von Menschen, die glaubten, über ihn und seine Ansprüche hinweggehen zu können, schmerzlich zu spüren bekam, steht außer Zweifel. Er ist an diesen Erlebnissen nicht zerbrochen, sondern gewachsen.

> Als der Knabe durch die fluchwürdige Treulosigkeit seiner Wächter verraten und er, der sanfte junge König, von dem, der ihm nach dem Leben trachtete, in den innersten Gemächern des Palastes gestellt war und als er nun die Gefangenschaft unabwendbar vor Augen sah, weil die Schwäche seiner Jugend und der Abfall seiner Leibwächter jede Möglichkeit einer Verteidigung ausschlossen, als ihm klar wurde, daß er nun den Fesseln der Barbaren ausgeliefert sei … da schützte er sich statt mit Waffengewalt durch Tränen und vermochte doch nicht – ein gutes Vorzeichen für den künftigen Herrscher – den Adel königlicher Gesinnung zu verleugnen; so sprang er, da er ja doch ergriffen werden mußte, den Häschern entgegen und suchte, so gut er konnte, die Hände dessen, der den Gesalbten des Herrn antastete, zu lähmen. Darauf nestelte er seinen Königsmantel auf, zer-

riß voll Schmerz seine Kleider und zerkratzte mit der Schärfe der einschneidenden Nägel sein zartes Fleisch.

Erzbischof Rainald von Capua in einem Brief an Papst Innozenz III.

Er scheint aus dieser unheilvollen, manchmal verzweifelten Situation jeden möglichen Nutzen gezogen zu haben. Trotzdem ist es rätselhaft, wie er sich inmitten dieses Durcheinanders eine Bildung, eine Schärfe, Offenheit und Vielseitigkeit des Geistes aneignete, die ihn vor allen anderen mittelalterlichen Herrschern auszeichnete, ihn für seine Zeitgenossen zum »Stupor mundi«, zum Staunen der Welt, werden und Jakob Burckhardt im 19. Jahrhundert zu dem Urteil kommen ließ, er sei »der erste moderne Mensch« gewesen.

Ob sich Papst Innozenz im Klaren darüber war, was für ein Mündel ihm da heranwuchs? Warum hat er ihn nach Deutschland geschickt und damit die Lage herbeigeführt, der er durch den Tod Heinrichs VI. mit Glück entgangen war? Dass nämlich sein Kirchenstaat von Norden und Süden durch staufisches Territorium in die Zange genommen wurde. Meinte er, den jungen Mann leicht lenken zu können, oder erwartete er, er werde sich im Kampf mit seinen deutschen Gegnern aufreiben wie Otto IV.? In Deutschland nannte man Friedrich II. anfangs einen »Pfaffenkönig«, und tatsächlich machte er der Kirche große Zugeständnisse, versprach auch, das Königreich Sizilien an seinen Sohn zu übertragen. 1212 wurde er zum römischen (das heißt, deutschen) König gekrönt, 1220 von Honorius III. in Rom zum Kaiser. Da war von einem Verzicht auf Sizilien schon nicht mehr die Rede. Stattdessen machte er seinen Sohn Heinrich zu seinem Stellvertreter in Deutschland und zog selbst weiter in den Süden, wo er sein großes Reformwerk begann. Als Gegenleistung für die Kaiserkrönung hatte er dem Papst einen Kreuzzug versprochen. Die Erfüllung dieses Versprechens zögerte er allerdings immer wieder hinaus, so lange, bis Papst Gregor IX. diese Hinhaltetaktik zum Vorwand nahm, ihn mit dem Bann zu belegen.

Friedrich ließ eine Kette von Befestigungen an der Nordgrenze seines süditalienischen Reiches hochziehen, gegen den Kirchenstaat. Andere bewachten die wichtigsten Häfen. Manche dieser

Kastelle, etwa die von Trani und Bari, kann man heute noch besichtigen, und schon aus ihrer Architektur ist der Geist dieses Herrschers und seines Staates ablesbar. Sie sind nicht, wie deutsche Ritterburgen, verwinkelte, unbequeme Wohnstätten für einen Adeligen, seine Familie und sein Gefolge, samt Haustieren und allem Zubehör, Waffen und Gerät, umgeben von dickem Gemäuer, auf möglichst unzugänglicher Höhe aufgetürmt. Sie sind militärische Forts für eine Garnison, über klarem, meist quadratischem Grundriss an strategisch ausgesuchten Orten gebaut. Der Neigungswinkel ihrer Mauern ist für Verteidigungszwecke genau berechnet, das Innere so eingeteilt, dass die Besatzung effizient postiert, ausreichend untergebracht und mit Vorräten gut versehen werden konnte.

Das berühmteste dieser Bauwerke, Castel del Monte in den Bergen nahe Andria in Apulien, diente in erster Linie nicht der Verteidigung, sondern der großen Liebhaberei des Kaisers, der Falkenjagd. Hier ist der Grundriss ein Achteck, um einen Innenhof gebaut, und an jeder der acht Ecken ragt ein wuchtiger Turm mit ebenfalls oktogonalem Grundriss hervor. Die Räume muss man sich mit Teppichen, Marmorwänden, Mosaikböden und Möbeln (vielleicht im arabischen Stil?) ausgestattet vorstellen. Sie sind so miteinander verbunden, dass jeder Einzelne von ihnen (etwa im Fall einer Verschwörung) verteidigt werden konnte. Ein scheinbar ernüchterndes Detail: In die imposanten Türme sind die ersten erhaltenen Wasserklosetts der europäischen Baugeschichte eingebaut – gespeist aus einer Regenwasserzisterne auf dem Dach. Man lese, was Ulrich von Hutten fast dreihundert Jahre später über das Leben, die Geräusche und Gerüche auf einer Burg schrieb, dann versteht man, dass diese stillen Örtchen durchaus keine Sache ohne Belang waren.

Es ist anzunehmen, dass Friedrich den Sinn für Hygiene und Ästhetik von seinen arabischen Untertanen gelernt hatte, die in dieser Hinsicht den damaligen Christenmenschen weit voraus waren. Den Aufstand der Sarazenen hingegen, der sich in der Zeit seit dem Tod seiner Mutter im Inneren Siziliens gehalten hatte, schlug er nieder, ebenso wie die aufmüpfigen normannischen Adeligen. Er ließ die Araber aber nicht umbringen (was sein Vater und die meisten europäischen Herrscher in so einem Fall wohl getan hätten), jagte sie auch nicht außer Landes (wie man das später in Spanien tat), sondern ließ sie umsiedeln, von Sizilien nach Apulien, in die Gegend von Lucera, in einen ziemlich öden Landstrich. Dort durften sie sich eine neue Stadt bauen, samt Moschee, und auf ihre Art leben, mussten – oder durften – Werkstätten errichten für die Produkte, die sie berühmt gemacht hatten: Teppiche, Metall- und Lederarbeiten, Paramente und feine Stoffe. Sie waren von dieser Lösung so beeindruckt, dass sie aus Feinden zu treuen Anhängern Friedrichs wurden. Fortan hielt er sich eine Leibgarde von sarazenischen Bogenschützen. Die hatten, neben anderen Fähigkeiten, auch den Vorteil, dass ihnen päpstliche Bannflüche egal waren.

Von Seiten der Kirche nahm man natürlich Anstoß daran, dass der Kaiser diese Heiden in einem christlichen Land angesiedelt hatte. Man sagte ihm nach, er halte sich in seinem Palast in Lucera einen Harem von sarazenischen Weibern. (Das prüde 19. Jahrhundert deutete das dann um: er habe diese Frauen zur Herstellung kostbarer Stickereien beschäftigt.) Überhaupt wurde seine Vorliebe für Frauen allgemein getadelt, auch von Chronisten, die ihm sonst günstig gesinnt waren. Die drei legitimen Gattinnen, die er nacheinander heiratete, scheint er nicht sonderlich geschätzt zu haben. Jedenfalls sind die Gräber, die er für zwei von ihnen im Dom von Andria errichten ließ, auffällig unaufwendig. Er hatte aber eine Anzahl von Geliebten, die nicht alle namentlich bekannt sind, und mehrere außereheliche Kinder, denen er später auch politische Aufgaben zuwies, wie König Enzio von Sardinien, oder Manfred, Herzog von Tarent, der sein Nachfolger in Süditalien wurde.

Mit den Konstitutionen von Melfi hat Friedrich für sein süditalienisches Reich das erste moderne Gesetzbuch Europas geschaffen. Es basierte auf dem altrömischen Codex Justinianus, war aber in vielen Einzelheiten den Erfordernissen der Zeit und des Ortes angepasst: Fehdewesen und Gottesurteile wurden verboten, Folter und Zweikampf eingeschränkt, besoldete Richter eingesetzt, für die es verbindliche Ausbildungs- und Prüfungsordnungen gab. (Ebenso wie für Ärzte und Apotheker.) Die Gerichte waren durchwegs königlich, unterstanden nicht mehr den lokalen Grafen oder anderen Feudalherren. Die Gesetze galten für alle Untertanen und hatten das ausdrückliche Ziel, die auf Sizilien traditionelle Vielzahl der Rechtssysteme abzulösen: byzantinisches, arabisches, lombardisches, normannisches Recht. Es war also schon Gleichheit vor dem Gesetz intendiert. Ein Prozess durfte nicht länger dauern als zwei Monate. Übrigens handelt es sich nicht nur und nicht vor allem um Strafrecht oder öffentliches Recht. Das Gesetz sollte jedem Untertan »iustitia«, die göttliche Gerechtigkeit, garantieren, deren irdischer Repräsentant der König ist. Zu diesem Zweck wird auch in den Alltag eingegriffen: Es finden sich Gesetze zum Schutz von Frauen und sozial Schwachen, Vorschriften gegen Wasser- und Luftverschmutzung durch Gerbereien, Textilbetriebe, Schlachthöfe und Abdeckereien, über die Anlage von Friedhöfen und die Tiefe der Gräber. Oder das Verbot, dass ein Arzt nicht zugleich eine Apotheke besitzen, also nicht mit den Medikamenten Handel treiben darf, die er verschreibt. (Ein ähnliches Verbot gilt auch heute.)

Die Verwaltung war vom Gerichtswesen noch nicht so deutlich getrennt wie heute, aber auch sie wurde weitgehend entfeudalisiert. Statt der Grafen und Barone hatten jetzt königliche Beamte, Justitiare genannt, die entscheidenden Machtpositionen inne. Sie wurden nicht durch Lehen entlohnt, sondern erhielten Gehalt, Geld, waren also vom König jederzeit abhängig, weisungsgebunden und rechenschaftspflichtig. Sie mussten im Prinzip jedes Jahr ihren Bezirk wechseln, durften in diesem Bezirk keinen Grundbesitz haben, sich mit keiner Frau verheiraten oder verloben, die aus diesem ihnen zugewiesenen Bezirk stammte. Untertanen hatten das Recht, sich über unkorrekte Beamte zu beschweren.

Richter und Beamte mussten eine solide juristische Ausbildung haben. Friedrich gründete eine neue Universität in Neapel, deren ausschließliche Aufgabe es war, solche Funktionäre auszubilden. Die *mussten* dort studiert haben, nicht etwa im päpstlich dominierten Bologna oder in Paris. Für Ärzte und Apotheker wurde die Hochschule in Salerno ausgebaut und mit strengen Regeln versehen.

Ein solcher Umbau und Ausbau des Staates kostete Geld.

Friedrich beschaffte es aus den Erträgen seines Kronguts, durch eine Neuorganisation des Steuer- und Zollwesens, durch Lagergebühren für ausländische Kaufleute und dadurch, dass er für bestimmte Produkte (Salz, Eisen, Seide, Hanf und Färberei) Staatsmonopole errichtete. Er ließ Goldmünzen nach antikem Vorbild prägen, Augustale genannt. Als ihm während der Kämpfe mit den Lombarden einmal das Edelmetall ausging, hatte er einen Einfall, mit dem er seiner Zeit um Jahrhunderte vorgriff: Er ließ Geldscheine aus Pergament herstellen und verkündete, er werde sie beizeiten und zu vollem Wert einlösen.

Friedrichs Staat war in manchem modern, aber er war nicht demokratisch. Damit er demokratisch hätte werden können, hätte sich aus dem Völkergemisch Süditaliens erst ein Demos, ein Staatsvolk entwickeln müssen. So wie in dem anderen Normannenstaat, nämlich in England, ja auch erst in einem Jahrhunderte dauernden Prozess aus Angelsachsen, Kelten und Normannen Briten wurden. Der König war alleinige Quelle des Rechts, Vermittler der göttlichen Iustitia, und er stand über diesem Gesetz, wenn er auch versprach, sich daran zu halten. An der Richtigkeit einer königlichen Entscheidung oder an der Befähigung eines vom König eingesetzten Beamten zu zweifeln galt als Sakrileg. Manches mutet geradezu totalitär an: die Ansätze zu einer staatlich gelenkten Wirtschaft etwa oder rigorose Heiratsvorschriften. Adeligen stand keine freie Partnerwahl zu, sie hatten um Erlaubnis zu fragen, wen sie heiraten durften. Und allen Untertanen war es verboten, ohne Genehmigung des Königs die Ehe mit Ausländern einzugehen. Das sollte angeblich verhindern, dass die guten Sitten (?) im Königreich durch fremde Einflüsse korrumpiert würden.

Am befremdlichsten ist die Tatsache, dass die religiöse Toleranz im Königreich zwar für Andersgläubige galt, für Orthodoxe, Moslems, in gewissem Ausmaß auch für Juden (die mussten allerdings reichlich dafür zahlen), nicht aber für Abweichler innerhalb der katholischen Kirche, für Ketzer, wie man damals sagte, vor allem nicht für Anhänger der in Oberitalien verbreiteten Sekte der Katharer und Waldenser. Obwohl selbst im Kampf mit dem Papsttum liegend und wegen seiner angeblichen Freigeisterei verschrien, fasste Friedrich solchen religiösen Eigensinn als Ungehorsam gegen ihn, den »Gesalbten des Herrn«, als Verstoß gegen die gottgewollte Ordnung, als Majestätsbeleidigung und Sakrileg auf. Das wurde streng bestraft, meist mit dem Tod auf dem Scheiterhaufen.

Dabei kam die Opposition kaum von dieser Seite, sondern, wie man sich denken kann, in erster Linie vom Adel, der seine Privilegien und seine Macht davonschwimmen sah, aber auch von der hohen Geistlichkeit und vom Papst, den die rationale Effizienz dieses Staatsaufbaus ängstigte und den es mit Misstrauen erfüllen musste, dass in der Einleitung zu den Konstitutionen von Melfi wohl von der Naturnotwendigkeit des Rechts und von der göttlichen Ordnung die Rede war, nicht aber von der Kirche.

Friedrichs rationales Denken, die geistige Unabhängigkeit und Autonomie, die er zumindest für sich persönlich beanspruchte und praktizierte, waren nicht nur der Kirche, sondern auch der Mehrheit der damaligen Menschen unverständlich, unheimlich und verdächtig. Friedrich sprach seit seiner wirren Jugend mehrere Sprachen: Latein, das italienische Volgare, Griechisch, Arabisch, Deutsch, Französisch. Das mag zur Ausweitung seines geistigen Horizonts beigetragen haben. An seinem Hof finden sich nicht nur Adelige und Geistliche, sondern auch Dichter – angeblich ist die Form des Sonetts hier entstanden –, Spielleute, Gaukler, Musiker, arabische Tänzerinnen, besonders aber Gelehrte, vor allem arabische: Astronomen, Mathematiker, Geographen, Philosophen. Er hat von den Arabern ihr Zahlensystem übernommen, mit der Null, nach dem wir heute noch rechnen. Seine intellektuelle Neugier, besonders auf dem Gebiet der Naturwissenschaften, soll unstillbar gewesen sein. Berühmt ist sein Buch ›De arte venandi cum avibus‹ – Über die Kunst, mit Vögeln zu jagen –, das sich dadurch auszeichnet, dass es nicht, wie damals an den Universitäten üblich, in erster Linie die »kanonischen« Werke des Aristoteles auswertet, die um diese Zeit von den scholastischen Philosophen wiederentdeckt und aus dem Arabischen (!) ins Lateinische übersetzt wurden, sondern sich lieber auf eigene Beobachtungen verlässt.

Da, wo es angezeigt war, sind Wir dem Aristoteles gefolgt. In vielen Fällen aber ist er, wie Uns die Erfahrung gelehrt hat, von der Wahrheit abgewichen. Deshalb folgen Wir dem Fürsten der Philosophen nicht in allem, denn selten oder niemals zog er zur Beize. Wir aber liebten und übten sie von Jugend auf. Zu vielem, wovon er in seinem Tierbuche handelt, fügt er hinzu, dass ihm so berichtet worden sei. Aber was einige so gesagt haben, hat wohl weder er selbst gesehen, noch jene, die es behaupteten; eine Gewissheit jedoch erhält man nicht durch das Ohr und vom Hörensagen.

Friedrich II.: ›De arte venandi cum avibus‹

Die frommen Menschen von damals bekamen Angst vor so viel Verstand und intellektuellem Selbstvertrauen. Man erzählte sich alle möglichen Schauergeschichten über den Kaiser: Er habe, um herauszufinden, was der Verdauung zuträglicher sei, Ruhe oder Bewegung, zwei Männern eine reichliche Mahlzeit verabreichen lassen und dann den einen auf die Jagd, den anderen zum Mittagsschlaf geschickt. Nachher habe er dann beiden die Bäuche aufschlitzen und die Mageninhalte untersuchen lassen. Er habe einen Sterbenden in ein dicht versiegeltes Fass packen lassen, um zu sehen, ob beim Öffnen die Seele entweichen werde. Da nichts dergleichen wahrgenommen wurde, habe er geschlossen, dass der Mensch keine Seele habe. Um die »Ursprache« herauszufinden (Hebräisch? Griechisch? Babylonisch?), habe er eine Anzahl Neugeborene mit ihren Ammen in strenge Quarantäne verbannt. Den Frauen war befohlen, die Säuglinge bestens zu versorgen, aber nie und unter keinen Umständen ein Wort mit ihnen zu reden. Wenn die Kinder dann doch zu sprechen anfingen, müsste das die Ursprache sein. Das Experiment sei allerdings misslungen, die Kinder seien alle gestorben, weil ein Säugling ohne freundliche Zuwendung eben nicht überleben könne.

Drei Betrügern, soll er gesagt haben, sei die Welt aufgesessen: Moses, Jesus und Mohammed. Es fällt nicht schwer, aus solchen Geschichten die päpstliche Propaganda herauszuhören, die besonders in Friedrichs letzten Lebensjahren alles tat, um den Kaiser zum lebenden Antichrist und Teufelsbraten zu stilisieren. In der Chronik des Salimbene von Parma, der diese Leckerbissen entnommen sind, findet sich übrigens auch die Geschichte vom

Taucher und dem goldenen Becher, die Friedrich Schiller später zu seiner Ballade inspiriert hat. Nur die schöne Prinzessin spielt in dieser Quelle noch keine Rolle, und überhaupt stellt Salimbene weniger auf Mut und Kühnheit des Schwimmers als auf die vermessene Wissbegier und angebliche Menschenverachtung des Kaisers ab.

Wir haben hier zeitlich vorgegriffen. Zu den großen Reformen Friedrichs kam es erst in den dreißiger Jahren des 13. Jahrhunderts und zum Endkampf mit dem Papsttum ab 1239, als er zum zweiten Mal gebannt wurde. Dazwischen liegt noch sein bemerkenswerter Kreuzzug. Den hatte er, wie schon bemerkt, 1220 als Gegenleistung für seine Kaiserkrönung versprochen, aber immer wieder aufgeschoben. 1227, endlich, brach er auf, kehrte aber gleich wieder um, angeblich wegen einer Erkrankung, die große Teile seiner Mannschaft heimgesucht hatte. Daraufhin verhängte Gregor IX. den Bann über ihn. Dessen ungeachtet fuhr Friedrich im Jahr darauf erneut los und erreichte mit Flotte und Heer tatsächlich das Heilige Land. Statt sich aber mutig in den Kampf mit den Heiden zu stürzen, begann er, mit dem ägyptischen Sultan al-Kamil zu verhandeln. Dieser steckte gerade in inneren Schwierigkeiten und konnte keinen Krieg mit den Kreuzfahrern brauchen. Außerdem war er wohl beeindruckt von diesem Kaiser, mit dem er arabisch reden konnte und der ein Interesse bekundete, seine vorhandenen Kenntnisse der muslimischen Kultur zu erweitern. Also erklärte er sich bereit, dem Kaiser die Stadt Jerusalem – außer dem Haram-Bezirk mit Al-Aksa-Moschee und Felsendom – kampflos zu überlassen, samt Korridor hinunter zu der Hafenstadt Akkon am Mittelmeer. Außerdem wurde ein Waffenstillstand auf zehn Jahre geschlossen und die Sicherheit christlicher Pilger garantiert.

Diese pragmatische Lösung war nicht das, was die päpstliche Partei unter christlichem Heldentum verstand. Der Bann blieb aufrecht, wurde sogar noch verschärft, weil der Kaiser die Grabeskirche und andere heilige Stätten entweiht habe, indem er sie als Exkommunizierter betrat. Jede Kirche, in die Friedrich gekommen war, sogar die Grabeskirche, fiel unter Interdikt, das heißt, es durften dort keine Messen gelesen und keine Sakramente gespendet werden. Der Patriarch von Jerusalem weigerte sich, auf päpstliche Weisung, Friedrich zum König von Jerusalem zu krönen. Friedrich veranstaltete eine Zeremonie, in der er sich die Krone selbst aufsetzte. Seither trugen die Römisch-Deutschen Kaiser unter anderen Titeln auch den eines »Königs von Jerusalem«, selbst als Jerusalem und alle anderen Eroberungen der Kreuzfahrer längst verloren waren. Franz II. führte ihn sogar noch in seinem Abdankungs- und Auflösungsdekret für das Heilige Römische Reich. Und er gab ihn weiter an seine Nachfolger, die Kaiser von Österreich. Die Letzten, die sich »König von Jerusalem« nannten, waren Franz Josef I. (1848–1916) und Karl I. (1916–1918).

Während der Kaiser im Heiligen Land gegen den Willen der Kirche relativ erfolgreich war, marschierten päpstliche Truppen in sein süditalienisches Königreich ein. Das scheint ihn nicht weiter aufgeregt zu haben, nach seiner Rückkehr vertrieb er diese »Schlüsselsoldaten« ohne größere Schwierigkeit. 1230 fand sich Gregor IX. zu einem Vertrag mit dem Kaiser bereit, und ein Jahr später wurde der Bann aufgehoben. Allerdings nicht für lange Zeit. Denn Friedrich wandte sich jetzt gegen seine stärksten, noch immer unbezwungenen Gegner: die oberitalienischen Städte. Dass die in seine Gewalt kamen, konnte der Papst unmöglich wünschen oder dulden. So wurde der Bannfluch im Jahre 1239 erneuert.

Es ist müßig, die Einzelheiten dieses Kampfes zu referieren. Er wurde mit zunehmender Verbissenheit und Grausamkeit geführt. Die gegenseitigen Beschuldigungen steigerten sich ins Maßlose, Fanatische. Der Papst verglich den Kaiser mit dem Tier der Apokalypse, worauf dieser das Kompliment erwiderte, indem er Gregor mit der Hure Babylon gleichsetzte. Eine endgültige Entscheidung fiel bis zum Tode Friedrichs nicht. Deutschland wurde dabei immer mehr zum Nebenschauplatz, aus dem der Kaiser sich Nachschub für seine Heere und, wenn möglich, auch finanzielle Unterstützung holte, dessen Zustände und Angelegenheiten aber von eher zweitrangigem Interesse für ihn waren. Sogar als 1241 die Mongolen Polen überrannten und bei Liegnitz ein deutsch-polnisches Ritterheer vernichteten, stellte sich der Kaiser nicht an die Spitze der Landesverteidigung. Es war pures Glück, dass im fernen Karakorum der Groß-Khan starb und die Steppenkrieger von sich aus abzogen.

In Deutschland hat er, anders als in Süditalien, den Ausbau eines modernen Staates gar nicht erst angestrebt. Die tatsächliche Macht geriet dadurch immer ausschließlicher in die Hände der Territorialfürsten. Schon während seines ersten Deutschlandaufenthaltes (1212–1220) hatte Friedrich in der »Confoederatio cum principibus ecclesiasticis« (Vereinbarung mit den Kirchenfürsten) weitgehende Zugeständnisse gemacht. Sein Sohn, Heinrich (VII.), den er als seinen Stellvertreter in Deutschland zurückgelassen hatte, gestand 1231 den weltlichen Fürsten im »Statutum in favorem principum« (Statut zu Gunsten der Fürsten) nahezu die gleichen Rechte zu. In den meisten Geschichtsbüchern liest man nur, dass damit der Rest der alten Königsrechte in Deutschland verloren ging. Es lohnt aber, sich wenigstens einige Bestimmungen dieser Gesetze im Einzelnen anzuschauen. So versteht man besser, warum es unmöglich wurde, in Deutschland auf Reichsebene ein modernes Staatswesen aufzubauen.

Da heißt es in der »Confoederatio« etwa: »Neue Zölle oder Münzstätten werden wir in ihren Territorien ohne ihr Befragen oder gegen ihren Willen künftig nicht errichten …« Der König verzichtet also auf die Kontrolle über das Geldwesen, das in dieser Zeit des sich entwickelnden Städtewesens, des aufblühenden Gewerbes und Fernhandels immer wichtiger wurde.

»Auf welche Weise aber auch immer … ein Lehen einem geistlichen Fürsten ledig geworden ist, so werden wir dieses … in keiner Weise angreifen …« Dies bedeutet den Verzicht, erledigte Lehen »einzusammeln«, wie es später die Könige von Frankreich taten, die damit ihr Gewicht gegenüber den großen Vasallen ständig vergrößerten, bis sie sie schließlich politisch entmachten konnten.

»Ferner setzen wir fest, dass keine Gebäude, nämlich Burgen und Städte, auf kirchlichem Besitz … errichtet werden …« Das heißt: Auf kirchliches Gebiet haben die Leute des Kaisers keinen Zugriff, sie haben dort nichts zu suchen.

Im »Statutum« heißt es unter anderem:

»(Wir setzen fest) dass neue Märkte die alten in keiner Weise hindern sollen.«

Wenn also ein Fürst sich einen ergiebigen Umschlagplatz, durch welche Methoden auch immer, dienstbar gemacht hat (wie seinerzeit Heinrich der Löwe in München und Lübeck), dann darf niemand, auch der Kaiser nicht, ein Konkurrenzunternehmen aufmachen.

»Dass in unseren neuen Städten die Bannmeile beseitigt werde.« Die Bannmeile war ein rings um die Städte liegender Bereich, in dem niemand dem städtischen Gewerbe Konkurrenz machen durfte. Wenn man den königlichen Städten den entzog, verloren sie ganz wesentlich an wirtschaftlicher Dynamik.

»Jeder einzelne unter den Fürsten soll der Freiheiten, Gerichtsbarkeiten, Grafschaften und Zehnten, seien sie ihm eigen oder zu Lehen gegeben, gemäß der Gewohnheit seines Landes ruhig genießen.« Was ein Fürst einmal hat, das hat er, das nimmt ihm niemand weg, er mag es nutzen, wie er will, ist praktisch souverän, niemand kann ihn zur Rechenschaft ziehen.

»Wir wollen keine neue Münze im Lande irgendeines Fürsten schlagen lassen, durch welche eine Münze des betreffenden Fürsten verschlechtert werden könnte.« Siehe oben.

Den Streit darüber, ob Friedrich II. mit diesen Zugeständnissen die letzten verbliebenen Machtmittel der Krone aus der Hand gab oder ob er nur längst übliche Praktiken legalisierte, überlassen wir den Fachgelehrten. Immerhin scheint die Bereitwilligkeit, mit der Heinrich (VII.) den Fürsten das »Statutum« zugestanden hatte, seinen Unwillen erregt zu haben. (Die Klammern um Heinrichs »VII.« deuten an, dass er zwar als deutscher König der siebente dieses Namens war, aber niemals Kaiser wurde.) Er konnte aber nicht anders als einwilligen. 1235 kam er nach Deutschland, und darauf reagierte sein Sohn mit Panik: Er stellte sich auf die Seite der Adelsopposition, trat sogar in Verbindung zu den aufständischen Lombarden. Friedrich ließ ihn durch ein Fürstengremium absetzen, festnehmen und gefangen nach Italien bringen. Dort starb Heinrich 1241, wahrscheinlich durch Selbstmord.

Der väterliche Schmerz über den Tod meines erstgeborenen Sohnes Heinrich überwiegt das Urteil des strengen Richters und treibt eine Tränenflut aus dem Innersten hervor, welche das Andenken erlittener Beleidigungen und der Ernst der Gerechtigkeit bisher zurückhielt. Vielleicht werden sich harte Väter wundern, daß der durch öffentliche Feinde unbezwungene Kaiser einem häuslichen Schmerz erliege: aber das Gemüt eines jeden Fürsten, sei es noch so fest, ist dennoch der Herrschaft der Natur unterworfen, welche ihre Kräfte gegen jeden ausübt und Könige und Kaiser nicht anerkennt.

Aus einem Brief Friedrichs II. an sizilianische Geistliche

Für die Deutschen, aber auch für die Norditaliener, muss Friedrich ein aufregend exotisches Bild abgegeben haben. Er pflegte mit großem Gefolge und beträchtlichem Pomp auf Reisen zu gehen: mit seiner sarazenischen Leibgarde auf edlen Pferden, mit Kamelen, gelegentlich mit einer Giraffe und einem weißen Elefanten (einem Geschenk des Sultans al-Kamil), mit dunkelhäutigen Dienern in fremdartig bunten Gewändern, mit Tänzerinnen und Flötenspielerinnen, mit Jagdfalken aus Arabien und aus Island samt ihren ledergesichtigen Wärtern, mit Eulen, gezähmten Adlern und anderem fremdartigen Getier. Für die Menschen Mitteleuropas, die ihren engen Lebenskreis äußerst selten verließen, waren das Wesen aus einer Märchenwelt.

Gehört Friedrich II. überhaupt zur deutschen Geschichte, war er ein Deutscher? Vom Vater her war er Staufer, er trug den Titel eines deutschen Königs. Aber dieser Vater, Heinrich VI., hatte seinerseits eine französischsprachige burgundische Prinzessin zur Mutter gehabt. Auch Friedrichs eigene Mutter Konstanze sprach als Normannin vor allem Französisch. Offenbar hasste sie ihren Mann und mit ihm die Deutschen als Gesamtheit. Deswegen hatte sie im Namen ihres minderjährigen Sohnes auf dessen deutschen Königstitel verzichtet, so dass Friedrich 1212 ein zweites Mal gewählt werden musste. Wäre es nach ihr gegangen, hätte er sich ganz auf sein süditalienisches Reich konzentriert und wäre nie über die Alpen gezogen. Aber auch so verbrachte Friedrich von seinen sechsundfünfzig Lebensjahren lediglich etwa zehn in Deutschland. Sizilien und Apulien hat er als seine Heimat empfunden. Seine politischen Ziele und Visionen versuchte er dort zu verwirklichen, in Deutschland erschien ihm ein solcher Versuch wohl sinnlos und von vornherein zum Scheitern verurteilt.

1250, während eines Jagdausflugs in Apulien, erkrankte der Kaiser an einer fiebrigen Darmgrippe und ließ sich auf sein Kastell Fiorentino bringen. Dort verfasste er sein Testament, in dem er seinen dreiundzwanzigjährigen Sohn Konrad IV. zum Nachfolger bestimmte, empfing Sterbesakramente und Absolution und starb, in eine Kutte des Zisterzienserordens gehüllt. Im Dom von Palermo steht sein Grabmal aus rotem Porphyr.

Mit Friedrichs Tod lässt die Geschichtsschreibung in Deutschland das Interregnum beginnen, »die kaiserlose, die schreckliche Zeit«, wie es in einer von Schillers Balladen genannt wird. So ganz stimmt das nicht. Nominell gab es immer irgendjemanden, der die Krone beanspruchte, zunächst eben Konrad IV. Aber der konnte sich ebenso wenig durchsetzen wie sein Rivale Wilhelm von Holland. Die Kandidaten Richard von Cornwall und Alfons von Kastilien brachten – vom Papst dazu angehalten – zwar das Geld auf, um die Wähler zu bestechen, erschienen aber kaum oder überhaupt nicht persönlich im Lande.

Konrad zog sogar nach Süditalien und versuchte, sein dortiges Erbe in Besitz zu nehmen. Er plante auch, von dieser Machtbasis aus wieder in Deutschland einzugreifen, starb jedoch schon 1254. Er hinterließ einen Sohn, ebenfalls Konrad oder auch Konradin (»kleiner Konrad«) genannt. Für den übte zunächst Konrads Halbbruder Manfred die Regentschaft aus, der sich aber 1258 selbst zum König von Sizilien proklamierte. Als solcher war er zunächst recht erfolgreich, schickte sich sogar an, seinen Machtbereich nach Norditalien zu erweitern. Daraufhin belehnte Papst Clemens IV. den Bruder des französischen Königs, Karl von Anjou, mit dem Königreich Sizilien. Manfred fiel, gegen ihn kämpfend, in einer Schlacht bei Benevent. Der fünfzehnjährige Konradin zog jetzt (1268) mit geringem Gefolge nach Italien und fand unter den dortigen Ghibellinen zahlreiche Anhänger, denn Karl von Anjou war wegen seiner Grausamkeit allgemein verhasst. Konradin wurde aber seinerseits besiegt und geriet in Gefangenschaft. Karl von Anjou ließ ihn und seinen Freund Friedrich von Österreich, einen Babenberger, in Neapel auf offenem Marktplatz köpfen.

Das war das Ende des Geschlechts (»Viperngezücht«, sagten die Päpstlichen) der Staufer. Es war auch das Ende des Versuchs, in Italien Reichs- und Machtpolitik zu betreiben. Wenn Kaiser späterhin noch nach Rom zogen, um sich dort krönen zu lassen, griffen sie nicht mehr wirklich in die dortigen Verhältnisse ein. Es war ferner das Ende der Blüte Süditaliens. Der Staat, wie ihn Friedrich II. aufgebaut hatte, war noch nicht so in sich gefestigt, dass er die Krisen des Herrschertums hätte überstehen können. Für die Anjous war das Land eher ein Ausbeutungsobjekt. Sie scheinen sehr unbeliebt gewesen zu sein. Am Ostermontag 1282 ereignete sich in Palermo die »Sizilianische Vesper«, bei der Verschwörer zu einer bestimmten Stunde (eben beim Vesperläuten) sämtliche in der Stadt anwesenden Franzosen massakrierten. Der Aufstand verbreitete sich über die ganze Insel, man rief Peter von Aragon, der mit einer Tochter Manfreds verheiratet war, zum König aus. Dagegen richtete auch der päpstliche Bann nichts aus. Allerdings half es auch nicht dagegen, dass Sizilien in der Folgezeit zunehmend verarmte, genau wie das süditalienische Festland, das den Anjous verblieb. Es entstand der arme Mezzogiorno, »l'inizio dell'Africa«, wie die Norditaliener heute noch spotten.

Auch die Kirche sollte sich ihres Sieges nicht lange freuen. An die Stelle der Staufer traten die Anjous und das französische Königshaus, die ihren politischen Einfluss viel skrupelloser zu nutzen wussten. 1309 verlegte der französische Papst Clemens V. die päpstliche Residenz nach Avignon, wo sie bis 1377 verblieb. Man spricht von der »babylonischen Gefangenschaft der Kirche«, einem Tiefpunkt ihrer moralischen Autorität.

Kapitel 11
Deus lo vult – Wollte es Gott?

Der Kreuzzug, auf dem Friedrich Barbarossa im Jahre 1190 im Fluss Saleph ertrank, wird von der Geschichtsschreibung als der dritte bezeichnet. Als junger Herzog von Schwaben hatte Friedrich, im Gefolge seines Onkels Konrad III., schon am zweiten Kreuzzug (1147–1149) teilgenommen, einem ungemein erfolglosen Unternehmen, bei dem das deutsche Kontingent schon auf dem Marsch durch Anatolien nahezu aufgerieben wurde. Die Überlebenden mussten froh sein, von den Franzosen aufgefangen zu werden, die nach ihnen kamen und ebenfalls starke Verluste erlitten hatten. König Konrad hatte den Zug ohnehin nur widerwillig angetreten, bedrängt von einer hysterischen Masse, die durch die Predigten des später heilig gesprochenen Bernhard von Clairvaux aufgepeitscht worden war. Es ist dies ein frühes Beispiel dafür, wie politische Vernunft sich von hohler Rhetorik ins Bockshorn jagen lässt.

Auch der dritte Kreuzzug wurde zum Fehlschlag, obwohl Barbarossa ihn sorgfältig vorbereitet und zunächst auch einige Siege über den militärischen Gegner, die seldschukischen Türken in Anatolien, erfochten hatte. Nach dem Tod des Kaisers flaute bei den Deutschen die Begeisterung merklich ab. Wer immer es konnte, sah, dass er möglichst bald nach Hause kam. Die beiden anderen Führer aber, Richard Löwenherz von England und Philipp II. August von Frankreich, die das Heilige Land mit ihren Anhängern auf dem Seeweg erreichten, waren einander spinnefeind und zerstritten sich immer mehr. So gelang es nicht, das 1178 verloren gegangene Jerusalem wiederzuerobern. Vielmehr war man am Ende so verkracht, dass es Richard nicht wagen konnte, über französisches Gebiet heimzureisen. Er versuchte es über Deutschland, wurde in Österreich, dessen Herzog er vor Akkon unnötig beleidigt hatte, erkannt, gefangen gesetzt (immerhin in schöner Umgebung, in Dürnstein in der

Wachau) und an Heinrich VI. ausgeliefert, der die günstige Gelegenheit, ihn zu erpressen, nicht ungenutzt ließ.

Wirklich erfolgreich im militärischen Sinne war von den sieben Kreuzzügen, die man im vorderen Orient zählt, nur der allererste. (Denn der fünfte, der von Friedrich II., war ja, wie wir sahen, eher diplomatisch angelegt.) Anlass war ein Hilferuf, den der Kaiser von Byzanz 1095 auf der Synode von Clermont an Papst Urban II. richtete. Die Seldschuken, ein Turkstamm, der aus Innerasien kam, hatten den Byzantinern nicht nur den größten Teil Anatoliens entrissen, sondern jetzt auch Jerusalem und das Heilige Land erobert, wo sie angeblich die orientalischen Christen unterdrückten und misshandelten sowie die heiligen Stätten schändeten. Die seldschukischen Türken waren Moslems, aber, anders als die Araber, keine geschickten Kaufleute und von der Kultur der Gebiete, die sie eroberten, vorläufig noch unbeleckt. Während die Araber christlichen Pilgern nichts in den Weg gelegt und vor allem darauf geachtet hatten, möglichst gut an ihnen zu verdienen, sperrten die Türken jetzt den Weg. Auch die Handelsstationen der Venezianer, Pisaner und Genuesen, die mit den Arabern gute Geschäfte gemacht hatten, gerieten in Gefahr.

Es gab also religiöse, politische und materielle Gründe, in den Orient zu ziehen. Dazu kam noch ein anderer. Wir erinnern uns: 1095, das war auf dem Höhepunkt des Investiturstreits. Der Papst war vor Heinrich IV. nach Frankreich geflohen, und dieser seinerseits saß, eingeklemmt zwischen dem Lombardischen Bund und den feindseligen Welfen, in der Nähe von Verona, konnte nicht vor und nicht zurück. Wenn es dem Papst gelang, sich an die Spitze einer Massenbewegung zu stellen, seinen Anhängern ein wahrhaft religiöses Ziel zu setzen, das sie mit frommer Inbrunst erfüllte, dann hatte er einen entscheidenden Sieg über den Kaiser gewonnen, dann war er, und nur er, der Führer der Christenheit.

Urban hielt eine furiose Predigt, warf seinen Zuhörern vor, sie seien bisher Räuber gewesen, jetzt hätten sie Gelegenheit, Kämpfer Gottes zu werden. Sie sollten den Verlust ihrer Güter nicht achten. Dort, wo der Herr für sie gestorben sei, würden sie von den Heiden Reichtümer sonder Zahl und dazu noch Verge-

Reichsinsignien
Deutsche Kaiserkrone, Reichskreuz, Reichsschwert und Reichsapfel.

Heutiger Aufbewahrungsort: Wien, Kunsthistorisches Museum

Otto I. und seine Gattin Edith
Magdeburger Dom, 1280

Otto III.
Reichenauer Evangeliar, 999

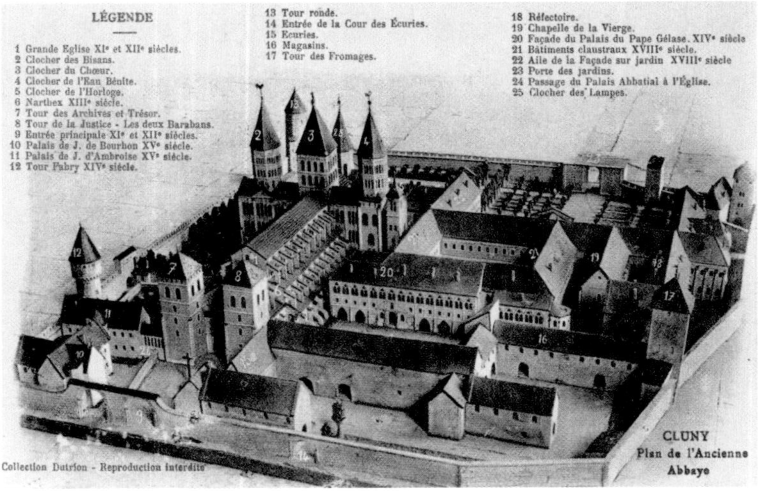

Abtei von Cluny
Modell der mittelalterlichen Klosteranlage.

Nicht nur geistiges, auch wirtschaftliches Leben fand in den Klöstern statt.

Kaiserpfalz in Goslar
erbaut 1065, 1873–1879 rekonstruiert, Holzstich um 1890

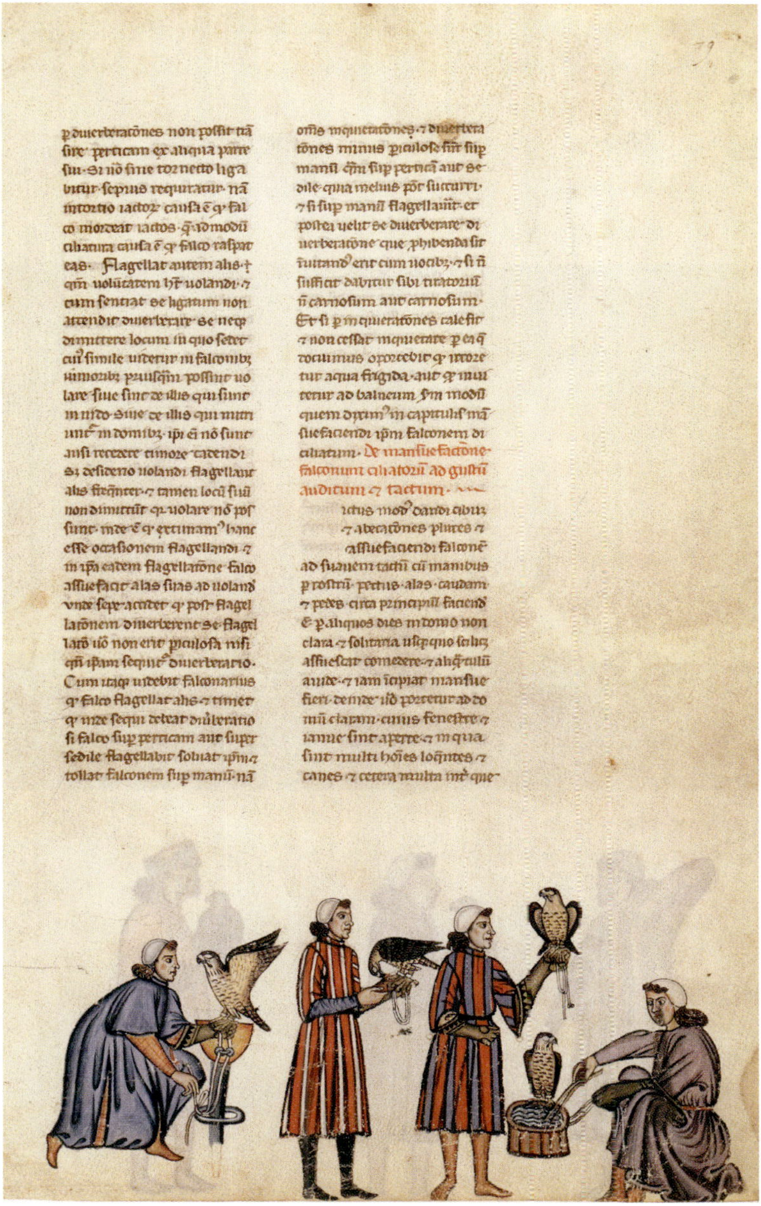

Buchseite mit Miniatur
aus dem Werk Friedrichs II.
›De arte venandi cum avibus‹, 1250–1275

Castel del Monte
(Apulien, Italien), Jagdschloss Friedrichs II., erbaut um 1240/1250

Friedrich Barbarossa im Kyffhäuser

nach Vorstellung des 19. Jahrhunderts, Kupferstich von Heinrich Merz nach einer Zeichnung von Wilhelm von Kaulbach, 1841

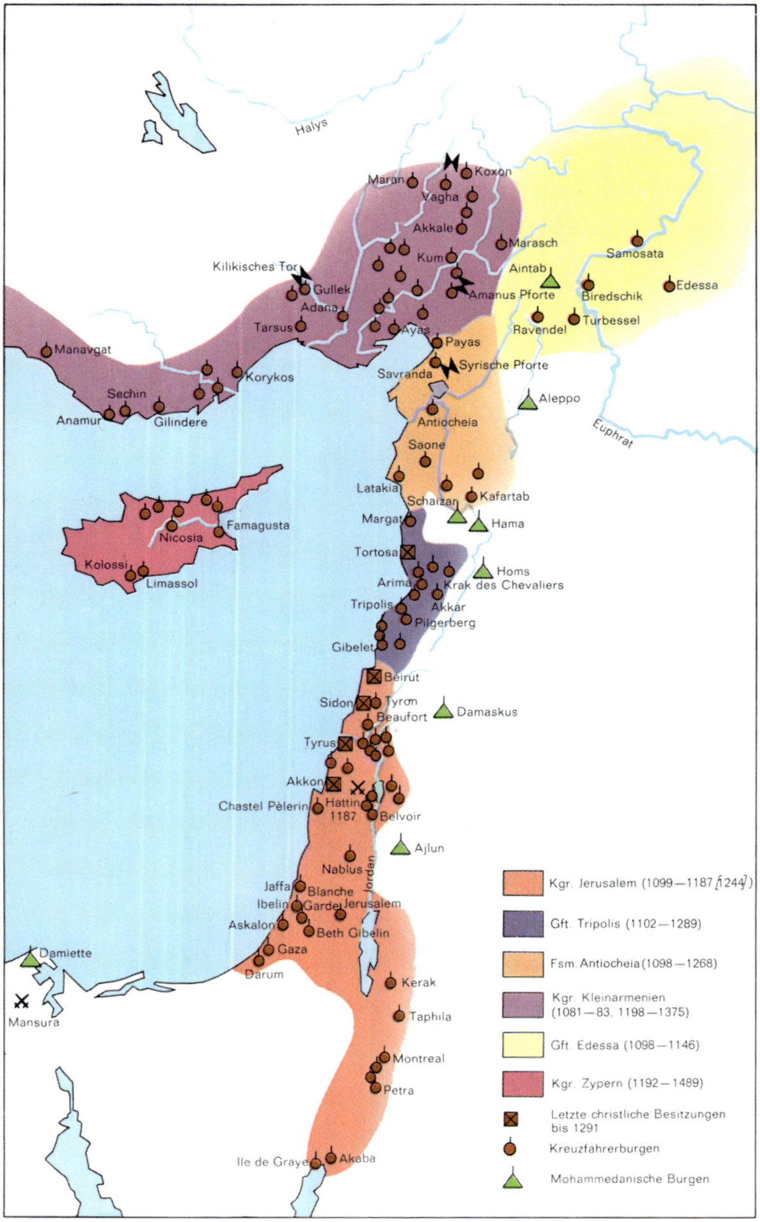

Die Kreuzfahrerstaaten
11.–14. Jahrhundert

bung ihrer Sünden, Anwartschaft auf ewige Seligkeit erwerben. Die Menge sank auf die Knie und schrie: »Deus lo vult! Gott will es!« Ritter, Knappen, gemeines Volk, große Herren und Fürsten hefteten sich das Kreuz an die Mäntel Eine Idee hatte gezündet, breitete sich aus wie Feuersbrunst.

Im ersten Kreuzzug können wir bereits alle Elemente beobachten, die das Wesen dieser Unternehmungen ausmachen: aufrichtige Religiosität, Abenteuerlust, Hysterie, Brutalität, materielle Gier und blanke Mordlust. Die Teilnehmer waren meist Franzosen, Lothringer, Flamen und Friesen, sowie Normannen aus Süditalien. Die Deutschen waren, weil allzu sehr mit ihren inneren Konflikten beschäftigt, nur schwach beteiligt. Von einem Kreuzfahrerheer im eigentlichen Sinne kann man zunächst nicht sprechen. Ritter, Knappen und bewaffnete Fußsoldaten bildeten nur den Kern des Zuges. Mit und vor ihnen brachen in größeren und kleineren Gruppen auch Menschen auf, die einfach ihrem Alltag, ihrer Armut, ihrer Unfreiheit entrinnen wollten und naiv glaubten, dabei noch ein frommes Werk zu tun. Durch das starke Wachstum der Bevölkerung gab es, unter Bauern wie unter Rittern, eine Vielzahl jüngerer Söhne, die sich in der Heimat keine Hoffnung auf ein Erbe machen durften. Und in den sich vergrößernden Städten war auch die Schicht der völlig Besitzlosen gewachsen. Man machte sich phantastische Vorstellungen von den Reichtümern, die im Orient zu gewinnen waren.

Es waren solche Mitläufer, die schon während des Durchzugs durch das Rheinland auf den Gedanken kamen, es sei unnötig, mit der Bekämpfung der Feinde Gottes bis zur Ankunft im Heiligen Land zu warten. Schließlich lebten etliche von denen ja auch hierzulande: die Juden, deren Gemeinden in den rheinischen Städten alteingesessen, wohlhabend und blühend waren. Über die also fiel man her, plünderte ihre Häuser, misshandelte und erschlug jene, die sich nicht taufen lassen wollten, trieb sie in ihre Synagogen, die dann in Brand gesetzt wurden. Manche Juden begingen Selbstmord. Es ist anzunehmen, dass sich auch die lokale Bevölkerung an diesen Pogromen beteiligte. Wegen des kirchlichen Zinsverbots für Christen und weil den Juden Grundbesitz und Handwerksberufe verwehrt waren, lagen Kreditwesen und Geldhandel fast ausschließlich in deren Hand. Da das Risiko dabei groß war, mussten auch die Zinsen hoch sein. Die Menschen, Geldgeschäfte ohnehin noch nicht lange gewohnt, empfanden das als Wucher. Mancher dürfte den religiösen Aufbruch als willkommene Gelegenheit gesehen haben, seine Schulden loszuwerden. Priester und Bischöfe, die sich bemühten, dem Morden Einhalt zu gebieten, wurden ihrerseits bedroht. Die Ausschreitungen dauerten auf dem ganzen Marsch durch Süddeutschland und Österreich an.

Ein Zug ging über Ungarn und den Balkan, ein anderer durch Italien bis Bari, wo man über die Adria setzte. Vor Konstantinopel sammelten sich die verschiedenen Gruppen. Wie viele von den armen Pilgern sind wohl so weit gelangt? Wie viele waren auf dem Weg umgekehrt, an Hunger, Krankheit, Erschöpfung krepiert, wegen Diebereien und Übergriffen zu Tode gehetzt und erschlagen worden? Der Rest sollte dann in Anatolien von den Türken vernichtet werden.

Auch der Kaiser Alexios Komnenos war nicht eben entzückt von dem wilden Heerhaufen, der da vor seiner Stadt lagerte. Er hatte sich eine Hilfstruppe für seine eigene Armee erhofft, keine Ritter und vor allem keine fürstlichen Herren, die nichts anderes im Sinn hatten, als das Land, das sie von den Heiden befreien sollten, für sich selbst zu behalten. Er erlaubte ihnen den Weiterzug erst, nachdem sie ihm den Lehenseid für die zu erobernden Gebiete geleistet hatten.

Die Muslime waren unter sich zerstritten, auf den Angriff nicht vorbereitet, und sie hatten der Bewaffnung der fränkischen Panzerreiter nichts Gleichwertiges entgegenzusetzen. Die Kreuzfahrer siegten in mehreren Schlachten und standen im Sommer 1099 vor Jerusalem. Nach wochenlanger Belagerung wurde die Stadt eingenommen und unter der Bevölkerung, Muslimen wie Juden, ein grausames Blutbad veranstaltet. Vorher aber hatte sich das Kreuzritterheer schon aufgespalten: Ein Graf Balduin von Boulogne hatte sich zum Grafen von Edessa ausgerufen und war mit seinem Kontingent zurückgeblieben, um diese Stadt (das heutige Urfa) und ihr Umland in Besitz zu nehmen. Ebenso verfuhr der Normanne Bohemund, ein Sohn Robert Guiscards, der sich Antiochia (heute Antakya) samt dazugehörigem Gebiet aneignete und fortan den Fürstentitel führte. Bei ihm als echtem d'Hauteville erstaunt es nicht, dass ihn, sobald er seine Beute sicher hatte, die Befreiung des Heiligen Grabes nicht mehr interessierte.

»Beschützer des Heiligen Grabes« nannte sich Gottfried von Bouillon, Balduins Bruder, weil er sich dort, wo Jesus Christus gelebt hatte und gestorben war, nicht den Königstitel anmaßen wollte. Es gelang den Kreuzfahrern in den folgenden Jahrzehnten, in ihren neuen Staaten ein Feudalsystem nach heimischem Muster aufzubauen. Sie errichteten eine Reihe gewaltiger Burgen. Die berühmteste ist der Krak des Chevaliers, der den Zugang zur Hafenstadt und der Grafschaft Tripoli sperrte. Es entstand jetzt auch eine neue Form mönchischen und zugleich kriegerischen Zusammenlebens: die geistlichen Ritterorden der Templer, der Johanniter und der Deutschherren. Sie verbanden die Gelübde von Armut, Keuschheit und Gehorsam mit der Verpflichtung zum Glaubenskrieg. Da sie immer frischen Nachwuchs aus Europa bekamen, der nicht in die Kungeleien und Konflikte lokaler Adelsfamilien verstrickt war, stellten sie ungemein disziplinierte und schlagkräftige Kampftruppen, die sich später auch auf anderen Schauplätzen, z. B. im deutschen Osten, bewähren sollten.

Aber natürlich war das Gebiet, das die Kreuzfahrerstaaten beherrschten und mit den damaligen Mitteln beherrschen konnten, nicht mehr als ein schmaler Streifen am Rande eines muslimischen Kontinents. Es war nur eine Frage der Zeit, bis es den Arabern gelang, sich ihrerseits auf die neue Kampfesweise einzustellen und militärisch gleichzuziehen. Mit dem Ayyubidensultan Salah ed-Din (Saladin, 1138–1193) erwuchs ihnen dann ein hervorragender Führer. Erstaunlich ist, dass sich die Kreuzfahrer doch beinahe zweihundert Jahre an der Levanteküste halten konnten, nämlich bis 1291, als der letzte Stützpunkt, Akkon, geräumt werden musste, die letzten Ordensritter und Siedler nach Zypern flüchteten.

Es ist reizvoll, diese Kämpfe im Einzelnen zu verfolgen, das Hin und Her, die Aufschwünge und Niederlagen. Aber es führt in unserem Zusammenhang doch etwas weit ab. Von dauerhafterer und tieferer Wirkung waren, so paradox das klingen mag, die Perioden relativen Friedens und misstrauischer Verständigung, die es zwischendurch immer wieder gab. Nicht, dass die Kreuzfahrer tief in arabische Kultur, arabische Kunst, Dichtung, Wissenschaft und Philosophie eingedrungen wären. (Die fanden ihren Weg nach Europa eher über Spanien und, wie wir gesehen haben, Süditalien.) Aber sie lernten doch einiges von der arabischen Alltagskultur, der raffinierteren Lebenskunst der Orientalen: weite, bequeme Gewänder, feine Stoffe und Lederwaren, Gewürze und neue Arten von Obst und Blumen, Medikamente und Heilkräuter, Einrichtungsgegenstände und Dinge des täglichen Gebrauchs. Man kann das heute noch an vielen Wörtern der europäischen Sprachen ablesen, die arabischen Ursprungs sind, auch wenn sich dieser Ursprung meist hinter einer assimilierten Lautform versteckt: Alkali und (ausgerechnet!) Alkohol, Almanach, Amulett und Anilin, Aprikose, Artischocke, Berberitze und Borretsch, Damast (aus Damaskus), Musselin (aus Mossul), Chiffon, Gaze (aus Gaza), Kattun, Kaffee, Zucker, Kampfer, Kümmel, Safran, Sirup und Sorbet, Limone, Diwan, Sofa und Matratze, Tasse, Ziffer und noch viele andere Wörter und Sachen. Vom arabischen Wort für Gras stammen nicht nur unser Haschisch, sondern auch die englischen und französischen Wörter für Meuchelmörder und Meuchelmord: Assassin, assassination, to assassinate. Die Assassinen, eine im Iran und im Norden Syriens beheimatete Geheimsekte, ließen ihre Feinde von jungen Männern ermorden, die (angeblich unter Drogeneinfluss) glaubten, sie würden im Paradies aufwachen, falls sie bei einem solchen Anschlag ums Leben kamen.

Araber wie Venezianer, Genuesen und Pisaner hätten nicht die gerissenen Kaufleute sein dürfen, die sie doch waren, wenn es ihnen nicht gelungen wäre, trotz aller Kämpfe einen florierenden Handel aufzubauen So gelangten viele orientalische Luxusgegenstände, aber auch Waren, die von noch weiter herkamen – Seide aus China, Edelsteine, Elfenbein und Gewürze aus Indien –, nach Italien und von dort über die Alpen, wo sich in Städten wie Augsburg, Nürnberg, Köln eine Schicht von Fernhändlern formierte, die immer mehr an bürgerlichem Selbstbewusstsein, Reichtum, Einfluss und Streben nach politischer Mitbestimmung gewann und sich immer energischer gegen die fürstlichen oder geistlichen Stadtherren durchsetzte. Der Geldverkehr gewann an Bedeutung gegenüber dem Tauschhandel. Und da man für die Importware ja einen Gegenwert bieten musste, bekamen auch das heimische Gewerbe und das Kunsthandwerk kräftige Impulse.

Natürlich regte die Kunde von den fernen Welten, von der goldenen Stadt Byzanz, durch die die Kreuzfahrer gekommen waren, von den fremden Völkern, denen sie begegnet waren, von Mohrenfürsten, verschleierten Frauen, wilden Kriegern und exotischen Tieren, gefährlichen Seefahrten, Gefangenschaft, Flucht und glücklicher Heimkehr auch die Phantasie der Daheimgebliebenen an. Das fand seinen literarischen Niederschlag in Geschichten wie der vom Herzog Ernst, der nach einem missglückten Aufstand gegen seinen Vater übers Meer flüchten muss und dabei Gefahren und Wunderdingen begegnet, die an Motive aus Tausendundeiner Nacht erinnern. Oder an die Geschichten des Byzantiners Hugdietrich und seines Sohnes Wolfdietrich. West-östliche Liebesgeschichten oder Geschichten von Kreuzfahrern, die bei ihrer Heimkehr zunächst nicht erkannt wurden, gab es in zahlreichen lokalen Varianten.

> Graf Ludwig von Gleichen zog im Jahr 1227 mit gegen die Ungläubigen, wurde aber gefangen und in die Knechtschaft geführt. Da er seinen Stand verbarg, mußte er gleich den übrigen Sklaven die schwersten Arbeiten tun, bis er endlich der schönen Tochter des Sultans in die Augen fiel wegen seiner besonderen Geschicklichkeit und Anmut zu allen Dingen, so daß ihr Herz von Liebe entzündet wurde. Durch seinen mitgefangenen Diener erfuhr sie seinen Stand, und nachdem sie mehrere Jahre vertraulich mit ihm gelebt, verhieß sie, ihn frei zu machen und mit großen Schätzen zu begaben, wenn er sie zur Ehe nehmen wolle. Graf Ludwig hatte eine Gemahlin mit zwei Kindern zu Haus gelassen; doch siegte die Liebe zur Freiheit, und er sagte ihr alles zu, indem er des Papstes und seiner ersten Gemahlin Einwilligung zu erwirken hoffte. Glücklich entflohen sie darauf, langten in der Christenheit an, und der Papst, indem sich die schöne Heidin taufen ließ, willfahrte der gewünschten Vermählung. Beide reisten nach Thüringen, wo sie im Jahre 1249 ankamen. Der Ort bei Gleichen, wo die beiden Gemahlinnen zuerst zusammentrafen, wurde das Freudental benannt, und noch steht dabei ein Haus dieses Namens. Man zeigt noch das dreischläfrige Bett mit rundgewölbtem Himmel, grün angestrichen; auch zu Tonna den türkischen

> Bund und das goldne Kreuz der Sarazenin. Der Weg, den sie zu der Burg pflastern ließ, heißt bis auf den heutigen Tag der Türkenweg. Die Burggrafen von Kirchberg besitzen auf Farrenrode, ihrer Burg bei Eisenach, alte Tapeten, worauf die Geschichte eingewirkt ist. Auf dem Petersberge zu Erfurt liegen die drei Gemahle begraben, und ihre Bilder sind auf dem Grabsteine ausgehauen.

So eine Fassung des 19. Jahrhunderts. Man beachte, dass selbst da noch die Prinzessin ihrer Liebe erst nachgeben darf, nachdem sie sich versichert hat, nicht allzu weit unter ihr soziales Niveau zu gehen. In der nüchternen Wirklichkeit, so ist anzunehmen, war der Graf mit zwei Frauen nacheinander verheiratet und ließ sich auf seinem Grabstein mit beiden Gattinnen verewigen.

Nicht alle, die für den Glauben kämpfen und sich Ablass ihrer Sünden erwerben wollten, zogen in den Orient. Heinrich der Löwe etwa, wie immer auf seinen Vorteil bedacht, erwirkte während des zweiten Kreuzzugs für sich und andere norddeutsche Fürsten die Erlaubnis des Papstes, ersatzweise gegen die Heiden vor der eigenen Haustür zu ziehen, nämlich gegen die Wenden zwischen Elbe und Oder. Auch das nannte man einen Kreuzzug. Im Laufe des Spätmittelalters kam es regelmäßig zu solchen Feldzügen gegen die Elbslawen und weiter nordöstlich gegen die ebenfalls noch nicht christianisierten Pruzzen und Litauer. Daran beteiligten sich auch die mittlerweile längst christlichen Dänen und Polen, aber auch Adelige aus dem Inneren Deutschlands und dem übrigen Europa. Man hat fast den Eindruck, dass die Teilnahme an dieser Art Glaubenskrieg zu einer Art Kavalierstour wurde, zu etwas, was jeder einmal mitgemacht haben wollte. So geht etwa die Gründung der Stadt Königsberg in Ostpreußen auf keinen deutschen, sondern auf den böhmischen König Ottokar Przemysl zurück, der hier im Jahre 1255 eine »Heidenfahrt« veranstaltete.

Seit 1226, besonders aber nach dem Verlust des Heiligen Landes, fand der Deutsche Orden hier sein Hauptbetätigungsfeld, ins Land gerufen von dem polnischen Herzog Konrad von Masowien. Ihre straffe Disziplin erlaubte es den Ordensrittern, einen für die Zeitverhältnisse sehr wirksam organisierten und verwalteten Staat aufzubauen und die Kolonisierung durch deutsche

Bauern gezielt voranzutreiben. Mittelpunkt des Staates und Residenz des Hochmeisters des Ordens war die Marienburg bei Elbing. Nach der Vereinigung des Deutschen Ordens mit einem anderen, dem Orden der Schwertbrüder, dehnte sich dieser Staat bis Estland und Livland aus.

Es wird, weil ideologisch allzu stark belastet, wohl eine unentscheidbare Frage bleiben, was schwerer wiegt: die Unterdrückung der eingeborenen slawischen Bevölkerung und ihrer völkischen Eigenart oder die Einführung relativ fortschrittlicher Methoden und Techniken in Landausbau, Landwirtschaft, Verwaltung, Handwerk und beim Aufbau der Städte. Geradeso wie es jedem überlassen bleiben muss, wie er die Ordensritter sehen will: als blutrünstige Finsterlinge, wie sie in der nationalistischen polnischen Literatur auftreten, oder als helläugige Kulturträger, wie sie wilhelminischer Patriotismus zu präsentieren liebte. Ähnlich stellt sich die Frage ja auch für die Kreuzritter im Heiligen Land.

Jedenfalls verlor dieser deutsche Ordensstaat seine raison d'être, als Litauen unter dem Großfürsten Jagiello (1386) zum Christentum übertrat und sich mit Polen in Personalunion vereinigte. Es gab keine Heiden mehr zu bekehren. Überhaupt hatte sich der Kreuzzugsgedanke verbraucht. Der Nachschub an Rittern aus Deutschland ließ nach, und für den neuen polnisch-litauischen Großstaat wurde das Ordensland, das den Weg zum Meer versperrte, ein ärgerlicher Fremdkörper. 1410 wurde der Orden bei Tannenberg vernichtend geschlagen und durfte fortan nur einen Rest seines Gebietes behalten, und zwar unter polnischer Lehenshoheit: das, was man damals Preußen, später Ostpreußen nannte. Der letzte Hochmeister, Albrecht von Brandenburg, trat 1525 zum Protestantismus über, nannte sich fortan Herzog von Preußen und sorgte dafür, dass sein säkularisiertes Territorium durch Erbgang an seine hohenzollersche Verwandtschaft fiel. So wurden die heidnischen, als Volk ausgelöschten Pruzzen zu Namensgebern des nachmals mächtigsten und dominierenden deutschen Staates.

Kapitel 12
Die Mühen der Ebene – Rudolf von Habsburg

Aus der neuesten deutschen Geschichte kennen wir Politiker, deren Sympathiewert gerade in ihrem völligen Mangel an Großartigkeit und Glamour begründet ist: Friedrich Ebert, Gustav Stresemann, Konrad Adenauer. Leute, die sich nicht zu schade waren, den Karren Deutschland aus dem tiefen Dreck zu ziehen, in den andere ihn hineinmanövriert hatten.

Es erscheint nicht abwegig, König Rudolf von Habsburg (1273–1291) mit ihnen zu vergleichen. Wenn man seine Porträtstatue auf dem Grab im Speyerer Dom betrachtet (das erste realistische Abbild eines Römisch-Deutschen Herrschers, das auf uns gekommen ist), diese schlanke, wie Zeitzeugen bekunden, geradezu dürre Gestalt, das Gesicht mit den tiefen Stirnfalten, den schmalen Lippen und der langen Nase, über die sich seine Untertanen lustig machten, dann spürt man so gar keinen Anhauch von staufischem Glanz und Kaiserherrlichkeit. Eher wirkt er grämlich, um nicht zu sagen miesepetrig. Dabei muss er ein Mann von zupackend praktischem Verstand gewesen sein, mit Sinn für das Notwendige und Mögliche, auch für die Nöte der einfachen Menschen und, erstaunlich für einen mittelalterlichen Herrscher, mit einer Neigung zur Selbstironie. Als er einmal nach seinem Schatzmeister gefragt wurde, erwiderte er, er brauche keinen, er habe ohnehin nie Geld.

Seine Wahl erfolgte auf Veranlassung Papst Gregors X. Dem nämlich waren einerseits die Anjous und das französische Königshaus in Italien zu übermächtig, ja gefährlich geworden. Zum anderen plante er, nach dem erneuten Verlust Jerusalems und bei der harten Bedrängnis, in die die Kreuzfahrerstaaten geraten waren, einen Kreuzzug, den er von einem Kaiser angeführt sehen wollte. (Zu dem kam es dann allerdings nicht.) Bemerkenswert ist Rudolfs Wahl auch dadurch, dass sie erstmals in der Form erfolgte, die fortan verbindlich werden sollte, nämlich durch ein Kollegium von sieben Kurfürsten. Schon seit der Doppelwahl von 1198 (Otto IV. versus Philipp von Schwaben) hatte sich die Zahl der Wahlberechtigten immer weiter eingeschränkt. Nur mehr Angehörige des Reichsfürstenstandes durften wählen, also weltliche oder geistliche Territorialherren, die ihr Lehen unmittelbar vom Kaiser empfingen. Jetzt verengte sich der Kreis der Wähler aufs Neue. Übrig blieben drei geistliche und vier weltliche Kurfürsten: die Erzbischöfe von Köln, Mainz und Trier, der Pfalzgraf bei Rhein, der Herzog von Sachsen, der Markgraf von Brandenburg und der König von Böhmen.

Das heißt: Der König von Böhmen war bei der Wahl Rudolfs von Habsburg nicht dabei. Statt seiner hatte man den Herzog von Niederbayern zugezogen. (Bayern war damals unter mehrere Linien des Hauses Wittelsbach aufgeteilt.) Der Böhmenkönig Ottokar Przemysl II. hatte nämlich selbst deutscher König (und später Kaiser) werden wollen, genau wie der französische König Philipp III. Dass die Kurfürsten weder den Böhmen noch den Franzosen wählten, hatte einen einfachen Grund: allzu mächtig, allzu durchsetzungsfähig sollte der Oberherr, den sie erkoren, nicht sein.

Diese Gefahr aber hätte besonders bei Ottokar Przemysl bestanden. Seine Anhänger nannten ihn den »goldenen König«. Bei Kuttenberg und Iglau waren damals reiche Silberbergwerke erschlossen worden, die in königlicher Regie ausgebeutet wurden. Ottokars Stammländer Böhmen und Mähren bildeten eine großflächige, im Vergleich zum anderen Reichsgebiet straff verwaltete Einheit mit blühender Wirtschaft. Schließlich hatte er in der Zeit des Interregnums kräftig zugelangt und auf Grund zweifelhafter Erbansprüche nach dem Aussterben der Babenberger das Herzogtum Österreich und die Steiermark an sich gebracht, dazu noch Kärnten und die so genannte Mark Krain, das Gebiet nördlich von Istrien. Sein Machtbereich reichte also vom Riesen- und Erzgebirge bis an die Adria. Damit konnte kein anderer Fürst konkurrieren, schon gar nicht Rudolf von Habsburg.

Gegen dessen Wahl protestierte Ottokar, forderte den Papst in einem Brief auf, sie für ungültig zu erklären. Es sei, schrieb er, der Würde des kaiserlichen Amtes abträglich, wenn ein »armer

Graf« den Thron besteige. Armut war damals schon ein relativer Begriff. Im Vergleich mit Ottokar waren Rudolfs Mittel tatsächlich eher kümmerlich. Andererseits hatte er in der Schweiz und in Südwestdeutschland teils durch Erbe, teils durch Neuerwerb einen nicht unerheblichen Besitz gesammelt, wobei seine Methoden keineswegs zimperlich und manchmal am Rande der Legalität gewesen waren. Als Graf war er kein Reichsfürst, aber Friedrich II. war sein Taufpate gewesen, und neuere Forschungen wollen eine Verwandtschaft seiner Familie mit dem Stauferhaus festgestellt haben.

Drei Aufgaben stellten sich ihm vor allem: möglichst viel von dem Kron- und Reichsgut zurückzugewinnen, das während des Interregnums verloren gegangen war. Den »Frieden« oder, wie wir sagen würden, die innere Sicherheit im Reich so weit wie möglich wiederherzustellen. Und schließlich, den Rivalen, der sein Königtum nicht anerkennen wollte, auszuschalten oder zum Einlenken zu bewegen. Bei den ersten beiden Vorhaben war er in verschiedenen Teilen des Landes unterschiedlich erfolgreich. Dort, wo sein eigener Hausbesitz und die noch erhaltenen Teile des Königsgutes nahe waren, konnte er energisch durchgreifen, entfremdete Ländereien an sich ziehen und zu ihrer Verwaltung Landvögte einsetzen, Beamte also, die mit Geld, nicht durch Lehen entlohnt wurden. (Aus Schillers ›Wilhelm Tell‹ wissen wir, dass sie bei der Bevölkerung nicht immer beliebt waren. Nicht, dass sie alle solche Tyrannen gewesen wären wie Geßler! Aber man war solche straffe Organisationsformen nicht gewohnt und empfand sie mancherorts als bedrückend.) Ein geschlossenes Gebiet, so wie das Kronland in Frankreich, entstand auf diese Weise allerdings nicht. Und in weiten Gebieten, die nicht »königsnah« oder »königsoffen« waren, wie etwa ganz Norddeutschland und das Land östlich der Elbe, musste er das Einsammeln geraubten Reichsbesitzes an lokal mächtige Fürsten delegieren, vor allem an die Kurfürsten, die natürlich dazu neigten, das Eingesammelte wann immer möglich für sich selbst zu beanspruchen. In diesen Gebieten blieben königliche Macht und Präsenz gering.

Im Kampf gegen Straßenraub, illegale Zölle und Fehdewesen erneuerte Rudolf den Landfrieden Friedrichs II. von 1235 und stützte sich vor allem auf die Städte, deren Handel besonders durch solche Übergriffe litt und die schon vorher untereinander Bündnisse wie den Rheinischen und den Schwäbischen Städtebund geschlossen hatten, um sich gegen diese Übergriffe zu wehren. Auf ähnliche Weise wurde die norddeutsche Hanse, zunächst ein Zusammenschluss von Kaufleuten zu gegenseitiger Unterstützung im Ausland, zu einem Netzwerk von Städten, die ihre Handelswege auch mit militärischen Mitteln zu sichern wussten. Rudolf begünstigte solche Bünde. Die Städte waren auch seine wichtigste Finanzquelle. Allerdings stieß er mit dem Vorhaben, eine allgemeine Kopfsteuer einzurichten, eine Steuer, die von den einzelnen Bürgern direkt an ihn bezahlt worden wäre, auf Widerstand. Eine solcher Zahlungsmodus hätte die reichen Patrizier und Ratsherren daran gehindert, die Belastung auf die breiteren, ärmeren Bevölkerungsschichten abzuwälzen. Der König bekam zwar die Mittel für notwendige Unternehmungen bewilligt, musste aber jedes Mal gesondert darum verhandeln. Das war ein schwerfälliges Verfahren und verhinderte eine weitsichtige Finanzplanung.

Zur Wiederherstellung der Königsmacht gehörte auch, dass die Reichsfürsten sich ihre Lehen vom König bestätigen (»muten« hieß der Fachausdruck) ließen. Alle, auch die Kurfürsten, unterzogen sich dieser Formalität. Außer einem: Ottokar Przemysl von Böhmen. Auf zwei Hoftagen, zu denen er 1274 und 1275 geladen wurde, erschien er nicht. Daraufhin ging Rudolf in zweifacher Weise gegen ihn vor: juristisch und militärisch. Ein Gericht unter Vorsitz des Erzbischofs von Köln verhängte die Reichsacht und nach einem Jahr die »Aberacht« (das bedeutete, dass die Acht jetzt vollzogen werden konnte), weil Ottokar seine Reichslehen nicht habe bestätigen lassen und sich Österreich, Kärnten und die Steiermark widerrechtlich angeeignet habe.

Ottokar war militärisch der Stärkere. Zwei Umstände wirkten sich indes zu seinen Ungunsten aus: Zum einen zeigte er eine seltsame Unentschlossenheit, ein Zögern, als könne er es einfach nicht glauben, dass der »arme Graf« tatsächlich die Frechheit besaß, gegen ihn zu Felde zu ziehen. Zum anderen hatte er sich bei seinen neuen Untertanen in den österreichischen

Landen durch seine hochfahrende Art, die Härte und Rigorosität seiner Ansprüche unbeliebt gemacht. Sie liefen scharenweise zu Rudolf über. Sogar in Böhmen und Mähren gab es eine Adelsopposition. Nach einer ersten Schlacht auf dem Marchfeld musste sich Ottokar geschlagen geben, und es wurde Frieden geschlossen: Ottokar war gezwungen, seine Neuerwerbungen herauszugeben, seine Stammlande Böhmen und Mähren durfte er behalten. Freilich musste er sie von Rudolf zu Lehen nehmen. Die Zeremonie dieser Lehensnahme gestaltete Rudolf als subtile Demütigung: Ottokar erschien mit königlichem Pomp und in prächtigen Gewändern, um vor dem König niederzuknien, der aber hatte sich mit einem schäbigen alten Lederwams bekleidet. Überhaupt scheint Rudolf mit der Rolle des »armen Königs« zuweilen publikumswirksam posiert zu haben: Er trug zum Kampf eine rostige Rüstung, hämmerte eigenhändig einen verbeulten Helm zurecht und zog, als einmal die Verpflegung ausblieb, höchstselbst ein paar Rüben aus einem Acker.

Lag es an der Form oder eher am Inhalt dieses Friedens, jedenfalls war Ottokar auf die Dauer nicht bereit, seine Bestimmungen hinzunehmen. Zwei Jahre später, 1278, kam es erneut zum Kampf. Die Ausgangslage war für König Rudolf eher noch ungünstiger. Er musste ein Heer erst sammeln, während das seines Gegners schon bereitstand. Der Herzog von Niederbayern verwehrte Rudolf den Durchmarsch durch sein Gebiet bzw. die Fahrt die Donau hinunter, und in Österreich war die Begeisterung für die habsburgische Sache merklich abgeflaut.

Bei Dürnkrut, auf dem Marchfeld nordöstlich von Wien, kam es zur Schlacht. Rudolf war mit König Ladislaus IV. von Ungarn verbündet, der seinerseits eine Rechnung mit Ottokar offen hatte. Er kam Rudolf mit einem Heer zu Hilfe, das hauptsächlich aus Bogenschützen und einer Hilfstruppe aus kumanischen Reitern bestand, einem heidnischen Turkvolk, das, von den Mongolen aus Innerasien vertrieben, kurz vorher in Ungarn aufgetaucht war. Der Sieg, den Rudolf erfocht, war nicht ganz makellos: Er hatte, unbemerkt vom Feind, eine Abteilung Panzerreiter als Reserve zurückgehalten, die den böhmischen Kämpfern in dem Augenblick in die Flanke fiel, als sie zu siegen glaubten. Eine solche Taktik, die uns heute durchaus erlaubt erscheint, galt nach damaligen Kampfregeln als unritterlich, und etliche von Rudolfs Leuten weigerten sich zunächst, sich so einsetzen zu lassen. Unritterlich war auch die Art, wie österreichische Adelige ihren früheren Lehensherrn Ottokar behandelten, den sie nach der Niederlage seines Heeres gefangen nahmen. Sie brachten ihn nicht zu Rudolf, sondern schlugen ihn auf der Stelle tot – als Rache dafür, dass er einen ihrer Verwandten hatte hinrichten lassen.

Rudolf, nüchterner Vernunftmensch, der er war, zeigte nach seinem Sieg kluge Mäßigung – wahrscheinlich auch um die Kurfürsten und anderen Großen im Reich nicht durch eine allzu offene Machtdemonstration gegen sich aufzubringen. Ottokars Sohn, Wenzel II., durfte Böhmen und Mähren erben. Schon 1276 war vereinbart worden, dass Wenzel eine Tochter Rudolfs und Wenzels Schwester Rudolfs Sohn Rudolf den Jüngeren heiraten sollten. Diese Doppelhochzeit fand jetzt tatsächlich statt. (Mit unseren Vorstellungen von Familienglück können wir Heutigen uns schwer vorstellen, wie solche Ehen funktionieren sollten – vor dem Hintergrund nicht nur von Ottokars blutigem Ende, sondern auch des Todes von weiteren zehntausend böhmischen Rittern, die bei Dürnkrut ihr Leben gelassen hatten. Damals hatte man damit offenbar weniger Probleme. Wenzel II. wurde später berühmt als kunstsinniger Monarch, an dessen Prager Hof der deutsche Minnesang eine Spätblüte erlebte.)

Die südöstlichen Herzogtümer vereinigte Rudolf nicht mit dem anderen an die Krone zurückgefallenen Reichsgut, sondern verlieh sie weiter – an seine eigenen Söhne Albrecht und Rudolf (der allerdings bald darauf auf sein Anrecht verzichtete und 1290 noch vor dem Vater starb). Gleichzeitig erhob er die beiden in den Reichsfürstenstand und erreichte durch Verhandlungen, dass die Kurfürsten diese Regelung anerkannten (1282). Man kann also sagen, dass die Schlacht von Dürnkrut die Geburtsstunde der späteren Donaumonarchie, des Hauses Habsburg als europäische Großdynastie und auch jenes »Erbkaiserreichs Österreich« markiert, auf das sich Franz II. zurückzog, als es mit dem Heiligen Römischen Reich nicht mehr weiterging.

Hätte Rudolf für dieses Römische Reich ähnliche Erfolge erzielen wollen wie für seine Familie, dann hätte er verschiedene Maßnahmen in Angriff nehmen müssen: die Rückgewinnung (Revindikation lautet der Fachausdruck) von Reichs- und Krongut fortsetzen, bis daraus, wie in Frankreich, ein zusammenhängender Machtbereich, der Kern eines einheitlichen Königreichs entstanden wäre. Den Ansatz ausbauen, den er mit der Einrichtung von Landvogteien geschaffen hatte, eine geordnete Verwaltung aufbauen, die sich auch über den Rest des Reiches hätte ausdehnen können. Da war aber mit dem vehementen Widerstand der Territorialfürsten zu rechnen. Wer hatte überhaupt eine Vorstellung, wie eine solche Verwaltung strukturiert sein sollte? Außerdem fehlte es an Personal, vor allem aber an Geld. Um dieses Geld aufzutreiben, wären Steuern und ein geordnetes Finanzwesen nötig gewesen, wie es um diese Zeit das Papsttum und etwas später wiederum die Krone Frankreich errichtete.

Und all dies war innerhalb eines Menschenlebens nicht zu schaffen. Kontinuität und Zielstrebigkeit über mehrere Generationen hinweg wären nötig gewesen. Aber es gab im Reich keine geregelte Thronfolge, sondern bis jetzt lediglich eine Art Gewohnheitsrecht, nach dem der Kaiser seinen Nachfolger dadurch bestimmte, dass er ihn zum Römischen (das heißt deutschen) König wählen ließ. Um dieses Gewohnheitsrecht zu nutzen, hätte Rudolf aber zuerst selbst Kaiser werden, nach Rom ziehen, sich vom Papst krönen lassen müssen. Es war seine Absicht, das zu tun. Aber entweder war er durch dringende Angelegenheiten in Deutschland unabkömmlich. Oder es starb, wie das zweimal geschah, der Papst, und der schon vereinbarte Termin für die Krönung platzte. Oder es kam, mit Martin IV., ein Anhänger der Anjous und Frankreichs auf den päpstlichen Stuhl, der kein Interesse daran hatte, in Deutschland stabilere Verhältnisse herzustellen.

Das Reich also wurde weder unter Rudolf von Habsburg noch unter einem seiner Nachfolger zum Staat. Es blieb der auf personale Treueverhältnisse gegründete Lehensverband, als der es in der Ottonenzeit entstanden war, zusätzlich geschwächt durch die Erblichkeit der Lehen, die starke Aufsplitterung und dadurch, dass sich staatliche Strukturen jetzt eben in den Einzelterritorien entwickelten. Schon im Spätmittelalter war das Reich, verglichen mit den Staaten Westeuropas, ein völlig unzeitgemäßes Gebilde, und man muss staunen, dass es trotz alledem noch weitere fünf Jahrhunderte fortexistieren konnte. Auch dass man am Wahlkönigtum festhielt, wirkte sich ungünstig aus. Die Wahl erfolgte ja nicht durch das Volk oder eine staatstragende Aristokratie, sondern durch eine kleine Gruppe von Oligarchen, von denen jeder in erster Linie die eigenen Interessen verfolgte. Das sollte sich nach Rudolfs Tod zeigen. Da wurde nicht sein einziger überlebender Sohn Albrecht gewählt. Der war als Herzog von Österreich zu mächtig. König wurde jetzt ein tatsächlich »armer Graf«, Adolf von Nassau, der prompt scheiterte und nach sechs Jahren von den Kurfürsten wieder abgewählt wurde. Erst dann kam Albrecht von Habsburg an die Reihe, aber in der Folgezeit wählten die Kurfürsten konsequent immer wieder Leute aus anderen Familien (einen Luxemburger, einen Wittelsbacher), damit nur ja keine Kontinuität, keine Machtkonzentration in der Hand eines Königshauses entstand.

Rudolf von Habsburg starb mit dreiundsiebzig Jahren so, wie er gelebt hatte, als ein tapferer, fast möchte man sagen treuherziger, Mann. Auf einer Reise von Straßburg nach Norden fühlte er seine Kräfte schwinden, nahm in Germersheim Abschied von seinem Hof und ritt mit kleinem Gefolge weiter nach Speyer, weil er dort in der Kaisergruft neben dem Staufer Philipp von Schwaben begraben sein wollte. Tatsächlich erreichte er noch sein Ziel und starb am Tage danach.

Kapitel 13
Kaiser, König, Edelmann …

In den Jahren 1289 und 1290 hielt sich Rudolf von Habsburg in Thüringen auf. In dieser Zeit ließ er nicht weniger als 66 Burgen zerstören und an einem Tag im Dezember 1289 neunundzwanzig Raubritter öffentlich köpfen. Allerdings gab es den Begriff Raubritter zu jener Zeit noch nicht. Er taucht erst sehr viel später auf, am Ende des 18. Jahrhunderts, und zwar in der Trivialliteratur, in den beliebten Ritterromanen, einer Art früher Gruselschocker.

Rudolf selbst und die Bürger von Erfurt, wo diese Massenexekution stattfand, sahen in ihnen wahrscheinlich einfach aus der Art geschlagene Adelige, die ihrem Stand Schande machten, indem sie sich gegen den vom König verkündeten Landfrieden vergingen. Uns erscheint die erbarmungslose Strenge, mit der Rudolf hier vorging, befremdlich und erschreckend, besonders an einem sonst so nüchternen und besonnenen Herrscher. Damals aber hat ihn gerade sein rigoroses Durchgreifen populär gemacht – zumindest bei der Stadtbevölkerung und bei den Bauern auf den Dörfern. Auch der Hochadel und die Reichsfürsten waren einverstanden. In ihren Territorien gingen sie nicht anders vor, oder sie ließen solche Räubereien nicht erst aufkommen. Unter den Betroffenen freilich dürften viele gewesen sein, die ihre Strafe trotzig und reuelos ertrugen, tief überzeugt, dass ihnen Unrecht geschehe. War es denn nicht seit Menschengedenken das Recht des Edelmannes, Fehde zu führen? Dazu gehörte es, dass man den Bauern seines Gegners die Scheunen anzündete und die Felder zertrampelte! Und warum sollte man durchziehenden Pfeffersäcken kein Wegegeld abnehmen oder sie um einen Teil ihrer Ladung erleichtern? In ihren Städten wurden sie ohnehin immer reicher, verlangten unverschämte Preise für ihre Waren, während der Zins, den die Bauern ihrem Grundherrn schuldeten, immer weniger wert wurde und eigentlich niemand mehr die Ritter brauchte – jetzt, da kein Kaiser mehr nach Italien zog, die Ostgrenze längst gesichert war und die Reichsfürsten damit begannen, lieber Söldner anzuwerben, wenn sie denn einmal Krieg führen mussten.

Wenn man sich in die Mentalität eines solchen Strauchritters versetzen will, sollte man wieder einmal Goethes ›Götz von Berlichingen‹ lesen oder gleich Goethes Quelle, die Selbstbiographie, die der Ritter mit der Eisernen Hand hinterlassen hat. Auch für den Hass, den die Bauern dieser Art von Adeligen entgegenbrachten, gibt es ein literarisches Zeugnis, sogar aus der Zeit selbst: der ›Meier Helmbrecht‹ von Wernher dem Gärtner, die erste realistische Dorfgeschichte in deutscher Sprache. Ein eitler Bursche will nicht Bauernarbeit tun wie sein Vater, macht sich mit den Raubrittern gemein, und nachdem er es eine Zeit lang getrieben hat, wird er vom Schergen gefangen, verstümmelt, geblendet und anschließend von Bauern, die er misshandelt hat, aufgehängt.

si liezen in sîne bîhte
den müedinc dô sprechen;
einer begunde brechen
eine brôsmen von der erden:
dem vil gar unwerden
gab er si zeiner stiure
für das hellefiure
und hiengen in an einem boum.

müedinc: unglücklicher, bösartiger Mensch
brôsmen: Brocken
vil gar unwerden: Taugenichts
stiure: Hilfe
hellefiure: Höllenfeuer

Also standen sie um den Helmbrecht in einem Ring und sprachen: Sag deine Beicht, du Schächer!

Da sagt er ihnen seine Beicht.

Und sprachen aber: Mach Reu und Leid!

Da macht er Reu und Leid.

Während dem brach einer von dem nassen Acker einen Brocken Erden und gab dem Helmbrecht den Brocken Erden in seine Hand für unsers Herren Leib. Ließen ihm auch eine Frist so lang wie ein Vater Unser.

Taten ihm alsdann einen Strick um den Hals, und henkten ihn auf an einem dürren Baum.

Josef Hofmiller: ›Der Meier Helmbrecht Wernher dem Gärtner nacherzählt‹

Wir dürfen nicht vergessen, dass dies eine fest gefügte Gesellschaft war (oder doch zu sein glaubte), eine Gesellschaft des Oben und Unten, in der jeder seinen »Stand« hatte, in der es Gleichheit allenfalls vor Gott gab, aber nicht vor dem Gesetz, und schon gar nicht im täglichen Leben. Sie war, diese Gesellschaft, auch nicht einfach dreigeteilt in Adel, Geistlichkeit und »Volk«, wie wir uns das manchmal vorstellen, sondern in jedem dieser drei Stände gab es eine Vielzahl von Untergruppen.

An der Spitze der Pyramide stand zweifellos der König mit seiner Familie. Es folgten die Reichsfürsten, also jene Territorialherren, die ihre Lehen unmittelbar vom König empfingen, die Herzöge, Markgrafen, Pfalzgrafen, aber auch eine Anzahl von großen Grafengeschlechtern. Dann der Hochadel, die Grafen und Freiherren, schließlich die – relative – Masse der »gewöhnlichen« Herren und Ritter, der niedere Adel, der zum Teil auch aus Familien bestand, deren Vorfahren Ministerialen gewesen waren, das heißt »Unfreie«, Leute mit minderem Sozialstatus, die sich etwa vor Gericht nicht selbst vertreten konnten, aber als Beauftragte oder Amtsträger eines Königs oder Reichsfürsten gesellschaftlich aufgestiegen und schließlich mit dem Geburtsadel zum Ritterstand zusammengewachsen waren. Wir müssen weiter unterscheiden zwischen dem Reichsadel, also jenen, die Lehen und Titel vom König hatten und mit ihren Besitzungen nur dem König untertan waren (es gab auch Reichsgrafen, Reichsfreiherrn, sogar Reichsritter, manche Familien führen diese Prädikate heute noch im Namen), und dem landständischen Adel, jenen Edelleuten, die einem Reichsfürsten als Territorialherrn unterstanden und dem König nur mittelbar verbunden waren.

Zur Zeit der ottonischen, salischen und der ersten staufischen Kaiser war dieses System, das man aus der Karolingerzeit übernommen hatte, noch einigermaßen offen und beweglich gewesen: Ein reicher Bauer, der viel Land erwarb, es von anderen bearbeiten ließ und sich selbst zum Kriegsdienst verpflichtete, konnte in den Herrenstand aufsteigen. Das war ja der Zweck dieser ursprünglich durchaus sinnvollen Ordnung gewesen. Als das Reich sich immer weiter ausdehnte, militärische Unternehmungen (wie etwa die Italienzüge) immer länger dauerten, die Bewaffnung immer teurer wurde (die Ausrüstung eines Ritters kostete so viel wie ein kleines Landgut, es bedurfte ständiger Übung, um richtig mit ihr umgehen zu können), hätte es für viele Bauern den sicheren Ruin bedeutet, den Kriegsdienst zu leisten, zu dem jeder freie Mann verpflichtet war. Sie begaben sich also in die »Munt« (Obhut) eines Adeligen oder anderen Freien, der bereit war, diese Kriegsdienstpflicht zu übernehmen oder einen Ersatzmann zu stellen. Dafür mussten sie ihm ihren Landbesitz übereignen, den sie alsdann als Lehen zurückbekamen, und regelmäßig genau festgelegte Abgaben in Naturalien (später auch in Geld) leisten, damit er seinerseits die Möglichkeit hatte, für sich und sein bewaffnetes Gefolge Ausrüstung und Lebensunterhalt zu bestreiten, ohne Erwerbsarbeit leisten zu müssen. Dadurch verlor der Bauer aber das, was man Freiheit nannte: Er war fortan an den Boden gebunden, durfte nicht einfach wegziehen. Er musste um Erlaubnis fragen und besondere Abgaben zahlen, wenn er heiraten wollte (Letzteres auch bei einem Sterbefall in der Familie), durfte keine Waffen tragen und konnte nicht mehr selbständig vor Gericht auftreten. Das musste fortan sein Herr für ihn tun.

Im Laufe der Jahrhunderte hatte sich dieses Ständesystem immer mehr verfestigt. Zunächst hatte sich der Hoch- vom niederen Adel abgegrenzt. Ein Freiherr, Graf oder gar Herzog konnte unmöglich die Tochter eines einfachen Ritters heiraten. Es wäre auch ein schlechtes Geschäft gewesen. Bei der Mitgift von Damen aus großen Häusern handelte es sich meist um ausgedehnte Ländereien, um ein Vielfaches dessen, was der gewöhnliche »Herr von« besaß. Und es hätte schlechte Karten im Konkurrenzkampf der Großen des Reiches bedeutet, wenn man statt in eine mächtige in eine eher unbedeutende Verwandtschaft eingeheiratet hätte.

Jetzt, im späten Mittelalter, grenzte sich der Ritterstand selbst nach unten ab. Es war fortan erforderlich, acht oder gar sechzehn »ritterbürtige« Ahnen nachzuweisen, wenn man als vollwertiges Mitglied dieses Standes gelten wollte. Was dem gesamten Adel, hohem wie niederem, reichsunmittelbarem wie landständischem zumindest theoretisch gemeinsam war, ist das, was man die ritterliche Ethik nennt. Der Ritter sollte bereit sein, für Gott, den Glauben und seinen Herrn unter Einsatz seines Lebens zu kämpfen. Er sollte Frauen achten und verehren, Witwen, Waisen und überhaupt Schwache beschützen, Besiegte schonen, Umgangsformen einhalten, die ihm aus seiner Erziehung als Page und Knappe vertraut waren. Dazu kamen gewisse Leitbegriffe wie die »mâze«, das heißt ein zurückhaltendes, beherrschtes Auftreten, die »êre«, also das Ansehen in der Gesellschaft, die »milte« oder Freigiebigkeit und die »sælde«, auch »hôher muot« genannt, ein frohes Selbstbewusstsein auch gegenüber den Härten des Daseins.

Wirksamer noch als diese hohen, wahrscheinlich oft unerreichbaren Ideale dürften verschiedene äußerliche Verhaltensregeln gewesen sein. Der ritterliche Mensch musste standesgemäß gekleidet, bewaffnet, beritten sein. Es gab da sehr strenge Regeln. Zum Beispiel durfte kein Nichtadeliger eine Feder am Hut tragen. Teure Stoffe wie Samt, Seide und bestimmte Pelzsorten sowie auffälliger Schmuck waren ebenfalls dem Adel, allenfalls noch dem städtischen Patriziat, vorbehalten. Andererseits klagte schon Walther von der Vogelweide in der Zeit nach der Doppelwahl von 1198, dass »die stolzen Ritter tragent dörperliche wât«, also angezogen sind wie die Bauernlackel.

Am wichtigsten aber war, dass der Ritter keiner »niedrigen« Arbeit nachging, das Land, das er idealerweise besaß, nicht selbst bestellte, sondern von Abhängigen, von Bauern eben, »Grundholden«, Eigenleuten bestellen ließ. Besaß er nichts, konnte er in den »Herrendienst« treten, als Krieger, als Höfling oder als eine Art Verwaltungsangestellter. Er konnte als »fahrender Ritter« von Hof zu Hof ziehen und hoffen, dass irgendein großer Herr für ihn Verwendung finden werde oder dass man ihn für besondere Fähigkeiten belohnen werde wie Walther und viele andere Minnesänger für ihre Kunst oder Ulrich von Lichtenstein für besondere Kraft und Geschicklichkeit als Turnierkämpfer.

Unter gar keinen Umständen aber durfte er sich den Lebensunterhalt durch seiner Hände Arbeit verdienen wie ein Bauer oder Handwerker oder durch Handelsgeschäfte wie ein bürgerlicher Kaufmann. Das hätte ihn in den Augen seiner Standesgenossen unwiderruflich disqualifiziert. Er wäre aus seiner Schicht verstoßen worden, nicht mehr ebenbürtig (satisfaktionsfähig, sagte man in einer späteren Zeit), kein Edelmann mehr, nicht mehr wert, ein Schwert oder ein Wappen zu tragen. So kommt es zu einer Erscheinung, die nach unseren Begriffen pervers anmutet: dass es für Adelige als ehrenrührig gilt, sich durch Arbeit zu ernähren, während Straßenraub und Wegelagerei als durchaus standesgemäß betrachtet werden. Dass sich die Welt, die Gesellschaft veränderte, spürte man wohl. Aber man hatte noch nicht gelernt, darauf mit veränderten Lebens- und Verhaltensweisen zu reagieren.

Die Wut, die sich bei Bauern und Stadtbewohnern gegen diese Art Adel ansammelte, kann man sich vorstellen.

Auch die Bauern, oder sagen wir lieber, die Landbevölkerung – etwa achtzig Prozent der gesamten Einwohnerschaft – dürfen wir uns nicht als eine einheitliche Masse von Leibeigenen vorstellen. In manchen Gebieten – Oberbayern, Tirol, aber auch in Norddeutschland – hatten sich Reste einer freien Bauernschaft erhalten. (In der Geschichte vom Meier Helmbrecht ist der alte Meier, der Vater des törichten Burschen, so ein »Freimann«, der auf eigenem Grund und Boden sitzt.) Leibeigenschaft im eigentlichen Sinn, in der der Bauer eine Art dingliches Eigentum seines Herrn ist, gab es westlich der Elbe nicht. Die vorherrschende Beziehungsform war die Grundherrschaft in verschiedenen Abstufungen. Das heißt: Der Abhängige, der persönlich frei oder auch unfrei sein konnte, nahm von einem Adeligen, einem anderen Freien oder einer kirchlichen Institution (einem Bischof, einer Pfarrei, einem Kloster) Land zu Lehen. Dafür war er Abgaben in genau festgelegter Höhe und Dienstleistungen (»Hand- und Spanndienst«) bei der Arbeit auf dem Eigengut der Herrschaft schuldig. Das heißt, er musste nicht nur selbst zur Arbeit antreten, sondern auch Nutztiere, vor allem Pferde und Fahrzeug, stellen. Die Höhe der Abgaben und das Ausmaß der Dienstleistungen richteten sich nach der Größe des verliehenen Gutes. Sie konnten vom Grundherrn nicht willkürlich heraufgesetzt werden, mussten andererseits aber auf jeden Fall, also auch nach einer Missernte, geleistet werden. Der Grundherr seinerseits war dem »Grundholden« Schutz, Vertretung vor

Gericht und Bürgschaft bei Verpflichtungen (etwa Schulden) nach außen schuldig. Oft oblag ihm auch die niedere Gerichtsbarkeit auf seinem Gebiet.

Es war aber auch möglich, dass ein Bauer Land von verschiedenen Grundherrschaften empfing (etwa von einem Adeligen und zugleich von einem benachbarten Kloster) und ihnen in verschiedener Weise verpflichtet war. Und außer den Bauern wohnte im Dorf eine ländliche Unterschicht von Dienstboten, Tagelöhnern, Häuslern (Hüttnern oder Kätnern), die keinen Landbesitz hatten, sondern von Lohnarbeit lebten. Diese dörflichen Sozialverhältnisse lassen sich heute noch an manchen unserer deutschen Familiennamen ablesen: Bauer – der Besitzer einer Vollstelle, er musste vier Pferde zum »Scharwerk« auf dem Herrenhof stellen; Huber – eine halbe Stelle, zwei Pferde; Lehner (Lechner, Lehmann, Leher) – eine Viertelstelle, ein Pferd; Hauser, Häusler, Heiseler, Kettner usw.

Im Allgemeinen kann man davon ausgehen, dass die Arbeit mühselig und wenig ergiebig war. Beim Getreide verhielt sich das Verhältnis von Aussaat zu Ernte etwa wie eins zu drei. Und natürlich gab es keinen Schutz vor Missernten, Viehseuchen, anderen Naturkatastrophen oder eben auch marodierenden, einander befehdenden oder schlicht räuberischen Adeligen. Andererseits profitierten die Bauern vom Bevölkerungswachstum, dem Aufblühen der Städte, der Binnenrodung und der Kolonisation im Osten. Je zahlreicher und bevölkerter die Städte wurden, desto höher stiegen die Preise für landwirtschaftliche Produkte. Da viele Grundherren die Abgaben der Bauern verrentet hatten, sich also in Geld auszahlen ließen, das Geld aber (wie immer) durch eine schleichende Inflation langsam an Wert verlor, wurde der Druck dieser Abgaben eher erträglicher als strenger. Einfach heraufsetzen konnte der Grundherr sie nicht. Einmal aus juristischen Gründen (man berief sich hier wie in allen Dingen auf das »gute alte Recht«).

Zum anderen gab es für die Bauern auch Ausweichmöglichkeiten: Für die Binnenrodungsgebiete und die neu kolonisierten Gebiete östlich der Elbe wurden Leute gesucht, und um die zu locken, versprachen die dortigen Grund- und Landesherren ihnen einen besseren Sozialstatus, »mehr Freiheit«, und dazu noch Steuererlass für die Anfangs- und Aufbaujahre dort drüben. Oder man konnte versuchen, in eine der Städte zu wandern. Wem es gelang, dort »über Jahr und Tag«, also ein Jahr und dazu noch einen Tag lang zu überdauern, ohne dass sein Herr ihn entdeckte und zurückforderte, der durfte bleiben und war fortan persönlich frei wie alle Stadtbewohner. Der Spruch »Stadtluft macht frei« brachte das auf den Punkt. Besonders für ländliche Handwerker war das eine verlockende Alternative. In der Stadt waren die Arbeits- und Verdienstmöglichkeiten vielfältiger als auf dem Lande.

Freilich bedeutete »frei« auch in der Stadt beileibe nicht »gleich« oder gar gleichberechtigt. Auch die Städte waren keine Republiken im heutigen Sinn, keine Demokratien im Kleinen. Sie, wie alle anderen Gemeinwesen, setzten sich nach dem Verständnis jener Zeit nicht aus Individuen zusammen, sondern aus gesellschaftlichen Gruppen, Korporationen, Zusammenschlüssen, die die Interessen ihrer Mitglieder gegen andere solche Korporationen und innerhalb der Gesamtheit vertraten.

Die frühesten und wichtigsten dieser Korporationen waren die Gilden der Groß- und Fernhandelskaufleute. Ihnen gehörten die »Geschlechter« an, die großen Familien der städtischen Gesellschaft, denen es mit ihrem Reichtum gelungen war, dem Stadtherrn (einem weltlichen oder geistlichen Landesherrn, einem Bischof, Herzog, Kurfürsten) Rechte abzukaufen oder abzutrotzen: ein mehr oder minder großes Maß an Selbstverwaltung, eigene Stadtgerichte oder gar das Recht, Münzen zu schlagen. Nur Mitglieder dieser Familien waren ursprünglich »ratsfähig«, konnten in den Stadtrat und in städtische Ämter wie das des Bürgermeisters oder des Stadtkämmerers (des Verwalters der Finanzen) gewählt werden. Das allein schon deshalb, weil solche Funktionen ehrenamtlich ausgeübt wurden. Man musste ein arbeitsloses Einkommen haben, um sich den Zeitaufwand leisten zu können.

Manche dieser Familien wurden mit der Zeit immens reich, entwickelten sich von Kaufleuten immer mehr zu Bankiers und finanzierten Reichsfürsten, aber auch die Wahl von Königen und Kaisern. Sie wurden Patrizier genannt, waren »wappenfähig«, näherten sich in ihrer sozialen Stellung dem Adel an oder stiegen tatsächlich in den Adel auf, wie die Augsburger Welser oder die Fugger, die Karl V. in den Reichsgrafenstand erhob. (Fugger und Welser hatten ihm seine Wahl finanziert und sich an der Erschließung bzw. Ausbeutung der spanischen Kolonien in Südamerika beteiligt.)

Die breitere, weniger herausgehobene Bürgerschicht, die der Handwerker, war in Zünften zusammengefasst. Für jedes Handwerk gab es eine Zunft, und in dem Maße, wie sich die Handwerkskünste verfeinerten und spezialisierten, differenzierten sich auch die Zünfte. Im späten Mittelalter und in der frühen Neuzeit gab es in Städten wie Nürnberg oder Augsburg nicht einfach eine Schmiedezunft, sondern jeweils eigene Zünfte für Grob- und Nagelschmiede, Hufschmiede, Schwertfeger, Plattner (auch Harnischfeger genannt), Kupferschmiede, und natürlich Gold- und Silberschmiede, die aber wegen des hohen Kapitalbedarfs für ihre Betriebe manchmal auch zu den Patriziern gerechnet wurden. Es gab unter den Zünften eine gewisse Rangordnung, je nach Kapitalbedarf und Ergiebigkeit. Goldschmiede standen weit oben, Schneider und Leineweber ziemlich tief unten. Auch gab es wohlhabende Handwerker auf der einen und »Fretter« auf der anderen Seite, Leute, die am Rande des Existenzminimums dahinwerkelten.

Die Zünfte legten die Ausbildungs- und Handwerksordnung fest (Lehrling – Geselle – Meister), setzten Standards für die Qualität der Produkte und kontrollierten sie, bestimmten Höchst- und Mindestpreise, griffen lenkend in die Auftragsvergabe ein – damit niemand zu viel und keiner zu wenig verdiente, und bestimmten sogar, wie viele Meister in der Stadt ein bestimmtes Handwerk ausüben durften. Es gab also keine freie Konkurrenz. Um Meister zu werden, genügte es nicht, sein Handwerk zu beherrschen. Zeitweise konnte ein Geselle nur durch Einheirat zum Meister aufsteigen, er musste die Tochter oder Witwe eines Meisters heiraten.

Die Zünfte waren nicht nur Berufsverbände wie die heutigen Innungen, sie waren gleichzeitig gesellschaftliche Vereinigungen, hatten eigene Häuser und Säle, wo sich die Mitglieder versammelten, ein eigenes Zeremoniell, eigene Feste, sie traten gemeinsam in der Öffentlichkeit auf (so wie im letzten Akt von

Wagners »Meistersingern«), sie hatten Kassen, um Witwen und Waisen verstorbener Mitglieder zu unterstützen, jeder Meister war verpflichtet, wandernde Gesellen für eine begrenzte Zeit in sein Haus aufzunehmen und ihnen, wenn möglich, Arbeit zu geben. Im Verteidigungsfall hatte jede Zunft einen bestimmten Abschnitt der Stadtmauer zu besetzen und überhaupt als militärische Einheit aufzutreten.

Zunftmitglied konnte nur ein Meister werden, die Gesellen hatten ihre eigenen Vereinigungen, und zwischen denen und der jeweiligen Zunft kam es oft zu harten Auseinandersetzungen, manchmal sogar zu Aufständen, über Lohn, Verpflegung, Unterkunft. Die Gesellen mussten ja meist im Haushalt des Meisters wohnen. Andererseits mussten sich auch die Meister ihr Recht auf politische Mitbestimmung, sofern sie es denn überhaupt erlangten, gegen den Widerstand der »Geschlechter« erkämpfen. Das Ergebnis war dann oft, dass ein »Äußerer Rat« gewählt wurde, dem eine Kontrollbefugnis zustand, während die eigentlichen Entscheidungen weiterhin im »Inneren Rat« getroffen wurden, dem nur Patrizier angehörten. Dort wurden auch die Ämter und die öffentlichen Aufträge verteilt.

Um volles Bürgerrecht zugestanden zu bekommen, musste man (besser gesagt: der Mann, denn Frauen hatten kein eigenes Bürgerrecht, ebenso wenig ursprünglich Söhne, die noch im Haushalt des Vaters wohnten) seine Bürgerpflichten erfüllen, etwa den erwähnten Dienst bei der Verteidigung der Stadt. Hauptsächlich aber musste man Steuern zahlen und Haus- und Grundbesitz vorweisen können. Besitzlose hatten die persönliche Freiheit und durften in der Stadt wohnen, waren aber nicht Bürger im eigentlichen Sinne. Das war eine sehr breite Schicht, nicht nur von Lehrlingen und Gesellen, sondern auch von Tagelöhnern, Lohnarbeitern, Ungelernten, wir würden sagen, ein städtisches Proletariat. Die waren zahlenmäßig sicher stärker als die »zünftigen« Meister. Und eine weitere Stufe tiefer standen die, die ein unehrliches Gewerbe ausübten. Wobei der Ausdruck »unehrlich« nicht wie heute eine moralische, sondern eine gesellschaftliche Wertung impliziert. Sie bezieht sich auf Leute, die beruflich mit ekelerregenden Dingen oder toten Körpern umgehen mussten, Straßen- und Latrinenreiniger, Abdecker (Tierkörperverwerter), Henker, aber auch Folterknechte, Gerichtsdiener und Büttel (eine Art Polizisten). Die durfte ein ehrsamer Handwerker nicht in sein Haus lassen. Er durfte nicht mit einem von denen an ein und demselben Tisch, im selben Wirtshaus sitzen oder sich von ihm zutrinken lassen. Noch in Friedrich Hebbels Drama ›Maria Magdalene‹ (geschrieben 1843 und in der Biedermeierzeit spielend) ist der Handwerker Meister Anton tief gekränkt und empört, weil sich ein Polizeidiener erfrecht hat, ihm zuzuprosten.

> Kaiser, König, Edelmann,
> Bürger, Bauer, Bettelmann,
> Schuster, Schneider, Leineweber,
> Bäcker, Kaufmann, Totengräber.
>
> *Abzählreim für Kinder, noch um 1930 verbreitet*

Überhaupt ist es erstaunlich, wie zäh sich dieses Denken in sozialen Hierarchien über die Zeiten hinweg hielt, bis ins 20. Jahrhundert hinein. Spuren davon finden sich bis heute, nicht nur, aber vor allem in jenen illustrierten Zeitschriften, die vor allem über das Liebes- und Eheleben von Prinzessinnen, Hochadeligen und Milliardären berichten. Sitzt eine tiefe Sehnsucht in uns, nach oben zu schauen, auf Menschen, die sich nicht abmühen, die nichts werden müssen, weil sie schon von Geburt an etwas sind? Sehnen wir uns nach einer Ordnung, wo sich keiner abstrampeln muss, weil sein Rang und sein Wert (oder Unwert) von vornherein feststehen?

Sogar Goethe schrieb im Rückblick auf seine Jugendzeit, in der das Alte Reich noch immer fortbestand:

> Der beruhigte Zustand des deutschen Vaterlandes, in welchem sich auch meine Vaterstadt schon über hundert Jahre eingefügt sah, hatte sich trotz manchen Kriegen und Erschütterungen in seiner Gestalt vollkommen erhalten. Einem gewissen Behagen günstig war, daß von dem Höchsten bis zu dem Tiefsten, von dem Kaiser bis zu dem Juden herunter die mannigfaltigste Abstufung alle Persönlichkeiten, anstatt sie zu trennen, zu verbinden schien …
>
> In Deutschland war es noch kaum jemand eingefallen, jene ungeheure privilegierte Masse (den Adel, Anm. d. Verf.) zu benei-

den oder ihr die glücklichen Weltvorzüge zu mißgönnen. Der Mittelstand hatte sich ungestört dem Handel und den Wissenschaften gewidmet und hatte freilich dadurch, sowie durch die nahverwandte Technik, sich zu einem bedeutenden Gegengewicht erhoben; ganz oder halb freie Städte begünstigten diese Tätigkeit, so wie die Menschen darin ein gewisses ruhiges Behagen empfanden. Wer seinen Reichtum vermehrt, seine geistige Tätigkeit besonders im juristischen und Staatsfache gesteigert sah, der konnte sich überall eines bedeutenden Einflusses erfreuen. Setzte man doch bei den höchsten Reichsgerichten, und auch wohl sonst, der adligen Bank eine Gelehrtenbank gegenüber; die freiere Übersicht der einen mochte sich mit der tieferen Einsicht der andern gerne befreunden, und man hatte im Leben durchaus keine Spur von Rivalität; der Adel war sicher in seinen unerreichbaren durch die Zeit geheiligten Vorrechten, und der Bürger hielt es unter seiner Würde, durch eine seinem Namen vorgesetzte Partikel nach dem Schein derselben zu streben.

Johann Wolfgang von Goethe: ›Aus meinem Leben. Dichtung und Wahrheit‹

Ohne dem Olympier naseweis dreinreden zu wollen – aber als der Großherzoglich Weimarische Geheimrat Goethe das schrieb, da hatte er selbst es schon längst nicht mehr unter seiner Würde gefunden, »durch eine seinem Namen vorgesetzte Partikel«, nämlich das »von«, sich der Gesellschaft des kleinen Fürstenhofes anzupassen, an dem er lebte. In seiner Jugend hatte er das noch anders gesehen und in den ›Werther‹ eine Szene eingebaut, in der der bürgerliche Titelheld aus einer Gesellschaft von Adeligen hinausgemobt wird, in die er durch Zufall geraten ist. Dabei stammte Goethe ja selbst aus einer »privilegierten Masse«, nämlich dem Großbürgertum der Reichsstadt Frankfurt.

Der Ausdruck Reichsstadt zeigt an, dass es der Stadt Frankfurt gelungen war, die Oberherrschaft ihres Stadtherren abzuschütteln. Im Fall von Frankfurt war das ein königlicher Vogt gewesen, der dann einen Schultheiß zur Verwaltung der Stadt einsetzte. Im Laufe des 14. Jahrhunderts erwarben sich die Frankfurter das Recht, zuerst einen Stadtrat, dann auch einen Bürgermeister zu wählen. In anderen Städten (Köln, Regensburg, Augsburg, Kempten, Bremen, Hamburg) war der Bischof Stadtherr gewesen, bei wieder anderen ein Reichfürst oder ein Kloster. Kaiser wie Heinrich IV. und Rudolf von Habsburg hatten sich in kritischen Lagen auf die Unterstützung der Städte verlassen, ihre Finanzkraft in Anspruch genommen, auch einmal Schutz hinter ihren Mauern gesucht (Heinrich IV. in Worms, Friedrich II. in Konstanz) und hatten als Dank ihre Freiheitsbestrebungen unterstützt oder ihnen von sich aus Privilegien verliehen.

Der Status einer Reichsstadt hing nicht notwendig mit Größe und Bevölkerungszahl zusammen. Neben großen und reichen Städten wie Köln (40 000 Einwohner), Augsburg, Straßburg und Nürnberg (etwa 10 000) gab es kleinere wie Donauwörth, Nördlingen, Dinkelsbühl und, besonders in Franken, solche, die nur ein paar hundert Einwohner hatten, welche sich meist von Landwirtschaft ernährten und »Ackerbürger« genannt wurden. Andererseits gab es große und bedeutende Städte (München, Trier, Landshut, sogar Wien), die diesen Status nie erreichten, landesherrliche oder bischöfliche Städte blieben, oder ihn wieder verloren wie Mainz, Chemnitz, Zwickau oder Altenburg. Mancherorts ist das Stadtbild von diesem Gegensatz zwischen Stadtherrn und Bürgerschaft geprägt: Die Hohensalzburg, die Feste Oberhaus bei Passau, die Burg Trausnitz bei Landshut dienten weniger der Verteidigung gegen äußere Feinde als dem Niederhalten der aufmüpfigen Bürgerschaft unten im Tal. Auch die Alte Residenz in München, an den Rand des damaligen Mauerrings so gebaut, dass man Zugang zu ihr hatte, ohne die Bürgerstadt durchqueren zu müssen, hatte einen ähnlichen Zweck.

Kapitel 14
Der Erzstiefvater
Karl IV.

Meist hatte er eine schlechte Presse. Der Humanist und Dichter Francesco Petrarca, mit dem Karl IV. (1315–1378) lange Gespräche geführt und Briefe gewechselt hatte, schrieb im Rückblick enttäuscht, er sei durch Italien gereist, »nicht wie ein Kaiser, sondern wie ein Kaufmann, der von Messe zu Messe eilt«. Das Verdikt, er sei »Böhmens Vater und des Heiligen Reiches Erzstiefvater« gewesen, äußerte über hundert Jahre nach seinem Tod einer seiner Nachfolger, der Habsburger Maximilian I. Aber schon zeitgenössische Chronisten lästerten über seine Geldgier, seinen Schacher mit Erbansprüchen und Familienverbindungen, und sie kommentierten genüsslich, wenn ihm – was nicht selten geschah – eine seiner sorgsam eingefädelten Rankünen danebenging. In Norddeutschland sang man Spottlieder auf ihn:

De Kaiser Karolus de harr en Pärd,
Dat was ne fahle Stute.
Up enem Oge da sach se nich recht,
Dat annere was rein ute.

Eine imponierende Erscheinung scheint er nicht gewesen zu sein, obwohl er prunkvolle Aufzüge liebte und gezielt einsetzte. Körperlich war er eher schmächtig, mit zunehmendem Alter immer mehr geplagt von Gicht und Arthritis. (Dass er in vierter Ehe eine pommersche Prinzessin heiratete, die einen Kopf größer als er und im Stande war, ein Hufeisen zu zerbrechen, dürfte gemeinsamen Auftritten eine Art Slapstick-Effekt verliehen haben.) Seit er sich als junger Mann in einem Turnier eine schmerzhafte Rückgratverletzung zugezogen hatte, nahm er an solchen Kampfspielen lieber nicht mehr teil. Sein Gesicht, so wie wir es an der Porträtbüste Peter Parlers oder auf einer Votivtafel des Prager Erzbischofs Jan Očko von Vlašim sehen können, lässt etwas von seiner stupenden Intelligenz ahnen, wirkt aber mit seiner Himmelfahrtsnase alles andere als majestätisch.

Auch die Historiker des 19. und der ersten Hälfte des 20. Jahrhunderts mochten ihn nicht. In einer Zeit, in der die Nation – ihre Einheit, ihre Größe – als höchster Wert galten, erregten schon seine Herkunft und seine Erziehung Misstrauen und Missfallen. Seine Mutter, Elisabeth oder Alžběta, war Tschechin, Erbin des letzten Przemyslidenkönigs Wenzel II. Wegen ihres Erbes war Karls Vater, Johann von Luxemburg, Sohn des ersten Luxemburger Kaisers Heinrich VII. (1274–1313), mit ihr verheiratet worden. Aber die beiden verstanden sich schlecht, was man zumindest aus Sicht der Dame gut verstehen kann. Während sie sich abmühte, den in Böhmen wie überall störrischen Hochadel in Schranken zu halten, pflegte König Johann von Böhmen (so nannte er sich nach seiner Heirat) vor allem zwei Vorlieben, die man auch als Sparren, Macken oder Fimmel bezeichnen kann. Die eine war seine Frankophilie, seine Neigung zu französischer höfischer Kultur. Das war damals Mode und wurde in Johanns Fall dadurch verstärkt, dass seine Schwester Maria die Gattin des französischen Königs (auch er hieß Karl IV.) war. Zum anderen begeisterte sich Johann für jede Art von ritterlichem Kampf, reiste durch Europa auf der Suche nach Gelegenheiten zum Mitkämpfen. Und das, obwohl er stark sehbehindert, am Ende fast blind war. So ritt er auch in seinen Tod: 1346, als in der Schlacht von Crécy die Franzosen von den Engländern schon geschlagen waren, setzte er sich noch aufs Pferd und stürzte sich ins Gewühl. Sein Sohn, der an dem Feldzug hatte teilnehmen müssen, entkam mit Müh und Not und mit einer Verwundung. Vielleicht erklärt sich auch dadurch seine spätere Neigung, kriegerische Unternehmen nach Möglichkeit zu vermeiden und seine Ziele lieber durch Verhandlungen und mit Geld zu erreichen. »Alles andere ist eher zu versuchen als das Eisen«, schrieb er an Petrarca, »so wollen es die Ärzte, und das haben auch die Kaiser aus Erfahrung gelernt.«

Aber zurück zu Karls Kindheit. Übrigens hieß er ursprünglich Wenzel, so wie sein przemyslidischer Großvater und wie der Schutzpatron des Königreichs Böhmen. Mit drei Jahren wurde der kleine Wenzel seiner Mutter weggenommen, zunächst zwei

Monate in einen finsteren Keller gesperrt, bis er aufhörte, sich zu sträuben, und ein weiteres Jahr in einem Schloss gefangen gehalten, schließlich außer Landes gebracht, erst in das luxemburgische Stammland seines Vaters, dann nach Paris zu seiner Tante, der Königin, die allerdings ein Jahr später starb. Der Junge aber blieb bis zu seinem vierzehnten Lebensjahr am französischen Hof. Seinen tschechischen Namen (Václav, Wenzeslaus, Wenzel) musste er ablegen, weil der in französischen Ohren nicht schön klang. Bei der Firmung übertrug sein Pate, der König, ihm den eigenen Namen, Karl. Mit dreizehn heiratete er eine Prinzessin aus dem Hause Valois. Der König, selbst Analphabet, hatte seinen Kaplan angewiesen, dem böhmischen Prinzen ein wenig Lesen und Schreiben beizubringen. Das erklärt nicht, wie Karl zum wahrscheinlich gebildetsten, geistig wachsten Herrscher seines Zeitalters, und, zusammen mit Friedrich II., in der Reihe der Römisch-Deutschen Kaiser und Könige geworden ist. Er beherrschte fünf Sprachen: Tschechisch, Deutsch, Französisch, Italienisch und natürlich Latein. Er konnte mit einem Dichter und Gelehrten wie Petrarca kommunizieren und ist der einzige Kaiser, der uns eine Autobiographie hinterlassen hat. Bei seinem geistigen Werdegang geholfen hat ihm vielleicht seine Freundschaft mit Pierre Roger de Beaufort, Abt von Fécamp, dem späteren Papst Clemens VI. Diese Freundschaft, wie auch die mit dem nachmaligen französischen König Johann II. blieb ihm erhalten, auch als er, vierzehnjährig, Paris verlassen musste. Desgleichen behielt er eine Vorliebe für französische Kultur und für politische Partnerschaft mit Frankreich, auch wenn ihm gelegentlich ein Herrscher, wie etwa sein Schwager Philipp VI., persönlich unsympathisch war.

Deutschnationalen oder nationalliberalen Professoren konnte das nicht gefallen: ein halber Tscheche auf dem Thron Karls des Großen und Barbarossas – noch dazu einer, der französisch erzogen und ein eingefleischter Franzosenfreund war! Nicht genug damit: ein tiefgläubiger Katholik von mystisch angehauchter Frömmigkeit, der Traumvisionen für Botschaften des Allerhöchsten hält, fest an den Schutz der Heiligen glaubt und eifrig Reliquien sammelt, die er in kostbaren, edelsteinbesetzten Fassungen in einer eigens dafür errichteten Burg aufbewahrt.

> Als unser Vater nun sah, daß ihm die Mittel ausgingen und er nicht weiter Krieg gegen die Herren der Lombardei führen könne, dachte er an einen Rückzug und wollte uns die Städte und den Krieg überlassen. Wir aber verweigerten, was wir mit Ehren nicht behaupten konnten.
>
> *Aus der Autobiographie Karls IV.*

Als Vierzehnjähriger wurde Karl von seinem Vater nach Oberitalien gerufen. Der nämlich war dort mit einer kleinen Streitmacht aufgetaucht und gedachte, sich in die Machtkämpfe der Mailänder Visconti, der Veroneser Scaligeri, der Gonzaga in Mantua, Carrara in Padua und anderer lokaler Gewalthaber einzumischen, um so auch jenseits der Alpen die luxemburgische Hausmacht zu mehren, für die er schon Böhmen erheiratet, die schlesischen Herzogtümer der polnischen Krone abspenstig gemacht und mit der böhmischen vereinigt hatte. (Bis auf eines, das Herzogtum Schweidnitz, dessen Erbin Karl später in dritter Ehe heiratete.) Ein riskantes, um nicht zu sagen windiges Unternehmen, ganz im Stil des fahrenden Ritters Johann, der aber alsbald wieder gen Norden entschwand, um seinen dortigen Geschäften nachzugehen. Seinen Sohn, mittlerweile sechzehn Jahre alt, ließ er als seinen Statthalter in Italien zurück. Karl, nüchterner und bedachtsamer als sein Vater, sah, wie aussichtslos die Sache war, vor allem da das nötige Geld fehlte. Vielleicht war in dieser Erfahrung schon die Erkenntnis angelegt, dass es sinnlos sei, sich in inneritalienische Machtkämpfe hineinziehen zu lassen. Eine Erkenntnis, die ihn später, nach seiner Krönung in Rom (1355), veranlasste, Italien möglichst rasch hinter sich zu lassen (freilich nicht, ohne einiges an Geldern abzustauben) – zur Enttäuschung Petrarcas und anderer italienischer Anhänger, die sich Großes von ihm erhofft hatten. In Italien gab es immer noch die Parteien der Guelfen und Ghibellinen, obwohl doch die Staufer/Waiblinger längst ausgerottet waren und die Welfen im Reich keine große Rolle mehr spielten.

Aber so weit sind wir noch nicht. Zunächst kehrte der junge Karl heim nach Böhmen, wurde von seinem Vater zum Markgrafen von Mähren ernannt und mit der Verwaltung dieses Landesteils betraut, musste aber wegen Johanns zunehmender Erblindung immer mehr in die Regentschaft für den Gesamtstaat hineinwachsen. Er sammelte also Erfahrung – in der Verwaltung, im Umgang mit der Macht und ihren wirtschaftlichen Grundlagen. Wegen seiner przemyslidischen Abstammung war er bei den Tschechen beliebter als sein Vater, den sie den »König Fremdling« nannten.

Kaiser war damals Ludwig IV., »der Bayer«, erster und bis dahin einziger Wittelsbacher, der diese Würde erlangt hatte. Er hatte sich in langwierigen Kämpfen (an denen natürlich auch König Johann von Böhmen beteiligt war) gegen einen habsburgischen Gegenkandidaten durchgesetzt und lag auch mit dem Papst in Konflikt, wobei es vor allem darum ging, dass Papst Johannes XXII. (1316–1334) versuchte, von Avignon aus seine politische Macht in Italien wiederherzustellen. Außerdem beanspruchte er das Approbationsrecht für die deutsche Königs- und damit für die Kaiserwahl. Ein Kandidat sollte erst dann für gewählt gelten, wenn der Papst sich mit ihm einverstanden erklärt hatte. Das lehnte nicht nur Ludwig ab, sondern auch die Kurfürsten, die darin eine Beeinträchtigung ihres Wahlrechts sahen. Im so genannten Kurverein von Rhense (1338) erklärten sie, dass ein von ihnen gewählter König als rechtmäßiger Herrscher keine päpstliche Bestätigung brauche. Schon elf Jahre davor hatte sich Ludwig in Rom zum Kaiser krönen lassen, und zwar nicht vom Papst (der ja in Avignon residierte), sondern von einem Vertreter des römischen Volkes, das wieder einmal gegen den Papst revoltierte, weil dessen Abwesenheit auch wirtschaftliche Nachteile für die Stadt mit sich brachte. Außerdem beherbergte und protegierte Ludwig an seinem Münchner Hof zwei vom Papst gebannte Philosophen, Marsilius von Padua und den Franziskaner Wilhelm von Occam. Sie propagierten eine erneute Reform: Rückkehr des Papstes nach Rom und vor allem apostolische Armut der Kirche. Nicht nur der einzelne Geistliche oder Mönch, sondern die Kirche als solche, auch das Papsttum, sollte auf weltliche Macht, Reichtum und jede Art Besitz verzichten. Für die Päpste in Avignon, den geldgierigen Johannes XXII., seinen Nachfolger Benedikt XII. (1334–1342) und auch Karls IV. alten Jugendfreund Pierre Roger de Beaufort, der 1342 als Clemens VI. den Heiligen Stuhl bestieg, war das reine Ketzerei. Die aufsässigen Literaten wurden mit dem Kirchenbann belegt, und der Kaiser, der sie an seinem Hof duldete und schützte, gleich dazu.

Das avignonesische Papsttum war in Deutschland ebenfalls unpopulär, aber natürlich hatte auch Ludwig der Bayer Feinde im eigenen Land. Denen ging es weniger um Fragen der Theologie oder des Kirchenrechts als vielmehr darum, dass der Kaiser nicht allzu mächtig werden sollte. Ludwig nämlich tat das, was seit Rudolf von Habsburg jeder König oder Kaiser mit mehr oder weniger Erfolg getan hatte: Er versuchte, eine Hausmacht zu erwerben und auszubauen, das heißt, möglichst viel Land und möglichst reichlich sprudelnde Geldquellen an sich selbst oder an Mitglieder seiner Familie zu bringen. Seine Ausgangsbasis war eher schmal, er war ursprünglich nur Herzog von Oberbayern (in Landshut und Straubing residierten andere Zweige der Wittelsbacher Familie), aber es gelang ihm, noch andere Gebiete hinzuzuerwerben: die Grafschaften Holland, Seeland und Hennegau im Westen, und vor allem die Mark Brandenburg, wo die Herrscherfamilie der Askanier 1320 ausgestorben war.

Es ist lustig sich vorzustellen, dass Berlin einmal bayerisch war. Aber lange hat das nicht gedauert. Die Opposition unter den Fürsten, vor allem unter den Kurfürsten, sah diese Machterweiterung mit Neid und Missfallen, und die waren am stärksten bei zwei Familien, die meinten, dass nicht dieser Wittelsbacher, sondern einer der Ihren eigentlich Kaiser sein müsste. Das waren einmal die Habsburger – deren Gegenkandidaten Ludwig aber besiegt hatte – und zum anderen die Luxemburger. Wenn wir auf eine Geschichtskarte über jene Zeit schauen, sehen wir, dass beide Dynastien über große, relativ geschlossene Territorien im Osten des Reiches und über Streubesitz im Westen bzw. Südwesten verfügten, während ansonsten das Gebiet der alten Stammesherzogtümer in einer schwer überschaubaren Weise zerstückelt erscheint. Das Schwergewicht der Macht hatte sich nach Osten verschoben, und das sollte bis zum Ende des Alten Reiches und darüber hinaus so bleiben.

Führend in der Opposition gegen Ludwig und in der luxemburgischen Familienpolitik war zunächst noch nicht Karl IV. und auch nicht der wirrköpfige Johann, sondern ein älterer Verwandter, Karls Großonkel Balduin, Bischof von Trier, einer der drei geistlichen Kurfürsten. Seine Stunde kam, als einerseits Karls Freund Clemens VI. zum Papst gewählt war und andererseits Ludwig auf nicht ganz saubere Art in den Ehezwist eines Luxemburgers mit der Erbin von Tirol (Margareta Maultasch) eingriff, um sie mit seinem eigenen Sohn zu verheiraten und dieses Land samt Alpenübergängen und ergiebigen Bergwerken an sein Haus zu bringen. Fünf Kurfürsten wählten, nachdem man sich mit Papst Clemens abgesprochen hatte, einen Gegenkönig. Und das war der damals dreißigjährige Karl IV., dessen Vater im gleichen Jahr 1346 bei Crécy in den Tod galoppierte.

Wieder ein Detail, das liberalen und auch nationalbewussten Historikern sauer aufstoßen muss! Auch Zeitgenossen schimpften Karl wegen der Art, wie seine Wahl zustande gekommen war, einen »Pfaffenkönig«. Er bewies allerdings schon hier das diplomatische Geschick, durch das er sich in den zweiunddreißig Jahren seiner Regierungszeit auszeichnete. Statt um die Approbation des Papstes nachzusuchen, womit dieser rechnete, wartete er, bis sie ihm von selbst erteilt wurde, vergab also weder sich selbst etwas, noch schuf er einen Präzedenzfall für die Zukunft. Auch in der Folgezeit erwies er sich als von Kirche und Papst viel weniger abhängig, als man es von ihm erwartet hatte, vermied es allerdings auch, mit ihnen in Konflikt zu geraten.

Er hatte auch Glück: Bevor er sich ihm zum Kampf stellen musste, starb Ludwig der Bayer. Zwar wurde noch einmal ein Gegenkönig aufgestellt, aber den konnte Karl vertraglich abfinden, und jetzt war er allgemein als König anerkannt, auch wenn seine tatsächliche Wirksamkeit sich in den ersten Jahren auf Böhmen, Süd- und Mitteldeutschland beschränkte. Die nördlichsten Punkte auf seinem Itinerar (dem Verzeichnis seiner Reisen und Umritte) sind in dieser Zeit Frankfurt an der Oder und Wittenberg. Das eigentliche Norddeutschland ist sozusagen ein weißer Fleck auf der Karte. Erst gegen Ende seines Lebens ist er einmal nach Lübeck gekommen, dem Vorort der damals auf dem Höhepunkt ihrer wirtschaftlichen und politischen Macht stehenden Hanse.

Es ist nicht leicht, Politik und Lebenslauf dieses Herrschers zu charakterisieren, ohne sich in unendliche und unübersichtliche Details zu verheddern. Es ist eine manchmal sehr kleinschrittige Politik in einer komplizierter gewordenen Zeit, in der nicht nur das Reich territorial in kleine und kleinste Bereiche zersplittert, sondern auch die Gesellschaft sehr viel differenzierter gegliedert ist als je zuvor. Eine Zeit, in der neue Schichten nach Mitsprache verlangten wie vor allem das Stadtbürgertum mit seinen Städtebünden, andere absanken oder verwahrlosten, wie Teile des niederen Adels, aus dem sich jetzt »Soldkompanien« rekrutierten, militärisch organisierte Räuberbanden, die besonders in Italien ganze Städte und Landstriche terrorisierten. In die ersten Jahre nach Karls Regierungsantritt fiel der Höhepunkt der großen Pestwelle, der Schwarze Tod. Dadurch ging die Bevölkerungszahl, die bis dahin kontinuierlich angestiegen war, nach langer Zeit wieder zurück. Dörfer und Weiler fielen leer, wurden zu Wüstungen. Die Preise für Lebensmittel sanken. In den Städten, die besonders betroffen waren, fehlte es an Arbeitskräften, die Löhne und damit die Preise für gewerbliche Artikel stiegen. Die Wirtschaft geriet durcheinander. Das und die Angst vor Krankheit und Tod führten zu Psychosen und Ausschreitungen: Geißlerzügen und Judenpogromen. (Man beschuldigte die Juden, die Krankheit durch Brunnenvergiftung verursacht zu haben. Karl verhielt sich bei dieser Gelegenheit nicht gerade rühmlich: Statt die Juden zu beschützen, legte er, zusammen mit städtischen Behörden etwa in Frankfurt, Rothenburg, Nürnberg fest, was geschehen solle, »falls die Juden daselbst demnächst erschlagen« würden.)

Auf der anderen Seite greift die Politik jetzt geographisch in ganz neue Bereiche über. Länder, die bisher an der Peripherie lagen, die man allenfalls als Räume für Kolonisation und Missionierung kannte, werden ihrerseits aktiv und beginnen, eine Rolle zu spielen: Polen, das immer noch heidnische Litauen, Ungarn, Skandinavien, der Ordensstaat im Baltikum, Serbien im Südosten und, immer näher vordringend, immer gefährlicher, das Reich der osmanischen Türken.

Vielleicht kann man sich am ehesten ein einigermaßen klares Bild machen, wenn man sich vergegenwärtigt, welche Ziele Karls Politik hatte und haben musste.

Zunächst galt es, die errungene Herrschaft zu festigen und

die bisherigen Gegner wenn nicht auszuschalten, so doch ruhig zu stellen. Dies gelang bei den Habsburgern. Karl zahlte eine beträchtliche Summe an sie, verabredete eine Heiratsverbindung seiner ältesten Tochter Katharina mit Erzherzog Rudolf IV. von Österreich und ließ den Habsburgern in weiteren Verhandlungen das Land Tirol zufallen. Die Erben Ludwigs des Bayern, die Familie der Wittelsbacher, war in verschiedene Zweige aufgespalten, die nicht nur in Bayern, sondern auch in der Rheinpfalz, der Oberpfalz, in Brandenburg und in Holland herrschten. Karl machte es sich zunutze, dass diese Zweige untereinander zerstritten waren, die Brandenburger Linie zudem im Lande ziemlich unbeliebt. Außerdem tauchte dort ein Betrüger auf, der behauptete, der totgeglaubte letzte Askanier zu sein. Auch das Auftreten dieses »falschen Waldemar« nützte Karl aus, und schließlich gelang es ihm, die in Brandenburg regierenden, augenscheinlich recht energielosen zwei Wittelsbacher Brüder auszukaufen und das Land samt Kurstimme unter seine eigene Herrschaft zu bringen. Dies dauerte freilich einige Zeit und war erst fünf Jahre vor seinem Tod endgültig. Wenn wir aber im Einzelnen erzählen wollten, welcher Verhandlungen, welcher Abmachungen über die Verheiratung oder Verlobung noch im Kindesalter stehender oder noch gar nicht geborener und erst erhoffter Prinzen und Prinzessinnen, welcher Tricks, Finten und diplomatischer Schliche es bedurfte, um Karls territoriale und dynastische Ziele zu erreichen, würden wir die Geduld der Leser überstrapazieren und den Umfang dieses Kapitels über das erträgliche Maß hinaus aufblähen.

In Böhmen wurde Karl IV. im Jahre 1347 als Nachfolger seines Vaters zum König gekrönt. Im Jahr darauf gründete er die Universität Prag – die erste in Mitteleuropa. Ein Verdienst, das ihm auch seine Kritiker nicht absprechen können. Es ist umstritten, ob sie als böhmische Landes- oder als Reichsuniversität konzipiert war, jedenfalls hat sie mit ihrem Nachwuchs an Juristen und Geistlichen dem König dabei geholfen, die Verwaltung im Inneren seiner Länder auszubauen und zu straffen.

Böhmen, Schlesien, Brandenburg. Dazu im Westen das Stammland Luxemburg und als Neuerwerbung das Herzogtum Brabant (die Gegend um Brüssel und Mecheln, eines der volkreichsten, wirtschaftlich florierendsten Gebiete im damaligen Europa): Das ist, wenn man es auf der Karte betrachtet, ein imponierender Komplex von Besitzungen, der im Reich nicht seinesgleichen hatte. Ein weiteres Ziel war es, die Verbindungen zwischen den einzelnen Teilen dieses Komplexes herzustellen und zu sichern. Dazu erwarb Karl die Markgrafschaften Ober- und Niederlausitz, so dass sich sein Herrschaftsgebiet vom Böhmerwald im Süden bis fast an die Ostsee erstreckte. Schwieriger war es, die Verbindung nach Westen herzustellen. Aber auch da war Karl mit zäher Energie am Werke. Von Eger ausgehend erwarb er Gebiete in der Oberpfalz mit der Stadt Sulzbach, und die Straße ging weiter über die besonders begünstigte Reichsstadt Nürnberg, die geistlichen Fürstentümer Würzburg und Bamberg nach Frankfurt, Trier und nach Luxemburg.

Anderswo war seine Politik weniger aktiv. Zwar ließ er sich in Mailand mit der Eisernen Krone der Lombarden zum König von Italien krönen (1355) und in Arles zum König von Burgund (1365). Aber im Westen hat er nichts getan, um die bröckelnde Grenze gegen Frankreich zu stabilisieren, und von seinen zwei Italienzügen macht zumindest der erste (1354/55) den Eindruck einer etwas widerwillig erledigten Pflichtübung: Um Autorität auch außerhalb des Bereichs seiner Hausmacht zu erlangen, musste er Kaiser sein, und dazu war es immer noch notwendig, sich in Rom krönen zu lassen. Karl hielt den Aufwand möglichst gering, kam nur mit einem kleinen Heer, nahm es hin, dass ihn Mailänder, Florentiner, Römer ziemlich von oben herab behandelten, war zufrieden, dass sie ihn immerhin als Kaiser anerkannten, störte sich nicht daran, dass er nur von einem Kardinal gekrönt wurde, Papst Innozenz VI. aber zu Hause in Avignon blieb, hielt sich nur vierundzwanzig Stunden in Rom auf, kassierte in Oberitalien noch einmal Geld und ritt zurück über die Alpen, ohne sich in italienische Angelegenheiten einzumischen – wie wir gesehen haben, zum Verdruss Petrarcas und anderer Italiener, die gehofft hatten, dass endlich einmal jemand die hochmütigen Visconti in Mailand deckeln werde.

Karl hatte einen nüchternen, untrüglichen Blick dafür, was möglich und was nicht möglich war. Danach richtete er seine Politik auch in Deutschland. Es konnte ihm nicht entgangen sein, wo das wirtschaftliche und im Grunde auch das politische Potential sich konzentrierte, nämlich bei den Städten und ihren Bürgern. Er förderte sie, soweit ihm das möglich war, aber gegenüber den Städtebünden, die sich seit dem Interregnum formiert hatten – etwa dem rheinischen und dem schwäbischen Städtebund –, wahrte er Distanz. Ihre Partei zu ergreifen, hätte ihn mit den Reichsfürsten, besonders mit den Kurfürsten in Konflikt gebracht, und das wollte er vermeiden. Er brauchte die Reichsfürsten, vor allem die Kurfürsten, um den Landfrieden durchzusetzen und um sein schwierigstes Ziel zu erreichen, nämlich die Nachfolge für sein Haus zu sichern. Das war seit Friedrich II. keinem Kaiser mehr gelungen. Vielmehr waren immer wieder ganz gezielt solche Kandidaten gewählt worden, denen die Machtmittel fehlten, sich gegen die großen Territorialherren durchzusetzen.

Karl IV. brachte die Kurfürsten auf seine Seite, indem er sie durch ein grundlegendes Gesetz, die so genannte Goldene Bulle, definitiv aus der Vielzahl der übrigen Reichsfürsten heraushob. (Eine Bulle ist eigentlich das Siegel, das einer Urkunde anhängt. Im Allgemeinen war es aus Wachs, aber bei besonders wichtigen Dokumenten aus Metall oder gar aus Gold.)

Dieses Gesetz legt fest, dass nur drei geistliche und vier weltliche Fürsten wahlberechtigt sein sollten: die Bischöfe von Köln, Mainz und Trier, der Pfalzgraf bei Rhein, der Herzog von Sachsen, der Markgraf von Brandenburg und der König von Böhmen. (Man beachte, dass die schärfsten Rivalen des Hauses Luxemburg, nämlich Habsburger und Bayern, draußen bleiben mussten.) Der Wahlvorgang – Einberufung des Kurkollegiums, Reihenfolge der Stimmabgabe usw. – wurde genau festgelegt, ebenso die Orte für Wahl (Frankfurt), Krönung (Aachen) und ersten Reichstag (Nürnberg) sowie die Zuständigkeiten in der Übergangszeit zwischen Tod des alten und Wahl des neuen Königs. Die Entscheidung soll mit Stimmenmehrheit erfolgen. Der Gewählte ist durch die Wahl König (später auch Kaiser). Von einem Approbationsrecht des Papstes ist nicht die Rede. Die Kurfürsten erhalten Privilegien, die sie im Grunde zu souveränen Herrschern machen: Ihre Territorien sind unteilbar (das heißt, sie können im Erbfall nicht aufgesplittert werden).

Sie können ihren Untertanen die Berufung an Reichsgerichte verbieten, und die Krone verzichtet darauf, in Gerichtsverfahren der kurfürstlichen Gerichte einzugreifen oder sie an sich zu ziehen. Bündnisse sind nur zur Durchsetzung des Landfriedens erlaubt (das richtet sich gegen die Städte), und es ist den Städten verboten, Pfahlbürger aufzunehmen, also Leuten, die außerhalb der Städte auf Dörfern wohnen, das Bürgerrecht zu verleihen. Ein eher amüsantes Detail: Die Goldene Bulle bestimmte, dass die Kurfürsten neben der deutschen auch die böhmische, die italienische und die französische Sprache beherrschen sollten, weil man diese Sprachen im Reich brauche. Da hat der Kaiser die Lernfähigkeit und Lernwilligkeit des Hochadels wohl beträchtlich überschätzt.

Mit der Goldenen Bulle hat das Reich eine Art Verfassungsgrundgesetz, und dieses Gesetz ist unter Historikern ungemein umstritten. Durch seine Bestimmungen ist in Deutschland endgültig der Weg zum zentral regierten Staat versperrt, so wie er sich in anderen Ländern herausbildet. Ein Übergang zur Erbmonarchie, unumgängliche Voraussetzung für die Entwicklung moderner Strukturen, ist im Reich kaum mehr vorstellbar. Stattdessen wird eine Art Oligarchie eingesetzt. Die Städte und ihr Bürgertum, wirtschaftlich und kulturell das dynamischste Element der Gesellschaft, werden politisch ins Abseits gestellt. Sie sind im Reichstag zwar als eigene »Bank« vertreten, neben dem Adel und der Geistlichkeit. Die führende Rolle, die ihnen zustünde, bleibt ihnen jedoch verwehrt. Das Reich hat im Inneren immer noch keine ausführende Gewalt. Attribute echter Staatlichkeit entwickeln sich ausschließlich in den Territorien.

Andererseits ist mit der Goldenen Bulle zum ersten Mal überhaupt eine verbindliche Wahlordnung geschaffen. Der Mitspracheanspruch der Kurie ist abgewiesen. Reich und Kirche, deren Mit- und Gegeneinander so unheilvolle Auswirkungen auf die deutsche Geschichte gezeitigt hatte, beginnen sich voneinander zu lösen.

Optimum est aliena insania frui.
»Am besten ist es, die Dummheit anderer auszunutzen.«

Karl IV.

Tatsächlich ist es Karl IV. gelungen, die Nachfolge für sein Haus zu sichern. Das war nicht einfach, nicht nur wegen der Widerstände, die bei den Kurfürsten zu überwinden waren. Er hat seine Ziele, wie gesagt, meist ohne Gewalt durchgesetzt, durch zähe, gerissene, oft skrupellose Verhandlungstechnik und mit den Mitteln der Familien- und Heiratspolitik. Das klappte manchmal nicht, weil etliche Prinzen oder Prinzessinnen, schon in der Wiege oder gar vor der Geburt verlobt, vorzeitig starben, wie etwa der erste Sohn Wenzel, dem dann zunächst nur Töchter folgten, bis Karls dritte Gattin ihm 1361 endlich wieder einen Sohn bescherte, der ebenfalls auf den Namen Wenzel (der Vierte, später auch der Faule genannt) getauft wurde. Der wurde schon als Zweijähriger zum König von Böhmen gekrönt und mit neun Jahren an eine Wittelsbacherin verheiratet. 1376, zwei Jahre vor seines Vaters Tod, wurde er zum römischdeutschen König gewählt. Sein Vater vereinigte als König von Böhmen und Markgraf von Brandenburg zwei der sieben Kurstimmen auf sich, die restlichen fünf erkaufte er durch reichliche »Handsalben«, das heißt Bestechungsgelder. (Da solche Zahlungen ein häufig angewendetes Mittel von Karls Politik waren, war er trotz der ergiebigen Silberbergwerke von Kuttenberg und Iglau und der Steuern, die ihm die Reichsstädte bewilligten, häufig ziemlich klamm. Dann zögerte er nicht, Reichsgut zu verpfänden.)

Karls zweiter Sohn, Sigismund, 1368 von der vierten Gemahlin, jener athletischen Dame aus Pommern, geboren, wurde als Vierjähriger mit der Erbin des Königreichs Polen verlobt. Die starb leider allzu früh, und jetzt wurde er mit der Tochter des letzten Anjou-Königs von Ungarn entschädigt, die er später (1387) allerdings erst auf abenteuerliche Weise aus der Gefangenschaft aufständischer Magnaten befreien musste, bevor er sie heiraten und König von Ungarn werden konnte. Der Plan war, die Königreiche Polen und Ungarn unter luxemburgischer Herrschaft zu vereinigen. Das misslang allerdings. Polen ging an die litauischen Jagiellonen, die sich zu diesem Zweck mitsamt allen ihren Untertanen endlich zum Christentum bekehrten. Von Sigismund und seinem Bruder Wenzel wird noch einiges zu berichten sein. Nicht immer Erfreuliches.

Wie seine Vorgänger war Karl IV. viel unterwegs: Aber er hatte, anders als Ottonen, Salier und Staufer, doch einen festen Wohnsitz, eine Stadt, die seine Hofhaltung und seine Kanzlei beherbergte und von der aus er herrschte, nämlich Prag. Ob sie die Hauptstadt des Reiches war oder nur die Böhmens, darüber kann man streiten. Unstrittig ist, dass sie nicht nur ein politischer Mittelpunkt war, sondern auch ein wirtschaftlicher und kultureller, dessen Wirkung über die Grenzen Böhmens hinaus ausstrahlte. Karl förderte – schon um sich neue Einkommensquellen zu erschließen – den Bergbau, nicht nur in Böhmen, sondern auch in der Oberpfalz, neue Manufakturen wie die Barchentweberei (die Verarbeitung von Baumwolle, die in mehreren Städten auch in Franken betrieben wurde), die Eisenverhüttung, die Glasmacherei. Auch neue oder verbesserte Formen und Techniken der Landwirtschaft, wie zum Beispiel im Weinbau, in der Obstkultur, dem Anbau von Textil- und Farbpflanzen (Krapp und Waid) und besonders in der heute noch in Böhmen sehr intensiv betriebenen Teichwirtschaft. (Tschechen – und traditionsbewusste Sudetendeutsche – speisen zu Weihnachten keinen Gänsebraten, sondern einen Karpfen.)

Schon 1344 war Prag zum Erzbistum erhoben worden. Jetzt ließ Karl mit dem Bau des Veitsdoms beginnen. Baumeister waren zuerst Matthias von Arras, dann der aus Schwäbisch-Gmünd stammende Peter Parler, von dem auch die Porträtplastiken Karls und seiner Familie stammen. An dem Bauwerk ist vieles eigen-, ja einzigartig: Die Wenzelskapelle, ihre mit goldgefassten Halbedelsteinen inkrustierten Wände und Wandmalereien; die später hinzugekommene Kapelle des Heiligen Johann von Nepomuk mit ihrem aus Silber getriebenen Altar; vor allem aber der Standort, hoch über der Stadt, innerhalb der königlichen Burganlage, des Hradschins – während gotische Kirchen überall sonst von der Bürgerschaft erbaut wurden und inmitten der Städte stehen.

Auch die Burg ließ Karl weiter ausbauen, und er errichtete einen ganzen Stadtteil, die Neustadt, auf deren Gelände heute noch das moderne Prag steht, mit Wenzelsplatz, Nationalmuseum und Nationaltheater. Alle drei Teile – Altstadt, Neustadt, Kleinseite samt Burg – umgab er mit einem Mauerring, der bis ins 19. Jahrhundert Raum genug für das Wachstum der Stadt bot. Die nach dem Kaiser benannte Brücke, heute eines der meistbesuchten Touristenziele Europas, wurde nach dem Vorbild der Regensburger Steinernen Brücke gebaut. (Mit den berühmten Heiligenfiguren wurde sie, wie man leicht sehen kann, allerdings erst in der Barockzeit geschmückt.) Bauleute und Künstler – Bildhauer, Maler, Buchillustratoren, Glasschneider, Kunst- und Goldschmiede – kamen aus ganz Europa, aber auch aus Böhmen selbst.

Gebaut wurde nicht nur in Prag. Die Bergwerksstadt Kuttenberg hat mit der St.-Barbara-Kirche einen gotischen Kuppelbau aufzuweisen, etwas, was es sonst nirgends gibt, man spricht von »gotischem Barock«. In einem damals einsamen Waldtal steht, dreistufig auf einem Felsen, die Burg Karlstein. (Man spricht Karls-Tein; Tein ist ein altes Wort für Burg oder Festung.) Dort wurden Karls Reliquiensammlung (unter anderem ein angeblicher Unterarmknochen Karls des Großen) und die Reichskleinodien, Krone, Szepter, Schwert und Lanze, aufbewahrt. Auch hier gab es eine mit Edelsteinen verkleidete Kapelle. In die zog sich der Kaiser oft tagelang zurück, um zu beten und zu meditieren. Der Karlstein war eine Art Gralsburg. Nur Auserwählte durften ihn betreten: der Erzbischof mit seinen Ministranten, sonst keine Priester und auch keine Frauen.

Zur Zeit Karls IV. wurden Urkunden nicht mehr ausschließlich auf Latein geschrieben, sondern auch schon auf Deutsch. So entwickelte sich in der Prager Kanzlei eine Art Schriftsprache, genannt das »gemeine Deutsch«. (»Gemein« bedeutet hier nicht niederträchtig, sondern gemeinsam, also das Deutsch für alle.) Dass sie die Ausformung von Luthers Bibeldeutsch beeinflusst hat, wurde von einigen Sprachwissenschaftlern im 20. Jahrhundert angenommen, wird aber neuerdings bestritten. Immerhin hat Karls Kanzler Johann von Neumarkt eine Art Musterbuch für Urkundentexte in dieser Sprache verfasst und ein Andachtsbuch in sie übertragen. Und die erste heute noch gültige frühneuhochdeutsche Dichtung, ›Der Ackermann aus Böhmen‹ des Johann von Tepl (um 1400), ist in dieser Sprache verfasst. Deutsch war, neben Latein, die Amtssprache; es war auch die Sprache der Hofgesellschaft und weithin des Stadtbürgertums und der Geistlichkeit. Karl selbst wies wiederholt auf den Wert der »liebenswerten slawischen Sprache« hin. Auf seine Anregung gehen wahrscheinlich erste Versuche einer Bibelübersetzung ins Tschechische zurück, und er hat in Prag ein Kloster mit kirchenslawischer Liturgie gestiftet, die sonst nur in der Ostkirche gepflegt wurde.

Der Ackermann klagt den Tod an, der ihm seine geliebte Frau geraubt hat:

Grimmiger tilger aller leute, schedlicher echter aller werlte, freissamer morder aller menschen, ir Tot, euch sei verfluchet! Got, ewer tirmer, hasse euch, vnselden merung wone euch bei, vngeluck hause gewaltiglich zu euch: zumale geschant seit immer! Angst, not vnd jamer verlassen euch nicht, wo ir wandert; leit, betrubnuß vnd kummer beleiten euch allenthalben; leidige anfechtung, schentliche zuversicht vnd schemliche verserung die betwingen euch groblich an aller stat; himel, erde, sunne, mone, gestirne, mer, wag, berg, gefilde, tal, awe, der helle abgrunt, auch alles das leben vnd wesen hat, sei euch vnholt, vngunstig vnd fluche euch ewiglichen! In bosheit versinket, in jamerigem ellende verswindet vnd in der vnwiderbringenden swersten achte gotes, aller leute vnd ieglicher schepfung alle zukunftige zeit beleibet! Vnuerschampter bosewicht, ewer bose gedechtnuß lebe vnd tauere hin on ende; grawe vnd forchte scheiden von euch nicht, ir wonet wo ir wonet: von mir vnd aller menniglich sei vber euch ernstlich zeter geschrien mit gewundenen henden!

Johann von Tepl: ›Der Ackermann aus Böhmen‹

Das wirft wieder die Frage nach Karls Nationalität auf. Sie ist bei ihm noch schwieriger zu beantworten als bei Friedrich II. Ja, seine Mutter war eine Przemyslidin, also aus tschechischer Familie. Aber diese Dynastie hatte seit nunmehr über dreihundert Jahren ihre Ehepartner meist in deutschen Fürstenhäusern gesucht (wo auch sonst?), hatte deutsche Siedler, Bergleute und Handwerker, Kaufleute, Kleriker und Adelige ins Land geholt. Karls Großvater Wenzel II. war, wie wir sahen, ein Liebhaber und Gönner des etwas verspäteten deutschen Minnesangs gewesen (der seinerseits provençalische Wurzeln hatte). Wahrscheinlich kann man von Karl IV. wirklich sagen, dass er kein Nationalgefühl im Sinne des 19. Jahrhunderts hatte, dass er aus einer Schicht stammte, die längst gelernt hatte, übernational zu denken und zu fühlen, und dass sein Faible für die tschechische Sprache eher von intellektueller Neugier zeugt, von der Neigung eines klugen Menschen, sich gerade mit dem zu beschäftigen, was andere glauben ignorieren zu dürfen, vielleicht auch von einer Art Menschenfreundlichkeit und dem Gefühl, dass es angebracht sei, sich auf die Eigenart und eben auch die Sprache der Mehrheit seiner Untertanen näher einzulassen. Eine solche Haltung war in Deutschland, war in Europa zeitweise sehr unpopulär. Kein Wunder, dass Karl IV. erst nach dem Zweiten Weltkrieg, nach der Katastrophe des nationalen Chauvinismus sozusagen wiederentdeckt und rehabilitiert wurde. 1978, anlässlich seines sechshundertsten Todestages wurde mit einer großen Ausstellung in München, Nürnberg und Köln an ihn und seine Zeit erinnert. Substantielle Monographien erschienen. Er gilt heute als der bedeutendste Kaiser des Spätmittelalters.

1368/69 war er noch einmal nach Rom gezogen, auf Veranlassung des Papstes Urban V., um diesem die Rückkehr aus Avignon zu ermöglichen. Diesmal behandelte man ihn in Italien mit mehr Respekt, aber er lehnte es nach wie vor ab, sich in die dortigen Streitigkeiten hineinziehen zu lassen. Als der Kaiser abgezogen war, konnte sich Urban in Rom nicht halten und musste nach Avignon zurückkehren. 1378 dann, im Todesjahr Karls IV., kam es zu dem, was das Große Schisma genannt wird: Es wurden zwei Päpste gewählt, einer in Rom, einer in Avignon. Diese Kirchenspaltung sollte bis 1417 dauern, beinahe fünfzig Jahre lang. Karl konnte nichts mehr dagegen unternehmen.

Kapitel 15
Vivat Academia

Mit der Gründung der Prager Universität im Jahre 1348 durch Karl IV. erwies sich Mitteleuropa als eine Art Nachzügler. In West- und Südeuropa finden wir solche Bildungseinrichtungen beträchtlich früher: in Bologna (1088), Paris (1174), Oxford (1168), Salamanca (1254), um nur einige unter vielen zu nennen. Die meisten dieser Universitäten waren nicht eigentlich Neugründungen wie Prag, sondern entwickelten sich aus Domschulen oder aus Hohen Schulen, auch Studium Generale genannt, und erhielten dann durch königliches oder päpstliches Privileg Status und Organisationsform einer Universität.

Die Universität unterstand, anders als die Domschule, wie es sie etwa in Köln oder Regensburg gab, nicht der Jurisdiktion des lokalen Bischofs, sondern war, innerhalb der Gesamtgesellschaft einer Stadt oder eines Landes, eine in sich geschlossene Vereinigung von Lehrenden und Lernenden mit eigener Organisation und eigener Gerichtsbarkeit. (Ähnlich wie ein Mönchs- oder Ritterorden.) Genau das besagt die Bezeichnung »Universität«. Sie hat nichts mit einem Anspruch auf universale Gültigkeit der gelehrten Wissenschaft zu tun. Studenten und Dozenten waren in Bursen oder Kollegs untergebracht, so wie man das heute noch in angelsächsischen Universitätsstädten sehen kann, in Oxford, Cambridge, an den Universitäten der amerikanischen Ivy-League und überall dort, wo sich Universitäten nach diesen Vorbildern richten: Im College wird nicht nur unterrichtet und gelernt, es gibt dort auch Speisesäle, Dormitorien oder kleine Appartements, Räume für Erholung und Geselligkeit und jeweils eine Kapelle für den Gottesdienst. Angehörige der Universität kleideten sich in eine besondere Tracht, den Talar, durch den sie sich von Nichtakademikern unterschieden. Der war in England für Studenten noch bis nach dem Zweiten Weltkrieg obligatorisch und wurde auch bei uns von Professoren bei festlichen Gelegenheiten angelegt. An manchen deutschen Universitäten waren die Studenten später verpflichtet, zur Landesverteidigung bereitzustehen, und hatten deshalb das Recht, Waffen zu tragen. Daraus entwickelte sich in Verfallszeiten der Universität wie im 17. Jahrhundert ein ausuferndes, oft kindisch-rohes Duell- und Paukwesen.

Die mittelalterliche Universität war nach mehrfachen Kriterien gegliedert. Einmal nach Lehrfächern in Fakultäten. Jeder Student hatte zunächst die Artistenfakultät zu durchlaufen, den Ersatz für unsere gymnasiale Oberstufe, wo man sich die Grundlagen der Bildung und des akademischen Handwerks aneignen konnte: die Sieben Freien Künste, septem artes liberales. (Daher »Artisten«, das hat nichts mit Seiltänzern, Jongleuren oder Schlangenmenschen zu tun.) Die wiederum bestanden aus dem Trivium: Grammatik (korrekter Sprachgebrauch), Rhetorik (wir würden sagen, Stilistik) und Dialektik (die Kunst, logisch zu folgern, zu schließen, Synthesen zu finden). Vom Trivium kommt unser Wort trivial: das, was sich von selbst versteht. Es folgte das Quadrivium mit Arithmetik, Geometrie, Musik (wichtig für Theologen als angehende Priester) und Astronomie. Letztere brauchte man zur Zeitmessung, besonders zur Festsetzung der kirchlichen Feiertage.

Aus der Artisten- entwickelte sich später die philosophische Fakultät, zunächst mit allen Natur- und Geisteswissenschaften. Die Einteilung nach Fakultäten hatte ebenfalls bis nach dem Zweiten Weltkrieg Bestand, wenn es auch nicht bei der Vierzahl blieb, sondern immer differenzierter untergliedert wurde. Erst in jüngster Zeit ging man zum angelsächsischen Department-System über. Im Englischen bezeichnet das Wort »faculty« übrigens jede Art von Lehrkörper.

Nach zwei Jahren konnte der Student zum Baccalaureus graduieren und fortan eine der drei »höheren« Fakultäten besuchen: Jura, Medizin oder das, was im Mittelalter die Königin der Wissenschaften war, die Theologie. (Erinnern Sie sich: »Habe nun ach …« Und denken Sie an den naiven Studienanfänger, der im ersten Teil des ›Faust‹ von Mephisto so genussvoll eingeschüchtert wird, während er sich im zweiten Teil als Baccalaureus schon recht präpotent aufführt.) Baccalaureat heißt in Frankreich heute noch das Abitur, und als Bachelor feiert dieser akademische Grad auch an unseren Universitäten wieder Urständ.

Nach weiteren zwei Jahren konnte der Baccalaureus zum Magister (Meister, englisch master) aufsteigen, das hieß, dass er jetzt an der Artistenfakultät unterrichten durfte. Dann dauerte es noch einmal etliche Jahre, bis er den damals höchsten akademischen Grad, den Doktor, erwerben und sich als Zeichen dieser Würde den Doktorhut aufs Haupt stülpen konnte. Alle Lehrenden wurden als Professoren bezeichnet. Die Professoren jeder Fakultät wählten einen Dekan als Vorstand (er hatte Anspruch auf den schönen Titel »Spektabilität«), die Vollversammlung aller Dozenten der Universität, Senat genannt, bestimmte den Rektor (»Magnifizenz«). Anfangs wirkten auch noch die Studenten bei diesen Wahlen und in der Universitätsverwaltung mit, denn ursprünglich bestand die Studentenschaft zum Großteil aus bereits ordinierten Klerikern, die ihr Wissen und ihre Kompetenzen mit Hilfe der neu entdeckten scholastischen Wissenschaften und des neurezipierten römischen Rechts vervollständigen wollten. Später, als das Alter der Studienanfänger auf vierzehn bis sechzehn Jahre herunterging, ließ man die Studenten immer weniger mitreden.

Außer in Fakultäten waren Dozenten und Studenten noch in »Nationen« gegliedert, also nach ihrer lokalen Herkunft. Mit unserem Begriff von Nation haben diese Universitätsnationen nur entfernt etwas zu tun. In Paris etwa zählte man vier Nationen: Picardi (Nordfranzosen), Normanni, Franci (aus der Ile-de-France) sowie als vierte Nation die Angli, manchmal auch Alemanni genannt, das waren einfach alle Ausländer, auch Skandinavier, Ungarn oder Polen. In Prag wiederum gehörten zur böhmischen Nation auch deutschsprachige Landeskinder aus den Randgebieten oder aus Städten mit deutschem Anteil an der Bürgerschaft wie Budweis, Kuttenberg, Olmütz oder Prag selbst. Die polnische Nation bestand größtenteils aus deutschen Schlesiern, zur sächsischen Nation gehörten alle Nord- und Nordwesteuropäer und zur bayerischen die Österreicher, Ungarn und damit die Kroaten, Slowenen und anderen Südslawen. Trotzdem kam es, wie wir sehen werden, im Laufe der Zeit zu Animositäten und Konflikten, weil sich die zahlenmäßig stärkste Nation, die böhmische, von den drei anderen, hauptsächlich deutschsprachigen, majorisiert fühlte.

Später, als in immer mehr deutschen Territorien Landesuniversitäten gegründet wurden, spielten die »Nationen« im offiziellen Universitätsleben keine Rolle mehr. Sie überlebten aber in gewisser Weise als Landsmannschaften, Vereinigungen von Studenten, die aus derselben Gegend, demselben Fürstenstaat stammten und eigene Versammlungsräume, Wohnheime, Freitische und dergleichen hatten, die von ihrem Landesherrn finanziert oder unterstützt wurden. Noch heute nennen sich manche Studentenverbindungen »Landsmannschaft«. Unsere Väter und Großväter kannten noch den Ausdruck »nassauern« – sich auf fremde Kosten durchfüttern lassen. Eine wissenschaftlich nicht belegte, aber hübsche Etymologie besagt, der Herzog von Nassau habe an irgendeiner Uni (Marburg? Gießen?) einen Freitisch für seine Landeskinder eingerichtet, aber man habe es dort mit dem Abstammungsnachweis nicht so genau genommen. Wenn also ein Student Geld sparen wollte oder musste, gab er sich als Nassauer aus, ging »nassauern«.

Eigentlich hätten sprachliche Unterschiede auch in Prag keine Rolle spielen sollen. Solange Karl IV. herrschte, taten sie das tatsächlich nicht. Die Sprache der Wissenschaft, der Lehre und des Studiums war ohnehin Latein. Insofern waren die Universitäten des Mittelalters weltläufiger, internationaler als unsere heutigen. Der Student konnte von Prag nach Bologna, von Paris nach Oxford, von Krakau nach Uppsala, Wien oder auch Salamanca ziehen, ohne mit Sprach- oder Verständnisschwierigkeiten kämpfen zu müssen. (Jedenfalls innerhalb der Universität.) Auch die Lehrmethoden waren überall die gleichen: Vorlesung, Niederschrift nach Diktat – es gab ja keine gedruckten Bücher – und Disputation, ein formalisiertes Streitgespräch, wie es später etwa von Martin Luther in seiner Auseinandersetzung mit Dr. Johannes Eck geführt wurde.

Gegenstand der Lehre waren die Bibel und ihre Auslegung, die Schriften der Kirchenväter und Kirchenlehrer nebst einschlägigen Kommentaren auf der einen, die der antiken Philosophen Plato und vor allem Aristoteles (der ist gemeint, wenn ein mittelalterlicher Autor einfach vom »Philosophus« spricht) oder auch des Boethius auf der anderen Seite. Oberstes Anliegen der Scholastik, also der Schulwissenschaft, ist der Nachweis, dass die Wahrheiten der Vernunft und die des Glaubens sich nicht widersprechen, dass Widersprüche dort, wo sie auftauchen, nur scheinbar sind und auf einer höheren Ebene des Denkens durch die dialektische Methode von These, Antithese und Synthese in Einklang gebracht werden können. Die Philosophie dient also vor allem dazu, die Lehren der Theologie zu bekräftigen, sie ist die »ancilla theologiae«, die Magd der Theologie.

Auch die Medizin beruft sich auf antike Autoren: auf die Schriften des Galen und des Hippokrates, auch auf den Perser Ibn Sina (Avicenna), der dem Abendland auf dem Wege über das arabische Spanien bekannt geworden war. (Auch die Werke der griechischen Autoren wurden ja zunächst aus dem Arabischen ins Lateinische übersetzt. Erst in der Renaissance, ab dem 15. Jahrhundert, wurden die Originale wiederentdeckt, und die Gelehrten begannen, Griechisch zu lernen.) Für uns befremdlich erscheint es, dass auch die Medizin in erster Linie als Buchwissenschaft betrieben wurde. Oberste Autorität waren die antiken Klassiker, nicht die Erfahrung am Patienten. Allerdings betonten, vor allem in England, schon im 13. Jahrhundert einzelne Autoren (Roger Bacon 1214–1292, Duns Scotus 1265–1308) auch in der Philosophie den Wert der Anschauung und des Experiments. Zu ihnen gehörte auch der von Ludwig dem Bayern protegierte Wilhelm von Occam.

Hauptarbeitsgebiet der Juristen war die Rezeption des römischen Rechts, das im Lauf des späten Mittelalters und der frühen Neuzeit die alten Stammes- und Gewohnheitsrechte immer mehr ablöste – zumindest auf dem Kontinent, in England dagegen hat sich ein auf Präzedenzfällen basierendes Rechtssystem mit letztlich germanischen Wurzeln bis heute erhalten. Man unterschied zwischen weltlichem Recht, das sich auf das Corpus Iuris Civilis, eine Sammlung von Gesetzen aus der Zeit des oströmischen Kaisers Justinian (483–565), den Codex Iustinianus mit den ergänzenden Pandekten und Digesten, stützt, und dem Kirchenrecht oder kanonischen Recht, das der Mönch Gratian (1090–1155) aus vielen älteren Quellen in seinem Decretum Graciani zusammengestellt hatte. Deswegen nannte sich ein promovierter Jurist »doctor utriusque Iuris«, Doktor beider Rechte.

Finanziert wurden die Universitäten außer durch Beiträge der Studenten hauptsächlich durch Stiftungen, also durch die Einkünfte bestimmter Pfarreien oder aus Landbesitz, dessen Ertrag der Stifter zur Verfügung stellte, nicht aber wie heute durch Steuergelder. Die Universitäten waren somit wirtschaftlich relativ unabhängig. Darauf basierte, was man später die akademische Freiheit nannte. Der akademische Lehrer konnte Themen und Inhalte seiner Vorlesung selbst bestimmen. Freilich waren dieser Freiheit durch die Autorität der kirchlichen Glaubenslehre enge Grenzen gesetzt, wie man am Schicksal des Wilhelm von Occam, später des Engländers John Wyclif und des Tschechen Jan Hus sehen kann. Beide verwarfen den weltlichen Machtanspruch der Kirche und die Lehre von der Transsubstantiation (der Verwandlung von Brot und Wein in Christi Leib und Blut). Beide glaubten an die Prädestination, daran also, dass jeder Mensch von vornherein von Gott erwählt oder verworfen sei und daran weder durch gute Werke noch durch die Gnadenmittel der Kirche etwas ändern könne. Wyclif entging einem Ketzerprozess nur knapp, Hus nicht. Er starb 1415 auf dem Scheiterhaufen.

Für den Zugang zur Universität gab es keine einheitliche Regelung nach der Art unseres Abiturs, aber natürlich war die Beherrschung der lateinischen Sprache und der grundlegenden Kulturtechniken des Schreibens und Lesens Voraussetzung. Dies erlernte man ursprünglich in Klosterschulen, die für den Priesternachwuchs bestimmt waren, aber immer öfter auch Laien als Zöglinge aufnahmen. In den Städten entstanden die Dom- oder Stiftsschulen, die dem örtlichen Bischof unterstanden. In Westeuropa entwickelten sich manche von ihnen selbst zu Universitäten.

Im 14. Jahrhundert, zur Zeit Karls IV., spielten Schriftlichkeit und Rechtskenntnisse nicht nur in der Verwaltung der Territorialfürstentümer, sondern auch innerhalb der Städte und im Bürgertum eine immer größere Rolle, etwa für eine geordnete Buchhaltung und im Zahlungsverkehr mit Wechseln und Kreditbriefen. Also richteten jetzt auch Städte oder einzelne Pfarreien Schulen ein, und zwar mit deutscher Unterrichtssprache und meist mit drei Klassenstufen. Die Lehrer waren auch hier anfangs noch Kleriker. Daneben gab es mancherorts »Winkelschulen« oft recht zwielichtiger Art, mit denen verkrachte Existenzen den wachsenden Bedarf an Bildung für sich ausnutzten. Oder »fahrende Schüler« boten ihre durchaus nicht uneigennützigen Dienste an. Das waren manchmal schlitzohrige Gesellen, auf der Wanderschaft von einer Hohen Schule zur anderen, oder sie hatten sich überhaupt auf ein Vagabundenleben verlegt, brachten sich als Spaßmacher, Sänger, auch als Diebe und Betrüger und, wenn es sich ergab, auch als Elementarlehrer durch. In Hans Sachs' Fastnachtsspiel ›Der fahrende Schüler aus dem Paradeis‹ nützt einer die Unwissenheit einer Bäuerin aus: Er erzählt ihr, er sei auf dem Weg nach Paris, aber sie versteht »Paradies«. Daraufhin gibt sie ihm Kleider und Lebensmittel für ihren verstorbenen ersten Mann, mit denen er schnell verschwindet, bevor ihr jetziger Gatte nach Hause kommt und einen Wutanfall über ihre Dummheit bekommt.

> Wer Jemandt hie Der gern welt lernen dutsch schriben und läsen uß dem aller kurtzisten grundt den Jeman erdencken kan Do durch ein Jeder der vor nit ein buchstaben kan der mag kürtzlich und bald begriffen ein grundt do durch er mag von im selbs lernen sin schuld uff schriben und läsen und wer es nit gelernen kan so ungeschickt were den will ich um nüt und vergeben gelert haben und ganz nüt von im zu lon nemen er sig wer er welt burger oder handwercks gesellen frouwen und junckfrouwen wer sin bedarf der kum har in der wirt driuwlich gelert um ein zimlichen lon. Aber die jungen Knaben und meitlin nach den fronvasten wie gewonheit ist. 1516
>
> *Werbeschild eines Schulmeisters*

Der Universität Prag, der ersten Gründung nördlich der Alpen, folgten in ziemlich rascher Folge andere nach: Krakau 1364, Wien 1365 (natürlich, die Habsburger mochten ihre jungen Leute nicht ins luxemburgische Prag ziehen lassen), Heidelberg 1386, Köln 1388, Erfurt 1392 (das war die erste Universität, die von einer Stadt gegründet wurde). Leipzig, 1409, entstand dadurch, dass deutsche Professoren und Studenten die Universität Prag verließen, weil es dort zu Konflikten zwischen den »Nationen« gekommen war. Davon wird noch zu reden sein.

Kapitel 16
Zwei böhmische Brüder: Wenzel und Sigismund

Denkt man an die Sorgfalt, die Karl IV. an seine Nachfolge, an die Fortdauer und Größe des Hauses Luxemburg wandte, dann fallen einem lauter banale Sprüche ein: »Der Mensch denkt und Gott …« Oder Bert Brechts ›Dreigroschenoper‹: »Ja, mach nur einen Plan / Sei nur ein großes Licht! / Und mach dann noch 'nen zweiten Plan / Gehn tun sie beide nicht.«

Mit vier Ehefrauen hatte Karl insgesamt elf Kinder gezeugt, darunter fünf Söhne, von denen drei überlebten. Unter sie wurde Karls Erbe aufgeteilt, und zwar zu ungleichen Teilen. Der Älteste, Wenzel, war, wie wir bereits sahen, als Zweijähriger zum böhmischen und als Fünfzehnjähriger zum Römischen König gekrönt worden. Er erbte jetzt Böhmen mit den »Nebenländern« Schlesien und Lausitz und wurde im Reich als König und Anwärter auf die Kaiserkrone akzeptiert. Für den Jüngsten, Johann, bei Karls Tod acht Jahre alt, wurde ein eigenes Herzogtum Görlitz geschaffen. Sigismund, der Zweitgeborene, erhielt die Mark Brandenburg samt Kurwürde und dem Amt des Reichserzkämmerers. Da war er zehn Jahre alt. Bereits mit acht Jahren war er mit Maria, einer Tochter des Königs Ludwig des Großen von Ungarn und Polen verlobt und an den Hof seines zukünftigen Schwiegervaters nach Ofen (Budapest) geschickt worden, um dort Sitten und Gebräuche, vor allem aber die Sprache jenes Landes zu erlernen, über das er einmal herrschen sollte. Auch sonst legte Karl IV. großen Wert auf die Erziehung seiner Söhne. Sigismund beherrschte sieben Sprachen (Deutsch, Tschechisch, Ungarisch, Französisch, Italienisch, Latein und Polnisch), Wenzel immerhin Deutsch, Tschechisch und Latein. Auch Karls Neffen Jodok (Jobst) und Prokop wurden bedacht, nämlich mit der Markgrafschaft Mähren und den luxemburgischen Stammlanden im Westen. Geplant war eine großräumige Hausmachtpolitik, die im Osten weit über die Grenzen des Reiches und des deutschen Sprachraums hinausgreifen sollte. Vor seinem Tod hatte der Kaiser den Erben das Versprechen abgenommen, innerhalb der Familie Einigkeit zu bewahren und sich niemals gegeneinander zu wenden. Daran hat sich keiner von ihnen gehalten. Am ehesten noch Wenzel – aber es wurde ihm schlecht gedankt.

Wie sah dieses Europa aus, dessen höchste weltliche Würde der Siebenundzwanzigjährige jetzt antrat? 1378, kurz vor dem Tod Karls IV., war es zum »Großen Abendländischen Schisma« gekommen. Es gab wieder einmal zwei Päpste. Einer, Urban VI., residierte in Rom, der andere, Clemens VII., in Avignon. Europa war in »Obödienzen« geteilt, in Anhängerschaften. Zur römischen Obödienz gehörten König Wenzel, die rheinischen Kurfürsten und die meisten deutschen Landesherren, England, Portugal, Italien, auch die Herrscher und Länder Nord- und Osteuropas, soweit sie der lateinischen Kirche angehörten. Der avignonesische Papst hatte seine Anhängerschaft vor allem in Westeuropa, Schottland und Neapel. Da jeder der Päpste darauf bedacht sein musste, sein Gefolge unter den regierenden Häuptern nicht zu verprellen, gewannen landeskirchliche Bestrebungen immer mehr an Einfluss, die Disziplin innerhalb der Kirche ließ nach. Das wiederum löste Unzufriedenheit aus. In den Bettelorden und an den Universitäten wurde der Ruf nach einer Kirchenreform, nach apostolischer Armut der Geistlichen, nach Verzicht der Kirche auf weltliche Macht immer lauter. Es bildeten sich neue Formen der Volksfrömmigkeit, etwa in der Bewegung der Begarden und Beguinen, Vereinigungen von Laien, die ordensähnlich in frommer Gemeinschaft lebten. In den meisten Teilen Europas wurden sie als ketzerisch verboten, nur in Flandern blieben einzelne ihrer Bauwerke erhalten. In Oxford trat ein Theologieprofessor namens John Wyclif auf. Er leugnete den Primat des Papstes und die Lehre von der Transsubstantiation und forderte die sittliche Erneuerung von Klerus und Laien. Seine Lehren wurden offiziell verworfen. Nach seinem Tod (1384) erklärte man ihn zum Ketzer, exhumierte seine Leiche und verbrannte sie.

Seit 1337 war der Hundertjährige Krieg zwischen England und Frankreich im Gange. Wobei man sich freilich nicht die beiden Länder in ihrer heutigen Gestalt vorstellen darf. Große Teile Frankreichs, der ganze Westen und Südwesten, waren zeitweise Besitz des englischen Herrscherhauses der Plantagenet, die auch Anspruch auf die Krone Frankreichs erhoben. Der englische Hof und zum großen Teil auch der Adel waren noch immer französischsprachig. Die englische Nation wuchs seit der Zeit Wilhelms des Eroberers (1066) nur langsam zusammen. Es entstand aus germanischem Angelsächsisch und normannischem Französisch die englische Sprache. Gerade jetzt, zwischen 1385 und 1400, schrieb Geoffrey Chaucer das erste Meisterwerk in dieser Sprache, die ›Canterbury Tales‹.

In dem Konflikt stand das Haus Luxemburg, wie wir am Beispiel König Johanns gesehen haben, auf Seiten Frankreichs. Karl IV. hatte ein Übriges getan, den französischen Thronfolger mit der Dauphiné, dem zum Reich gehörenden Landstrich östlich der Rhone belehnt (seitdem trugen die Kronprinzen in Frankreich den Titel »Dauphin«) und schließlich den König von Frankreich zum Reichsvikar im Arelat ernannt, also in dem, was vom Königreich Burgund noch übrig war. Das hieß, dass diese Gebiete praktisch an Frankreich fielen. Allerdings bildete sich gerade jetzt in dem Machtvakuum zwischen Frankreich, England und dem Reich ein neues Staatsgebilde heraus, das eine verfeinerte Spätblüte der ritterlichen Kultur heraufführen sollte: das so genannte neuburgundische Reich, das sich zu seiner großen Zeit von Holland bis in die Provence erstreckte und Gebiete beiderseits der Grenze zwischen Frankreich und dem Reich umfasste. In Dijon und Beaune kann man die Meisterwerke spätgotischer Architektur bewundern, die von dieser kurzlebigen Herrlichkeit übrig geblieben sind.

Auch der Norden und der Osten des Erdteils waren in Bewegung. Dänemark, Schweden und Norwegen schlossen sich 1397 zur Kalmarer Union zusammen, was die Herrschaft der Hanse in der Ostsee in Bedrängnis brachte. Die Jagiellonen in Litauen, traten, wir erwähnten das schon, als letztes europäisches Herrscherhaus zum Christentum über. Ihr Reich dehnte sich zeitweise bis in die Ukraine und ans Schwarze Meer aus. Für die Luxemburger hatte das die Folge, dass Polen nicht an Sigismunds Verlobte Maria, sondern an deren Schwester Jadwiga fiel, die den Großfürsten Jagiello heiratete (1385), wodurch eine polnisch-litauische Personalunion entstand. Dieser neue Staat wandte sich – fast möchte man sagen, natürlicherweise – gegen den Deutschen Orden, der ihm den Zugang zur Ostsee blockierte.

Gefährlicher noch, ja wirklich bedrohlich für ganz Europa, besonders aber für das ungarische Königreich, dessen Thronanwärter Sigismund von Luxemburg war, war die Ausdehnung der Osmanen auf dem Balkan. Das byzantinische Kaiserreich bestand zu dieser Zeit nur mehr aus dem Stadtgebiet von Konstantinopel und ein paar Fetzchen Land auf dem Peloponnes und der Chalkidike. Am Veitstag (28. Juni) 1389 wurde das serbische Heer und damit das großserbische Reich des Fürsten Lazar in der Schlacht auf dem Amselfeld (Kosovo Polje) vernichtet. Die Serben gerieten für nahezu fünfhundert Jahre unter türkische Herrschaft. (Darauf beruht bis heute ihr Mythos von der »Opfernation«. Im Jahre 1914 wurde der Erzherzog Franz Ferdinand auch deshalb von serbischen Nationalisten ermordet, weil er seinen Staatsbesuch in Sarajevo ausgerechnet auf den Veitstag gelegt hatte.) Jedenfalls standen türkische Heere jetzt unmittelbar an der Grenze Ungarns und damit Europas. Sie nahmen auch die Walachei (den südlichen Teil des heutigen Rumänien) und Bosnien ein.

Es bleibt noch, über die Zustände im Inneren des Reiches zu sprechen. Auch Karl IV. war es nicht gelungen, eine Staatsautorität im heutigen Sinne herzustellen. Er hatte nur immer »Landfrieden« für begrenzte Gebiete und begrenzte Zeiträume durchsetzen können. Dort, wo der Kaiser gerade nicht war und wo es auch keine wirksame landesfürstliche Macht gab, etwa in den stark zergliederten Räumen Frankens, Schwabens, Thüringens, waren das Fehdewesen und das Raubrittertum einfach nicht auszurotten. (Um sich vorstellen zu können, wie das funktionierte, sollte man am besten Heinrich von Kleists ›Michael Kohlhaas‹ wieder lesen.) Darunter litten am meisten die Städte mit ihrem Fernhandel und ihrer Produktion gewerblicher Güter, für die sie ja ungestörte Versorgung mit Rohmaterial (etwa Baumwolle aus Italien, Erze und Rohmetall aus Ungarn und Tirol) und sichere Straßen für den Transport brauchten.

Sie schlossen sich also zum Zwecke der Selbstverteidigung zu Städtebündnissen zusammen. Das verstieß gegen die Bestimmungen der Goldenen Bulle. Aber wer schert sich um Verbote, hinter denen keine Autorität steht? Die Städte mussten sich auch dagegen wehren, vom Kaiser an einen Landesherrn verpfändet zu werden und dadurch ihre Reichsfreiheit zu verlieren. Auch die reichsunmittelbaren Ritter bildeten ähnliche Vereinigungen (z. B. die »Gesellschaft mit Sankt-Jörgen-Schild«), um sich gegen den zunehmenden Verfall ihres politischen Einflusses und ihrer wirtschaftlichen Existenzgrundlagen zu wehren. Solche Bünde – besonders die der Städte – waren wiederum den Landesfürsten ein Dorn im Auge. Die wollten ihr Machtmonopol mit niemandem teilen. Und die sieben Kurfürsten beanspruchten mehr und mehr eine Art Mitregierung neben dem König oder Kaiser. Es kam zu regelrechten Kriegen, etwa 1388, als der Schwäbische Städtebund gegen die Fürsten unter Führung des Grafen von Württemberg unterlag. Erfolgreicher war die Schweizer Eidgenossenschaft, die sich gegen habsburgische wie burgundische Angriffe durchsetzen konnte, immer mehr zur selbständigen politischen Komponente wurde und schließlich ganz aus dem Reich hinauswuchs.

Auch für einen tüchtigen, ja genialen Herrscher wäre die komplizierte Situation zu dieser Zeit voller Gefahren und Fallstricke gewesen. König Wenzel nun war keineswegs genial und leider nicht einmal tüchtig. Ob er tatsächlich das Scheusal war, als das ihn etliche Überlieferungen darstellen? Man sagte ihm nach, er sei so missgebildet gewesen, dass seine eigene Mutter bei seiner Geburt starb. Er sei nachts in Gesellschaft von plebejischem Gesindel durch die Straßen von Prag gezogen, habe Passanten angepöbelt und tätlich angegriffen, habe Bürgerfrauen nachgestellt und sie in einigen Fällen vergewaltigt. Den Henker habe er stets in seiner Nähe gehabt und ihn seinen Gevatter genannt. Als seinem Koch ein Braten misslungen sei, habe er ihn zur Strafe selbst auf den Bratspieß stecken lassen.

Wenzel steht unter den Akteuren der Weltgeschichte auf der Verliererseite, und Verlierern wird oft alles mögliche Üble unterstellt, schon um auch jenes Üble zu rechtfertigen, das man ihnen selbst angetan hat. Wenzel wurde zweimal von den eigenen Verwandten, Sigismund und Jobst, gefangen gesetzt, kam nur mit fremder Hilfe wieder frei, und dies, obwohl er vorher Sigismund in seinem Kampf um den ungarischen Thron unterstützt hatte. Ebenso waren es, neben anderen Fürsten, auch seine eigenen Verwandten, die seine Pläne hintertrieben, nach Rom zu ziehen und die Kaiserkrone zu gewinnen, was seine Herrschaft im Reich stabilisiert hätte. Schließlich, im Jahre 1400, setzten ihn die Kurfürsten als deutschen König ab. Er sei ein »unnützer, träger, unachtsamer Entgliederer und unwürdiger Inhaber des Reiches«. Dies war ein bis dahin einmaliger Vorgang. Er zeigt, wie wenig reale Macht dem deutschen Königtum noch verblieben war, auch wenn sein Inhaber, wie Wenzel, ja immer noch über die beträchtlichen Mittel seines böhmischen Reiches verfügte. Aber auch innerhalb dieses Landes war Wenzels Stellung gefährdet.

Betrachtet man Wenzels Politik, ohne sich allzu sehr auf Einzelheiten einzulassen (was verwirrend und ermüdend wäre), so gewinnt man vor allem den Eindruck von Unentschlossenheit, Planlosigkeit und Entscheidungsschwäche. Er unternahm nichts, um das Große Schisma zu beseitigen, versuchte nicht ernsthaft, einen Romzug zu unternehmen, verheiratete seine Schwester mit dem König von England, schloss aber auch ein Bündnis mit Frankreich, näherte sich im Reich einmal den Städtebünden, ließ sie dann aber in ihrem Kampf gegen die Fürsten im Stich und brachte sie durch überzogene Steuerforderungen gegen sich auf. Er umgab sich in Böhmen mit Räten kleinadliger und bürgerlicher Herkunft, sympathisierte zeitweise mit Volkspredigern und Sozialreformern wie Jan Hus und Hieronymus von Prag, fand aber kein Mittel, sich gegenüber dem Hochadel durchzusetzen.

Er scheint einfach überfordert gewesen zu sein und sich dann auf allen möglichen Wegen von der unguten Realität absentiert zu haben: durch seine berüchtigten Wutanfälle und Exzesse der Grausamkeit. Am bekanntesten sind die Folter (Wenzel soll selbst Hand angelegt haben) und der Mord am Generalvikar des Erzbischofs von Prag, Johann von Nepomuk, den er, an ein Folterholz gebunden, von der Karlsbrücke in die Moldau werfen ließ. Dabei ging es wohl nicht – wie die Legende behauptet – um das Beichtgeheimnis von Wenzels Frau, sondern um die Finanzen des Erzbistums.

Oder er flüchtete sich in moroses Grübeln und Nichtstun. Ganze Tage soll er allein in einem Zimmer verbracht haben, nur in Gesellschaft seiner Jagdhunde. Einer dieser Hunde übrigens hat Wenzels erste Frau, Johanna von Bayern, angefallen und zu Tode gebissen. Er residierte nicht auf der Prager Burg, sondern auf seinem Schloss Kunratic, von wo aus er bequem zur Jagd aufbrechen konnte, was er immer öfter und sehr viel lieber tat, als sich seinen Regierungsgeschäften zu widmen. Auch war er wohl tatsächlich ein schwerer Alkoholiker. Bei einem Treffen in Reims im Jahre 1398 wollten ihn zwei Abgesandte des französischen Königs zu einem Festessen abholen, aber daraus wurde nichts, weil Wenzel schon am Vormittag sturzbetrunken war.

Dabei war es ohnehin eine Ausnahme, dass er in diesem Fall ins Reich und sogar an dessen westliche Grenze gekommen war. Er tat das in seiner immerhin zweiundzwanzigjährigen Regierungszeit nur zweimal, 1383 und 1397/98. Sonst blieb er lieber in Prag oder in dessen näherer Umgebung, sofern er nicht, wie z. B. 1394, von seinem Vetter Jobst und der Fronde des böhmischen Hochadels gekidnappt und auf einem Schloss in Österreich festgesetzt wurde. Auch als die Krise seiner Regierung sich im Jahre 1400 immer mehr zuspitzte, wagte er es nicht, nach Deutschland zu kommen und sich zur Wehr zu setzen, weil er fürchten musste, dass man ihm während seiner Abwesenheit auch in Böhmen seinen Thron wegnehmen werde. Dass er sich dort bis zu seinem Tod im Jahre 1419 als König hielt, ist erstaunlich.

Kein Wunder dagegen war es, dass die Kurfürsten nach Wenzels Absetzung wieder einen Römischen König wählten, von dem sie wussten, dass ihm die Machtmittel fehlten, ein starkes Herrschertum zu errichten. Dieser Ruprecht von der Pfalz hatte von seinem Vater wohlgefüllte Kassen übernommen, und man sagte ihm nach, er sei ein geschickter Verwaltungsfachmann. Als Machtbasis im Reich genügte das nicht. Ruprecht unternahm einen Zug nach Italien, kam aber nicht weit, weil die oberitalienischen Städte ihm den Weg versperrten. Diese Kämpfe zehrten seine Geldmittel auf. Sein Heer ließ ihn im Stich, er musste unverrichteter Dinge und bankrott nach Deutschland zurückkehren, wo man Spottlieder über ihn sang. Nach zehn Jahren, 1410, hätten die Kurfürsten auch ihn wieder abgesetzt, wenn er nicht vorgezogen hätte, kurz vorher zu sterben.

Jetzt war wieder das Haus Luxemburg an der Reihe. Allerdings kam es zu einer Doppelwahl: Ein Teil der Kurfürsten wählte Jobst von Mähren (einen Neffen Karls IV.), ein anderer Sigismund von Ungarn, den sieben Jahre jüngeren Halbbruder Wenzels. Da sich Wenzel selbst hartnäckig weigerte, auf den römischen Königstitel zu verzichten, gab es jetzt gleich drei deutsch-römische Könige aus dem Hause Luxemburg, ebenso wie es seit dem Konzil von Pisa (1309) drei Päpste gab. Die dort versammelten Kirchenfürsten hatten nämlich einen neuen Papst gewählt, aber die beiden alten, der in Rom und der in Avignon, dachten nicht daran, auf ihre Würde zu verzichten.

Im Reich wurde die Lösung des Problems dadurch erleichtert, dass Jobst von Mähren alsbald starb. Jetzt wurde Sigismund als König allgemein anerkannt und noch einmal gewählt, diesmal einstimmig von allen sieben Kurfürsten. Seinen Bruder Wenzel beruhigte er durch das Versprechen, er werde sich mit dieser Königswürde begnügen, ihm aber, Wenzel, zu einem Romzug und zur Kaiserkrone verhelfen. Dieses Versprechen ließ er dann alsbald in Vergessenheit sinken. Das ist eines der Hauptcharakteristika des Königs und späteren Kaisers Sigismund: Er versprach alles Mögliche, und wahrscheinlich hatte er im Moment des Versprechens sogar vor, es zu halten, aber später, vor allem wenn ihm andere Dinge dazwischenkamen, dachte er nur ungern oder überhaupt nicht mehr an seine Versprechen.

Im Gegensatz zu Wenzel war Sigismund ein hochgewachsener, gut aussehender Mann. (Pisanello hat ihn gemalt und gezeichnet.) Er war, wie wir sahen, polyglott, auch theologisch und literarisch gebildet, ein Kenner und Sammler der Kunst seiner Zeit. Sein früher Lebenslauf erinnert ein bisschen an den chévalier errant der zeitgenössischen Ritterepen: Mit acht Jahren verlobt, war er an den Hof seines zukünftigen Schwiegervaters nach Buda geschickt worden, um sich auf sein Herrscheramt in Ungarn vorzubereiten. Warum ihn die Mutter seiner Braut, eine bosnische Prinzessin, hasste und diese Abneigung auch ihrer Tochter einimpfte, wissen wir nicht Leicht dürfte es der Knabe in der Fremde nicht gehabt haben.

Als nun Ludwig (»der Große«) von Ungarn und Polen im Jahre 1382 starb, fiel sein Reich auseinander. Der polnische Adel war es augenscheinlich leid, von Ungarn aus regiert zu werden. Polen ging an Tochter Jadwiga, die mit dem Litauerfürsten Jagiello verheiratet war. Ungarn, zu dem damals auch Kroatien, Siebenbürgen, die Slowakei und große Teile des heutigen Rumänien gehörten, wäre an sich Sigismunds Braut Maria zugefallen, aber eine Adelsfaktion stellte einen Gegenkönig auf (Ladislaus von Neapel-Anjou), nahm Ludwigs Witwe samt Tochter Maria gefangen und brachte sie auf eine Burg an der dalmatinischen Küste. Dort wurde die Mutter kurzerhand umgebracht. Daraufhin stellte sich ein anderer, größerer Teil des ungarischen Adels auf die Seite Sigismunds. Was nicht heißt, dass sie das umsonst taten. Um den Feldzug zu finanzieren, mit dem er seine Braut erst einmal heraushauen musste, bevor er sie heiraten und damit den Anspruch auf den ungarischen Thron erwerben konnte, war Sigismund gezwungen, sein deutsches Erbe zu verpfänden, vor allem die Mark Brandenburg samt Kurwürde und dem Amt des Reicherzkämmerers.

Dieses Detail ist wichtig, weil es erklärt, warum Sigismund im Reich keinerlei Hausmacht und keine verlässlichen Einnahmequellen mehr besaß, sondern zeit seines Königtums immer am Rande der Pleite balancierte. Seine Finanzoperationen, die Art, wie er sich Geld borgte oder von den Städten auszahlen ließ, ohne daran zu denken, wie er es jemals erstatten könnte, wie er Städte und Herrschaftstitel verpfändete und Wechsel auf zukünftige Einnahmen aufnahm, von denen oft nicht sicher war, ob sie nicht platzen würden, das alles hat etwas Schwindelerregendes, vor allem deshalb, weil er Geld, sobald er es einmal hatte, bedenkenlos und mit vollen Händen ausgab. (Wenn ihm zu Ehren ein Ball veranstaltet wurde, pflegte er jede der anwesenden Damen mit einem goldenen Ring zu beglücken.)

Er wurde also als junger Mann durch Heirat König von Ungarn. Später auch noch römisch-deutscher König, König von Italien (der Lombardei), König von Böhmen und Römischer Kaiser. Jede dieser Kronen stellte Aufgaben, die ausgereicht hätten, das Leben eines Mannes auszufüllen. Gehen wir der Reihe nach vor, nicht chronologisch, sondern nach den einzelnen Schauplätzen.

In Ungarn sah sich Sigismund einer starken Adelsopposition gegenüber, die ihn zweimal sogar gefangen setzte und ihm verbieten wollte, ausländische (vor allem italienische und deutsche) Berater und Gehilfen an seinen Hof zu ziehen, die er doch brauchte, um die Ressourcen des Landes zu erschließen und eine geordnete Verwaltung aufzubauen. Zudem blieb das Verhältnis zu seiner Frau, die ja die eigentliche Erbin des Königreichs war, bis zu ihrem Tod im Jahre 1395 gestört. Von außen war das Land durch die Türken bedroht. 1396 unternahm Sigismund mit Unterstützung französischer, burgundischer und deutscher Ritter einen Kreuzzug, der mit einer Katastrophe endete. Bei Nikopolis im heutigen Bulgarien wurde sein Heer völlig zerschlagen – vor allem deswegen, weil die französischen Kontingente, entgegen dem Rat der erfahrenen Ungarn, auf der Ehre eines schneidigen Angriffs bestanden. Sigismund entkam nur zu Schiff, die Donau hinunter, über das Schwarze Meer, Byzanz, die Ägäis und Adria. Konstantinopel blieb weiter von den Osmanen eingekreist, und nur der Niederlage des Sultans Bayazid gegen die Mongolen im Jahre 1402 bei Ankara war es zu danken, dass die Türken vorläufig nicht noch weiter vordrangen. Immerhin besetzten sie die Walachei und das Fürstentum Moldau (ungefähr dort, wo heute Moldawien liegt). Die Nachbarn hingegen benutzten Sigismunds Schwäche, um sich ihrerseits schadlos zu halten: Die Polen nahmen ihm ungarische Gebiete nördlich der Karpaten weg (das spätere Galizien). Die Venezianer, damals die stärkste Seemacht im Mittelmeer, begannen damit, sich Städte und Befestigungen an der dalmatinischen Küste anzueignen. Letzteres war besonders schmerzhaft, weil Sigismund die Venezianer eigentlich brauchte: gegen die Türken, gegen die Anjous in Neapel und gegen die Visconti in Mailand, die nach einer vom Römischen König unabhängigen Oberherrschaft in der Lombardei strebten. Trotz all dieser Fährnisse hörte Sigismund nicht auf, einen großen, allgemein europäischen Kreuzzug zu planen, der zum Entsatz von Byzanz, zur Wiedervereinigung der orthodoxen mit der katholischen Kirche, zur Befreiung Jerusalems und zur Eroberung des Heiligen Landes führen sollte. Er war nicht nur, wie man über ihn geschrieben hat, »ein geschickter Diplomat, aber ein schlechter Feldherr«, sondern augenscheinlich ein Politiker, der zeitweise jeden Realitätsbezug hinter sich ließ. Aber wahrscheinlich musste er das sein, um der Einsicht zu entgehen, dass ein Herrschaftsgebiet, welches von Siebenbürgen bis Holland, von der Provence bis ins Baltikum reichte, mit den Mitteln seiner Zeit nicht zu bewältigen war, auch wenn ihm reichlichere Gelder, loyalere Gefolgsleute, brauchbarere Organisationsformen zur Verfügung gestanden hätten und wenn die einzelnen Bestandteile seiner Reiche nicht nur immer ihre Eigeninteressen verfolgt hätten.

Im Reich, vor allem in Deutschland, musste Sigismund versuchen, den Mangel einer Hausmacht irgendwie auszugleichen. Er belehnte seinen treuen Gefolgsmann, Friedrich von Hohenzollern, Burggrafen von Nürnberg, mit der Mark Brandenburg. (Die er vorher an Jobst von Mähren verpfändet hatte, welcher 1411 verstarb. Selbst behalten konnte Sigismund die Mark nicht, weil er auch Erbe des Königreichs Böhmen war und die Goldene Bulle es verbot, zwei Kurfürstentümer in einer Hand zu vereinigen.) Er versuchte, durch ein Zusammengehen mit den Reichsstädten und Städtebünden ein Gegengewicht gegen die Macht der Landesfürsten zu schaffen, was daran scheiterte, dass die Städte selbst sich über ihre unterschiedlichen Interessen nicht einigen konnten und andererseits die nicht unberechtigte Befürchtung hegten, dieser sprunghafte und notorisch unzuverlässige König werde sie, sollte es wirklich zum Konflikt kommen, wahrscheinlich doch im Stich lassen. Immerhin liehen ihm zum Beispiel die Nürnberger immer wieder große Summen Geldes, die sie anscheinend, je länger, desto resignierter, von vornherein in den Kamin schrieben. Gegen Ende seiner Regierungszeit (1427) gelang es einem von Sigismund beauftragten Finanzexperten sogar, zum ersten Mal eine allgemeine direkte Reichssteuer durchzusetzen – was freilich wenig nützte, da das Reich keine ausführenden Organe hatte, die diese Steuer hätten einziehen und abliefern können. Und die Reichsstände, also die Herrscher in den Einzelterritorien, dachten nicht daran, diese Aufgabe zu übernehmen. Sofern die Steuer überhaupt erhoben wurde, kam sie nie bei Sigismund an.

Ähnlich musste der König auch in Oberitalien lavieren, das ja immer noch zum Reich gehörte. Dort standen sich Venedig und Mailand gegenüber, wobei sich Venedig nicht nur in Dalmatien auf Kosten Ungarns, sondern auch im Friaul und auf der Terra Ferma auf Kosten des Reiches immer weiter ausdehnte und unter anderem Padua annektierte. Mailand dagegen stand für die eigene Unabhängigkeit und eine regionale Vormachtstellung. Die kleineren Gemeinwesen dort hatten mit Sigismund das Interesse gemeinsam, dass keiner dieser beiden Großen zu mächtig wurde. Auch sie unterstützten ihn mit Geld. Aber auch ihnen blieb die Erkenntnis nicht erspart, dass sie da einen hatten, auf den sie nicht bauen konnten.

Das spektakulärste Ereignis in Sigismunds Regierungszeit war das Konzil von Konstanz (1414–1418). Dass es ihm gelang, diese bis dahin größte Kirchenversammlung aller Zeiten zustande zu bringen, und zwar auf deutschem Gebiet, nördlich der Alpen, sie unter seine Schirmherrschaft zu stellen, dürfte sein ohnehin hypertrophes Selbstbewusstsein noch verstärkt haben. Er sah sich als Friedens- und Ordnungsstifter in Europa, trat noch 1415 eine weite Reise an, die ihn nach Südfrankreich zum König von Aragon, dann nach Paris und schließlich über den Kanal nach Canterbury und London führte – wie bei ihm üblich, immer auf Kosten anderer Leute, nämlich seiner Gastgeber. Er war mehr als ein Jahr von allen seinen Königreichen und auch vom Konzil abwesend, wurde überall prunkvoll empfangen und großzügig bewirtet, aber dabei kam praktisch nichts heraus, weder für ihn selbst noch für das Reich, noch für die Beendigung des englisch-französischen Krieges oder für den imaginären Kreuzzug, der Europa gegen die Türken einigen sollte.

Auch das Konzil von Konstanz war ja, bei aller Publikumswirksamkeit, fast möchte man sagen, bei all seinem hohen Unterhaltungswert (den hat Honoré de Balzac später auf drastische Art in seinen ›Contes drolatiques‹ verwertet) nur bedingt erfolgreich. Die Versammlung hatte sich drei große Themen, drei

Aufgaben gestellt: die »causa unionis« (Frage der Einheit), die »causa reformationis« (Frage der Reform, der kirchlichen Erneuerung) und die »causa fidei« (Frage des Glaubens). Nur die erste Frage wurde wirklich gelöst. Einer der drei Päpste (Gregor XII.) dankte von sich aus ab, zwei (Johann XXIII. und Benedikt XIII.) wurden für abgesetzt erklärt und ein neuer Papst, Martin V. gewählt, der allgemeine Anerkennung fand.

Die Frage der causa reformationis wurde, das war schon die Meinung der Zeitgenossen, überhaupt nicht gelöst. Die Missstände in der Kirche wurden nicht wirklich bekämpft: Verweltlichung und mangelnde Bildung des Klerus, Disziplinlosigkeit in den Klöstern, Ämter- und Ablasshandel. Auch die Frage, wer nun in Zukunft die höchste kirchliche Autorität sein sollte, der Papst oder das Konzil, wurde nicht beantwortet.

Was die causa fidei, die Frage des Glaubens angeht, so entschied sich das Konzil, und zwar mit Zustimmung König Sigismunds, für die schlechteste aller möglichen, für eine schmähliche, ja man muss sagen, für eine schändliche Lösung. Nämlich für die Verurteilung des Prager Reformpredigers Johann Hus zum Tod auf dem Scheiterhaufen. Und das, obwohl Sigismund ihm bei seiner Ladung vor das Konzil freies Geleit zugesagt hatte.

Liest man die Biographie Sigismunds, ist man oft versucht zu schmunzeln: über seine bizarren Finanzoperationen, sein Geschick, sich sozusagen majestätisch durchzuschnorren, Misserfolge schönzureden, pompöse Kulissen vor einem Machtvakuum aufzubauen, persönlichen Charme und diplomatisches Gerede an Stelle realer Mittel einzusetzen und, ständig am Bankrott entlangschrammend, ab und zu doch Erfolge zu erreichen – nicht nur beim schönen Geschlecht, als dessen galanter Verehrer er allgemein bekannt war. Aber sein Verhalten im Fall Hus ist nicht einfach die moralische Nachlässigkeit eines risikofreudigen Glücksritters, eines Hallodri im Hermelin. Es ist auch nicht einfach Machiavellismus. Ein Machiavellist hätte die Folgen bedacht. Es ist schlicht ein Schurkenstück, menschenverachtend, dumm und feige. Ein König, der sein Wort bricht! Damit hat er nicht nur Jan Hus und dessen Gefährten Hieronymus von Prag in den Tod geschickt, sondern Tausende seiner eigenen Untertanen in Deutschland wie in Böhmen.

Ein solches Verdikt sollte begründet werden. Wer also war Jan Hus? Man muss ihn nicht unbedingt mögen. Von ländlicher Herkunft, war er an der Prager Universität zum Magister und Lehrer an der Artistenfakultät aufgestiegen, hatte durch Vermittlung eines Kollegen die Schriften des John Wyclif kennen gelernt. Dessen Lehren hatte er dann in seinen Predigten in der Prager Bethlehemkirche verkündigt und in seinen eigenen Schriften ausgebaut. Und zwar predigte er und schrieb auch teilweise in der Volkssprache, also auf Tschechisch. Gegen die weltliche Macht der Kirche. Für apostolische Armut des Klerus. Für die Bestrafung aller Sünder, auch der reichen und mächtigen. Für die Absetzung von Herrschern, die sich einer Todsünde schuldig gemacht hatten. Für die Kommunion unter beiderlei Gestalt (Brot *und* Wein) auch für Laien – als Symbol der Gleichheit aller Christenmenschen. Für die Rechte der Armen, für soziale Gerechtigkeit.

Gewiss war Jan Hus in erster Linie ein religiöser Denker, in zweiter Linie ein sozialer. Er hätte sich wahrscheinlich nicht als Nationalisten gesehen. Unter seinen Anhängern waren auch Deutsche, unter seinen Gegnern Tschechen. Nur war die Lage in Böhmen, in Prag, vertrackt: Im Stadtbürgertum, unter den Großkaufleuten, den Handwerkern, den Bergleuten in Kuttenberg und Iglau war der deutsche Bevölkerungsanteil unverhältnismäßig stark vertreten, ebenso im Klerus, besonders im höheren, und der Adel war, wie das Königshaus, zumindest deutsch versippt. Wer gegen Reiche und Mächtige predigte, gegen die Sünder, predigte implizit auch gegen Deutsche, und wer soziale Gerechtigkeit verlangte, verlangte sie nicht nur, aber vor allem für Tschechen.

1409 kam es an der Universität anlässlich einer Disputation über die Thesen Wyclifs zu Streitigkeiten zwischen den vier »Nationen«. Die böhmische Nation unterstützte sie, die drei anderen Nationen erklärten fünfundvierzig dieser Thesen für ketzerisch. Daraufhin erließ König Wenzel, der mit der Reformbewegung sympathisierte, die so genannten Kuttenberger Dekrete. Mit ihnen sollte das Stimmverhältnis an der Universität umgekehrt werden: Künftig hatte die böhmische Nation drei Stimmen, die sächsische, bayerische und polnische Nation zusammen nur eine Stimme. Die deutschen Professoren und Studenten reagierten mit einem Exodus. Sie verließen Prag, zogen nach Erfurt oder Wien, und ein Teil von ihnen gründete in Leipzig eine neue Universität.

Das war ein Brain-Drain für Prag, wurde aber als Sieg gefeiert. Es verhalf auch Wenzel zu einer Popularität, die ihm den Rücken gegenüber der Opposition in Hochadel und Klerus stärkte. Jan Hus wurde zum Rektor gewählt. 1410 aber verhängte Papst Alexander V. den Kirchenbann über ihn. Seine Bücher wurden verbrannt, er bekam Predigtverbot, und über Prag wurde das Interdikt verhängt. Hus floh auf eine Burg in Südböhmen, aber seine Anhänger blieben ihm treu. Seine Schriften wurden weiter verbreitet, eine Teilübersetzung der Bibel in Angriff genommen, das tschechische Kirchenlied nahm einen Aufschwung. Hier sind die Wurzeln der tschechischen Schriftsprache.

Jetzt, 1414, wurde Hus vor das Konstanzer Konzil geladen, um Rechenschaft über seine Lehre abzulegen. Er folgte dieser Vorladung nicht ohne Todesahnungen. Aber Sigismund hatte ihm, wie gesagt, freies Geleit zugesichert, und Hus glaubte auch, das Konzil mit Argumenten überzeugen oder einen Kompromiss erreichen zu können. Er bekam aber nicht einmal Gelegenheit, vor dem Konzil zu sprechen, sondern wurde alsbald eingekerkert und ultimativ zum Widerruf aufgefordert. Den verweigerte er, worauf er der Ketzerei beschuldigt, angeklagt, verurteilt und am 6. Juli 1416 auf dem Scheiterhaufen verbrannt wurde. König Sigismund tat nichts, um ihn zu retten.

Man hat argumentiert, Sigismunds Zusage freien Geleits sei kein Schutzbrief gegen eine Verurteilung gewesen. Auch habe sich der König in einer Zwangslage befunden: Hätte er zu Gunsten von Hus eingegriffen und sich so gegen die orthodoxe Fraktion innerhalb des Konzils gestellt, hätte er damit riskiert, dass ein Großteil der italienischen und französischen Bischöfe abgereist wäre, und somit wäre das ganze Konzil geplatzt, die Beseitigung des Schismas gescheitert.

Das mag so gewesen sein. Aber es spricht gegen Sigismunds diplomatisches Geschick, zeugt von mangelnder Voraussicht,

Oberflächlichkeit, Gedankenlosigkeit, dass er es überhaupt zu einer solchen Zwangslage kommen ließ und dann augenscheinlich wenig Skrupel empfand, diesen böhmischen Magister zu opfern.

Der Schuss ging nach hinten los. In Böhmen war die Empörung groß. Die Landstände protestierten. Hus' Anhängerschaft schwoll an zu einer Volksbewegung. Sie nannten sich Utraquisten (von lateinisch »utraque«, »beide«), forderten das Abendmahl in beiderlei Gestalt, Armut der Kirche, Glaubensfreiheit. Ein extremer Flügel dachte an neue Formen gesellschaftlichen Zusammenlebens: Abschaffung aller Standesschranken, privaten Besitzes, von Mein und Dein, eine Art von religiösem Kommunismus. Große Volksmengen unternahmen Wallfahrten auf Berge und hielten dort Gottesdienste ab. Auf einem dieser Berge gründeten sie eine neue Stadt, die sie nach biblischem Vorbild »Tabor« nannten. Sie hielten sich für ein erwähltes Volk, glaubten, etwas erkannt zu haben, was dem Rest Europas noch verborgen war.

Natürlich spielten auch profanere Motive mit: für den Landadel etwa die Aussicht, bei der Verteilung kirchlichen Landbesitzes das eine oder andere Schnäppchen einzuheimsen. Andere Teile der Gesellschaft blieben katholisch: das Land Mähren, Städte mit starken Handelsverbindungen ins Reich wie Pilsen und Budweis, überhaupt der größte Teil des deutschen Stadtbürgertums und der deutschsprachigen Bevölkerung in den Randgebieten. Die Spannungen nahmen ständig zu.

König Wenzel (in Böhmen war er ja immer noch König) versuchte, zwischen den Parteien zu lavieren: zwischen extremen Taboriten und gemäßigten Calixtinern (die wohl das Abendmahl in beiderlei Gestalt wollten, aber mit sozialer Revolution weniger im Sinn hatten), einheimischen Katholiken, dem Konzil in Konstanz und Bruder Sigismund, der mit kriegerischem Eingreifen drohte, falls dem ketzerischen Spuk nicht bald ein Ende bereitet werde. Wenzel ließ also die von den Hussiten vertriebenen katholischen Geistlichen nach Prag zurückholen. Er setzte auch einen katholischen Stadtrat ein, der etliche Kelchanhänger ins Gefängnis stecken ließ. Daraufhin stürmte (am 30. Juli 1419) eine wütende Menge das Prager Rathaus und warf dreizehn Schöffen (Stadträte) aus dem Fenster. Sie fielen in die Spieße und Heugabeln der auf dem Marktplatz gedrängten Demonstranten. Als Wenzel davon erfuhr, erlitt er einen Schlaganfall und starb kurz darauf.

Wenzels zwei Ehen waren kinderlos geblieben. Sein Erbe wäre also sein Bruder gewesen, Sigismund, dem mit Böhmen, Mähren, Schlesien und der Lausitz nun endlich eine Machtgrundlage im Reich zugefallen wäre. Sein Anrecht wurde zunächst auch von niemandem bestritten. Aber die böhmischen Stände verlangten von ihm, er solle die »vier Prager Artikel« anerkennen, auf die sich Calixtiner und Taboriten, Volksbewegung und hussitischer Adel geeinigt hatten:

- Kelchkommunion,
- Predigtfreiheit und tschechische Messe,
- Armut der Priester
- Bestrafung aller öffentlichen und Todsünder.

Ein solcher Kompromiss mit den »Ketzern« hätte Sigismunds Aussichten auf die Kaiserkrönung beeinträchtigt, die er immer noch anstrebte. Er lehnte also ab, erwirkte von Papst Martin V. eine Kreuzzugsbulle, sammelte ein großes Heer, zog zunächst nach Mähren und dann weiter nach Prag. In Böhmen herrschten mittlerweile anarchische Verhältnisse. Ein Teil der deutschen, katholisch gebliebenen Bevölkerung war bereits vertrieben worden. Apokalyptiker unter den Frommen erwarteten für 1420 das Kommen des Antichrist und veräußerten all ihren weltlichen Besitz. Auf dem Hradschin, dem Karlstein, in anderen Burgen und Städten hielten sich aber noch königliche Besatzungen. Diese Zustände mögen Teile des böhmischen Adels bewogen haben, auf die Seite des Königs zu wechseln. So gelang es Sigismund, sich im Veitsdom mit der Wenzelskrone krönen zu lassen. Er nützte diesen Erfolg aber nicht aus, sondern ließ sich durch die Niederlage in einem kleineren Gefecht einschüchtern, zögerte und zauderte wochenlang, so dass es den Hussiten gelang, die Verteidigung der Prager Alt- und Neustadt und den Widerstand im Lande zu organisieren. Schließlich ging Sigismund wieder einmal das Geld aus. Nachdem er noch einige silberne und goldene Reliquiare in Stücke zerhackt und als Zahlungsmittel verwendet hatte, musste er seine Söldner entlassen, der Rest seines Heeres löste sich auf, er selber zog sich nach Ungarn zurück.

Militärisch sind die Hussiten nie geschlagen worden, obwohl bis 1431 noch weitere vier »Kreuzzüge« gegen sie geführt wurden. (Sigismund selbst allerdings zog 1422 zum letzten Mal ins Feld, dann sah er wohl ein, dass er ohne Chancen war.) In Jan Žižka von Trocnov hatten sie einen Anführer, der aus einem zusammengetrommelten Haufen von Bauern und Kleinbürgern ein schlagkräftiges Heer formte und aus dem Fehlen adelig-soldatischer Kriegskünste einen entscheidenden taktischen Vorteil machte. Seine Kämpfer zogen zu Fuß, aber mit großem Wagentross, manchmal mit Weib und Kind in den Krieg. Bewaffnet waren sie mit Spießen, Morgensternen (nagelbestückten Dreschflegeln), Armbrüsten, auch schon mit Feuerwaffen. Diese Heere waren beweglich, marschierten ausdauernd zum Gesang frommer Choräle. Nahte ein Feind, wurden die Karren zu Wagenburgen zusammengestellt, gegen die die gepanzerten Ritter und Soldknechte vergebens anrannten.

Für Ritter und Söldner war der Krieg ein Beruf, mit dem man möglichst viel verdienen wollte. Man ging, normalerweise, mit dem Gegner einigermaßen schonend um, weil man für einen toten Feind ja kein Lösegeld verlangen konnte und auch die teure Rüstung möglichst unbeschädigt erbeuten wollte. Die Hussiten aber kämpften für ihren Glauben, für ihren Begriff von Gerechtigkeit. Bei ihnen war wenig zu holen, und sie kämpften in erster Linie nicht um Beute, sondern für die Ehre Gottes. Ihre Gegner verstanden das nicht. Für die waren sie Wilde, teuflische Ketzer, Mordbrenner. Wie in jedem Krieg, in dem eine oder beide Seiten meinen, die Moral auf ihrer Seite zu haben, kam es in den Hussitenkriegen zu erschreckenden Grausamkeiten. Den Hussiten sagte man nach, sie hätten, wenn sie eine Stadt belagerten, Gefangene an die Köpfe der Rammböcke gebunden. Die deutschen Bergknappen von Kuttenberg stießen ihrerseits gefangene Hussiten über den Rand ihrer Schächte in die Tiefe.

Auch vier weitere »Kreuzzüge«, die zwischen 1422 und 1431 unternommen wurden, endeten durchwegs mit blamablen Niederlagen der Reichsheere. In den letzten beiden Treffen warteten die Ritter erst gar nicht ab, bis es zum Kampf kam, sondern suchten ihr Heil in der Flucht, sobald sie nur aus der Ferne einen der Choräle hörten, die den Hussiten als Schlachtruf dienten. Die griffen in ihren Unternehmungen immer weiträumiger aus. Ihre Züge gingen nach Mähren, Schlesien, Sachsen, Österreich, Hessen, Bayern und bis vor Danzig. Überall verbreiteten sie Furcht und Schrecken, auch deshalb, weil sie sich einerseits aus dem Land verpflegen mussten und andererseits nicht mit Schonung rechnen durften, wenn sie einmal unterlagen. 1424 starb Jan Žižka. Einer Legende nach haben seine Gefolgsleute den Leichnam geschunden und seine Haut als Fell über eine Trommel gespannt, so dass er sie noch im Tod gegen den Feind führen konnte. In zwei jüngeren Anführern, die beide den Namen Prokop trugen, fand er ebenbürtige Nachfolger.

König Sigismund hatte sich seit 1422 nicht mehr an den Hussitenkriegen beteiligt, sondern hatte, unter anderem, eines seiner Lebensziele verwirklicht, indem er 1431–1433 nach Italien gezogen war – auf seine eigene Art, mit längeren Aufenthalten an verschiedenen Orten, wenn ihm wieder einmal das Geld zur Weiterreise ausging –, und sich dort zum Kaiser krönen ließ. Seit 1431 tagte ein neues Konzil, zunächst in Basel, bei dem es unter anderem zur Wahl des letzten Gegenpapstes in der Kirchengeschichte kam. Eigentlich sollte dieses Konzil die hussitische Ketzerei beseitigen. Militärisch war man daran gescheitert. Also fand sich das Konzil und fand sich auch Kaiser Sigismund zu Verhandlungen bereit. Mittlerweile war die Spaltung innerhalb der hussitischen Bewegung immer tiefer geworden. Auf der einen Seite standen die plebejischen, bäuerlichen und kleinbürgerlichen Taboriten mit ihren Vorstellungen von einer Gesellschaft der Gleichen und eines quasi-kommunistischen Gottesstaates, auf der anderen Seite die Calixtiner, die sich zum großen Teil aus dem niederen Adel rekrutierten und denen vor allem daran lag, die Kirchengüter, die sie sich angeeignet hatten, nicht hergeben zu müssen. Der Konflikt wurde noch dadurch verschärft, dass das früher so reiche Land Böhmen wirtschaftlich verarmt war. Der Krieg hatte die Handelswege abgeschnitten, den Bergbau ruiniert, die Landwirtschaft verwahrlosen lassen. Viele Handwerker waren, als Deutsche und Katholiken, vertrieben worden oder emigriert.

In der Schlacht bei Lipany, 1434, unterlagen die Taboriten den vereinigten Calixtinern und Katholiken, vor allem weil ihre eigene Reiterei zum Feind überlief. Zuvor hatten sich die Sieger mit der Kirche und dem Kaiser auf die Prager Kompaktate geeinigt, die 1436 in Iglau noch einmal bekräftigt wurden. Sie gestanden in modifizierter Form zu, was die Prager Artikel gefordert hatten: Laienkelch, Predigt und Gottesdienst in der Landessprache, eine eigene Kirchenorganisation. Die Beute aus dem Kirchengut blieb ihren jetzigen Besitzern, aber die katholische Kirche konnte ihre Strukturen sehr bald wieder errichten. Kaiser Sigismund trat seine Herrschaft als König von Böhmen an.

Populär dürfte er nicht gewesen sein. Auch musste er den Ständen (der Vertretung des Adels) große Konzessionen machen. Und er konnte sich der gewonnenen Macht, genauso wie seiner Kaiserwürde, nur ein paar kurze Jahre erfreuen. 1437 starb er – nach einer schmerzhaften Operation, aber, wie es seine Art war, in vollem Kaiserornat.

Sich mit Sigismund und den Hussiten zu beschäftigen ist in mehrfacher Hinsicht lehrreich. Wir haben hier das erste Beispiel eines nationalen Volkskriegs, eines geschichtlich ganz neuen Phänomens: ein Volk, oder doch große Teile eines Volkes werden von einer Idee erfasst, stehen auf, kämpfen, siegen und ruinieren sich und ihr Land für diese Idee. Denn Böhmen hatte nur verloren: Die Wirtschaft lag darnieder. Die führende Stellung der Prager Universität war verloren, der akademische Kontakt zum Rest Europas unterbrochen, Studenten und Professoren hatten sich verlaufen, was blieb, war eine Provinzhochschule. Vor allem aber, und hier darf man ausnahmsweise in eine marxistische Terminologie verfallen: Am meisten verloren hatten jene Teile der Gesellschaft, die die fortschrittlichsten, dynamischsten gewesen waren: die deutschen Stadtbürger, Handwerker, Bergleute (heute würde man sagen, die technische Intelligenz) und die tschechischen Intellektuellen. Verloren hatte auch das starke Königtum, das so viel zur Blüte des Landes beigetragen hatte. Gewonnen hatte der Kleinadel, die unbeweglichste und unproduktivste Schicht. Ihm bot sich jetzt die Möglichkeit, seine untertänigen Bauern schonungsloser auszubeuten als je zuvor.

Aufschlussreich ist auch, wie verschieden dieselben Ereignisse gesehen und erzählt werden können. In der deutschen Überlieferung, vor allem in populären Sagen und lokalen Chroniken, besonders aus katholischen Gegenden, kommen die Hussiten sehr schlecht weg. Das ist damit zu erklären, dass es eben schmerzlich und erbitternd ist, mit Krieg, Plünderung, Brandschatzung überzogen zu werden, auch wenn der plündernde und brandschatzende Krieger ein Gottes- und Freiheitskämpfer ist. Bedenklicher scheint, mit welcher Nonchalance in vielen Darstellungen auch aus jüngster Zeit über Sigismunds verabscheuungswürdigen Wortbruch gegenüber Jan Hus hinweggegangen wird. Auch finden sich höchst selten Reflexionen darüber, was wohl dazu führte, dass die Heere des Heiligen Römischen Reiches von slawischen Bauernhaufen zu Paaren getrieben wurden oder gleich vor ihnen davonliefen.

Im historischen Bewusstsein des tschechischen Volkes (nicht nur chauvinistischer Nationalisten) ist Hus auch heute noch eine Art Heiliger. Sein Denkmal steht riesig auf dem Altstädter Ring in Prag, dort, wo früher eine Mariensäule stand. Die Zeit der Hussitenkriege und des Hussitenkönigs Georg von Podiebrad gilt als ein Heldenzeitalter, als Beweis dafür, dass demokratisches Denken und Fühlen tief im Nationalcharakter verwurzelt sind. Dass es auch eine Zeit des wirtschaftlichen Niedergangs und der geistigen Isolierung vom übrigen Europa war, fällt dagegen weniger in Betracht.

Wir können über das Bild, das andere von sich selbst haben, nicht urteilen. Wir sollten nur versuchen, es zu sehen und zu verstehen.

Kapitel 17
Gutes Geld und schlechtes Geld

Wer alt genug ist, um vor 1971 das Vereinigte Königreich von Großbritannien und Nordirland besucht zu haben, wird sich mit einer Mischung von Betretenheit und Amüsement daran erinnern, wie er dort zum ersten Mal etwas bezahlen wollte: eine Packung Woodbines oder Players, Fish and Chips im »Lyons Corner House«, die Hotelrechnung oder ein Tweedjackett bei Harrod's. Dabei blieb ihm nichts anderes übrig, als unbedingtes Vertrauen in die Ehrlichkeit des Verkäufers zu setzen, denn nachrechnen konnte der an das Dezimalsystem gewohnte Kontinentaleuropäer weder den Preis noch das Wechselgeld. Letzteres konnte er oft nicht einmal nachzählen, weil er die Münzen nicht richtig einzuordnen oder auseinander zu halten vermochte.

Währungseinheit war, damals wie heute, das britische Pfund oder Pfund Sterling. Dieses war unterteilt in zwanzig Shillings und ein Shilling war wiederum zwölf Pence wert. (Das Pfund also 240 Pence.) Es gab aber auch schöne Silbermünzen, die Florin und Half-a-Crown hießen und zwei Shilling bzw. zwei Shilling und sechs Pence wert waren. Zur halben Krone existierte indes keine ganze, dagegen gab es Münzen zu einem halben Shilling (Sixpence), einem halben und einem viertel Penny (Farthing). Erstand der Tourist sein Tweedjackett nicht bei Harrod's, sondern in der Bond Street, wo alles etwas feiner und teurer ist, dann wurde der Preis nicht in Pfund berechnet, sondern in Guineas (gesprochen Ginis), und eine Guinea zählte nicht zwanzig, sondern einundzwanzig Shilling und war eine reine Rechnungseinheit, es existierten keine Guinea-Noten oder Münzen. In den ersten Tagen seines Aufenthalts kam man aus dem Staunen nicht heraus, mit welch selbstverständlicher Geläufigkeit Verkäuferinnen und Kellner mit diesem komplizierten, in unseren Augen leicht irrsinnigen System rechneten, und zwar im Kopf, denn Scanner und Strichcodes oder Taschenrechner waren damals noch unbekannt.

Unser Kopfschütteln über diese Ausgeburt britischer Spleenigkeit hätten wir uns allerdings sparen können, da das System ursprünglich gar nicht aus England, sondern von einem Kontinentaleuropäer stammte, nämlich von Karl dem Großen (742–814). Dieser ordnete im Jahre 794 an, dass fortan im ganzen Reich nach der Münzordnung seines Vaters Pippin verfahren werden und auf ein Pfund (491 Gramm) Silber zwanzig Solidi gerechnet werden sollten, der Solidus aber wiederum in zwölf Denarii zu unterteilen sei. Der Solidus hieß auf Deutsch Schilling, der Denar Pfennig. Das Pfund war also ursprünglich tatsächlich eine Gewichtseinheit, ebenso wie später die Mark (ein halbes Pfund). Die italienische und die türkische Lira leiten ihre Namen ebenfalls von dem Wort für ein Pfund ab, ebenso das Livre, mit dem in Frankreich bis zur Großen Revolution gezahlt wurde. Aus dem Solidus ist dort der Sous geworden, der zwar nicht als Zahlungsmittel, aber redensartlich bis heute weiterlebt. Das Geld war genauso viel wert wie sein Gewicht in Edelmetall – meist Silber, Goldprägungen gab es in Byzanz, in Europa kamen sie erst im Hochmittelalter wieder auf. Die Prägung stellte ein Garantiezeichen dar, mit dem der König bzw. sein Münzmeister, sich für Schrot und Korn der Münze verbürgte. »Schrot« bedeutet das Gesamtgewicht der Münze, »Korn« ihren Feingehalt, den prozentualen Anteil an wirklichem Edelmetall. (Daher unsere Redewendung »von echtem Schrot und Korn«.) Da die Münzen auf primitive Art von Hand geschlagen wurden, war ihr Gewicht trotzdem von Anfang an unterschiedlich. Deshalb wurden größere Summen nicht gezählt, sondern gewogen: Ein Pfund Pfennige, sagte man. Das Gewicht eines Pfennigs konnte 0,8 oder auch 1,5 Gramm betragen. Durchschnitt war 1,1 Gramm, nach heutiger Kaufkraft etwa 30 Euro. Kleinere Werte brauchte man kaum, da die Menschen, solange sie fast ausschließlich in Villikationen, auf Fronhöfen, also auf dem Lande lebten, die meisten Artikel des täglichen Bedarfs selbst herstellten oder durch Tauschhandel erwarben. Geld brauchte man nur für größere Transaktionen, im Fernhandel oder um Werte aufzubewahren. Das änderte sich erst mit Aufkommen der Städte, ihrer Gewerbe und ihrer Märkte.

Das System scheint sich bewährt zu haben, denn es wurde überall in Europa übernommen, auch außerhalb des Karolingerreiches. Auch im Heiligen Römischen Reich der Deutschen kursierte bis ins 11. Jahrhundert ein einheitlicher Pfennig, und das Münzregal, also das Recht, Münzen schlagen zu lassen, lag beim König.

Nun haben wir bereits gesehen, dass die deutschen Könige und Kaiser dieses wie auch andere Regalien immer öfter an die Landesfürsten verpfändeten, verkauften oder um momentaner Vorteile willen vergaben. In seinen zwei großen Erlassen, der »Confoederatio cum principibus ecclestiasticis« (1220) und dem »Statutum in favorem principum«, verzichtete Friedrich II. ausdrücklich auf sein königliches Recht, auf dem Gebiet der geistlichen und weltlichen Reichsfürsten neue Münzstätten zu errichten. Auch kleinere Herren, wie etwa Reichsgrafen, und einzelne Städte wie Nürnberg, Erfurt, Basel erhielten das Münzrecht oder usurpierten es. Im 15. Jahrhundert gab es in Deutschland etwa fünfhundert Münzstätten, und jede von ihnen prägte eigenes Geld. Die Münzherren achteten darauf, dass auf den Märkten ihres Gebiets nur mit ihrer eigenen Währung bezahlt wurde. Wer fremde Währung mitbrachte, wurde unter Strafandrohung gezwungen sie umzutauschen, was natürlich kostenpflichtig war. Auch war es Privatleuten verboten, ungemünzte Silberbarren zu besitzen. Wahrscheinlich haben Kaufleute, die die ständigen Umtauschgebühren umgehen wollten, dieses Verbot oft ignoriert, aber hinderlich war es trotzdem.

Die Vielfalt der Landeswährungen wäre noch angegangen, wenn sich alle Münzherren an einen einheitlichen Münzfuß, an einen allgemeingültigen Standard für »Schrot und Korn« gehalten hätten. Aber bei dem Mangel an Kontrolle war dies keineswegs der Fall. Nicht nur Kaiser wie Karl IV. oder Sigismund, sondern auch kleinere Obrigkeiten waren des Öfteren knapp bei Kasse, manche von ihnen ständig. Was lag da näher, als an der Währung zu manipulieren? Man tat dies ganz offen und ungeniert durch »Münzverruf« (daher kommt unser Ausdruck, etwas oder jemand sei »verrufen«), also indem man eine bestimmte Münzsorte für ungültig erklärte und sie gegen eine neue austauschte. Dabei bekam der Eintauschende dann etwa für vier alte Münzen nur drei neue, die vierte wurde als Steuer einbehalten. Solche Münzverrufe gab es an manchen Orten bis zu dreimal in einem Jahr.

Zudem änderte man mehr oder meist weniger offen das Gewicht und den Feingehalt der Münzen. Der Pfennig wurde immer leichter, wog statt 1,1 nur mehr 0,8 oder 0,5 Gramm und enthielt statt Silber einen erhöhten Anteil an Kupfer oder Zinn. Oder man gab Münzen aus, die den alten zwar ähnelten und die gleiche Bezeichnung führten, aber von vornherein ein geringeres Gewicht oder einen niedrigeren Feingehalt aufwiesen. Man schmolz das eingesammelte, gute fremde Geld ein, setzte unedles Metall zu und prägte neu. Kam das zahlende Publikum hinter solche Tricksereien, sank der Wert der betreffenden Landeswährung im Vergleich zu den Währungen der Nachbarterritorien. Um dies zu vermeiden, verboten die Landesherren den Kaufleuten auch den Besitz von Feinwaagen. Auch war es, nach dem damaligen Stand der Technik, kaum möglich, den Feingehalt einer Münze zu überprüfen. Experten konnten an ihrem Klang oder indem sie auf das Silber bissen, feststellen, ob es sich um »gutes« oder »schlechtes« Geld handelte. Man musste gerissen und auf alles gefasst sein, wenn man mit Geld zu tun hatte. So erwuchs der Berufsstand der Geldwechsler, die sich zu einer Art früher Bankiers entwickelten. Da die Kirche verbot, Geld gegen Zinsen zu verleihen, waren das oft Juden – oder auch Lombarden, die sich, in Wirtschaftsdingen dem Rest Europas weit voraus, um dieses Verbot wenig scherten. (Als Lombardsatz bezeichnet man heute noch den Zinssatz der Bundesbank für als Pfand hinterlegte Sachwerte, und viele Ausdrücke im Bankwesen wie Konto, Netto, Brutto, Disagio usw. stammen aus dem Italienischen.)

Der Wert des Pfennigs jedenfalls sank immer weiter. Im 17. Jahrhundert wurde er dann zur reinen Kupfermünze, obwohl man stellenweise noch versuchte, ihm durch »Weißsieden« oder durch Überzug mit einer dünnen Silberschicht sein wertvolles Aussehen zu bewahren. So ein Betrug flog nach kurzem Gebrauch auf, wenn der kupferne Kern wieder zum Vorschein kam. Die kleinen Leute wehrten sich gegen die Betrügereien der Großen auf ihre Weise: Von den unregelmäßigen Rändern guter Silbermünzen schnitten oder feilten sie kleine Stücke ab und schmolzen sie zu Barren ein. Das war streng verboten und wurde hart bestraft, sogar mit dem Tod – vorausgesetzt, man wurde erwischt.

1266 ließ Ludwig der Heilige, König von Frankreich, eine Münze aus vier Gramm Silber prägen, die »Grossus denarius Turnosus« genannt wurde, dicker Pfennig aus Tours. Sie erfreute sich großer Beliebtheit und wurde deshalb auch außerhalb Frankreichs nachgeprägt, zuerst im Elsass, dann in Köln, in Böhmen, in Sachsen und anderswo. Der Groschen, wie dieses Geld in Deutschland genannt wurde, erlitt ein ähnliches Schicksal wie der Pfennig, wurde durch schleichende Inflation und Münzverschlechterung immer weiter entwertet, bis er schließlich zur Kupfer- und dann zur Scheidemünze herabsank. (Scheidemünzen sind solche Geldstücke, deren aufgeprägter Wert viel höher liegt als ihr Materialwert. Alle Münzen, die wir heute noch benützen, sind Scheidemünzen.) In Norddeutschland bezeichnete man bis zur Einführung des Euro ein Zehnpfennigstück als Groschen, in Österreich hieß und in Polen heißt die kleinste Geldeinheit heute noch so.

War eine Münzsorte erfolgreich und beim Publikum beliebt, so wurde sie alsbald kopiert und nachgemacht. Das passierte nicht nur dem Groschen, sondern auch dem in Schwäbisch Hall geprägten Haller-Pfennig, dem Heller (so heißt die kleine Münzeinheit heute in Tschechien und der Slowakei), und dem im 16. Jahrhundert im böhmischen Erzgebirge geprägten Joachimstaler Guldengroschen, kurz Joachimstaler oder einfach Taler genannt. Der, eine Münze von ursprünglich 27,2 Gramm Feingehalt, war in Norddeutschland bis zur Einführung der Mark (1876) gängige Währung. Als Maria-Theresia-Taler wurde er später in den Orient exportiert, und in Äthiopien war er bis ins 20. Jahrhundert hinein gültiges Zahlungsmittel. (Angeblich wegen des üppigen Dekolletees auf dem Münzbild der Kaiserin.) Der Dollar und der kroatische Tolar leiten ihre Namen vom Taler ab.

Fürsten, die ihre Steuereinkünfte berechenbar und wertbeständig halten wollten, vor allem aber Städte mit weit gespannten Handelsbeziehungen, versuchten immer wieder, dem Währungsverfall entgegenzuwirken. Heinrich II. von England ließ für den Handel mit östlichen Ländern eine eigene Silbermünze prägen, die er »Easterling« nannte. Davon kommt das »Sterling« in Pfund Sterling oder Sterlingsilber, im Sinne von echt oder unverfälscht. In Deutschland versuchten die Städte, den Territorialherren das Münzregal abzukaufen und selbst in die Hand zu nehmen, und wenn ihnen das gelang, schafften sie die Münzverrufungen ab und führten einen »Ewigen Pfennig« ein. Ewig dauert bekanntlich nichts auf Erden, aber immerhin gelang es zuweilen, den Wert einer solchen Prägung über einige Jahrzehnte hinweg stabil zu halten.

Da das Rechnen und Zählen mit immer unterschiedlicheren, minderwertigeren Geldsorten zu hohen Nennwerten besonders bei größeren Geschäften sehr unpraktisch war, gab man auch wieder Goldmünzen aus, wovon man seit der Karolingerzeit abgekommen war. Den Anfang machte Friedrich II. mit dem Aureus, der allerdings nur in seinem süditalienischen Königreich kursierte. Florenz folgte 1252 mit einer Goldmünze von 3,5 Gramm, auf die eine Lilie geprägt war, das Symbol der Stadt, und die deshalb Florenus genannt wurde. In Deutschland sagte man Gulden (also Goldstück) dazu, aber die Abkürzung schrieb sich auch hier »fl«. Dieser Gulden wurde alsbald in ganz Europa nachgeprägt, in Böhmen, Ungarn, dem Rheinland, in Sachsen und Holland. (Auch das eingangs erwähnte britische Zwei-Shilling-Stück hatte seinen Namen »florin« daher.) Und als Gold knapp wurde, prägte man einfach große Silbermünzen im Wert eines Guldens. Es entstand der Silbergulden, was ein Widerspruch in sich selbst ist. Überhaupt war es nicht ganz unbedenklich, eine Bimetallwährung einzuführen, Gold *und* Silber gleichzeitig als Maßstab für Warenwerte zu gebrauchen. Ursprünglich setzte man die Goldmünze in eine bestimmte Relation zum Silber. Da sich die Kurse von Gold und Silber aber nicht parallel, sondern unterschiedlich entwickelten, musste man diese Relation immer neu berechnen, was das ohnehin komplizierte Geldwesen noch unübersichtlicher machte. Daher auch die oben erwähnte, seltsam anmutende Rechnerei in britischen Pfund und Guineas: Die Guinea war zunächst ein Goldstück im Wert von einem Pfund, aber da der Goldpreis schneller stieg als der von Silber, war sie bald 21 statt 20 Shilling wert. Und dabei blieb es, auch als der Goldstandard abgeschafft wurde und nur mehr Banknoten und Scheidemünzen kursierten.

Eine andere Goldmünze war der seit dem späten 13. Jahrhundert in Venedig geprägte Dukat. Auch er wurde nördlich der Alpen verschiedentlich nachgeprägt, und man nannte ihn dort auch »Krone«. Davon haben die heutigen skandinavischen Währungen ihren Namen, aber auch die tschechische und die slowakische. Auch in Österreich-Ungarn kursierte von 1892 bis 1918 eine Kronenwährung, und die britische »Half-a-Crown« erinnerte bis 1971 an den Dukaten.

Goldstücke waren nur etwas für große Geschäfte unter reichen Leuten. Der kleine Mann hatte, wenn überhaupt, Kupfer und allenfalls Silber im Beutel, und der Wertverfall dieser Münzen folgte augenscheinlich einer Art Naturgesetz und war nicht aufzuhalten. Im 15. Jahrhundert, 1458–1460, kam es in Bayern und Österreich zur ersten Hyperinflation der deutschen Währungsgeschichte. Mehrere Münzherren, so die Bischöfe von Passau und Salzburg, der Graf von Öttingen, die Landgrafen von Hals, aber auch der Kaiser Friedrich III. und sein Bruder Albrecht von Österreich begannen, »schlechte« Pfennige und Kreuzer (Vierpfennigstücke) auszugeben. Um 1400 war der ungarische Gulden 150 Pfennige wert gewesen, Anfang 1458 waren es 222 Pfennige. Das war eine noch erträgliche Inflationsrate. Anfang 1459 war er auf 300 Pfennige gestiegen, Ende 1459 auf 960 Pfennige, im April 1460 auf 3686 Pfennige, also auf mehr als das Zwölffache seines Wertes von 1459. Zugleich war der Silberanteil des Pfennigs von 16 auf 3 Prozent gesunken. Der Grund für diese Münzverschlechterung waren Konflikte der Feudalherren untereinander, vor allem Erbstreitigkeiten zwischen den Brüdern Friedrich und Albrecht. Leidtragende waren die kleinen Leute, die sich mit irrsinnigen Preissteigerungen konfrontiert sahen und ähnlich reagierten wie später die Menschen in der Hyperinflation von 1923.

> … wer mocht, der schob die müntz von im, und gaben die leut je ains dem andern: wer dem andern schuldig was, der zalt in, und kauft je ainer dem andern etwas ab wie teuer man ims gab, nur daß er des gelds abkam. die müntz ward so unwert, daß sie niemand mer wolt nemen.
>
> *Zeitgenössischer Bericht. Zitiert nach Bernd Sprenger: ›Das Geld der Deutschen‹*

Man hortete alte, »gute Pfennige«, und wer böhmische Groschen hatte, konnte dafür alles kaufen, so wie 1923 der Besitzer von Dollars. Die Leute nannten das schlechte Geld »Schinderlinge«. (Der Schinder oder Abdecker übte einen verachteten, »unehrlichen« Beruf aus, ähnlich wie der Henker.) Ein Landtag wandte sich an den Kaiser:

> … alle Kriege, Raub und Brand hätten das Land nicht so hoch erermet, als dies durch den Schinderling geschehen sei und noch täglich geschehe. Aller Handel im Land stocke …
>
> *Quelle wie oben*

Schließlich hatten die Mächtigen ein Einsehen, dass es ihnen nichts einbrachte, wenn ihre Leute verelendeten. Es wurden wieder »gute« Pfennige ausgegeben, 180 auf einen ungarischen Gulden.

Nach heutigen Begriffen war die gesamte Umlaufmenge an Geld auch im späten Mittelalter und zu Beginn der Neuzeit noch sehr niedrig. Für das Jahr 1500 schätzt man einen Gesamtbestand von 3500 Tonnen Gold und 37 500 Tonnen Silber für ganz Europa. Erst im Laufe des 16. Jahrhunderts kamen, vor allem aus den südamerikanischen Kolonien Spaniens, aber auch durch intensivierten Bergbau etwa im Erzgebirge, in Tirol und Siebenbürgen größere Mengen Edelmetall auf den Markt. Das verstärkte die inflatorischen Tendenzen. Leidtragende waren nicht nur die Unterschichten in den Städten, sondern auch der niedere Adel. Dessen Angehörige hatten sich ihre Einkünfte, vor allem die Abgaben der hörigen Bauern, zum Teil verrenten, in Geldzahlungen umwandeln lassen. Diese Einkünfte wurden durch den Geldverfall immer weniger wert. Die Bauern dagegen konnten wegen des Wachstums der Städte für ihre Produkte höhere Preise verlangen, was wiederum die gewerblichen Erzeugnisse aus den Städten verteuerte. Viele Ritter durchschauten diesen Marktmechanismus nicht, empfanden ihn als ungerecht. Das trug zum Chaos auf den Landstraßen, zu Wegelagerei, Raubritterwesen und ganz allgemein zur sozialen Unruhe bei.

Auf Reisen Geld mit sich zu führen, zumal in größeren Mengen, war riskant. Fernkaufleute gingen ab dem 12./13. Jahrhundert dazu über, in Städten, wo sie geschäftlich öfter zu tun hatten, Geld bei einem Geldwechsler zu deponieren. Hatte ein Geschäftsfreund ebenfalls ein Depot bei dem gleichen Wechsler, konnte der Preis einer Ware von einem Depot (wir würden sagen Konto) auf das andere überwiesen werden. Der bargeldlose Zahlungsverkehr war erfunden. Später erfolgten dann auch Überweisungen von einem Wechsler zum anderen, zwischen Firmen in verschiedenen Städten, ja in ganz Europa. Und wenn ein Kaufmann in einem Moment nicht liquide war, stellte er Wechsel aus, Zahlungsversprechen für einen bestimmten Zeitpunkt in der Zukunft, die der Empfänger seinerseits als Geldwert weitergeben konnte. Dieses »Buchgeld« befreite den Großkaufmann von der Notwendigkeit, den Wagenzug mit seiner Ware selbst über die Landstraße zu begleiten. Stattdessen hatte er in jeder größeren Handelsmetropole seine Beauftragten, Faktoren genannt, und betrieb seine Geschäfte schriftlich vom heimischen Kontor aus. Kaufleute, die dieses Spiel beherrschten, stiegen manchmal zu den Superreichen der Zeit auf: die Medici in Florenz, Fugger und Welser in Augsburg, die Pirckheimer in Nürnberg. Die Handelsgehilfen in der Fremde lebten mancherorts genossenschaftlich, auch mit eigenem Recht und in eigenen Quartieren zusammen, so im Fondaco dei Tedeschi in Venedig (das Gebäude steht noch; es beherbergt heute das Hauptpostamt) und im Londoner Stahlhof. Ein solcher Zusammenschluss von Kaufleuten in fernen Häfen gab den Anstoß zur Bildung des mächtigsten Städtebundes: der norddeutschen Hanse.

Kapitel 18
Reform, Reformation, Revolution?

In einer Landfriedensordnung Kaiser Friedrichs III. (über den ansonsten wenig Rühmliches zu sagen ist, obwohl er lange lebte und gelegentlich auch regierte) aus dem Jahre 1442 wird die traditionelle Bezeichnung für das Reich zum ersten Mal mit einem bemerkenswerten Zusatz versehen. Statt »Sacrum Romanum Imperium« oder »Heiliges Römisches Reich« wird es hier »Römisches Reich Deutscher Nation« genannt. Dieser Name setzt sich in der Folgezeit immer mehr durch, manchmal auch in der vollständigen Version »Heiliges Römisches Reich Deutscher Nation«.

Was hat das zu bedeuten? Der Begriff »Nation« ist uns bis jetzt nur im Zusammenhang mit den Universitäten begegnet. Dort bezeichnete er eine Gruppe von Studierenden und Lehrenden, die die Herkunft aus einem bestimmten Landstrich, einer bestimmten Gegend gemeinsam hatten: die böhmische, bayerische, sächsische, polnische, normannische, picardische Nation. Auch die Teilnehmer an den Konzilen von Konstanz und Basel waren in Nationen eingeteilt, in eine deutsche, eine italienische, französische, englische und spanische Nation. Dass man die Gesamtheit aller Bewohner eines Landes als Nation, die des Reiches als »deutsche Nation« bezeichnet, ist neu. Und nicht ganz konsequent. Denn in diesem Reich leben eine Menge Menschen, die zumindest der Sprache nach keine Deutschen sind: Tschechen in Böhmen und Mähren, Sorben in der Lausitz und damals auch noch in der Mark Brandenburg, Italiener im Gebiet von Trient, Französischsprechende in Brabant, Flandern und der Freigrafschaft Burgund.

Augenscheinlich drückt sich in dieser Benennung eine Art Realismus aus, der Verzicht auf einen Anspruch, der doch nicht einzulösen ist. Das Sacrum Imperium Romanum war ja eben kein Staat neben anderen Staaten, sondern verstand sich als rangmäßig über allen stehend und dazu mit einer sakralen Mission betraut. Deswegen konnte der Kaiser nicht einfach gewählt oder durch Erbgang bestimmt werden, sondern musste vom Papst gekrönt und gesalbt sein. Aber dieser Anspruch war niemals durchgesetzt worden, niemand außer den Deutschen selber hatte ihn jemals anerkannt, und von den Deutschen durchaus nicht alle. Bei der Umkehrung der Machtverhältnisse in Europa wirkt er jetzt, in der zweiten Hälfte des 15. Jahrhunderts, nur mehr grotesk.

Dieses Reich war nicht nur im Inneren aufgesplittert, es begann auch an den Rändern auszufransen. Kaiser Sigismund war ohne männliche Nachkommen gestorben, und sein Schwiegersohn, der Habsburger Albrecht II., den er zum Erben seiner Hausmacht einsetzte und den die Kurfürsten auch zum Römischen König wählten, hatte ihn nur um zwei Jahre überlebt. Ihm folgte sein Vetter Friedrich von Kärnten, der schon erwähnte Friedrich III., eine wahrhaft skurrile Gestalt. Er hätte eigentlich auch Böhmen und Ungarn erben sollen, es wäre dann schon etwas wie die spätere Donaumonarchie entstanden. Aber in diesen Ländern erkannte man ihn nicht an. Unter dem Vorwand, der Thron stehe dem nachgeborenen Sohn Albrechts, Ladislaus Postumus, zu, machten sich einheimische Gubernatoren zu Herrschern: in Ungarn Janos Hunyadi und nach ihm sein Sohn Matthias Corvinus, in Böhmen der »Hussitenkönig« Georg von Podiebrad. Friedrich unternahm nichts dagegen. In den dreiundfünfzig Jahren, die er regierte (1440–1493), unternahm er überhaupt nur selten etwas. Als junger Mann hatte er eine Pilgerfahrt nach Jerusalem unternommen, 1452 zog er nach Rom, ließ sich vom Papst krönen und traf praktischerweise auch seine Braut dort an, eine portugiesische Prinzessin, die ihm entgegengereist war. Man heiratete an Ort und Stelle. Ansonsten blieb er, soweit es die Umstände gestatteten, lieber zu Hause in Wien und Wiener Neustadt, wo er sich allerdings mit einem aufsässigen Adel herumärgern musste, meist wegen Geld. Sogar sein eigener Bruder schloss sich dieser Fronde an, belagerte ihn in seiner Wiener Burg und zwang ihn zur Abtretung Österreichs. Aber Friedrich hatte Glück: Sein Bruder starb, und er konnte in sein Land zurückkehren. Später wurde er von dort noch einmal vertrieben, von dem Ungarnkönig Matthias Corvinus, der 1485 Wien eroberte und sich dort für die nächsten fünf Jahre etablierte. Friedrich musste sich unfreiwillig »ins Reich«, wie er das nannte, also ins deutsche Kerngebiet begeben und in Reichsstädten Unterschlupf suchen. Erst nach dem Tod des Ungarn konnte er in seine Hauptstadt zurückkehren. Der Tod meinte es immer gut mit Friedrich III. Auch zwei seiner älteren Verwandten waren rechtzeitig gestorben und hatten ihn so zum Chef des Hauses Habsburg gemacht. Auf diese Position, überhaupt auf die Würde seines Hauses, war Friedrich ungeheuer stolz, und er glaubte fest an die hohe Bestimmung seiner Familie. Seine Lieblingsbeschäftigung war es, die fünf Vokale des Alphabets zum Ruhme Habsburgs auszulegen: A E I O U. »Alles Erdreich ist Oesterreich untertan«; »Austriae est imperare orbi universo«; »Austria erit in orbe ultima« und so weiter. Fünfhundert Versionen dieser Devise soll er im Laufe der Jahre erknobelt haben. Er ließ die fünf Buchstaben überall anbringen, wo möglichst viele Menschen sie sahen, auch auf den Knochen eines in Wien gefundenen und ausgestellten Mammutgerippes.

Inzwischen bröckelte es an den Rändern des Reiches: Dass die Venezianer ihr Gebiet auf dem Festland ständig erweiterten, Padua, Verona, Brescia und Bergamo sich ebenso einverleibt hatten wie das Patriarchat Aquileja, war noch das Geringste. Der Einfluss des Reiches in Italien war ohnehin längst geschwunden, die Stadtstaaten der Lombardei waren faktisch souverän, vor allem die beiden großen, das Herzogtum Mailand und die »Serenissima« Venedig. Im Westen sammelten die Herzöge von Burgund, eine Seitenlinie des französischen Königshauses Valois, ihr Zwischenreich zu beiden Seiten der Grenze: teils durch Heirat, Erbschaft, Belehnung, Verpfändung, teils auch durch Gewalt. Das französische Herzogtum und die zum Reich gehörige Freigrafschaft Burgund gehörten dazu, Flandern, Brabant und Hennegau, Luxemburg und das Herzogtum Limburg vor den Toren von Aachen, die Picardie, Holland und Geldern.

Im Nordosten musste der Deutsche Orden, nach zwei Niederlagen 1410 und 1466, für den Rest des ihm verbliebenen Gebietes die polnische Lehenshoheit anerkennen. Und die Schweizer Eidgenossenschaft wurde immer mehr zu einem Konglomerat selbständiger Staatswesen, das sich um das Reich nicht mehr scherte.

Ein solcher Schrumpfungsprozess musste nicht notwendig von Nachteil sein. Das zeigt das Beispiel Englands nach dem Hundertjährigen Krieg gegen Frankreich. Der hatte, mit Unterbrechungen, von 1337 bis 1453 gedauert und überschnitt sich in seiner Endphase teilweise mit einer innerenglischen dynastischen Auseinandersetzung, den so genannten Rosenkriegen. Sein Ergebnis war, dass England alle Besitzungen auf französischem Boden verlor, außer der Stadt Calais. Diese Besitzungen hatten zeitweise ganz West- und Südfrankreich umfasst und waren umfangreicher gewesen als das französische Kronland. Jetzt, auf die Insel zurückgeworfen, wurden aus Normannen und Angelsachsen endgültig Engländer, die englische Sprache wurde auch von der Oberschicht und den Gebildeten akzeptiert, gesprochen und geschrieben. In dem langjährigen Bürgerkrieg ging es dann darum, welcher Zweig des Hauses Plantagenet herrschen sollte, York oder Lancaster, die rote oder die weiße Rose. In Shakespeares Historiendramen kann man das nachlesen, es ist nicht weniger verwirrend als ähnliche Fehden in Deutschland, hatte aber den Vorteil, dass sich die Familien des Hochadels gegenseitig ausrotteten, das Parlament an Einfluss und gleichzeitig der König an Macht gewann. Als 1485 mit Heinrich VII. eine neue Dynastie, das Haus Tudor, den Thron besteigt, ist England schon fast ein moderner, geschlossener Nationalstaat und geht einer seiner glorreichsten Epochen entgegen, dem Zeitalter der ersten Elisabeth, Shakespeares, der großen Seehelden. Auch Frankreich wächst in dieser Zeit zusammen, überwindet das Feudalwesen, baut eine straffe Verwaltung auf, ein funktionierendes Finanz- und Steuerwesen, ein vereinheitlichtes Gerichtssystem, die Anfänge einer stehenden Armee.

In Deutschland indes blockieren sich die Gewalten gegenseitig. Es fehlt nicht an der Einsicht, dass die Verfassung des Reiches überholt ist. Sie ist trotz aller sozialen, wirtschaftlichen, technischen, demographischen Entwicklungen im Grunde noch immer die gleiche wie unter Barbarossa oder Friedrich II. – dem Buchstaben nach. Faktisch bilden die Reichsfürsten eine Gegenmacht gegen den Kaiser, das Kurfürstenkollegium eine Parallelregierung. Im Umfeld der Konzile von Konstanz (1414–1418) und Basel (1431–1448) werden Stimmen laut, die nicht nur für die Kirche, sondern auch für das Reich eine »Reform an Haupt und Gliedern« fordern. Nicht die einzige, aber die berühmteste unter ihnen ist die des Universalgelehrten, Philosophen und Kardinals Nikolaus von Cues (1401–1464), der mit seinem Werk an der Schwelle zwischen Scholastik und Humanismus steht. Für ihn ist der Kaiser in der weltlichen wie der geistlichen Hierarchie dem Papst gleichrangig. Das schreibt er in seinem Traktat ›Concordantia catholica‹, das er dem Konzil von Basel vorlegte. Er beschuldigt die Landesfürsten des Egoismus und der Kurzsichtigkeit, fordert eine starke Zentralgewalt, ein einheitliches Gerichtswesen und eine Kreiseinteilung des Reiches. Durch regelmäßig tagende Gremien sollten die verschiedenen Stände vertreten sein. Weiter forderte er ein Verbot der Privatfehde und die Bestrafung bestechlicher Richter.

Nikolaus ging noch von der Staatsphilosophie des Scholastikers Thomas von Aquin aus, sah im Reich den Träger eines göttlichen Auftrags, im Herrscher die Verkörperung des Staates. Das war sehr hoch gegriffen. Andere Leute, andere Gruppen hatten, wenn sie von Reform sprachen, vor allem ihre eigenen Interessen im Auge. Die Bauern und zum Teil auch die städtische Unterschicht gaben sich bei jedem Regierungswechsel immer wieder der Illusion hin, jetzt werde einer kommen, der das »gute alte Recht« wiederherstellen, sie gegen Übergriffe der Grund- und Landesherren schützen, von übermäßigen Abgaben, Steuern und Frondiensten befreien werde. Die Landesfürsten ihrerseits wollten vor allem ihre Vorrechte bewahren und ihre Macht über den niederen Adel und über die Städte noch ausdehnen und festigen. Die Kurfürsten strebten die eigentliche Regierungsgewalt an und hätten den Kaiser am liebsten auf eine rein repräsentative Rolle beschränkt. Die kleineren Herren und Reichsritter waren darauf bedacht, ihre Reichsunmittelbarkeit nicht zu verlieren und keinem Landesherrn unterstellt zu werden. Das war auch das Ziel der Reichsstädte, denen außerdem an der Freiheit von Handel und Gewerbe lag, an Sicherheit der Straßen, Abstellung der Wegelagerei und des Missbrauchs von Zollrechten. (An jeder Grenze auch des kleinsten Territoriums, auch an Brücken und Straßenknotenpunkten hatte der Kaufmann Zoll zu zahlen. Wenn er durch eine Residenz oder andere größere Stadt kam, war er verpflichtet, Halt zu machen und seine Waren einige Tage lang feilzubieten, bevor er weiterziehen durfte.) Weit verbreitet war der Ruf nach Abstellung des Fehdewesens, in dem jedoch die Adeligen ein unabdingbares Freiheitsrecht sahen.

Der Kaiser hätte vor allem Mittel gebraucht, Entscheidungen auch in Gebieten außerhalb seines Hausbesitzes durchzusetzen: Gerichte, Verwaltung, militärische Macht und als Voraussetzung von all dem die Möglichkeit, Steuern nicht nur zu verordnen, sondern auch einzutreiben. Denn, wie wir am Beispiel Sigismunds gesehen haben, die meisten Pläne, auch auf den Gebieten der Außenpolitik und der Landesverteidigung, scheiterten einfach am Mangel an Geld. Um solche Ansprüche durchzusetzen, hätte es freilich einer energischen, dynamischen Herrscherpersönlichkeit bedurft. Der lethargische Kaiser Friedrich III. beschränkte sich darauf, Vorschläge der Kurfürsten für eine neue Gerichtsordnung abzublocken, die darauf hinausliefen, die kaiserliche Macht weiter einzuschränken und Städte und Ritter den Fürsten unterzuordnen. Inzwischen wuchs das Chaos im Lande, das Fehdewesen nahm überhand. In einzelnen Gegenden bildeten sich »Landfriedensbünde«, genossenschaftliche Einungen von lokalen Reichsständen, Grafen, Herren, Rittern und Städten, die es unternahmen, das zu tun, was eigentlich Aufgabe des Reiches gewesen wäre, nämlich die öffentliche Sicherheit im Lande, besonders auf den Straßen, herzustellen. Solche Bünde waren aber immer nur lokal und für eine begrenzte Zeit wirksam.

Erst Friedrichs Sohn Maximilian I. (1459–1519, Mitregent seit 1486, Regierung 1493–1519) brachte auf einem Reichstag in Worms im Jahre 1495 so etwas wie eine Reform zustande, einen Kompromiss zwischen ihm und den Kurfürsten. Ein ewiger Landfriede wurde verkündet, das Fehderecht also abgeschafft. Sechs (später zehn) Reichskreise sollten gebildet werden, um diesen Landfrieden durchzusetzen und das militärische Aufgebot im Kriegsfall zu organisieren. Ein Reichskammergericht, über dessen Besetzung die Reichsstände zu entscheiden hatten, dessen Vorsitzender aber vom Kaiser zu ernennen war, sollte über Streitigkeiten von Reichsständen untereinander und über Beschwerden von Untertanen gegen ihre Landesherren entscheiden. Es sollte je zur Hälfte aus »ritterbürtigen« Richtern und aus gelehrten Juristen bestehen. Sie waren fest zu besolden, um sie von den »Sporteln«, den Gerichtsgebühren und Strafgeldern, unabhängig zu machen. Ferner sollte in Zukunft der Reichstag mindestens einmal im Jahr einberufen werden. Um dies alles zu finanzieren, hatte der König das Recht, eine direkte Reichssteuer zu erheben, den »Gemeinen Pfennig«.

Nicht, dass diese Reform funktioniert hätte. Die Fehden gingen weiter, weil einfach niemand da war, der den Landfrieden durchsetzen konnte. Das Reichskammergericht löste sich nach kurzer Zeit wieder auf, weil die Besoldung der Richter ausblieb. Die Einkünfte aus dem Gemeinen Pfennig flossen spärlich. Es gab keine zentrale Finanzbehörde. Die Stände hätten die Eintreibung übernehmen müssen, aber die behielten das Geld ihrer Untertanen lieber für sich.

Trotzdem war die Reform von 1495 ein Schritt nach vorn. Die Reichskreise etablierten sich als, wenn auch wenig effiziente, Organe der Selbstverwaltung. Allerdings musste Maximilian den Ständen die Bildung eines »Reichsregiments«, einer Art Regierungskollegiums, zugestehen, das ihn weitgehend entmachtet hätte. Dieses Organ konnte sich aber nicht durchsetzen und wurde nach zwei Jahren wieder aufgelöst. Das Reichskammergericht dagegen wurde im Jahre 1500 erneut einberufen. Es tagte zunächst in Speyer, später, bis zum Ende des Reiches im Jahr 1806, in Wetzlar. Goethe hat als junger Praktikant an diesem Gericht gearbeitet; er hatte in Wetzlar sein Erlebnis mit Charlotte Buff, das ihn zu den ›Leiden des jungen Werther‹ inspirierte. Von seiner Arbeitsstelle hatte er keine hohe Meinung.

> Seit hundertundsechsundsechzig Jahren hatte man keine ordentliche Visitation zustande gebracht; ein ungeheurer Wust von Akten lag aufgeschwollen und wuchs jährlich, da die siebzehn

Assessoren nicht einmal imstande waren, das Laufende wegzuarbeiten. Zwanzigtausend Prozesse hatten sich aufgehäuft, jährlich konnten sechzig abgetan werden, und das Doppelte kam hinzu. Auch auf die Visitatoren wartete keine geringe Anzahl von Revisionen, man wollte ihrer fünfzigtausend zählen. Überdies hinderte so mancher Mißbrauch den Gerichtsgang; als das Bedenklichste aber von allem erschienen im Hintergrunde die persönlichen Verbrechen einiger Assessoren.

Johann Wolfgang von Goethe: ›Aus meinem Leben. Dichtung und Wahrheit‹

Die Schweizer Eidgenossen übrigens lehnten es ab, den Gemeinen Pfennig zu zahlen und die Zuständigkeit des Reichskammergerichts anzuerkennen. Bei dem Versuch, sie militärisch dazu zu zwingen (sog. Schwabenkrieg 1499), holte sich Maximilian eine blutige Nase. Seitdem gehörte die Schweiz faktisch nicht mehr zum Reich, obwohl der formelle Austritt erst hundertfünfzig Jahre später im Westfälischen Frieden erfolgte.

Trotz dieses und anderer Misserfolge war Maximilian I. ein populärer Kaiser, vielleicht der populärste seit Barbarossa und Rudolf von Habsburg. Mag sein, dass die Menschen nach dreiundfünfzig Jahren Apathie unter Friedrich III. froh waren, einen Herrscher zu haben, der überhaupt etwas tat. Maximilian war aber auch ein begnadeter Selbstdarsteller, zog Gelehrte und Künstler an seinen Hof, unter anderem Albrecht Dürer, der einen Triumphzug mit Ehrenpforte für ihn entwarf und ein wunderbares Porträt malte (zu sehen im Kunsthistorischen Museum in Wien). Die lebensgroßen Herrscherfiguren aus Bronze, im Tiroler Dialekt »schwarze Mander« genannt, die er für sein Grabmal erstellen ließ, kann man in der Innsbrucker Hofkirche bewundern, obwohl er nicht dort, sondern in Wiener Neustadt begraben liegt. Um seinen Nachruhm zu sichern, diktierte er zwei in der Art romantischer Rittergeschichten stilisierte Berichte (›Teurdank‹ und ›Weißkunig‹) über seinen Brautzug und seine Heirat mit Maria, der Erbin von Burgund.

Diese Hochzeit, im Jahre 1477 gefeiert, war, wenn man so will, ein später Erfolg von Maximilians faulem Vater Friedrich III., der sie vereinbart hatte, natürlich mit einem Auge auf Marias Erbe. Sie war die Tochter des Herzogs Karl des Kühnen, unter dem das neuburgundische Reich seine größte Ausdehnung erreichte, aber auch sein Ende fand. Karl erklärte sich zunächst zum Herzog von Lothringen und versuchte, auch die Schweizer zu unterwerfen, aber die besiegten ihn in zwei Schlachten bei Murten und Grandson. Auch die Lothringer leisteten Widerstand, und schließlich fiel Karl der Kühne vor Nancy. Natürlich versuchte der König von Frankreich, sich das verwaiste Erbe anzueignen. Bis 1493 musste Maximilian Krieg führen, um dies Erbe zuerst für seine Frau und nach deren Tod (1482) für seine Kinder zu sichern. Einen Teil (die heutige Bourgogne) musste er abtreten, aber der Rest war immer noch beträchtlich und reich: das heutige Belgien und ein Teil der Niederlande, im Süden die Freigrafschaft Burgund, das Gebiet um Besançon, an der Saône und Rhone.

Gehört das alles noch zur Geschichte des Reichs oder ist es nur noch Geschichte des Hauses Habsburg? Nicht zu leugnen ist, dass mit diesen burgundischen Erwerbungen eine Art Cordon Sanitaire vor der deutschen Westgrenze aufgebaut wurde, an dem sich der wachsende Expansionsdruck der Krone Frankreichs für das nächste Jahrhundert und darüber hinaus abarbeiten konnte. Auch Maximilians Erbschaftsverträge mit den Jagiellonen in Ungarn und Böhmen, die jetzt definitiv die Bildung der Donaumonarchie vorbereiteten, kamen dem Reich zugute, indem sie den Schutz vor den Türken verstärkten. Er selbst sah sich sicher noch als Kaiser der »deutschen Nation«, hielt sich oft »im Reich« auf, residierte zeitweise in Augsburg.

Ein anderes Verdienst, das er sich um die Deutschen erwarb, besteht dagegen in einer Unterlassung: Als ihm bei einem geplanten Romzug im Jahre 1508 die Venezianer den Durchmarsch verweigerten, ließ er sich im Dom von Trient, mit Einwilligung des Papstes, zum »Erwählten Römischen Kaiser« proklamieren, ohne Krönung und Salbung in Rom. Das war zwar nur als Provisorium gedacht, er hatte den Vorsatz, den Romzug irgendwann nachzuholen. Zeitweise spielte er mit dem Gedanken, sich selbst zum Papst wählen zu lassen, die beiden höchsten Würden der Christenheit in seiner Person zu vereinigen, ein neues Universalherrschertum zu begründen. Im Grunde war er ein rückwärts gewandter, romantischer Charakter. Aber aus solchen Plänen wurde nichts. Erhalten blieb der Verzicht auf den sinnlos gewordenen Aufwand des Zuges nach Rom. Fortan nannten sich alle Nachfolger Maximilians »Erwählter Römischer Kaiser« (auch noch Franz II. in seiner Abdankungserklärung), und die meisten von ihnen blieben im Lande.

Seine wirklichen Erfolge allerdings erzielte Maximilian für Habsburg, für Österreich. Dazu zählt nicht nur die Sicherung des burgundischen Erbes. Noch zu Lebzeiten seines Vaters hatte Maximilian, 1490 nach dem Tode des Königs Matthias Corvinus, die Ungarn aus Wien, Ober- und Niederösterreich, der Steiermark und Kärnten vertrieben. Seinen Vetter Sigismund, Graf von Tirol, der hoch verschuldet war und mit dem Gedanken spielte, sein Land an die Wittelsbacher zu verkaufen, zwang er zur Abdankung. So waren alle habsburgischen Gebiete wieder in einer Hand vereinigt und nahmen (mit Ausnahme des Erzbistums Salzburg) schon fast die Gestalt des heutigen Österreich an, vermehrt um die so genannten Vorlande, die Besitzungen in Südwestdeutschland, etwa den Breisgau mit Freiburg. In all diesen Gebieten richtete Maximilian eine für die Verhältnisse der Zeit moderne und effiziente Verwaltung ein.

Habsburg war also auf dem Weg, eine europäische Großmacht zu werden. Das kam mittelbar auch dem Reich zugute und hatte unter anderem den Effekt, dass fortan Doppelwahlen unterblieben und – mit einer einzigen, wenig glücklichen Ausnahme – die Kaiser bis zum Ende 1806 nur aus dieser Dynastie gewählt wurden.

Aber es gibt zuweilen Entwicklungen, die wichtiger und wirksamer sind als die Aktionen der Großen und Mächtigen. Das 15. Jahrhundert ist eine Epoche der Neuerungen auf allen Lebensgebieten, der Erfindungen und Entdeckungen, die das Leben der Menschen veränderten.

Noch den unmittelbarsten Zusammenhang mit der Politik hatten Kriegstechnik und militärische Taktik. Feuerwaffen – Geschütze und Handfeuerwaffen – setzten sich durch und machten aus der ritterlichen Kriegskunst samt ihrer standesspezifischen Ethik eine Sache der Vergangenheit. Der Krieg wurde aus einer aristokratischen zu einer plebejischen, man kann fast sagen proletarischen Angelegenheit. Wir haben gesehen, dass König Sigismunds Ritter gegen die hussitischen Bauernheere keine Chance hatten. Ähnlich aussichtslos waren sowohl Österreicher als auch Burgunder gegen die Schweizer mit ihren spießbewaffneten Schlachthaufen. Und die Wende im Hundertjährigen Krieg wurde dadurch bewirkt, dass das Bauernmädchen Jeanne d'Arc, die »Jungfrau von Orleans«, dazu aufrief, den »heiligen Boden« Frankreichs von den englischen Eindringlingen zu befreien. Das ist ebenfalls etwas Neues: ein teilweise, aber nicht ausschließlich religiös motiviertes Nationalgefühl. In Deutschland rührte sich das zum ersten Mal, als der »welsche« Herzog Karl der Kühne sich anschickte, die Stadt Köln burgundisch zu machen.

Die Landsknechte dagegen, die in der zweiten Hälfte des Jahrhunderts immer mehr die adeligen Kämpfer ersetzten, waren weder von religiösen, noch von patriotischen Gefühlen beseelt, waren Männer aus der Hefe des Volkes, entlaufene Knechte, landlose Bauernsöhne, Handwerksgesellen, die die Plackerei satt hatten, Gesindel, Kerle von rauen Sitten (»Er flucht wie ein Landsknecht«), die einfach ihre Haut verkauften, geführt von adeligen Desperados (in Italien nannte man sie Condottieri), die ihre Heere in einer Art Leasingverfahren einmal an den, einmal an jenen Herrn vermieteten. Nach Friedensschlüssen verwandelten sich diese Heere manchmal in Räuberbanden, die ganze Länder terrorisierten. Als z. B. Friedrich III. ausnahmsweise einmal aktiv wurde und den König von Frankreich um Truppenhilfe gegen die Schweizer bat, schickte dieser ihm, höchst erfreut, sie loszuwerden, 30000 so genannte Armagnaken, die zwar gegen die Schweizer wenig ausrichteten, dafür aber den Breisgau und das Elsass plünderten, bis sie von der Bevölkerung verjagt wurden.

Andere Neuerungen waren weniger verderblich und näher am Alltag des »gemeinen Mannes«. Schon im 14. Jahrhundert hatte sich die Räderuhr durchgesetzt. Man schaute jetzt nicht mehr auf den Sonnenstand oder die Länge des Schattens, rechnete nicht zwölf Stunden von Sonnenauf- bis -untergang, die dann, je nach Jahreszeit, unterschiedlich lang ausfielen, sondern teilte den Tag, die Stunde, die Arbeitszeit in genau gleiche Teile.

Das war den Menschen so ungewohnt, dass die ersten Turmuhren noch gar keinen Minutenzeiger aufwiesen. 1502, kurz nach dem Beginn des neuen Jahrhunderts, erfand dann Peter Henlein sein »Nürnberger Ei«, die Taschenuhr. Gewiss war sie zunächst eher ein Spielzeug für reiche Leute, aber doch ein Indiz dafür, dass sich das neue Zeitgefühl durchgesetzt hatte, dass man zumindest in bestimmten Teilen der Gesellschaft das Bedürfnis verspürte, jederzeit zu wissen, »was die Stunde geschlagen hat«, auch wenn gerade kein Kirchturm in Sicht war.

In manchen Gewerbezweigen, vor allem bei der Herstellung von Textil- und Metallwaren, ging man von den rein handwerklichen zu vorindustriellen Produktionsweisen, zur Manufaktur über. Das heißt, dass nicht mehr jedes Werkstück vom Rohstoff bis zum Fertigprodukt von einem einzelnen Handwerker oder Gesellen bearbeitet, sondern die Herstellung in einzelne Arbeitsgänge zerlegt wurde, die jeweils einem Arbeiter anvertraut waren. Diese Arbeiter konnten, schon ihrer Zahl wegen, nicht mehr im Haushalt des Meisters leben, wie es alte Handwerkersitte war, sondern mussten anders untergebracht, versorgt und entlohnt werden. Es entstanden ganz neue soziale Schichten: Aus dem Meister wurde ein Unternehmer, an die Stelle von Handwerksgesellen traten Arbeiter.

Im so genannten Verlagssystem, verbreitet besonders in der Tuch-, Leinen- und Kattunweberei, arbeiteten die Beschäftigten in ihren eigenen Häusern, der Unternehmer aber versorgte sie mit dem Rohmaterial, setzte Preise und Löhne fest und vermarktete das Endprodukt. In späteren Zeiten, als die Verleger mit den Produkten der Maschinenweberei konkurrieren mussten, galt dieses System als Inbegriff übler Ausbeutung (man lese Gerhart Hauptmanns ›Die Weber‹ oder Heinrich Heines Gedicht ›Die schlesischen Weber‹ zu dem Thema). Aber zunächst stellte es, genau wie das Manufakturwesen, einen Fortschritt dar: Güter konnten jetzt in größerer Menge erzeugt werden. Der Fernhandel führte nicht mehr, wie im frühen und hohen Mittelalter, ausschließlich Luxuswaren, sondern bot auch Massengüter an.

Die neuen Produktionsformen erforderten den massiven Einsatz von Kapital. Ebenso der immer intensiver betriebene Erz-

und Salzbergbau. Um vorhandene Bodenschätze zu erschließen und auszubeuten, hatten sich zunächst Gruppen von unternehmenden Bergleuten zu »Gewerken« oder »Gewerkschaften« zusammengetan. (Martin Luthers Vater gehörte zu dieser frühbürgerlichen Mittelschicht und hatte es damit zu dem Wohlstand gebracht, der es ihm erlaubte, seinen Sohn studieren zu lassen.) Als die Schächte aber immer tiefer, der Abtransport der Erze, der Ausbau und die Entwässerung der Stollen immer schwieriger und aufwendiger wurden, mussten größere Gesellschaften, oft unter Beteiligung des Landesherren gegründet werden. 1477 gab man zum ersten Mal Kuxe aus, Anteilscheine, Aktien für ansonsten unbeteiligte Kapitalgeber. Die wurden schnell sehr beliebt als Kapitalanlage. Wer Geld genug hatte, um mit dem Besitzer des Bergregals (in der Regel einer der ständig klammen Reichsfürsten) eine Vereinbarung zu treffen, konnte unermesslich reich werden und in ungeahnte Höhen aufsteigen. Wieder ist auf das Beispiel der Fugger zu verweisen, deren Bergwerks- und Kupferimperium von Tirol und Böhmen bis Siebenbürgen reichte.

1453 eroberten die osmanischen Türken Konstantinopel, das sich bis zuletzt tapfer verteidigte, aber aus dem Abendland keinerlei Beistand erhielt. Entscheidend war übrigens der Einsatz einer riesengroßen Kanone, die der Sultan Mehmet Fahti von italienischen Erzgießern anfertigen ließ. Damit hatte das byzantinische, oströmische Reich nach über tausend Jahren aufgehört zu existieren. Schon davor waren griechische Gelehrte, in Vorahnung der Katastrophe, nach Italien emigriert, vor allem in die reiche und kultivierte Stadt Florenz. Nun verstärkte sich dieser Zustrom. Die Griechen kamen als Flüchtlinge, aber nicht mit leeren Händen. Sie brachten die im Westen vergessenen Werke der Klassiker ihrer Sprache mit: Plato, Homer, Aischylos, Sophokles, Euripides, die griechischen Lyriker und Historiker. Unmöglich, sie hier alle zu nennen oder gar zu charakterisieren.

In Florenz, in Italien, bald in ganz Europa, auch nördlich der Alpen, begann man, eifrig Griechisch und auch das klassische Latein des Cicero, des Horaz und Vergil zu lernen; die Schönheit dieser antiken Sprachen wurde wiederentdeckt. Es erwuchs eine Schicht von Gelehrten, von Gebildeten, die nicht mehr ausschließlich Kleriker waren. Humanisten nannten sie sich. Einer von ihnen, der Ritter Ulrich von Hutten (1488–1523), fasste den Geist der Epoche in einem Ausruf zusammen: »O Zeiten, o Wissenschaften! Es ist eine Lust zu leben!«

Uns mag das seltsam vorkommen. Von den wenigen unter uns, die in ihrer Jugend überhaupt noch Latein oder gar Griechisch gelernt haben, erinnern sich die meisten daran als schreckliche Mühsal: all die unregelmäßigen Verben, Konjunktive, Aoriste und ablativi absoluti! Aber für die Menschen der Renaissance (wie man das Zeitalter erst viel später benannte) stellte sich das ganz anders dar. Ihnen erschloss sich mit den alten Sprachen und ihrer Literatur eine neue Welt, eine Welt voll Heiterkeit, Schönheit, Sinnlichkeit, in der nicht alles menschliche Sein und Trachten ausschließlich auf den Glauben und auf das Jenseits bezogen war, in der man das Leben, das Dasein, das Hier und Jetzt, mit seinen Farben, Gestalten, seinem Licht, seinen Düften, Seligkeiten und Schmerzen erleben, genießen oder erleiden konnte. Die Malerei entdeckt die Zentralperspektive. Man malt nicht mehr ausschließlich Heilige vor dem Goldgrund der Ewigkeit, sondern Menschen (mögen sie auch Heilige sein) vor einer Landschaft oder in Räumen, die der Umgebung gleichen, in der der Mensch sein Leben verbringt. Kennzeichnend scheint Albrecht Altdorfers (1480–1525) Bild des heiligen Georg (in der Alten Pinakothek in München): Was dem Betrachter zuerst ins Auge fällt, sind die hohen, majestätisch heimatlichen Laubbäume eines unendlichen Waldes. Man glaubt buchstäblich, ihn rauschen zu hören. Und man muss schon genauer hinschauen, um am unteren Bildrand, ganz klein, den Heiligen und seinen Drachen auszumachen. Ja, das Heilige lebt und kämpft weiter, aber es lebt jetzt in der unendlichen, der schönen, der bezaubernden Welt.

Die antiken Götter werden in der Kunst wiederbelebt, nicht als religiöse, sondern als symbolische, als ästhetische Gestalten: War die Frau Venus in der mittelalterlichen Geschichte vom Sänger Tannhäuser eine »Vâlandine«, eine teuflische Feindin und Verführerin, so malt Botticelli (1415–1510) die Geburt der Göttin jetzt mit all ihrem Liebreiz. Maler und Bildhauer entdecken die Schönheit des nackten menschlichen Körpers, studieren seine Anatomie. Und jede Figur, ob gemalt oder in Stein gehauen, ob es sich um Dürers Apostel oder um Michelangelos David handelt, hat ihr eigenes Gesicht, ihre eigene Persönlichkeit, ist sich, so glaubt man zu spüren, dieser Persönlichkeit, dieser Einmaligkeit inmitten all der anderen einmaligen Persönlichkeiten bewusst.

Wer all die großen Namen, die großen Werke nennen, sie wenigstens kennen lernen dürfte! Erinnern wir uns noch, dass Christoph Kolumbus 1492 zum ersten Mal den Fuß auf eine Insel setzte, von der er meinte, sie sei Indien vorgelagert, die aber in Wirklichkeit die Schwelle zu einem neuen, den Europäern bislang unbekannten Kontinent darstellte; und dass Vasco da Gama wenige Jahre später den Seeweg nach Indien fand. Dann können wir ermessen, wie überwältigend, wie explosionsartig sich das Weltbild damaliger Europäer ausgedehnt haben muss: in die Weiten der Weltmeere, den Reichtum ferner Länder, die Tiefen der Geschichte, die Höhen antiker Dichtung und Kunst, die Abgründe und Aufschwünge der eigenen Seele. Und bald darauf traten die Naturwissenschaften ihren Siegeslauf an, lehrten die Schönheit strengen, methodischen Denkens. Die Astronomie lenkte den Blick in die Unendlichkeit des Weltraums.

Dies alles wäre nicht möglich gewesen ohne die eine, große Erfindung, von der hier bis jetzt noch nicht die Rede war. Um 1448 hatte Johann Gensfleisch, genannt Gutenberg, den Druck mit beweglichen Lettern erfunden. Als frommer Mann und auch den Gesetzen des Marktes folgend, druckte er als Erstes die Bibel (auf Latein). Obwohl er persönlich nicht das geschäftliche Geschick hatte, auf Dauer Profit aus seiner Erfindung zu ziehen, verbreitete sich diese doch rasch über ganz Europa. Durch sie wurde das geschaffen, was das Wesen der neuzeitlichen Wissenschaft ausmacht: die Ubiquität des Wissens, das heißt, dass alles, was erforscht, gedacht und aufgeschrieben wird, verhältnismäßig schnell und billig für jeden Interessierten zugänglich gemacht werden kann, ohne den langwierigen, mühseligen, teuren Vorgang des Kopierens von Hand. Es hieß aber auch, dass aktuelle Nachrichten viel schneller und genauer an breite Schichten der Bevölkerung mitgeteilt werden konnten, dass andererseits die Agitation ein ungemein wirksames Werkzeug in die Hand bekam, dass potentiell jeder, der wollte, sich über öffentliche Debatten informieren konnte, mochten sie politische, religiöse, wissenschaftliche oder wirtschaftliche Fragen betreffen. Es wurden ja nicht nur Bücher, sondern auch Flugblätter, Pamphlete und bald auch Zeitungen gedruckt.

Durch den Buchdruck wurde das, was wir mit einem ungenauen und missverständlichen Wort als Bildung oder Kultur bezeichnen, einem viel größeren Teil der Gesellschaft zugänglich als vorher. Zumindest in den Städten nahm der Analphabetismus ab, die Stadtschulen wurden zahlreicher. Man schätzt, dass jetzt immerhin schon zehn Prozent der Bevölkerung lesen konnten. Auch Handwerker und Frauen lernten diese Kunst, und sie lasen nicht nur Rechnungen und religiöse Erbauungsschriften, sie lasen auch zu ihrem Vergnügen. Die literarische Produktion passt sich dem nach Form und Inhalt an. In den so genannten Volksbüchern werden die alten Versepen und Sagen in Prosaform nacherzählt und dem bürgerlichen oder vielmehr kleinbürgerlichen Geschmack angeglichen: mit humoristischen oder auch Rüpelszenen, wenn möglich mit Happy End statt der alten tragischen Konflikte. Im ›Jüngeren Hildebrandslied‹ schlagen sich Vater und Sohn nicht tot, sondern ziehen, nach gehabter Prügelei, am Ende gemeinsam heim zu Mama Ute. Vereinzelt tauchen neue, bürgerliche Helden auf wie der Kaufmannssohn Fortunatus mit seinem Wunschhütlein. Auch sammelte man Anekdoten, Schwänke (manchmal recht derbe) aus dem Alltagsleben, oder man ließ Fastnachtsspiele wie die des Nürnberger Schuhmachers Hans Sachs (1494–1576) im Druck erscheinen. Es war noch ein weiter Weg bis zu einer bürgerlichen Literatur und zum »Bildungsbürgertum« des 19. Jahrhunderts. Aber, wie das chinesische Sprichwort sagt, auch die längste Reise beginnt mit einem Schritt.

Man liest immer wieder, den Deutschen fehle der Mut zur Revolution. Gutenberg beabsichtigte mit seiner Erfindung sicher keinen politischen Umsturz. Aber hat je etwas eine grundlegendere Veränderung in der menschlichen Gesellschaft, im menschlichen Leben, Denken und Fühlen bewirkt als die gedruckten Lettern? Sie bestimmen noch heute unser Leben, trotz Rundfunk, TV, PC und anderer neuzeitlicher Kommunikationsmittel. Wer der Welt wirklich etwas mitzuteilen hat, versucht, es drucken zu lassen.

Ohne Buchdruck ist auch das neue Zeitalter nicht zu verstehen, dessen Anfang Maximilian I. noch erlebte, aber wahrscheinlich nicht mehr wahrnahm und begriff. 1519 starb der Kaiser. 1517 hatte Martin Luther seine 95 Thesen veröffentlicht. Ob er sie in Wittenberg wirklich an die Kirchentür genagelt hat, ist umstritten. Es ist auch gleichgültig. Über ganz Deutschland und darüber hinaus verbreitet und wirksam wurden sie in gedruckter Form.

Kapital 19
Der Kaiser und der Mönch

Manchmal ist die Weltgeschichte nicht ohne absurden Witz. Erinnern wir uns an Friedrich III., wie er, von den Ungarn aus Wien vertrieben, im Exil saß und beharrlich vor sich hin buchstabierte: AEIOU. Alles Erdreich ist Oesterreich untertan; Austriae est imperare ... Und doch, nach drei Generationen war es fast so weit. Friedrichs Sohn Maximilian erheiratete das burgundische Erbe Karls des Kühnen, dessen Sohn wiederum, Philipp mit dem Beinamen »der Schöne«, heiratete die Erbin der kurz vorher (ebenfalls durch eine Heirat) vereinigten iberischen Königreiche Kastilien und Aragon, Johanna »die Wahnsinnige«. Damals kam eine andere Devise auf, ein klassischer Pentameter: »Bella gerant alii, tu felix Austria nube!« Mögen andere Kriege führen, du glückliches Österreich heirate!

Philipp der Schöne starb mit achtundzwanzig Jahren (1506), Johanna verdämmerte den größten Teil ihres langen Lebens (ab 1507) als Geisteskranke. Aber vorher hatten die beiden miteinander drei Töchter und zwei Söhne. Der ältere von diesen beiden, Karl, als Kaiser später Karl V., als König von Spanien Carlos I., war der, von dem man sagte, in seinem Reich gehe die Sonne nicht unter. Das war übertrieben. Man hatte damals noch keine Vorstellung von der Weite des Pazifischen Ozeans, glaubte immer noch, jenseits des Atlantiks müsse irgendwo Indien liegen. Es war auch nicht der »Orbis universus«, »alles Erdreich«, aber es war doch ein Herrschaftsbereich von nie da gewesener Ausdehnung, Vielgestalt, immensem Reichtum.

1500 geboren, erbte Karl als Sechsjähriger nach dem Tod seines Vaters die burgundischen Länder, 1516 dann Spanien mit allen seinen Kolonien, von deren Ausdehnung sich die Menschen in Europa noch keinen genauen Begriff machen konnten. Aber auch Sizilien und ganz Unteritalien mit Neapel gehörten zum aragonesischen Erbe. 1519 schließlich, als Maximilian I.

Grabplatte Rudolfs I. von Habsburg
im Speyerer Dom, 1291

Kaiser Sigismund
Pisanello, um 1433

Karl IV.
Büste von Peter Parler, um 1379/1393

Jan Hus auf dem Scheiterhaufen mit Ketzermütze
Abbildung aus Ulrich Richentals Chronik des Konstanzer Konzils, um 1469/1470

Geburt der Venus
Sandro Botticelli, um 1482

Laubwald mit dem Drachenkampf des hl. Georg
Albrecht Altdorfer, 1510

Karl V.
Tizian, 1548

Martin Luther
Lucas Cranach d. Ä., 1528

Der Galgenbaum
Jacques Callot, Radierung, Blatt 2 der Folge
›Les Grandes Misères de la Guerre‹, 1632/1633

Friedrich der Große
Anton Graff, 1781

Maria Theresia
Martin van Meytens, um 1743

starb, erbte Karl Österreich und alle anderen habsburgischen Besitzungen in Deutschland und wurde zum Römisch-Deutschen Kaiser gewählt. Konkurrenten um den Kaiserthron waren zwei Könige und ein Kurfürst: Franz I. von Frankreich, Heinrich VIII. von England und Friedrich der Weise von Sachsen. Die Wahl wurde entschieden durch eine vom Bankhaus Fugger finanzierte »Handsalbe« an die Kurfürsten: 850000 Gulden. Karls Wahl erfolgte schließlich einstimmig. Für die Öffentlichkeit argumentierte die habsburgische Propaganda mit dem »edlen deutschen Blut« des jungen Kandidaten, obwohl Karl noch gar kein Deutsch sprach. Er war in Brüssel und Mecheln, in den Niederlanden aufgewachsen, unter der Obhut seiner Tante Margarete von Österreich, der vom Kaiser eingesetzten Statthalterin, die auch als sein Vormund fungierte. Seine Erzieher waren Burgunder, seine Sprache Französisch. Das Deutsche hat er nie ganz richtig erlernt.

Seine Mutter, die in einem Schloss in Spanien dahinlebte, sah er erst als Siebzehnjähriger wieder. Es ist nicht bekannt, was er mit der Geisteskranken geredet hat, ob er überhaupt mit ihr reden konnte. Liegt es an dieser Jugend, die er praktisch als Waise verbringen musste, oder kam ihm früh zu Bewusstsein, wie übermenschlich die Aufgabe war, die ihm gestellt wurde, die er sich selbst stellte? Um diesen Kaiser, diesen Herrscher, scheint immer ein Hauch von Schwermut zu liegen, von Einsamkeit und Kälte. Von keinem anderen Kaiser haben wir so meisterhafte, psychologisch tiefgründige Porträts wie die, die Tizian von Karl V. gemalt hat. Auf all diesen Bildern, bis auf einem, ist er allein. Er soll ungern geredet und viel geschwiegen haben. Wichtige Entschlüsse formulierte er meist schriftlich, und zwar eigenhändig, allein in seinem Zimmer, oft in der Stille der Nacht. Natürlich ging es bei seinen öffentlichen Auftritten nicht ohne Pomp und Aufwand ab. Aber seine bevorzugte Tracht war schwarz und von eher schlichter Eleganz.

Kann man die von Karl V. beherrschte Ländermasse überhaupt als ein »Reich« bezeichnen? Sie war eher ein Konglomerat von Ländern, staatlichen oder staatsähnlichen Gebilden, sehr unterschiedlich, was ihre politische Verfasstheit, ihren wirtschaftlichen Entwicklungsstand anging, das Klima, die Lebensbedingungen und die Mentalitäten ihrer Völker. Konnte ein Einzelner ein so riesiges, in sich selbst so uneinheitliches Gebiet regieren? Karl setzte für einzelne Teile Stellvertreter ein: für die Niederlande seine Tante Margarete, die dieses Amt schon während seiner Minderjährigkeit ausgeübt hatte, dann aber zurückgetreten war. Augenscheinlich nahm sie es ihm nicht übel, dass er als Fünfzehnjähriger geglaubt hatte, ohne sie auskommen zu können. Sie muss eine ungemein kluge Frau gewesen sein. Unter ihr und nach ihrem Tod (1530) unter Karls Schwester Maria erlebten die Niederländer eine Zeit wirtschaftlicher Blüte, klug und zurückhaltend ausgeübter Macht.

Für Österreich, die anderen habsburgischen Besitzungen in Deutschland und für seine Funktionen im Römisch-Deutschen Reich setzte Karl seinen Bruder als Statthalter ein, Ferdinand I. Der war in Spanien aufgewachsen und von seinem Großvater mütterlicherseits, Ferdinand V. von Spanien, als Erbe dieses Königreichs vorgesehen gewesen. Karl bestand aber auf seinem Recht als Erstgeborener, ließ sich 1517 noch in Brüssel zum König von Spanien ausrufen und reiste erst dann in sein neues Reich. 1521 trat er die österreichischen Erblande definitiv an Ferdinand ab, 1530 setzte er dessen Wahl zum Römischen König durch. (Wieder gewährte das Haus Fugger Kredite, um den Kurfürsten bei der Meinungsbildung behilflich zu sein.) Das hieß, dass Ferdinand und nicht etwa Karls Sohn Philipp sein Nachfolger auf dem Kaiserthron werden sollte – eine einmalige, absolut unübliche Regelung der Erbfolge. Ferdinand sollte auch, stellvertretend für Karl, den Vorsitz im Reichsregiment führen, jenem Regierungsorgan, das durch die Reform von 1495 eingeführt worden war und das Karl – freilich vergeblich – benutzen wollte, um den kaiserlichen Einfluss im Reich zu verstärken. Ferdinand scheint ihm nicht nachgetragen zu haben, dass er ihm Spanien weggenommen und ihn dafür mit viel schwierigeren und unergiebigeren Aufgaben in Deutschland betraut hatte. Er blieb immer ein zuverlässiger und loyaler Sachwalter des Kaisers. Auch er sprach ursprünglich kein Deutsch. Aber er scheint nicht nur die Sprache bereitwilliger erlernt, sondern sich überhaupt wendiger und pragmatischer in die komplizierten deutschen Verhältnisse eingelebt zu haben.

Verheiratet war Ferdinand mit der Jagiellonin Anna von Ungarn und Böhmen. Als deren Bruder Ludwig 1526 bei Mohacs eine verheerende Niederlage gegen die Türken erlitt und dabei den Tod fand, fiel das Erbe an sie bzw. ihren Mann. Dies ist das Gründungsdatum der späteren Donaumonarchie, auch wenn Ungarn jetzt fast zur Gänze in türkischer Hand war und dem Habsburger nur ein schmaler Streifen im Westen und im Norden des Landes verblieb.

Karls Reich (nennen wir es der Einfachheit halber so) war also, trotz seiner Größe, von außen bedroht. 1529 standen die Türken zum ersten Mal vor Wien. Sie zogen, nach langwieriger Belagerung und hartnäckiger Verteidigung, wieder ab, nicht weil sie militärisch geschlagen worden wären, sondern weil es, nachdem die Umgebung ausgeplündert und niedergebrannt war, schwierig wurde, das Heer von etwa 250 000 Mann zu versorgen, und weil unter den Belagerern Seuchen ausbrachen. Sie ließen Terror und Verwüstung zurück. Dieser erste Türkenkrieg der Habsburger zog sich, mit Unterbrechungen durch Waffenstillstände, über vierzig Jahre hin, weit über die Lebenszeit Karls, Ferdinands und auch des Sultans Soliman des Prächtigen (1494–1566) hinaus, ohne dass sich an dem Besitzstand Entscheidendes änderte. Im größten Teil Ungarns herrschte ein von den Türken inthronisierter Gegenkönig. Ebenso in Siebenbürgen. Dort wurde eine Chance für die Befreiung von der Türkenherrschaft 1551 vertan, weil die Österreicher anhuben, die Gegenreformation im Lande so grausam durchzuführen, dass die Siebenbürger, mitsamt der seit dem 13. Jahrhundert dort ansässigen deutschsprachigen Minderheit, es vorzogen, sich wieder unter türkische Oberhoheit zu begeben. Um eine Atempause in dem Ringen zu erlangen, musste sich Ferdinand zeitweilig bereit finden, jährlich 30 000 Gulden an den Sultan zu zahlen.

Karl V. überließ diese Front im Südosten seinem Bruder. Er selbst kämpfte am anderen Ende Europas, im westlichen Mittelmeer und an der Nordküste Afrikas gegen die türkischen Flotten und vor allem gegen die von den Türken unterstützten Korsaren, Seeräuber wie den berüchtigten Renegaten (zum Islam bekehrten Christen) Cheireddin Barbarossa, die die Küsten Italiens und Spaniens heimsuchten. Dabei hatte er Erfolge und

Misserfolge. 1534 gelang es ihm, Tunis zu erobern, wofür er als Türkensieger gefeiert wurde. Ein lange geplanter Angriff auf Algier dagegen endete im Herbst 1541 in einer Sturmkatastrophe: 150 Schiffe gingen verloren, die bereits gelandeten Teile des Heeres konnten mit knapper Not evakuiert und nach Italien verschifft werden. Auch andere Seegefechte brachten halbe oder ganze Niederlagen ein. Jedenfalls blieb die Gefahr einer weiteren türkischen Expansion im Mittelmeer wie auf dem Balkan bestehen, stand als Drohung während der ganzen Regierungszeit Karls im Hintergrund, überschattete alle anderen Unternehmungen. Das muss man im Bewusstsein behalten, wenn man verstehen will, was in Deutschland und im Rest Europas vor sich ging.

Die Türken waren ja nicht der einzige äußere Feind. Schon zur Zeit Maximilians I. war der französische König Karl VIII. in Italien eingefallen, hatte das Machtvakuum ausgenutzt, das dort seit Ende der Stauferzeit und besonders seit der lethargischen Herrschaft Friedrichs III. herrschte, hatte als Erbe der Anjous das Königreich Neapel für sich beansprucht, es erobert und sich dort zum König krönen lassen. Ein Bündnis zwischen Kastilien, Aragon, dem Papst, England, Venedig, Mailand und dem Kaiser hatte ihn zum Rückzug gezwungen. Dabei soll Kaiser Maximilian zum ersten Mal von einer »Erbfeindschaft« gesprochen haben. Gemeint war wahrscheinlich nicht die Feindschaft zwischen den Völkern, sondern die zwischen den Dynastien Habsburg und Valois. Immerhin, wir haben hier – wie auch bei den Humanisten der damaligen Zeit – plötzlich so etwas wie einen Appell an das Nationalgefühl, fast schon einen Ausrutscher in emotionalen Nationalismus.

Jetzt stieß König Franz I., Karls Gegenkandidat bei der Kaiserwahl, erneut nach Italien vor. Karl V. seinerseits, für den die Niederlande und Burgund seine eigentliche Heimat bedeuteten, konnte es nie ganz verwinden, dass das Erbe Karls des Kühnen nur unvollständig, vermindert um das französische Herzogtum Burgund, an ihn gekommen war. Und sein Großkanzler und engster Berater, Mercurino Gattinara, ein Lombarde, predigte ihm in zahlreichen Denkschriften einen Gedanken, den Karl nie ausdrücklich aufgriff, der ihn aber doch beeinflusst haben dürfte: die Errichtung eines Universalreiches, einer Weltmonarchie, deren Schwerpunkt im Mittelmeerraum mit dem Zentrum in Oberitalien liegen sollte.

Man kann solche Pläne und man kann die damalige Situation in Europa auch mit anderen Augen sehen, zum Beispiel mit denen Franz' I., König von Frankreich: Wenn in Spanien wie in Deutschland, in Unteritalien wie in der Lombardei das Haus Habsburg herrschte oder jedenfalls entscheidenden Einfluss hatte, dann war Frankreich eingekreist, war in Gefahr, vereinnahmt zu werden oder in Abhängigkeit zu geraten. Ebenso konnte sich der Papst fragen, was denn aus dem Kirchenstaat werden sollte, wenn sowohl Ober- wie auch Unteritalien habsburgisch war. Andererseits brauchte der Papst den Kaiser als Schutz vor dem vordringenden Islam. Deshalb sehen wir, dass die Päpste, je nachdem, welcher Gesichtspunkt einzelnen von ihnen als der gewichtigere erschien, einmal die und einmal die andere Partei ergriffen. Das Gleiche gilt für die Republik Venedig, die in dieser Zeit ihren Besitzstand im östlichen Mittelmeer und an der dalmatinischen Küste durch die Türken gefährdet sieht, andererseits eine habsburgische Übermacht in ihrem Hinterland fürchten muss.

Wir wollen und können nicht alle Kämpfe, Siege, Niederlagen der einen oder der anderen Seite aufzählen, nicht alle Bündnisse, Gegenbündnisse, Frontwechsel. Im Ganzen kann man sagen, dass Karl V. in Italien erfolgreich war. Es gelang ihm, Genua mit seiner mächtigen Flotte auf seine Seite zu bringen, sich in Mailand mit der Eisernen Krone der Lombarden, in Bologna zum Kaiser krönen zu lassen (1530). Dies war die letzte Kaiserkrönung, die ein Papst vornahm. Schließlich konnte Karl – anschließend an lange Auseinandersetzungen – nach dem Aussterben der regierenden Familie Sforza das Herzogtum Mailand ganz wie ein hochmittelalterlicher Kaiser einziehen und dem spanischen Erbe seines Sohnes Philipp zuschlagen. Bis 1714 blieb Mailand spanischer Besitz.

Drei Daten, drei Ereignisse sollten aber doch erwähnt werden, weil sie sich der Zeit und auch der Erinnerung der Nachkommen eingeprägt haben: Am 24. Februar 1525, dem fünfundzwanzigsten Geburtstag des Kaisers, fügten seine Landsknechte mit den beiden Söldnerführer Georg von Frundsberg und Ferrante Francesco Pescara als Befehlshabern den Franzosen vor Pavia eine vernichtende Niederlage zu, nahmen König Franz I. gefangen und verbrachten ihn nach Spanien, wo ihn Karl V. zwang (oder erpresste), einen Friedensvertrag zu unterschreiben. Die Bedingungen dieses Friedens von Madrid braucht man sich nicht zu merken, weil Franz sich ohnehin nicht an ihn hielt. Sowie er wieder frei und zurück in seinem Land war, schloss er in dem schon damals in Kennerkreisen beliebten Ort Cognac einen Bund mit allen, die sich wie er von der kaiserlichen Übermacht bedroht fühlen konnten: dem Papst, Venedig, Florenz, den verbannten Mailänder Sforza und sogar Heinrich VIII. von England (das war der mit den vielen Frauen).

So ging der Krieg in Italien weiter. Das führte dann 1527 zum Sacco di Roma, zur Plünderung von Rom. Karl V. nämlich hatte es, wozu die Habsburger neigten, versäumt, sein siegreiches Heer auch zu bezahlen. Die Landsknechte verlangten nun laut schreiend ihren Sold und führten sich dabei so auf, dass den alten Feldhauptmann Frundsberg, der sie zu beruhigen versuchte, der Schlag traf. Die Vorwürfe Luthers gegen den habsüchtigen Antichrist in Rom hatten ihren Weg auch ins kaiserliche Heer gefunden, und so gaben die Soldaten nicht dem Kaiser die Schuld an ihrer Notlage, sondern dem Papst. Führerlos, plündernd, brandschatzend zogen sie durch den Kirchenstaat, stürmten die Stadt Rom, raubten Kirchen und Privathäuser aus, vergewaltigten, brachten Priester, Nonnen, Schweizergardisten um, nahmen Geiseln, erpressten Lösegeld, setzten die Stadt in Brand. Der Papst hatte sich mit einer kleinen Schar Schweizergardisten in der Engelsburg verschanzt, wurde belagert und gefangen genommen. Er musste große Zugeständnisse und Versprechungen machen, bevor man ihn laufen ließ. Beim Herannahen französischer Truppen verzogen sich die Plünderer in Richtung Neapel.

In das Entsetzen der Zeitgenossen mischte sich stellenweise Schadenfreude, auch Selbstkritik oder Bußgesinnung. Man sah barbarische Zeiten auferstehen, das Wüten der Gallier, der Karthager, der Vandalen und Goten, oder man erblickte in dem Söldnerhaufen eine Geißel Gottes, die die gerechte Strafe über die »Hure Babylon« gebracht, dem Papst vor Augen geführt hatte, wozu es kommen musste, wenn er sein geistliches Amt dazu missbrauchte, sich in weltliche Machtkämpfe zu verstricken.

Nach dem Sacco di Roma folgt ein anderes Datum, das man als Versuch einer Antwort auf die Frage verstehen kann, die sich mancher Leser hier vielleicht schon gestellt hat: Was soll eigentlich dieses ganze Hin und Her, diese Kämpfe, Siege und Niederlagen, dieser ungeheure Aufwand an Menschenleben und Vermögenswerten? Warum unterziehen sich Monarchen, die über blühende Länder herrschen könnten, den Strapazen und Frustrationen solcher Konflikte? Warum setzen sie sich nicht zusammen, wägen gegenseitig ihre Interessen ab und kommen zu einem Übereinkommen, legen Grenzen fest und halten sich in Zukunft daran?

Eine solche Frage ist natürlich völlig anachronistisch. Die stellen wir heute, weil wir die Erfahrung von zwei mit industriellen Tötungsmethoden geführten Weltkriegen hinter uns und die Furcht vor einem atomaren Weltuntergang im Nacken haben. Damals, zu Beginn der Neuzeit, in der Epoche der sich formierenden Nationalstaaten und Großmächte, wäre es niemandem in den Sinn gekommen, einem Herrscher zum Vorwurf zu machen, dass er versuchte, seinen Machtbereich auszuweiten oder ihn zumindest mit Waffengewalt abzusichern. Ruhm und Ehre erwarb man sich im Krieg.

Trotzdem ist auch dieser andere Versuch gemacht worden. Nein, nicht von Karl V. und Franz I., sondern von zwei Frauen. Was sie vereinbarten, ist denn auch als »Damenfriede« in die Geschichte eingegangen. Margarete von Österreich (wir erinnern uns: Karls Tante und Pflegemutter, die Statthalterin der Niederlande) und Franz' Mutter Louise von Savoyen kamen im Juli 1529 in der Stadt Cambrai zusammen. Augenscheinlich genossen die beiden Matronen so viel Autorität, dass weder der kaiserliche Neffe noch der königliche Sohn ihre Aktivitäten unterbinden konnte. Zumindest formell mussten sie das Ergebnis von vier Wochen Verhandlungen sogar anerkennen. Es war für Karl V. ungemein günstig: Er sollte seine Erwerbungen und Positionen in Italien behalten, aber auf das französische Herzogtum Burgund (die heutige Bourgogne, *nicht* die Niederlande und die Freigrafschaft Burgund) endgültig verzichten.

Die Vernunft hätte also siegen können. Schade, dass die Männer sich an diesen Vertrag auf die Dauer doch nicht hielten!

Wahrscheinlich hätte, trotz all dieser dramatischen Ereignisse und trotz der Porträts von Tizian, die Mehrheit auch der gebildeten und historisch interessierten Deutschen von Karl V. ein ähnlich vages Bild wie von seinem Bruder Ferdinand oder dessen Sohn Maximilian II., wenn sich nicht eine Szene unserem Bewusstsein eingeprägt hätte, in der der Kaiser zunächst nur die Rolle des stummen Gegenübers spielt. Da steht ein Mann in brauner Mönchskutte vor einer Versammlung von hochmögenden Herren unter Vorsitz des noch sehr jugendlichen Kaisers. Er hält eine längere Rede, die er mit den Worten beschließt: »Hier stehe ich. Ich kann nicht anders. Gott helfe mir, Amen.«

Das hat Doktor Martin Luther in Wirklichkeit nicht so gesagt. Die zwei kurzen Sätze »Hier stehe ich. Ich kann nicht anders« hat sich ein phantasievoller und mit Sinn für Effekte begabter Zeitzeuge oder ein späterer Historiker oder Propagandist ausgedacht. Vielleicht sind sie ihm ja auch spontan eingefallen, und er hat sie dann in den Schluss von Luthers Rede interpoliert.

> Weil denn Eure allergnädigste Majestät und fürstlichen Gnaden eine einfache Antwort verlangen, will ich sie ohne Spitzfindigkeiten und unverfänglich erteilen, nämlich so: Wenn ich nicht mit Zeugnissen der Schrift oder mit offenbaren Vernunftgründen besiegt werde, so bleibe ich von den Schriftstellen besiegt, die ich angeführt habe, und mein Gewissen bleibt gefangen in Gottes Wort. Denn ich glaube weder dem Papst noch den Konzilien allein, weil es offenkundig ist, daß sie öfters geirrt und sich selbst widersprochen haben. Widerrufen kann und will ich nichts, weil es weder sicher noch geraten ist, etwas gegen sein Gewissen zu tun. Gott helfe mir, Amen.

Das ist, ins Deutsche übersetzt, der authentische Schluss der Rede, die Luther am 18. April 1521 vor dem Reichstag von Worms hielt. Schon vorher hatte er vor dem Kaiser erscheinen müssen. Es war ihm, wie jetzt wieder, nahe gelegt worden, seine Schriften zu widerrufen, weil sie gegen die Lehre der katholischen Kirche verstießen. Er hatte zunächst Bedenkzeit erbeten. Ob er sich der Bedeutung dessen ganz bewusst war, was er da sagte? Dass er sein eigenes, persönliches Gewissen, sein Verständnis der Bibel und seine Vernunft über die Lehrmeinung, die Tradition, die Autorität einer Kirche stellte, die seit über tausend Jahren die Seelen der Menschen beherrschte. Es ist der Schritt in ein neues Zeitalter, der Schritt, mit dem sich dieser in einer mittelalterlichen Frömmigkeit verwurzelte Kirchenmann frei macht von der schützenden, aber auch bedrückenden Autorität des Kollektivs. Er kann wirklich nicht anders, als sein Gewissen und den Gott, an den er glaubt, als oberste Autorität anzuerkennen. Damit setzt er fort, was die Philosophen, die Humanisten, die Wiederentdecker der Antike vor ihm angedacht haben. Er ist zwar ein Gelehrter, aber kein Feingeist wie der große Erasmus von Rotterdam, die gekrönten Dichter Petrarca oder Konrad Celtis, auch kein Freigeist wie die Italiener Pietro Aretino und Niccolò Machiavelli. Und doch spricht der Geist der Renaissance auch aus ihm, in einer etwas ungehobelt deutschen Form, aber genau in der Form, die zu seiner Zeit auch die breiten Massen im Lande verstehen konnten.

Seine Zuhörer in Worms allerdings, die »durchlauchtigsten Fürsten, gnädigsten Herren«, vor allem aber der »allergnädigste Herr und Kaiser«, die er zu Beginn seiner Rede »um Gottes Barmherzigkeit willen« gebeten hat, seine Sache in Gnaden anzuhören, verstanden ihn in ihrer Mehrheit nicht oder wollten ihn nicht verstehen. Das geht klar aus dem Brief hervor, den Karl V. noch in der Nacht darauf verfasste (also spürte er doch, wie dringend und gefährlich die Sache war), allein, ohne jemanden zu Rate zu ziehen, auf Französisch, in der Sprache, die er beherrschte. Am nächsten Tag wurde er dem Reichstag im Urtext vorgelesen und ins Deutsche übersetzt.

> Ihr wißt, daß ich abstamme von den allerchristlichsten Kaisern der edlen deutschen Nation, von den katholischen Königen von Spanien, den Erzherzögen von Österreich, den Herzögen von Burgund, die alle bis zum Tode getreue Söhne der römischen Kirche gewesen sind, Verteidiger des katholischen Glaubens, der geheiligten Bräuche, Dekrete und Gewohnheiten des Gottesdienstes ... So bin ich entschlossen, festzuhalten an allem, was seit dem Konstanzer Konzil geschehen ist. Denn es ist sicher, daß ein einzelner Bruder irrt, wenn er gegen die Meinung der ganzen Christenheit steht, da sonst die Christenheit tausend Jahre oder mehr geirrt haben müßte. Deshalb bin ich entschlos-

sen, meine Königreiche und Herrschaften, Freunde, Leib und Blut, Leben und Seele einzusetzen. Denn das wäre eine Schande für uns und für Euch, Ihr Glieder der edlen deutschen Nation, wenn in unserer Zeit durch unsere Nachlässigkeit auch nur ein Schein der Häresie und Beeinträchtigung der christlichen Religion in die Herzen der Menschen einzöge. Nachdem wir gestern die Rede Luthers hier gehört haben, sage ich Euch, daß ich bedaure, so lange gezögert zu haben, gegen ihn vorzugehen. Ich werde ihn nie wieder hören; er habe sein Geleit; aber ich werde ihn fortan als notorischen Ketzer betrachten und hoffe, daß Ihr als gute Christen gleichfalls das Eure tut.

Karl Brandi: ›Kaiser Karl V.‹

Karl geht überhaupt nicht auf irgendetwas ein, was Luther gesagt und geschrieben hatte, nicht auf Luthers Leiden an den Missständen in der Kirche, seine Gewissensnöte, sein Ringen um einen »gnädigen Gott«. Schließlich ist Karl ja Kaiser und kein Theologe. Er beruft sich auf Herkommen und Autorität. An denen will er nicht rütteln lassen. Wenn die Kirche, wenn der Kaiser befiehlt, hat sich der Einzelmensch zu fügen, nicht nur in seinem Tun, auch in seinem Denken und in seinem Glauben. Wollte man Karls Text in vergröberter Form zusammenfassen, könnte man ihn auf den heute noch oft zitierten Spruch verkürzen: »Das war noch nie anders, das haben wir immer so gemacht, da könnt' ja jeder kommen.«

Damit war der junge Kaiser nicht mehr auf der Höhe seiner Zeit. Luthers 95 Thesen, vier Jahre vorher veröffentlicht – selbstverständlich auf Latein – waren übersetzt, gedruckt und immer wieder nachgedruckt worden, hatten sich im ganzen deutschen Sprachraum und darüber hinaus in Europa verbreitet. In der Kirche hatten sie auch Empörung hervorgerufen. In weiteren Schriften (›Von dem Ablass und der Gnade‹ 1518; ›An den christlichen Adel deutscher Nation‹; ›Von der Freiheit eines Christenmenschen‹; ›Von der babylonischen Gefangenschaft der Kirche‹ 1520) hatte er seine Botschaft verdeutlicht und weitergeführt. Luther schrieb das, was die Menschen dachten – oder doch wünschten, gedacht zu haben, wenn sie denn große Geister gewesen wären, wie er einer war. Und er schrieb es in ihrer Sprache, in einem Deutsch, das sie verstehen konnten.

Wie war er dazu gekommen?

Wir haben schon erwähnt, dass Luther (geboren 1483) der Sohn eines Bergmanns war, der es auf Grund eigener Initiative zu Wohlstand gebracht hatte, so dass er den jungen Martin zum Studium an die Universität Erfurt schicken konnte. Und zwar sollte er als Jurist Karriere machen, wie sich das auch heute noch manche sozialen Aufsteiger von ihren Söhnen wünschen. Aber als er die Artistenfakultät absolviert hatte und mit dem eigentlichen Studium beginnen sollte, hatte er ein existentielles Erlebnis: Auf dem Rückweg vom Vaterhaus in Mansfeld nach Erfurt geriet er in ein verheerendes Gewitter. Ein Blitz schlug neben ihm ein, und in seiner Todesangst tat er ein Gelübde: »Heilige Anna hilf! Ich will ein Mönch werden.«

Dem alten Hans Luther war das durchaus nicht recht. Er mochte die »Pfaffen« nicht. Aber der junge Mann setzte seinen Willen durch, trat 1505 ins Kloster der Augustiner-Eremiten in Erfurt ein und begann mit dem Studium der Theologie. 1507 wurde er zum Priester geweiht und reiste 1510 (oder vielmehr: er wanderte, denn natürlich reiste er zu Fuß) in Angelegenheiten seines Ordens nach Rom, las fromm an jeder Station seiner Reise und in den wichtigsten römischen Kirchen die Messe und war entsetzt über das, was er in der ewigen Stadt sah: über Priester und Mönche, die sich Konkubinen hielten oder Kurtisanen frequentierten, vor allem aber über die gedankenlose und mechanische Art, wie in den Kirchen zelebriert wurde, bis zu fünf Messen pro Priester und Stunde. Auf Knien stieg er die Heilige Treppe zum Lateran hinauf und sprach auf jeder Stufe ein Vaterunser. Das sollte dem Seelenheil seines verstorbenen Großvaters dienen. Zum ersten Mal scheinen ihm Zweifel an einem Gnadenmittel der Kirche gekommen zu sein: »Ob es wahr ist?«

1512 promovierte Luther zum Doktor der Theologie und erhielt eine Professur für Bibelexegese an der Universität Wittenberg. Zusätzlich wurde er mit dem Predigeramt an der Stadtkirche betraut. Als Seelsorger machte er im Jahre 1517 eine Erfahrung, die ihn entsetzte: Anstatt bei ihm zu beichten, Reu und Leid zu erwecken und Buße zu tun, kauften sich seine Pfarrkinder ihre »Ablässe« von einem im Land umhervagierenden Dominikanermönch namens Johann Tetzel. Dem hatte Luthers Landesherr, der Kurfürst Friedrich der Weise, zwar Auftrittsverbot für sein Territorium erteilt – wegen seiner marktschreierischen Methoden (»Sobald das Geld im Kasten klingt, die Seele in den Himmel springt«) und wahrscheinlich auch weil der Fürst die finanziellen Hintergründe durchschaute. Der »Peterspfennig«, den Tetzel für seine Ablässe einsammelte, diente vorgeblich zum Neubau des Petersdoms in Rom. In Wirklichkeit ging die Hälfte davon an den Kardinal Albrecht von Brandenburg, der damit einen Kredit verzinste und tilgte, den er beim Hause Fugger aufgenommen und mit dem er eine grandiose Anhäufung geistlicher Ämter erworben hatte: Er war Erzbischof von Magdeburg, Administrator des Bistums Halberstadt, Erzbischof (und damit Kurfürst) von Mainz.

In Sachsen-Wittenberg durfte Tetzel seine Ablassbriefe nicht feilbieten, aber es war für die Menschen ein Leichtes, über die Grenzen nach Anhalt oder Brandenburg zu gehen, wenn er dort sein Wesen trieb. Sobald sie gezahlt hatten und ein Stück Papier in der Hand hielten, meinten sie, ihrer Sünden ledig zu sein.

Man muss sich vorstellen, was das für einen frommen und gewissenhaften Geistlichen wie den Mönch Martin Luther bedeutete. Für ihn waren »Sünde« oder gar »Todsünde« nicht, wie für die meisten von uns, Begriffe von allenfalls symbolischer Bedeutung, sondern etwas höchst Konkretes, für das den Menschen im Jenseits konkrete Strafen erwarteten. Sich von der Last seiner Sünden befreien konnte er nur durch aufrichtige Reue und Buße, keinesfalls durch den Erwerb eines bedruckten Zettels. Was Tetzel, was der Kardinal Albrecht, was die Kirche hier tat: Sie führten die Leute hinters Licht, machten sie glauben, ihre Sünden seien vergeben, und überantworteten sie in Wirklichkeit der ewigen Verdammnis.

> Denn darin wird offenbart die Gerechtigkeit, die vor Gott gilt, welche kommt aus Glauben in Glauben; wie denn geschrieben steht »Der Gerechte wird aus Glauben leben.«
>
> *Paulus: ›Römerbrief‹ 1,17*

Dies war das eine, wahrscheinlich das stärkste Motiv für Luthers 95 Thesen. Ein anderes erwuchs aus einer Bibelstelle, auf die er bei seinen Studien gestoßen war. Für Luther bedeutet das: Der Mensch erlangt Gerechtigkeit, Erlösung von seinen Sünden nur durch den Glauben, die Gnade Gottes, nicht aber durch sogenannte gute Werke, wie sie die katholische Kirche forderte: Spenden, Wallfahrten, Pilgerreisen, Seelenmessen, Stiftungen und so fort.

Luther plante durchaus keinen Aufstand gegen die Kirche oder das Papsttum; er wollte ursprünglich der Kirche nur helfen, sich von Missständen, Missbräuchen zu befreien und dadurch wieder überzeugender und stärker zu werden. In Rom sah man das allerdings anders. Man sah die gesamte Struktur, das Lehrgebäude und auch die materielle Basis der Kirche gefährdet. Und man war alarmiert über das Echo, das die 95 Thesen und die darauf folgenden Schriften in Deutschland auslösten. 1518 wurde ein Ketzerprozess eingeleitet, 1520 wird Luther unter Androhung des Kirchenbanns aufgefordert, seine Thesen zu widerrufen. Diesen Brief verbrennt Luther vor den Toren von Wittenberg. Anfang 1521 wird dann der Bann über Luther verhängt.

Traditionell folgte dem kirchlichen Bannfluch automatisch die Reichsacht, der Ausschluss des Betroffenen aus der Rechtsgemeinschaft. Das heißt, dass jeder ihn töten durfte oder gar sollte. Aber Luther war mittlerweile zur Figur auf dem politischen Schachbrett geworden. Die Fürsten – zumindest einige von ihnen – benutzten ihn, um sich der Autorität des Kaisers zu widersetzen. Sie beriefen sich auf einen Artikel in der Wahlkapitulation Karls V. (dem Vertrag, den er vor seiner Wahl hatte unterschreiben müssen): Der Kaiser hatte versprochen, über keinen Deutschen die Reichsacht zu verhängen, ohne ihn vorher angehört zu haben. So kam es also zu der Szene vor dem Reichstag von Worms. Luther reist bald darauf ab, und Karl hält sich an das gegebene Versprechen freien Geleits. Er wolle, soll er gesagt haben, nicht auch erröten müssen wie seinerzeit Kaiser Sigismund. Erst als auch die Fürsten, die sich hinter Luther gestellt hatten, Worms verlassen haben, spricht er die Reichsacht aus.

Dieses so genannte Wormser Edikt ist nie ausgeführt worden, obwohl zum Beispiel Johann Tetzel und der Kardinal Albrecht von Brandenburg schon vorher den Tod Luthers gefordert hatten. Auf dessen Rückreise wurde auf Befehl seines Landesherrn, des Kurfürsten Friedrich des Weisen von Sachsen, eine Entführung inszeniert – von der Luther natürlich vorher unterrichtet worden war. Er wurde unter falscher Identität, als »Junker Jörg«, in die Kleider eines adeligen Laien gesteckt, ließ sich die Haare wachsen und einen Bart stehen. Wir würden heute sagen, er tauchte unter, wenn das Bild nicht so völlig unpassend wäre, denn er wurde auf die hochgelegene Wartburg über Eisenach gebracht, »ins Reich der Vögel«, wie er selbst sagte. So war er vorläufig in Sicherheit. Indes scheint die Situation an seinen Nerven gezerrt zu haben, wie die Anekdote belegt, nach der ihm der Teufel erschienen sei und er ein Tintenfass nach dem Gottseibeiuns geworfen habe.

Er nutzte die Abgeschiedenheit, um innerhalb von elf Wochen das Neue Testament ins Deutsche zu übersetzen, und zwar – das ist der entscheidende Punkt – nicht wie frühere Übersetzer aus der lateinischen Fassung, der Septuaginta, die vom katholischen Klerus benutzt wurde, sondern aus dem griechischen Urtext, den Erasmus von Rotterdam im Jahre 1516 herausgegeben hatte. Ebenso benützte er später für seine Übersetzung des Alten Testaments den hebräischen Text. Als Übersetzer steht er also auf den Schultern der Humanisten. Als Sprachschöpfer aber geht er weit über sie hinaus. Er schrieb das Deutsche in seiner ostmitteldeutschen Form, und die konnte, anders als frühere Übersetzungen der Bibel, im ganzen deutschen Sprachgebiet verstanden werden. Es hat sich, anfangs hauptsächlich wegen der weiten Verbreitung der lutherschen Bibel und seiner Kirchenlieder, in den nächsten Jahrhunderten als hochsprachliche Form des Deutschen durchgesetzt. Dazu trug entscheidend bei, dass Luther nicht wie ein Gelehrter schrieb, sondern, wie er sagte, »dem Volk aufs Maul schaute«, also so formulierte, dass es jeder, auch der formal Ungebildete, verstehen konnte. Ein berühmtes Beispiel, das er in seinem ›Sendbrief vom Dolmetschen‹ anführt, betrifft die Textstelle, die in wörtlicher Übersetzung lautet: »Aus dem Überfluss des Herzens spricht der Mund«. Luther formulierte: »Wes das Herz voll ist, des geht der Mund über.«

Während Luther auf der Wartburg saß, gerüchtweise schon totgesagt, wurde die Reformation durch das Wormser Edikt keineswegs eingedämmt oder gar rückgängig gemacht, sondern breitete sich aus, etablierte und formierte sich. Pfarrer bekannten sich zu der neuen Lehre, manche von ihnen heirateten, Mönche und Nonnen verließen ihre Klöster, alles unter der wohlwollenden Duldung von Territorialfürsten und Stadtobrigkeiten, von denen sich immer mehr selbst zu Luther bekannten. Stellenweise kam es zu einer Radikalisierung, die dem Reformator selbst unheimlich wurde. So als 1522 die »Bilderstürmer« unter Luthers früherem Kollegen und Mitkämpfer Karlstadt darangingen, die Kirchen von allen Kunstwerken zu »reinigen«. Luther bezeichnete das als »Schwarmgeisterei«. Es veranlasste ihn, sein sicheres Versteck auf der Wartburg zu verlassen und die Sache in Wittenberg wieder selbst in die Hand zu nehmen.

Aber warum unternahmen die katholischen Fürsten, warum unternahm der Kaiser nichts? Karl V. hatte noch im Jahre 1521 Deutschland wieder verlassen, um in Italien gegen Franz I. zu kämpfen, in Spanien für die Stärkung der Zentralmacht zu sorgen. Erst 1530 kehrte er zurück. Sein Bruder Ferdinand war zunächst damit befasst, sich in den Habsburgischen Erblanden (auch dort fand Luther viele Anhänger) durchzusetzen, später war er mit Böhmen und dem Rest von Ungarn beschäftigt, der ihm nach dem Tod seines Schwagers zufiel. 1522 hielt Franz von Sickingen mit seinem Ritteraufstand und dem Ansinnen, alle geistlichen Fürstentümer abzuschaffen, vor allem die rheinischen Kurfürsten in Atem, 1524/25 suchte der große Bauernkrieg weite Teile Süddeutschlands heim.

1529 kam es auf dem Reichstag von Speyer noch einmal zu einem Beschluss der katholischen Mehrheit, das Wormser Edikt jetzt durchzuführen. Dagegen protestierte eine Anzahl von Reichsfürsten und Städten, und dieser Protest gab der ganzen Bewegung ihren Namen: Protestanten. Im selben Jahr führten Luther und der Züricher Reformator Huldrich Zwingli ein Religionsgespräch, konnten sich aber nicht über die Frage einigen, ob das Abendmahl Christus symbolisiert (Zwingli) oder tatsächlich vergegenwärtigt (Luther). In der Stadt Schmalkalden in Thüringen verhandelten protestantische oder, wie sie sich selbst nannten, evangelische Fürsten und Reichsstädte über ein Schutz- und Trutzbündnis, das 1531 zustande kam und sich Schmalkaldischer Bund nannte. Inzwischen ging die Entwicklung an der Basis weiter. Der evangelische Gottesdienst nimmt feste Formen an. Dazu schreibt Luther die Abhandlungen ›Von der Ordnung des Gottesdienstes in der Gemeinde‹ und ›Formula missae‹. Immer mehr Pfarrer heiraten, 1525 auch Luther. Das evangelische Pfarrhaus, mit Pfarrersgattin und Kindern, wird gesellschaftliche Wirklichkeit. Die Landesfürsten erklärten sich zu »Notbischöfen«, das heißt zu Kirchenoberhäuptern auf ihrem Gebiet – so wie es heute noch die Königin von England für die Anglikaner ist. Philipp Melanchthon reformierte, zunächst in Sachsen, aber vorbildlich für andere protestantische Gebiete, die Universitäten und das Schulwesen. 1530, auf dem Reichstag von Augsburg, trägt er, stellvertretend für den immer noch gebannten Luther, die Grundlinien von dessen Glaubenslehre vor, die ›Confessio Augustana‹. Seither bezeichnet man die lutherische Form des Protestantismus, im Unterschied zu denen der Schweizer Zwingli und Calvin, als Augsburger Bekenntnis. Die Mehrheit des Reichstages lehnte wieder ab und forderte die Durchführung des Wormser Edikts. Aber es geschah nichts.

Für die Fürsten und Reichsstädte hatte die Reformation auch eine politisch-finanzielle Seite. Sie konnten sich Klöster und Kirchengut auf ihrem Gebiet aneignen. Das brachte ihnen viel Geld, zum Teil riesigen Landbesitz und Machtzuwachs und war im Volk populär. Es ist zwar ein vulgär-rationalistischer Unfug, alle geistigen Bewegungen auf materielle Interessen zurückzuführen, aber in diesem Fall kann man wohl annehmen, dass die Aussicht, sich kirchliche Reichtümer unter den Nagel zu reißen, der Frömmigkeit und Glaubenstreue vieler hoher Herren angenehm förderlich war.

Der Kaiser konnte die Protestanten nicht einfach zwingen, auch wenn er die militärische Macht dazu hatte. Er brauchte ihre Hilfe, vor allem ihr Geld, um seine Kriege gegen Frankreich und die Türken führen zu können. Und die Protestanten konnten sich nicht einfach vom Kaiser lossagen, weil sie ihrerseits seinen Beistand brauchten. Sobald die Türken Wien erobert hätten, wäre es mit der »Freiheit eines Christenmenschen« in Deutschland nicht mehr weit her gewesen. Es scheint etwas abwegig, aber trotzdem ist es reizvoll, darüber nachzudenken, ob nicht Soliman der Prächtige durch seine eroberungssüchtige Aggressivität den Protestantismus und auf der anderen Seite das Heilige Römische Reich Deutscher Nation erhalten hat. Zerrissen und uneinig, wie es war, war dieses Reich immer noch eine Notwendigkeit.

Da man zu keiner Entscheidung kam, verfiel man darauf, das Problem zu vertagen: 1532, unter dem Eindruck eines türkischen Vorstoßes, fand sich der Kaiser zum Nürnberger Religionsfrieden bereit, der bestimmte, dass jeder Reichsstand es auf seinem Gebiet so halten sollte wie bisher, wie er es »vor Gott und kaiserlicher Majestät« verantworten könne, und zwar so lange, bis ein allgemeines Kirchenkonzil einberufen wurde, das dann eine Lösung finden sollte. Der Kaiser hoffte, dieses Konzil innerhalb eines Jahres zustande zu bringen. Es war aber bekannt, dass Papst Clemens VII. nichts von der Idee eines Konzils hielt. Er befürchtete das Wiederaufleben der konziliaren Bewegung, nach der die Entscheidungen eines Konzils Vorrang vor denen des Papstes haben sollten. Auch hätte Frankreich ein solches Konzil boykottiert, wenn es auf Reichsgebiet oder im von Karl V. dominierten Italien stattfand. Tatsächlich kam das Konzil erst 1545 zustande, wurde vom Kaiser nach Trient einberufen (also auf Reichsgebiet), vom Papst aber alsbald nach Bologna in den Kirchenstaat verlegt, was den Protestanten den Vorwand lieferte, ihre Teilnahme zu verweigern. Auch nach seiner Rückverlegung fand das Konzil von Trient (bis 1563) ohne protestantische Beteiligung statt. Mit ihm beginnt die katholische Gegenreformation.

Aber vorher hatte der Kaiser doch noch versucht, die Glaubenseinheit gewaltsam wiederherzustellen. 1547 kam es zur militärischen Auseinandersetzung. In der Schlacht bei Mühlberg wurden die Truppen des Schmalkaldischen Bundes vernichtend geschlagen. (Ein Bild Tizians zeigt den Kaiser auf schwarzem Rappen, mit gefällter Lanze vor flammendem Abendrot über das Schlachtfeld reitend.) Im Jahr darauf dekretierte Karl in Augsburg das so genannte Augsburger Interim, das den Protestanten den Laienkelch und die Ehe ihrer Geistlichen zugestand, im Übrigen aber an katholischen Formen wie den sieben Sakramenten, der Messe und der Heiligenverehrung festhielt.

Eines war es, eine solche Verordnung zu erlassen, ein anderes, sie in den Städten und auf dem flachen Land durchzusetzen, jetzt, nachdem sich protestantisches Glaubensleben seit einem Vierteljahrhundert gefestigt hatte. Überall rührte sich Widerstand, besonders in Norddeutschland. Auch die Fürsten gaben sich, trotz ihrer Niederlage, nicht geschlagen, trafen sich zu geheimen Verhandlungen, bildeten eine Verschwörung und schlossen mit Karls ärgstem Feind, dem König von Frankreich (Heinrich II., Franz I. war 1547 gestorben), einen Vertrag, in dem sie ihm, als Lohn für seine Hilfe, die Reichsstädte Metz, Toul und Verdun als »Reichsvikariat« überantworteten, praktisch also abtraten. (»... die stett, so zum reich von alters gehöret und nit Teutscher sprach sein ...«, zit. nach Ferdinand Seibt, ›Karl V.‹. Auch hier haben wir einen Anflug von Nationalismus. Er dient als Ausrede für ein anrüchiges Verhalten: »Sind ja eh keine richtigen Deutschen dort!«)

Der Anführer der Fürstenverschwörung, Moritz von Sachsen, stieß mit einem Heer nach Süddeutschland vor, über Augsburg gegen Innsbruck, wo sich Karl V. aufhielt. Fast wäre es ihm gelungen, den Kaiser gefangen zu nehmen. Karl konnte gerade noch fliehen. Sein Bruder Ferdinand, von den Türken bedroht, brachte ihn dazu, Zugeständnisse zu machen: Im Passauer Vertrag (1552) verzichtete er darauf, das Augsburger Interim durchzusetzen. Dafür gaben die Fürsten ihre Verbindung mit Frankreich auf und sicherten Ferdinand Hilfe gegen die Türken zu. Karl seinerseits versuchte, Metz zurückzuerobern, aber die Belagerung scheiterte. Der Kaiser resignierte, zog sich nach Brüssel zurück, bereitete seine Abdankung vor. Die Einheit der Christenheit war nicht wiederherzustellen, Deutschland nicht in den Griff zu bekommen. Die Universalmonarchie war eine überlebte, unzeitgemäße Illusion. Seine großen Gegner waren tot, Luther 1546 gestorben, Franz I. ein Jahr später. Und doch ging die Reformation weiter, blieb der Druck auf die Westgrenze des Reiches bestehen. Auch die Türken waren nicht besiegt. In Rom saß mit Paul IV. ein erklärter Feind Spaniens auf dem Heiligen Stuhl.

Betrachtete sich Karl V. als gescheitert? Mit dreiundfünfzig Jahren war er ein alter, kranker Mann. Seit Jahren litt er unter schmerzhaften Gichtanfällen, die ihn gezwungen hatten, seine Reisen zeitweise zu unterbrechen oder vom Pferd in eine Sänfte umzusteigen. Reisen, die ihn drei Jahrzehnte lang immer wieder durch ganz Europa geführt hatten. In seiner Rücktrittserklärung listete er sie sorgfältig auf: neunmal nach Deutschland, sechsmal nach Spanien, siebenmal nach Italien, zehnmal in die Niederlande, viermal nach Frankreich (im Krieg wie im Frieden), zweimal nach England und zweimal nach Afrika, achtmal auf dem östlichen Meer zur See gefahren, dreimal auf dem westlichen (gemeint ist wohl der Atlantik). Reisen war damals auch für einen Kaiser kein Vergnügen, sondern eine arge Mühsal, Seereisen oft lebensgefährlich, wie die Katastrophe vor Algier im Jahre 1541 bewiesen hatte.

Jedenfalls fühlte sich der Kaiser müde und überdrüssig. Er trat sozusagen ratenweise zurück. Auf dem Reichstag von Augsburg 1555 überließ er den Vorsitz seinem Bruder Ferdinand. Der vereinbarte mit den Ständen den Augsburger Religionsfrieden, ein Abkommen, das über sechzig Jahre im Großen und Ganzen eingehalten wurde. Nach der Devise »Cuius regio eius religio« (Wer das Land besitzt, der bestimmt die Religion) sollte jeder Reichsstand über das Bekenntnis seiner Untertanen entscheiden. Wer sich als Untertan einem solchen Gebot nicht fügen wollte, der solle die Möglichkeit haben, seinen Besitz zu verkaufen und auszuwandern. In Reichsstädten, wo beide Konfessionen vertreten waren, sollten sie einander dulden. Geistliche Fürsten, die zum Protestantismus übertraten, sollten Amt und weltlichen Besitz verlieren. Diese Bestimmungen galten allerdings nur für Katholiken und Lutheraner. Reformierte (Calvinisten und Zwinglianer) blieben ausgeschlossen, ebenso Sekten wie die Täufer oder die Böhmischen Brüder. Gewissens- oder Religionsfreiheit in unserem Sinne war das noch keineswegs. Es war ein nach den Vorstellungen der Zeit für beide Seiten schmerzlicher, gerade noch vollziehbarer Kompromiss und zugleich etwas völlig Neues: dass zwei Konfessionen einigermaßen friedlich in einem Gemeinwesen neben- und miteinander leben sollten.

Im Oktober 1555 übergab Karl die Herrschaft über die Niederlande seinem Sohn Philipp, drei Monate später auch Spanien und die spanischen Besitzungen in Italien, 1556 seinem Bruder Ferdinand die »administratio imperii«. Der wurde dann 1558 von den Kurfürsten zum Kaiser gewählt, ein halbes Jahr vor Karls Tod.

Seine letzten zwei Lebensjahre verbrachte Karl in einer noblen Einsiedelei in der spanischen Extremadura in der Nähe des Hieronymitenklosters von Yuste. Wir können wieder einmal einen spätromantischen Dichter zitieren, der sich seine Ankunft wie folgt vorstellte:

Der Pilgrim von St. Just

Nacht ists und Stürme sausen für und für,
Hispanische Mönche, schließt mir auf die Tür!

Laßt hier mich ruhn, bis Glockenton mich weckt,
Der zum Gebet euch in die Kirche schreckt!

Bereitet mir, was euer Haus vermag,
Ein Ordenskleid und einen Sarkophag!

Gönnt mir die kleine Zelle, weiht mich ein,
Mehr als die Hälfte dieser Welt war mein.

Das Haupt, das nun der Schere sich bequemt,
Mit mancher Krone wards bediademt.

Die Schulter, die der Kutte nun sich bückt,
Hat kaiserlicher Hermelin geschmückt.

Nun bin ich vor dem Tod den Toten gleich
Und fall in Trümmer, wie das alte Reich.

August Graf von Platen

Platen war gewiss ein großer Lyriker, ein viel bedeutenderer als Johann Nepomuk Vogl, der Heinrich I. besang. Trotzdem müssen wir auch hier anmerken: Ganz so pathetisch war es nicht. Es war zwar ein einmaliger, noch nie da gewesener Vorgang, dass ein Kaiser freiwillig abdankte. Aber Karl zog keineswegs in eine »kleine Zelle«, sondern in ein für seine Verhältnisse bescheidenes, aber doch recht geräumiges Landhaus *in der Nähe* des Klosters. Den Ort hatte er wahrscheinlich auf Anraten seiner Ärzte ausgewählt, weil das trockene Klima der Extremadura sich lindernd auf seine Gichtschmerzen auswirkte. Vielleicht suchte er auch die Gesellschaft gebildeter Patres und – er war schließlich ein frommer Mann – die Gelegenheit zu Gebet und Kontemplation. Allerdings brachte es die Ärzte zur Verzweiflung, dass er nicht von seiner Gewohnheit abließ, üppige Mahlzeiten zu sich zu nehmen. Für sein Wohl sorgte ein »kleiner« Hofstaat von etwa fünfzig Personen.

Im Haus befand sich eine erlesene Bibliothek mit den Lieblingsbüchern des Kaisers. Besonders gern soll er sich mit der Sammlung von Räderuhren beschäftigt haben, die er in früheren Jahren zusammengestellt und nun mit hierher gebracht hatte. Einer nicht verbürgten Anekdote zufolge versuchte er, die Uhren so einzustellen, dass alle genau die gleiche Zeit anzeigten. Vergeblich!

Auszug aus der Abdankungserklärung Kaiser Karls V.

Vor vierzig Jahren, am selben Ort, am Vorabend des Dreikönigstages, hat mich der Kaiser, mein Großvater, für volljährig erklärt. Dann wurde ich König von Spanien, dann selbst Kaiser – nicht um persönliche Macht zu vergrößern, sondern im Ringen um das Wohl dieser Länder. Ich habe darum viel beschwerliche Reisen machen, viele beschwerliche Kriege führen müssen … aber niemals mutwillig, sondern stets sehr gegen meinen Willen als Angegriffener …

Große Hoffnungen hatte ich – nur wenige haben sich erfüllt, und nur wenige bleiben mir: und um den Preis welcher Mühen! Das hat mich schließlich müde und krank gemacht. Ihr wißt alle, wie sehr … Ich habe alle Wirrnisse nach Menschenmöglichkeit bis heute ertragen, damit niemand sagen könnte, ich sei fahnenflüchtig geworden. Aber jetzt wäre es unverantwortlich, die Niederlegung noch länger hinauszuzögern. Glaubt nicht, daß ich mich irgend Mühen und Gefahren entziehen will: Meine Kräfte reichen einfach nicht mehr hin. Vertraut meinem Sohn, wie er euch vertraut, seid einig, übt stets Gerechtigkeit und lasset den Unglauben nicht in eure Reihen.

Was mich betrifft: ich weiß, daß ich viele Fehler begangen habe, große Fehler, erst wegen meiner Jugend, dann wegen des menschlichen Irrens und wegen meiner Leidenschaften, und schließlich aus Müdigkeit. Aber bewußt habe ich niemandem Unrecht getan, wer es auch sei. Sollte dennoch Unrecht entstanden sein, geschah es ohne mein Wissen und nur aus Unvermögen: ich bedaure es öffentlich und bitte jeden, den ich gekränkt haben könnte, um sein Verzeihen.

Kapitel 20
Rebellen: Ritter, Bauern, Wiedertäufer

Jesus Christus, schrieb Martin Luther, sei am Kreuz gestorben, um den Menschen von der Sünde zu befreien, nicht von der Leibeigenschaft. Theologisch mag das stichhaltig sein. Aber es konnte nicht ausbleiben, dass Einzelne und dass ganze Gruppen die Botschaft von der Freiheit eines Christenmenschen auch gesellschaftlich und politisch auffassten. Dass sie, in der von Luther übersetzten Bibel lesend, fragten, wo denn geschrieben stehe, dass die Welt, die Ordnung der Stände nach dem Willen Gottes auf ewig so sein müsse, wie sie eben war. Und wenn das weltliche Gut der Kirche neu verteilt wurde, war es dann recht und billig, dass nur die Fürsten Gewinn daraus haben sollten?

Der Erste, der nicht nur so fragte, sondern auch meinte, eine Antwort zu haben und Folgerungen in der Praxis aus ihr ziehen zu sollen, war nicht gerade das, was wir uns unter einem Frommen vorstellen. Er gehörte auch nicht zu den Unterdrückten und Benachteiligten. Eher war er ein Abenteurer, ein Desperado, ein Condottiere. Franz von Sickingen, geboren 1481, erbte von seinem Vater nicht nur einen großen, weitverstreuten Besitz an Burgen und Ländereien im Nahetal, im Elsass und im Schwarzwald, sondern auch die Stellung als kurpfälzischer Amtmann in Kreuznach. Da er zudem noch Einkünfte aus dem Bergbau hatte, hätte er das Seine in Ruhe verwalten und mehren können. Das tat er, wenn man von kleineren Raubzügen absieht, schlecht und recht, fast so lange, wie seine Frau lebte, eine Dame aus pfälzischem Adel. Allerdings erklärte er schon 1513 der Stadt Worms die Fehde, angeblich zum Schutz eines Bürgers, den der Magistrat ausgewiesen hatte. Er gab sich gern als Beschützer der Verfolgten. Mit siebentausend Mann zog er vor die Stadt, plünderte und verwüstete das Umland und überfiel einen Zug von Wormser Kaufleuten. Damit verstieß er gegen den 1495 verkündeten Ewigen Landfrieden, und Kaiser Maximilian verhängte 1515 die Reichsacht gegen ihn. Trotzdem rückte er erst ab, als die Stadt Worms seine Forderungen nach Geld erfüllte. Später führte er dann noch »Krieg« gegen den Herzog von Lothringen und den Landgrafen von Hessen. Im Jahr 1515 starb Sickingens Frau. Er selbst wich nach Frankreich aus und trat in die Dienste König Franz' I. Es scheint ihm dort nicht gefallen zu haben, wahrscheinlich wegen des Mangels an Anarchie in diesem Lande, und er kam bald wieder zurück.

Seltsam ist, dass ihn der Kaiser jetzt in seine Dienste aufnahm, für einen Feldzug gegen den Herzog von Württemberg verwendete und ihm im Jahre 1519 mit seinem Landsknechtshaufen sogar den »Schutz« der Stadt Frankfurt anvertraute, wo die Kurfürsten tagten, um Maximilians Nachfolger zu wählen. Der Präsenz von Sickingens Truppe, vereint mit dem Geld der Fugger, war es zu verdanken, dass Karl V. und nicht Franz I. der nächste Kaiser wurde, nachdem Friedrich der Weise so weise gewesen war, auf seine Kandidatur zu verzichten. Dafür wurde Sickingen der Titel eines kaiserlichen Rates verliehen.

Auf dem Feldzug gegen Württemberg hatte Sickingen Ulrich von Hutten kennen gelernt, den Humanisten, Dichter und glühenden Anhänger Luthers. Er nahm ihn zeitweise in seine Burg auf, ebenso wie andere Verfolgte, etwa Johannes Reuchlin, den ersten Hebraisten Deutschlands, dem die Kölner Dominikaner wegen seines Eintretens für das Studium jüdischer Schriften einen Ketzerprozess anhängen wollten. Sickingen drohte, Köln mit Fehde zu überziehen. Hutten nannte Sickingens Ebernburg eine »Herberge der Gerechtigkeit«. Durch Hutten lernte er Luthers Gedanken und die Reformation kennen. Was ihn besonders begeisterte, war die Aussicht, die Kirche und vor allem die geistlichen Fürsten zu enteignen. Ihr Besitz, so dachte er sich das, sollte unter der Reichsritterschaft verteilt werden. Dieser niedergehende Stand, den niemand mehr brauchte, weil man im Krieg jetzt Landsknechte einsetzte, an den Höfen der Fürsten und in der Verwaltung dagegen immer mehr bürgerliche Juristen Verwendung fanden, dieser Stand würde dann einen neuen Daseinszweck, eine Rechtfertigung für seine gesellschaftliche Stellung finden: Vereint und durch Besitzzuwachs gestärkt, würden die Ritter ein Gegengewicht zu den Reichsfürsten mit ihrem zentrifugalen Partikularismus, ihrer dynastischen Eigensucht bilden. Durch sie würde der Kaiser wieder mächtig, das Reich geeint werden. (Und natürlich würde für Herrn von Sickingen eine besonders lukrative Funktion abfallen.)

Nach einem nicht sehr glücklichen Frankreichfeldzug im Auftrag Karls V. im Sommer 1522 berief Sickingen im August einen »Landauer Rittertag« ein, auf dem beschlossen wurde, eine Vereinigung der Adeligen am Ober- und Mittelrhein zu bilden. Solch ein Bund verstieß gegen das Landfriedensgesetz. Aber wer kümmert sich um ein Gesetz, hinter dem keine Macht steht? Sickingen wurde zum Hauptmann des Bundes gewählt.

Er glaubte wohl tatsächlich, die Standesgenossen würden geschlossen zu seiner Fahne eilen, der Kaiser werde das Unternehmen mit Sympathie verfolgen, es letztendlich legitimieren, und auch die Bauern würden ihm in Scharen zulaufen. So erklärte er dem Kurerzbischof von Trier die Fehde, setzte seine Söldner in Marsch und schickte sich an, die Stadt Trier zu belagern. Die Bauern allerdings dachten nicht daran, sich einem Aufstand von Rittern anzuschließen. Ritter waren für sie noch ärgere Blutsauger und Ausbeuter als die Fürsten. Der Kaiser war weit weg in Spanien, und wenn er im Lande gewesen wäre, hätte er als frommer Katholik bestimmt kein Verständnis dafür gehabt, dass solcherart mit einem der vornehmsten Kirchenfürsten des Reiches umgesprungen wurde. Sickingens Standesgenossen hingegen scheinen zum Großteil kalte Füße bekommen zu haben. Einige von ihnen verbündeten sich sogar mit der Gegenpartei. Der große Zulauf blieb aus. Wieder wurde die Reichsacht über Sickingen verhängt. Die Reichsfürsten waren nicht gewillt, einfach zuzuschauen, wie einer der Ihren von einem abenteuernden Rabauken von seinem Stuhl gestoßen wurde.

Der Kurfürst von der Pfalz – er hatte frühere Raubzüge Sickingens gnädig toleriert – und sogar der mit Luther sympathisierende Landgraf Philipp von Hessen (den Sickingen allerdings früher einmal um 35 000 Gulden erpresst hatte) stellten ein Heer auf und kamen dem Erzbischof zu Hilfe. Sickingen dagegen musste seine Söldner bei Anbruch des Winters entlassen. Da der schnelle Erfolg ausgeblieben war, ging ihm das Geld aus. Er zog sich auf seine Burg Landstuhl zurück. Dort begann im April 1523 die Belagerung. Sie dauerte nur zwei Tage. Der Artillerie seiner Gegner waren die Mauern nicht gewachsen. Sickingen wurde von Teilen eines einstürzenden Bauwerks schwer verwundet, musste kapitulieren und starb am Tag darauf. Er war bis zuletzt der Meinung, für eine gerechte Sache gekämpft zu haben.

Für den Erhalt der Reichsritterschaft und ihrer Stellung. Für etwas, was ganz und gar eine Sache der Vergangenheit war, schon seit den Hussitenkriegen vor mehr als hundert Jahren! Das Heer des Schwäbischen Bundes, einer Vereinigung südwestdeutscher Fürsten und Städte, zerstörte zusätzlich zweiunddreißig Burgen in Franken, deren Besitzer mit Sickingen paktiert hatten.

Seltsamerweise ist Franz von Sickingen trotzdem als Freiheitskämpfer im Gedächtnis der Deutschen lebendig geblieben. Volkssagen und Lieder erzählten von ihm. Ferdinand Lasalle, der erste deutsche Sozialistenführer, hat ihn zum Helden eines Dramas gemacht, Friedrich Engels sah in ihm einen Vorboten der bürgerlichen Revolution. Andererseits wurde 1889, mitten im wilhelminischen Obrigkeitsstaat, in Ebernburg ein Denkmal für ihn und Ulrich von Hutten errichtet, und heute noch wird in Landstuhl an einem Sickingen-Gymnasium gelehrt.

Liegt es daran, dass Ulrich von Hutten ihn gerühmt hat? Dass es ein »Pfaffe« war, gegen den er seinen letzten Feldzug führte? Oder identifizieren wir uns einfach gern mit Charakteren, die das tun, was wir selbst nicht wagen: aufstehen und sich auflehnen – im Namen welcher Sache auch immer?

War Sickingens Erhebung das Auflodern einer Feuersbrunst gewesen, so kam es zwei Jahre später zu einem Flächenbrand, zu dem, was wir mit einer etwas irreführenden Bezeichnung den Deutschen Bauernkrieg nennen. Aufstände der Bauern hatte es schon früher gegeben, nicht nur in Deutschland: die Auflehnung der Eidgenossen gegen die Habsburger seit 1291. Die Jacquerie in Frankreich 1358, den Aufstand Wat Tylers in England 1381, eine Erhebung in Ungarn 1514. Im selben Jahr hatte sich im Herzogtum Württemberg eine Vereinigung unter dem Namen »Der arme Konrad« gebildet, schon vorher (1443, 1460, 1493) der »Bundschuh« – benannt nach der typischen Fußbekleidung der Bauern – in Südwestdeutschland und Teilen der

Schweiz. Aufhebung der Leibeigenschaft hatten sie gefordert, »göttliche Gerechtigkeit«, Beseitigung lokaler Herrschaften. Nur mehr dem Kaiser und dem Papst wollten sie untertan sein. Utopische Forderungen. Die Fürsten hatten strenge Gesetze erlassen, waren streng gegen die Aufrührer vorgegangen.

Jetzt erhielt die Unzufriedenheit durch die religiöse Erregung im Gefolge von Luthers Auftreten neue Impulse. Waren nicht ein Großteil der Fronherrschaften Klöster oder geistliche Stifte? Wenn, wie Luther sagte, es keinen eigenen Priesterstand geben sollte, sondern das allgemeine Priestertum der Gläubigen, warum führten dann Mönche und Pfarrer ein müßiges Leben auf Kosten der schuftenden Bauern? Hatte Gott nicht *alle* Menschen nach seinem Ebenbild geschaffen? Warum waren dann die einen Herren, die anderen Leibeigene oder Hörige? Ein Lied kam auf, aus dem Englischen übersetzt:

> Als Adam grub und Eva spann,
> wo war denn da der Edelmann?

Aber natürlich gab es auch nüchterne wirtschaftliche Gründe für den Unwillen der Bauern und auch der städtischen Unterschicht. Wenn wir auf eine historische Karte schauen, sehen wir, dass das Gebiet der Unruhen von Sachsen und Thüringen im Nordosten bis ins Elsass und in Teile der Schweiz im Südwesten reicht, im Südosten bis ins Allgäu. Auch in Tirol, genauer gesagt im Bistum Brixen und im Bistum Salzburg, kam es zu Aufständen und Beschwerden. Abgesehen von den beiden letzteren sind das fast durchweg Landesteile, wo die territoriale Struktur besonders kleinteilig war, wo zahlreiche kleinere Herren, reichsfreie Klöster, Ritterschaften, Grafschaften und andere Kleinpotentaten neben- und durcheinander herrschten. Es waren Landschaften mit zahlreichen größeren und kleineren Städten, also waren sie dicht besiedelt. Ferner waren es meist Gegenden, in denen das fränkische (salische) Erbrecht galt, das Realteilung vorsah. Das heißt, dass im Erbfall ein Hof (oder in adeligen Familien auch ein Territorium bzw. eine Grundherrschaft) nicht an einen, den ältesten Sohn ging, sondern unter alle männlichen Nachkommen aufgeteilt wurde. Auf immer kleineren Bauerngütern, deren Boden ja nicht mehr hergab als früher, lebten immer mehr Menschen und sollten mit ihrer Arbeit immer mehr Angehörige einer Oberschicht versorgen, die ihre ursprüngliche Aufgabe – den Frieden nach innen und außen zu sichern – nicht mehr erfüllte, aber trotzdem auf ihren Privilegien bestand. Außer dem Kirchzehnten und den Abgaben an den Grundherrn sollten die Bauern jetzt auch noch Steuern an den Landesfürsten bezahlen.

Im hohen Mittelalter hatte es für den Bevölkerungsdruck das Ventil der Siedlung in den Ostgebieten gegeben. Aber die hatte ja längst ein Ende genommen. Oder die Leute waren in die Städte abgewandert. (»Stadtluft macht frei.«) Jetzt aber, da es in den Städten selbst oft zu Spannungen zwischen ratsfähigen Bürgern, zünftigen Handwerkern und der besitzlosen Unterschicht kam, begannen die Städte, den Zuzug zu erschweren. Die Grundherrn ihrerseits machten das Wegziehen so schwer wie möglich, denn wer nicht im Dorf wohnte, zahlte natürlich keine Abgaben und konnte keine Frondienste leisten. Der Frondienst war oft so zeitaufwendig, dass der Bauer kaum dazu kam, seine eigenen Felder zu bestellen oder abzuernten.

Manche Grundherren versuchten, die Menschen in ihrem Sozialstatus zu drücken, etwa aus zinspflichtigen Bauern Leibeigene zu machen, wenn sie mit ihren Zahlungen in Verzug gerieten. Das hieß dann, dass ein solcher Bauer nicht mehr aus dem Bereich der Grundherrschaft wegziehen durfte, dass er nicht ohne Einwilligung des Grundherrn und nur eine dem Grundherrn gleichfalls untertane Frau heiraten durfte. Für diese Heiratserlaubnis musste er zahlen. Heiratete er aber eine Freie, wurden sie und die Kinder ebenfalls leibeigen. Wer auf seine persönliche Freiheit nicht verzichten wollte, wurde unter Umständen gefangen gesetzt, bis er einen Eid schwor, sich zu fügen. In anderen Fällen mussten für Ehen zwischen Menschen von verschiedenem Sozialstatus oder von Leibeigenen aus verschiedenen Grundherrschaftsbereichen hohe Gebühren bezahlt werden. Besonders in geistlichen Herrschaftsgebieten kam es zu der absurden Situation, dass die geistliche Obrigkeit ein von der Kirche geheiligtes Sakrament, nämlich die Ehe, mit Strafe belegte oder gar unmöglich machte. Kinder aus nichtehelichen Verbindungen aber galten als »Bankerte« und waren sozial gebrandmarkt.

Wenn die Bauern jetzt Freiheit forderten, redeten sie nicht von einem abstrakten Ideal, sondern von sehr konkreten Dingen.

Recht erfinderisch waren die Grundherren beim Erheben von Sonderabgaben auch bei Sterbefällen. Dann waren das »Besthaupt« und das »Häß« fällig, das beste Stück Vieh und das beste Gewand des Toten. Oder die Erben mussten ein Drittel oder gar den »Halbwert« des gesamten Besitzes an den Grundherrn zahlen. Wer sich weigerte, wurde vom Erbe ausgeschlossen.

Andere Beschwerden betrafen das Gerichtswesen. Früher hatten die Bauern Dorfrichter aus ihrer Mitte gewählt, und die hatten bei Streitigkeiten mündlich verhandelt und nach Herkommen und Brauch geurteilt. In Zweifelsfällen hatte man Rat beim nächstliegenden Stadtgericht eingeholt. Jetzt gingen die Landesherrn immer mehr dazu über, studierte Juristen einzustellen, die nach dem Römischen Recht urteilten und den Prozess zum Großteil auf dem Schriftweg führten oder schriftlich beschieden. Das konnten die Bauern nicht lesen. Das ganze Verfahren war ihnen unbekannt, undurchsichtig, erschien ihnen oft ungerecht. Die Sprache und die Denkweise der Juristen verstanden sie nicht. (Das geht manchen von uns heute noch so.)

Die ersten Unruhen brachen im Sommer 1524 in Franken, Thüringen und Südwestdeutschland aus, am Oberrhein, in der Bodenseegegend und in Oberschwaben. Die Bauern versammelten sich an verschiedenen Orten. Zwischen siebentausend und zwölftausend Mann stark waren diese »Haufen«, wie sie sich nach dem Vorbild der Landsknechte benannten. Ihre Anführer waren zum Teil erfahrene Landsknechte, zum Teil auch einzelne Adelige wie der Ritter Florian Geyer, ein Idealist, der nach einer verlorenen Schlacht seiner gemäßigten Haltung wegen ermordet wurde, und der noch bekanntere Götz von Berlichingen, der nicht der Biedermann war, als den ihn Goethe darstellt, und der sich später darauf herausredete, er habe den Befehl über den »Odenwälder Haufen« nur unter Druck übernommen. Tatsächlich sprach ihn das Reichskammergericht dann frei, und er saß nur zwei Jahre in Augsburg im Gefängnis.

Die Bauernhaufen hatten zunächst keine einheitlichen und genau definierten Ziele, und zu einem gemeinsamen Kommando oder einem Operationsplan haben sie es nie gebracht. Im

März 1525 trafen sich fünfzig ihrer Vertreter in der Reichsstadt Memmingen im Allgäu und beschlossen in eingehenden Beratungen ein Programm, die »Grundlegenden und rechten Hauptartikel aller Bauernschaft und Hintersassen der geistlichen und weltlichen Obrigkeiten, von welchen sie sich beschwert fühlen«. Das Dokument gliedert sich in zwölf Punkte. Der erste fordert freie Wahl des Pfarrers durch die Gemeinde und auch die Möglichkeit einer Abwahl. »Derselbe gewählte Pfarrer soll uns das Evangelium klar und eindeutig predigen, ohn alle menschlichen Zufügungen, Lehren und Gebote …« Der zweite Artikel beschäftigt sich mit dem Zehnten: den »großen« Zehnt – also die Abgaben an Feldfrüchten und Großvieh – sehen die Bauern im Alten und im Neuen Testament begründet und wollen ihn weiter zahlen, er soll aber durch Gemeindevertreter eingesammelt und zum Unterhalt des Pfarrers verwendet werden. »Und was überbleibt, soll man mit armen Bedürftigen (so im Dorf vorhanden sind) teilen …« Den »kleinen« Zehnt aber, die Abgabe vom Kleinvieh, wollen sie nicht mehr zahlen, »denn Gott der Herr hat das Vieh frei dem Menschen erschaffen …«.

Drittens: Die Leibeigenschaft soll abgeschafft werden, »angesehen, dass uns Christus all mit seinem kostbarlichen Blutvergüßen erlöst und freigekauft hat …« Viertens: Jagd und Fischen sollen frei sein. Fünftens: Jeder soll sich nach Bedarf Holz, auch Bauholz, aus dem Wald holen dürfen. Gemeindevertreter sollen darüber wachen, dass jeder wirklich nur so viel nimmt, wie er braucht. Sechstens: Frondienste sollen nicht willkürlich vermehrt, sondern auf das seit alters herkömmliche Maß zurückgeführt werden. Siebtens: Die Herrschaft soll sich an die einmal vereinbarten Frondienste halten und, was darüber hinausgeht, zusätzlich bezahlen. Achtens: Die Pacht soll nicht höher sein als der Ertrag der Hofstelle. Neuntens: Es sollen nicht ständig neue Gesetze erlassen, sondern die bestehenden gerecht angewendet werden. »Ist unser Meinung, uns bei alter geschriebener Strafe strafen, danach die Sache verhandelt ist, und nicht nach Gunst.« Zehntens: Wiesen und Äcker, die der Gemeinde gehören (die sog. Almende) sollen Gemeinbesitz bleiben. »Zum eilften wollen wir den Brauch, genannt die Todesfallsteuer, ganz und gar abgeschafft haben …« Zwölftens: Wenn irgendeiner dieser Artikel gegen das Evangelium verstößt, »wollen wir davon abstehen, wenn man's uns auf Grund der Schrift erklärt.«

Wenn die Vertreter der Bauernschaft glaubten, sich mit diesen zwölf Artikeln als Verhandlungspartner ihrer Obrigkeiten qualifiziert zu haben, hatten sie sich getäuscht. Die Herrschenden waren nicht gewillt, mit sich reden zu lassen, eines ihrer Herrschaftsinstrumente oder eine Einkommensquelle aus der Hand zu geben. Der Schwäbische Bund stellte, mit Geldern des Hauses Fugger, ein Heer von neuntausend Landsknechten und fünfzehnhundert Berittenen auf. Das versammelte sich im März 1525 bei Ulm. Den Befehl führte, vom Erzherzog Ferdinand, dem späteren Kaiser, eingesetzt, Georg Truchsess von Waldburg-Zeil, später »Bauernjörg« genannt. Die Bauern, ohne einheitliche Führung, undiszipliniert, meist nur mit Sensen und Dreschflegeln bewaffnet, hatten gegen diese Armee keine Chance. Zunächst gelang es ihnen noch, einige Städte wie Rothenburg ob der Tauber, Freiburg im Breisgau, Würzburg einzunehmen oder auf ihre Seite zu bringen. Burgen wurden erstürmt und niedergebrannt, Klöster geplündert. Es kam zu Ausschreitungen. Im April nahm der »Neckartaler Haufen« Stadt und Burg Weinsberg ein. Der Kommandant dieser Festung, ein Graf Helfenstein, hatte den Bauern damit gedroht, ihre Dörfer niederzubrennen. Jetzt ließen sie ihn und die anderen Adeligen der Besatzung Spießruten laufen, so dass sie am Ende blutüberströmt liegen blieben.

Diese Bluttat verschärfte den Vernichtungswillen auf der Seite der Herrschenden. Sie war es wohl auch, die Martin Luther alarmierte. Er fühlte sich von den Aufständischen missverstanden, die sich auf die Bibel und auch auf ihn selbst zu ihrer Rechtfertigung beriefen. Er geriet unter Druck seiner fürstlichen Gönner, und was ganz in der Nähe von Wittenberg sein früherer Weggenosse Thomas Müntzer im thüringischen Mühlhausen predigte, dürfte ihn aus der Fassung gebracht haben. Nur so ist seine Stellungnahme in der Schrift ›Wider die mörderischen und räuberischen Rotten der Bauern‹ zu erklären – wenn auch nicht zu verstehen oder gar zu entschuldigen. »... man soll sie zerschmeißen, würgen, stechen, heimlich und öffentlich, wer da kann, wie man einen tollen Hund erschlagen muss.« Luther stellt sich voll und ganz auf die Seite der Herrschenden. Der Protestantismus lutherischer Prägung hört auf, eine freiheitliche Bewegung zu sein. »Seid untertan der Obrigkeit.« Er macht sich auf den Weg zu dem, was man später preußischen Kadavergehorsam nennen wird.

Im April setzte sich die Kriegsmaschinerie des Bauernjörg in Bewegung. Den ersten Bauernhaufen (»Leipheimer Haufen«), auf den er traf, forderte er zur bedingungslosen Kapitulation auf und machte ihnen klar, dass er sie andernfalls als Landfriedensbrecher behandeln würde. Auf Landfriedensbruch stand die Todesstrafe. Im Übrigen war er kein blinder Draufgänger, war notfalls auch zu Verhandlungen bereit. Als er mit siebentausend Mann einmal zwölftausend Bauern gegenüberstand, schloss er mit ihnen einen Vertrag, nach dem sich der Haufen gegen das Versprechen späterer Verhandlungen auflöste. Als er auf Bauern aus seinen eigenen Besitzungen traf, überredete er sie, die Waffen niederzulegen und nach Hause zu gehen. Er war klug genug, die Kuh, die er melken wollte, nicht zu schlachten. Die Familie Truchsess von Waldburg gibt es heute noch. Sie besitzt noch immer große Ländereien, auch die, welche dem Bauernjörg für seine Heldentaten im Bauernkrieg verliehen wurden.

Er konnte darauf bauen, dass die Bauern, anders als seine Landsknechte, ihren Lebenszweck nicht im Kampf sahen, dass sie lieber auf ihre Äcker zurückkehren würden als über das Schlachtfeld zu marschieren. Bei Widerstand aber gab es keinen Pardon, die Bauern wurden erbarmungslos niedergemacht, wer überlebte, musste hohe Strafgelder zahlen. Anführern, die in Gefangenschaft gerieten, drohte die Hinrichtung. Es ist deprimierend, die Namen all jener Orte aufzuzählen, bei denen die Bauern abgeschlachtet wurden: Leipheim, Weinsberg, Balingen, Rottenburg, Herrenberg, Böblingen, Königshofen, Würzburg, Pfeddersheim, Griessen, Leubas. In vier Monaten marschierte die Armee tausend Kilometer, ließ eine Blutspur hinter sich zurück. Auch der Erzherzog Ferdinand griff mit eigenen Truppen in diesen Kampf ein. Weiter nördlich, in Thüringen, schlugen Georg von Sachsen und Philipp von Hessen die Schlacht von Frankenhausen, nachdem Thomas Müntzer sich dort an die Spitze der Bauern gestellt und sie daran gehindert hatte, rechtzeitig zu kapitulieren. Nach der Schlacht wurde er gefangen genommen, gefoltert und geköpft. In Mühlhausen in Thüringen hatte er versucht, mit einem »Bund der Auserwählten« eine Art Gottesstaat zu gründen, hatte sich gegen die Lehre Luthers gewandt, nach der es zwei Reiche gibt, ein irdisches, das der Mensch zu ertragen und dem er in weltlichen Dingen zu gehorchen hat, und ein himmlisches, dessen Gebote er erfüllen muss, wenn es um den Glauben geht. Die DDR hat später aus Müntzers Kampf einen revolutionären Mythos gemacht. Den hat der Maler Werner Tübke in einem riesigen Rundbild verewigt, für das ein eigener Turm gebaut wurde und von dem man heute noch nicht sagen kann, ob es sich um monumentalen Kitsch oder, trotz ideologischer Ausrichtung, um große Kunst handelt.

Zwischen siebzigtausend und hunderttausend Bauern waren umgebracht worden. Die hohen Strafgelder zwangen viele dazu, sich zu verschulden oder ließen sie in die Leibeigenschaft absinken. Waffen zu tragen war den Bauern fortan streng verboten, von Befreiung und Mitsprache war keine Rede mehr.

Nur sehr vereinzelt kam es zu Verbesserungen der Lage der Bauern. In Tirol berief der Erzherzog Ferdinand einen Landtag, auf dem auch die Bauern vertreten waren. Er verhandelte zuerst mit ihnen, ohne die Adeligen beizuziehen, und man beschloss eine neue »Landtßordnung der fürstlichen Grafschaft Tirol«, die vor allem die Gerichtsordnung verbesserte und das Erbrecht der Bauern regelte. Im Jahr darauf, 1526, verhandelte der Reichstag von Speyer darüber, wie man die Lage der Leibeigenen verbessern und ihnen den Loskauf erleichtern könne. Er kam allerdings zu keinem Ergebnis.

Sieger im Bauernkrieg waren die Landesfürsten. Indem die Bauern zahlreiche Burgen und Klöster zerstörten, hatten sie den niederen Adel weiter geschwächt, den Rittern wie der Geistlichkeit gezeigt, dass sie auf den Schutz der großen Territorialherren angewiesen waren, ohne ihn nicht bestehen konnten. Die Bauern hatten also gegen ihren Willen den Fürsten in die Hand gespielt. Auch hatte sich gezeigt, wer die Macht im Lande in der Hand hielt: jedenfalls nicht die Zentralgewalt, sofern es die überhaupt noch gab.

Aber natürlich wurde der Traum von Freiheit im Geheimen

weitergeträumt, und auch der Traum von einem gerechten Gemeinwesen. Und gerecht konnte nach dem Verständnis der damaligen Menschen ein Gemeinwesen nur sein, wenn in ihm auch für das politische, gesellschaftliche, das alltägliche Leben die Gebote der Religion galten, wenn die Reformation nicht nur in der Kirche stattfand, sondern auch auf dem Markt und im Rathaus. Dass so etwas möglich war, wurde ja dort bewiesen, wo die Gewalt der Fürsten nicht hinreichte, in der formell noch immer zum Reich gehörigen, faktisch unabhängigen Schweiz, in der Stadt Zürich. Dort hatte der Prediger Huldrich (oder Ulrich) Zwingli eine radikalere Reformation verwirklicht, mit Bilderverbot in den Kirchen und geistlicher Kontrolle über den Sittenkodex, das private und öffentliche Leben der Bürger. (Dieses Regime erinnert an das der Ayatollahs im heutigen Iran.) Dass sich auch dabei Grausamkeit und Heuchelei entwickeln konnten, war eine Erfahrung, die man erst noch machen musste.

Die ersten, die sie machten, waren eine Gruppe von besonders Frommen, denen Zwinglis Reformation immer noch nicht radikal genug war. Vor allem lehnten sie es ab, ihre Kinder als Säuglinge taufen zu lassen, da ein Kind noch nicht im Stande sei, sich frei für Gott zu entscheiden und seine Sünden zu bereuen. Gültig sei allein die Erwachsenentaufe, die sie nicht durch »Besprengen«, sondern mit Hilfe eines Wasserkübels oder durch Untertauchen in einem Becken vornahmen. Deswegen nannten sie sich »Täufer«, für andere waren sie »Wiedertäufer« (Anabaptisten). Auch sonst sonderten sie sich von der übrigen Gemeinde ab. Sie hatten ein eigenes Gesangbuch, hielten ihre Gebetsstunden außerhalb der offiziellen Kirche, lehnten Eid, Steuern, die Übernahme öffentlicher Ämter und den Kriegsdienst ab. Sie weigerten sich, die weltliche Obrigkeit zur Kenntnis zu nehmen, erwarteten das baldige Ende der Welt und hielten sich für eine Gemeinschaft von Auserwählten. 1525 wurden sie vom Rat der Stadt gezwungen, ihre Kinder taufen zu lassen. Da sie aber weiter Widerstand leisteten, wurden von ihren beiden Anführern der eine aus der Stadt gejagt, der andere, ein gewisser Felix Manz, hingerichtet – sinnigerweise durch Ertränken in der Limmat.

Jetzt setzte ein allgemeiner Exodus ein. In Südwestdeutschland, in Tirol, auch in anderen Kantonen der Schweiz war man nicht toleranter als in Zürich. In den folgenden Jahren sterben immer wieder Täufer für ihren Glauben: in Rottenburg, in Wien, in Rattenberg in Tirol, in Basel, in Stuttgart, in den Niederlanden. Anderswo sah man über die Sonderlichkeiten der Wiedertäufer zeitweise hinweg. Aber gern gesehen waren sie nirgends. Gerade das – dass sie immer wieder weiterziehen mussten, und der Umstand, dass sie aus der Unterschicht stammten und unter Angehörigen unterprivilegierter Schichten leben und predigen mussten – führte dazu, dass sich ihre Lehre immer weiter ausbreitete und sie immer neue Anhänger fanden: nordwestlich bis Friesland und in die Niederlande, über Tirol, Österreich, Süddeutschland nach Mähren, wo sie auf die Spuren der Taboriten, der extremen Richtung des Hussitentums trafen. Es konnte nicht ausbleiben, dass sich die Bewegung in verschiedene Richtungen aufspaltete. Während etwa die »Hutterer« in Tirol absolute Gewaltlosigkeit predigten, versuchten die Mennoniten in Holland, ihre Lehre mit Gewalt durchzusetzen. Als das scheiterte, zogen sie weiter, zuerst in die Gegend der Weichselmündung, wo man ihre landwirtschaftlichen Fähigkeiten nutzen konnte, später – im 17., 18. und 19. Jahrhundert – nach Russland und nach Nordamerika.

1529 erließen auf dem Zweiten Reichstag von Speyer Katholiken und Lutheraner in seltener Eintracht ein »Wiedertäufermandat«, das nun ebenfalls die Todesstrafe für Wiedertäufer, besonders für ihre Anführer, sowie schwere Strafen und »kaiserliche Ungnade« für solche Amtspersonen androhte, die es bei der Anwendung dieses Mandats an Strenge fehlen ließen. Manchmal hatten die Ineffizienz, Schwäche und Schwerfälligkeit des Heiligen Römischen Reiches Deutscher Nation auch ihre guten Seiten: Dieses Mandat wurde ebenso mangelhaft durchgesetzt wie alles, was ein deutscher Reichstag verordnete. Aber die Bedrohung blieb zu jeder Zeit und an jedem Ort bestehen. Sicherheit gab es für die Täufer niemals und nirgends.

Dass in Deutschland für kurze Zeit sogar ein »Königreich« der Täufer in Erscheinung trat, hängt mit den lokalen Verhältnissen in der westfälischen Stadt Münster zusammen. Dort hatten sich 1525 die Handwerker gegen das herrschende Patriziat und den Stadtherrn, den Bischof, erhoben und hatten sich über eine Verfassungsänderung Einfluss auf den Rat gesichert. Ab 1531 begann der Kaplan Bernhard Rothmann in der Kirche St. Mauritz die Reformation zu predigen. Er hatte großen Erfolg, wurde zum Pastor der Stadtkirche St. Lamberti ernannt. Bald amtierten in allen Kirchen der Stadt lutherische Geistliche. Der Bischof als Stadtherr verlangte die Rücknahme dieser Neuerungen. Aber zunächst kam man, auf Vermittlung des Landgrafen Philipp von Hessen, zu einem Kompromiss: In den Pfarrkirchen der Stadt sollte evangelisch gepredigt, im Dom und in den Klosterkirchen weiter die katholische Messe gefeiert werden.

Um diesen Erfolg zu sichern, begünstigten die evangelischen Bürger den Zuzug von auswärtigen Protestanten, unter denen sich besonders zahlreiche Täufer aus den Niederlanden befanden. Einer von ihnen, Jan Bokelsohn aus Leiden, genannt Jan van Leiden, fühlte sich als Prophet und gewann großen Einfluss, auch auf den Pfarrer Rothmann, der sich schließlich selbst der Erwachsenentaufe unterzog. Im Januar 1534 kommt es zu Massentaufen, und bei einer Wahl am 23. Februar bekamen die Sympathisanten der Wiedertäufer die Mehrheit im Rat. Schon vorher war ein anderer Täuferprophet, Jan Mathijs, aus den Niederlanden in Münster eingetroffen. Seine Anhänger stürmten am Tag nach der Wahl die Kirchen und Klöster, verbrannten Heiligenbilder, Statuen und Bücher. Er errichtet, an der Stadtverfassung vorbei, ein neues Amt, eine neue Autorität neben dem Rat der Stadt: das Amt der »Propheten« für sich selbst und Bokelsohn. Legitimation war ihre angebliche göttliche Berufung, die Bestätigung erfolgte durch die auf dem Domplatz (der wurde in »Berg Zion« umbenannt) versammelte Gemeinde. Einen Schmiedemeister, der es gewagt hatte, den Propheten Mathijs zu kritisieren, verurteilten die beiden Propheten zum Tode, weil er Gottes Zorn erregt habe. Mathijs selbst vollzog die Hinrichtung.

Am 27. Februar beschloss der Rat, dass alle Bürger und Frauen, die bis jetzt noch nicht getauft waren, sich der »Glaubenstaufe« zu unterziehen hatten oder die Stadt verlassen mussten. Am gleichen Tag kehrte der vertriebene Bischof mit einem Heer zurück und begann, seine eigene Stadt zu belagern. Der Belagerungsring war aber noch recht locker, so dass Nachrichten, Lebensmittel und Waffen sowie Parteigänger oder Söldner in die Stadt hereinkamen. Mathijs verkündete seinen Anhängern, der »Gemeinde Christi«, sie müssten bis Ostern ausharren, dann werde der Jüngste Tag kommen, Christus werde erscheinen, sie erretten und die Ungläubigen bestrafen. Inzwischen wurde die Verteidigung organisiert und die Gesellschaft im Sinne der reinen Lehre umgestaltet. Das Privateigentum wurde abgeschafft, alles sollte allen gehören. »Diakone« wurden in jeden Haushalt geschickt und hatten zu registrieren, welche Vorräte an Lebensmitteln und welche Kleidungsstücke vorhanden waren. Geld, Schmuck, Edelmetalle, Wertgegenstände mussten abgeliefert werden. Abgeschafft wurde auch der Geldverkehr. Er sollte durch Tauschhandel ersetzt werden. Schuldscheine, Rechnungen, andere Dokumente wurden vernichtet.

Als die Welt am Ostersonntag 1534 immer noch nicht untergegangen war, sammelte der Prophet Mathijs eine kleine Schar und wagte einen Ausfall. Dabei kam er ums Leben. Ob er bewusst in den Tod ging oder meinte, Gott zu einem Wunder provozieren zu können, bleibt unklar. Jetzt schwang sich Jan van Leiden zum führenden Propheten auf. Er schaffte den gewählten Rat der Stadt ab und ersetzte ihn durch zwölf »Älteste der zwölf Stämme Israels«, die er selbst ernannte. Diese verkündeten eine »Ordnung des weltlichen Regiments der Stadt Münster«, in der sie unter anderem das Gottesgnadentum für die neue Regierungsform beanspruchten und einen gewissen Bernd Knipperdolling zum »Schwertträger«, also zum Henker, bestimmten. Er sollte viel zu tun bekommen. In einer »öffentlichen Verordnung« der zwölf Ältesten war aufgezählt, auf welche Vergehen die Todesstrafe stand: auf Gotteslästerung, Ungehorsam gegenüber der Obrigkeit, Ungehorsam gegenüber den Eltern, Ungehorsam der Frau gegenüber dem Ehemann, Ungehorsam des Gesindes gegen den Hausherrn, Verstoß des Hausherrn gegen seine Pflichten gegenüber dem Gesinde, Hurerei, Vergewaltigung, Unkeuschheit, Homosexualität, Inzest, Geschlechtsverkehr mit einer Frau während ihrer Menstruation, Geiz, Raffsucht, Diebstahl, Betrug, Lügen und Verleumdungen, Geschwätz und »müßige Worte«, Streit und Körperverletzung, Murren und Aufruhr.

Im Mai 1534 wurde ein erster Sturmangriff der Belagerer abgeschlagen, im August der zweite. Dazwischen, im Juli, schlug Jan van Leiden den Ältesten vor, die Polygamie einzuführen – natürlich nur für Männer. Begründet wurde das mit dem Vorbild der Erzväter Israel im Alten Testament und mit dem biblischen Gebot, sich zu mehren. Auch sollten die Menschen verpflichtet werden zu heiraten. Es gab unter den Täufern einen großen Überhang an Frauen, der weiter wuchs, als im Laufe der Kämpfe immer mehr Männer fielen. Trotzdem geriet Jan van Leiden mit der Einführung der Vielehe an die Grenze dessen, was selbst seinen fanatisierten Anhängern zuzumuten war. Es kam zu einem Aufruhr, der aber niedergeschlagen wurde. 47 Beteiligte wurden am Tag darauf ohne Prozess hingerichtet.

Jan van Leiden hatte nach dem Tod von Mathijs einen anderen Mitpropheten eingesetzt, Johann Dusentschuer mit Namen. Dieser verkündete im September 1534 der auf dem Domplatz (»Berg Zion«) versammelten Gemeinde, Gott habe ihm und Jan van Leiden befohlen, Letzteren zum König von Münster auszurufen. So geschah es. Auch der Rat der Ältesten der zwölf Stämme Israels wurde aufgelöst und stattdessen ein Hofstaat für den König und seine Königinnen aufgestellt. Eine Hofordnung listete die Ämter und ihre Träger auf und gab unter anderem Aufschluss darüber, wie sich Majestät jeweils die Gefährtin für die kommende Nacht auswählte. In der Öffentlichkeit trat er stets mit großem Pomp auf, führte, an goldener Kette um den Hals gehängt, stets ein Amtssiegel mit sich. Sein Wappen zeigte einen Reichsapfel mit zwei gekreuzten Schwertern, Sinnbildern für die weltliche und die geistliche Gewalt. Auch setzte er zwölf Herzöge ein und belehnte sie mit Gebieten draußen im Deutschen Reich. In Münster selbst war jeder von ihnen mit der Verteidigung eines bestimmten Abschnitts der Stadtmauer und mit der Aufsicht über die Bevölkerung in einem bestimmten Viertel betraut.

Im Oktober 1534 war der Ring der Belagerer so fest geworden, dass niemand mehr die Stadt verlassen oder sie von außen erreichen konnte. Wartete man auf niederländische Glaubensgenossen, die Entsatz bringen würden? Auf ein Wunder Gottes? Immer noch auf den Jüngsten Tag? Langsam wurden die Vorräte knapp, aber eine wirkliche Hungersnot brach erst im April 1535 aus. Angeblich kratzte man den weißen Kalk von den Wänden der Häuser, vermischte ihn mit Wasser und verteilte diese Flüssigkeit als Milch. Am 25. Juni erstürmten die Landsknechte des Bischofs die Stadt. Jan van Leiden, Bernd Knipperdolling und ein dritter Anführer wurden gefangen genommen und vor Gericht gestellt. Im Januar 1536 wurden sie verurteilt, öffentlich hingerichtet und ihre Leichname in drei Käfigen am Turm der Lambertikirche aufgehängt. (Die Käfige hängen heute noch dort.) Was aus dem Pastor Bernhard Rothmann wurde, ist unbekannt. Vielleicht konnte er sich retten. Die Stadt verlor fast alle ihre Privilegien und städtischen Freiheiten, auch die Reformation wurde rückgängig gemacht. Münster wurde wieder eine katholische, man kann sagen eine erzkatholische Stadt. Das blieb es bis ins 20. Jahrhundert, fast bis in die Gegenwart hinein.

Die Täuferherrschaft in Münster ist so etwas wie eine Arabeske, eine Marginalie in der Geschichte des Reiches und der Deutschen. Man weiß nicht, ob man sie als tragische Groteske oder als groteske Tragödie bezeichnen soll. Man könnte und möchte am liebsten über sie hinwegsehen, wenn sie nicht so viel gemeinsam hätte mit dem, was Ältere unter uns vier Jahrhunderte später in einem größeren Maßstab erlebt haben: Es ist die gleiche Verbohrtheit, die gleiche Massenhysterie, der gleiche Personenkult, die gleiche Realitätsblindheit, die gleiche Brutalität und Menschenverachtung. Die Parallelen gehen bis in die Wortwahl. Auch Hitler hat von einem tausendjährigen Reich geschwafelt – allerdings ohne sich wie die Täufer auf die Johannesoffenbarung zu beziehen.

Die marxistische Geschichtsschreibung dagegen hat die Wiedertäufer in Münster in die Ahnenreihe der Weltrevolution eingereiht. Und tatsächlich haben sie auch einiges mit dem Kommunismus gemein. Nicht nur die Abschaffung des Privateigentums. Viel peinigender ist die Frage, warum Menschen, die selbst ihrer Überzeugung wegen grausam verfolgt worden sind, ihrerseits zu Henkern, Folterern und Tyrannen werden.

Kapitel 21
Frieden und Krieg

Ob der Augsburger Religionsfrieden von 1555 ein vernünftiger oder ein fauler Kompromiss war, ein Schritt auf dem Wege zu Toleranz und Gewissensfreiheit oder lediglich ein temporärer Stillstand, darüber können Fachleute streiten. Immerhin, wenn man etwa die acht blutigen Kriege und die Gräueltaten ansieht, die sich in Frankreich zwischen altgläubigen Anhängern der Krone und calvinistischen Hugenotten abspielten, dann muss man zugeben, dass die Lösung, die in Deutschland gefunden wurde, zumindest zeitweise einigermaßen für Ruhe sorgte. Dreiundsechzig Jahre (1555–1618) Frieden, auch wenn es sich dabei um einen labilen und oberflächlichen Frieden über dem Untergrund fortbestehender Unversöhnlichkeit handelte. Jedenfalls setzte sich der Landfrieden durch: Konflikte zwischen Reichsständen oder zwischen Reichsständen und Untertanen wurden überwiegend nicht mehr durch Fehde, sondern vor dem Reichskammergericht in Speyer oder dem Reichshofrat in Wien geregelt. Auch die Reichskreise als Organ der Exekutive funktionierten – zwar nicht perfekt, aber doch einigermaßen wirksam.

Nicht, dass sich die Fürsten (nur für sie galt ja die Glaubensfreiheit) immer eng an den Buchstaben oder gar an den Geist des Vertrages hielten. Der »geistliche Vorbehalt« blieb umstritten, also die Bestimmung, dass konvertierende Bischöfe, Erzbischöfe und Äbte ihr Amt und ihre weltliche Stellung als Territorialherren verlieren sollten. In Gegenden, die mittlerweile geschlossen oder fast geschlossen protestantisch geworden waren, war das kaum durchzusetzen. Zum einen bestanden dort auch die Domkapitel, die den Bischof zu wählen hatten, mehrheitlich aus Protestanten. Zum anderen wären den Familien der herrschenden protestantischen Reichsstände dann zahlreiche gewinnbringende und strategisch wichtige Positionen für ihre jüngeren Söhne entgangen. Man behalf sich, indem man eine Lücke im Vertragstext ausnützte: Statt Bischöfen wurden evangelische »Administratoren« für die geistlichen Fürstentümer gewählt, die trotzdem reichsunmittelbare Reichsstände blieben. Das führte zu einem Streit darüber, ob diese Verwalter auch Sitz und Stimme auf den Reichstagen haben sollten.

Nur einmal, im Jahre 1582/83, kam es zu einem begrenzten Krieg. Gebhard Truchsess von Waldburg, Erzbischof von Köln und, wie man an seinem Namen sieht, ein Verwandter des Bauernjörg, hatte sich in eine Stiftsdame verliebt. Die wollte er heiraten, und um das zu ermöglichen, trat er zum Protestantismus über und schickte sich an, sein Erzbistum in ein erbliches Herzogtum umzuwandeln. Das hätte weitgehende Folgen nach sich gezogen. Da der Erzbischof von Köln auch Kurfürst war, hätten im Kurkollegium fortan die Evangelischen die Mehrheit gehabt. Voraussichtlich wäre zum nächsten Kaiser nicht mehr ein katholischer Habsburger, sondern ein Protestant gewählt worden. Für die spanischen Habsburger, die damals den Aufstand der Niederländer gegen ihre Oberherrschaft noch niederschlagen zu können meinten, hätte ein protestantisches Köln in ihrem Rücken eine entscheidende Schwächung ihrer Position bedeutet. Also setzten das Domkapitel und der Landtag des Erzstifts den verliebten Erzbischof ab und wählten einen Bayernprinzen zu seinem Nachfolger. Spanische und bayerische Truppen setzten dessen Anspruch durch, obwohl der Kandidat bereits Bischof von Freising, Hildesheim und Lüttich war und eine solche Ämterhäufung gegen die Bestimmungen des Tridentiner Konzils verstieß. Aber hier ging es weniger um Religion als um Politik und Macht. Köln war fortan eine wittelsbachische Sekundogenitur, die Erzbischöfe waren immer bayerische Prinzen. Das Rheinland blieb katholisch.

Im Allgemeinen aber war die Generation von Fürsten, die noch den Schmalkaldischen Krieg und die Verschwörung gegen Karl V. miterlebt hatten, zu Kompromissen bereit. Als der Kurfürst von der Pfalz 1559 zum reformierten, calvinistischen Bekenntnis übergetreten war (andere, kleinere Reichsstände, schließlich auch die Kurfürsten von Brandenburg folgten ihm), hatte sich kaum Protest erhoben, obwohl die Calvinisten eigentlich vom Religionsfrieden ausgeschlossen waren. Kaiser Ferdinand I., durch Erfahrung klug, stellte pragmatische Politik über dogmatische Unbedingtheit. Sein Sohn und Nachfolger Maximilian II. (1527–1576, Kaiser ab 1564) zeigte Sympathien für den Protestantismus, machte dessen Anhängern auch in seinen Erblanden, besonders in Böhmen, Zugeständnisse, weil sie ihn im Kampf gegen die Türken unterstützt hatten. Andere Fürsten gewährten vereinzelt sogar Sektierern Zuflucht. So die Hohenzollern den Mennoniten (Täufern) im formal nicht zum Reich gehörigen Westpreußen.

Mittlerweile hatte sich der Protestantismus ja über ganz Nord-, Mittel- und Westeuropa verbreitet. In den skandinavischen Ländern wurde er in seiner lutherischen Form zur Staatskirche. In England hatte Heinrich VIII. 1534, um sich von seiner ersten Frau scheiden zu können, mit dem Papsttum gebrochen und sich selbst zum Oberhaupt der Landeskirche erklärt. Doch hatten auch die Calvinisten in England, ebenso wie in Schottland, in Frankreich, in Ungarn und in Polen, zahlreiche Anhänger gefunden. In Deutschland waren angeblich – man kann das nicht genau nachprüfen – zwischen sieben und neun Zehntel der Menschen evangelisch oder sympathisierten mit dem Protestantismus.

Allerdings hatte sich auch die katholische Gegenbewegung formiert. Das Konzil von Trient, 1545 noch von Karl V. einberufen, vom Papst nach Bologna verlegt, zweimal unterbrochen, 1562 wieder in Trient versammelt, diesmal völlig ohne Beteiligung von Protestanten, hatte sich auf die Erneuerung der katholischen Glaubenslehre und Kirchenorganisation konzentriert und die Abstellung von Missbräuchen in Angriff genommen: das Ablasswesen, der Ämterhandel und die Ämterhäufung. An den sieben Sakramenten und am Dogma der Transsubstantiation (der Verwandlung von Wein und Brot in Blut und Leib Christi), auch an der Ablehnung des Laienkelchs hielt die Kirche fest, ebenso an der Heiligenverehrung. Die Priester – sie blieben ein eigener, zölibatärer Stand – wurden einer strengen Disziplin unterworfen, ihre Ausbildung in Priesterseminaren verbindlich geregelt. Bischöfe erhielten Residenzpflicht, der Bischof musste tatsächlich in seiner Diözese wohnen und wirken, durfte sie nicht mehr als bloße Pfründe vereinnahmen. (Ausnahmen – wir sahen es oben am Beispiel von Köln – bestätigten die Regel.) In den Klöstern sollten die strengen Regeln wieder überall durchgesetzt werden.

Eine entscheidende Rolle in dieser Bewegung (Katholiken hören es nicht gern, wenn man sie als »Gegenreformation« bezeichnet, sie sprechen lieber von »katholischer Reform«) spielte der Orden der Jesuiten. 1534 von Ignatius von Loyola, einem ehemaligen spanischen Offizier gegründet, 1540 vom Papst anerkannt, verbreitete er sich alsbald über ganz Europa. Seine Angehörigen verstanden sich als Soldaten Christi, ihr Oberhaupt führt bis heute den Titel General, und wie Soldaten sind sie zu unbedingtem Gehorsam verpflichtet. Ihr oberstes Ziel ist die Verbreitung des katholischen Glaubens, und dafür arbeiten oder kämpfen sie auf den verschiedensten Betätigungsfeldern: in der Mission – in Indien, Südamerika und China. Von Jesuiten stammen die ersten wissenschaftlich zuverlässigen Informationen, die Europa über chinesische Kultur erreichten, und auch der erste Transfer europäischer Wissenschaft und Technik – etwa von Uhren – nach China. Ein weiterer Bereich war Erziehung, Lehre und Wissenschaft. Überall gründeten die Jesuiten Universitäten, Kollegien, Schulen (z. B. Collegium Romanum und Collegium Germanicum in Rom, die Universität Graz, das Jesuitenkolleg in München, von dem die Michaelskirche in der Kaufingerstraße immer noch steht.) Als Erzieher waren die Jesuiten berühmt. Erziehungsziel war nicht der introvertierte Frömmler, sondern der weltgewandte, allseitig gebildete Christ, der sich überall angemessen und sicher bewegen konnte, wo es galt, für den Glauben einzutreten, zum Beispiel an Fürstenhöfen. Das Schultheater der Jesuiten sprach mit seinem Bühnen- und Kulissenzauber alle Sinne an. Jesuitenzöglinge wurden nicht nur im Gebet und in Exerzitien geschult, sie lernten auch fechten und tanzen. Andererseits wurde höchster Wert auf wissenschaftliche Kompetenz gelegt. Noch heute kann man sich bei jedem Buch, hinter dessen Verfassernamen die Buchstaben SJ (Societas Jesu) stehen, darauf verlassen, dass es wissenschaftlich solide gearbeitet ist.

Ein anderes Betätigungsfeld des Ordens waren die fürstlichen, auch die königlichen und kaiserlichen Höfe im katholischen Europa. Dort traten sie als Berater, auch als Beichtväter der Monarchen auf. Das hat man auf protestantischer, später auch auf bürgerlich-liberaler Seite besonders übel vermerkt. In der Literatur (man denke nur an den Domingo in Schillers ›Don Carlos‹ oder andererseits an Wilhelm Buschs Pater Filucius) treten sie fast ausschließlich als Intriganten und Tückebolde auf. Überhaupt ist über die Jesuiten sehr viel Abschätziges und Gehässiges gesagt und geschrieben worden. Im Zeitalter der Aufklärung wurde der Orden ja auch verboten. Andererseits: In Südamerika waren sie die Ersten, die für die Rechte der unterdrückten Indios eintraten. Sie errichteten in Paraguay im 17. Jahrhundert einen eigenen Staat, in dem die eingeborenen Guarani unbedroht neben Weißen und Mestizen leben konnten und in dem Wirtschaft und Kultur blühten. Genau das missfiel spanischen Siedlern und korrupten Kolonialbeamten. Die Jesuiten wurden verjagt, die Guarani grausam verfolgt und in Massen abgeschlachtet.

In Deutschland war der Erste, der es wagte, gegen den unter Protestanten wie Katholiken grassierenden Hexenwahn die Stimme zu erheben, der Jesuit Friedrich Spee von Langenfeld (1591–1635). Als Beichtvater verurteilter Hexen war er zu der Erkenntnis gelangt, dass deren Schuldeingeständnisse nichtig, nur durch Folter erpresst waren. Darüber schrieb er 1631 sein Buch ›Cautio Criminalis‹. Es erschien anonym, trotzdem setzte Spee damit das eigene Leben aufs Spiel. Er war übrigens auch ein bemerkenswerter Lyriker. Welch ein Charakter: ein Priester, ein Dichter, ein Held, der bereit ist, für Wahrheit und Gerechtigkeit sein Leben einzusetzen!

Jedenfalls waren und sind die Jesuiten nicht das, was sich die meisten Menschen unter einer Mönchsgemeinschaft vorstellen: keine gemütlichen, beschaulichen Benediktiner, die in abgelegenen Abteien fromm beten, emsig arbeiten und vorzüglichen Likör brauen. Auch keine schlitzohrigen Bettelmönche, deren Predigten – man denke an Abraham à Santa Clara – mit ihrem hohen Unterhaltungswert besonders für die unteren Volksschichten bestimmt waren. Sie waren Kämpfer, Intellektuelle, Weltmänner, zu finden an Fürstenhöfen, Universitäten, in großen Städten, immer bereit, überall hinzugehen, wo die

Kirche sie brauchte – und sei es nach Paraguay, nach China, auf die Philippinen oder an ein anderes Ende der Welt.

In Deutschland begann ihre Arbeit bei jener Generation von katholischen Fürsten Wirkung zu zeigen, die um 1570 geboren wurden. Unter denen waren zwei der bedeutendsten der Herzog – und spätere Kurfürst – Maximilian I. von Bayern (1573–1651) und der Erzherzog von »Innerösterreich« (Steiermark, Kärnten, Krain) und spätere Kaiser Ferdinand II. (1578–1637). Beide waren Jesuitenschüler und glühende, man kann sagen fanatische Katholiken. Sie begannen alsbald, in ihren Ländern, protestantische Kirchen platt zu machen, evangelische Prediger zu vertreiben und deren Anhänger zwangsweise zu bekehren. (Es gibt im bayrischen Dialekt heute noch die Wendung »Dich wern ma scho katholisch machen«, wenn man jemandem eine Einsicht oder Verhaltensweise aufdrängen will, gegen die er sich sträubt.)

Maximilian holte die Jesuiten nach München und an die Universität Ingolstadt. Außerdem bereitete er sich vor, die Macht der Kirche auch auf einem größeren Schauplatz durchzusetzen. In der langen Reihe der Wittelsbacher war er der Einzige, der Bayern für einen längeren Zeitraum zur Militärmacht aufgebaut hat. Bis in die Anfänge des Dreißigjährigen Krieges hinein war seine Armee die stärkste und schlagkräftigste im Reich.

Die erprobte er zunächst in einem begrenzten Konflikt: Die kleine Reichsstadt Donauwörth gehörte zu jenen Gemeinwesen, in denen, laut Augsburger Religionsfrieden, beide Konfessionen koexistieren sollten. Die Stadt als solche war evangelisch, aber es gab in ihren Mauern noch ein katholisches Kloster, das das Recht hatte, jährlich eine Prozession durchzuführen. Im Jahre 1605 wurde dieser Umzug vom Rat der Stadt verboten, 1606 mit Gewalt verhindert. Daraufhin verhängte Kaiser Rudolf II. die Reichsacht über die Stadt und beauftragte den Bayernherzog mit ihrer Durchführung. 1608 ließ Maximilian seine Soldaten marschieren, nahm Donauwörth ein und behielt die Stadt als Pfand für die entstandenen Kosten. Sie sollte sich auslösen können, aber da sie die geforderte Summe nie aufbrachte, blieb sie fortan bayerisch. Was natürlich auch bedeutete: zwangsweise katholisch.

Historiker sehen in dieser Annexion ein Vorzeichen des Dreißigjährigen Krieges. Auch anderswo verschärfte sich die Konfliktlage. Die calvinistischen Reichsstände blockierten einen Ausschuss, der die Tätigkeit des Reichskammergerichts überwachen sollte, und lähmten damit die Jurisdiktion des Reiches. 1608 forderten die Protestanten die Bestätigung des Augsburger Religionsfriedens. Die Katholiken dagegen verlangten die Herausgabe aller seit diesem Vertrag protestantisch gewordenen geistlichen Territorien. Die Protestanten verweigerten die Türkensteuer und sprengten den Reichstag. Es bildeten sich zwei Verteidigungsbündnisse: die protestantische »Union« unter Führung des Kurfürsten Friedrich V. von der Pfalz und die katholische »Liga« unter Maximilian. Im Jülich-Kleve-Bergischen Erbfolgestreit (1609–1614) stehen sie sich bewaffnet gegenüber. Dort (ungefähr da, wo später der Ruhrpott entstand) war das calvinistische Herzogshaus erloschen, und nun erhoben sowohl Brandenburg (reformiert) als auch Pfalz-Neuburg (ebenfalls reformiert, jetzt aber plötzlich katholisch geworden) Anspruch auf das Erbe. Heinrich IV., König von Frankreich, war im Begriff, sich in diesen Streit einzumischen. Dann wäre der große Konflikt jetzt schon ausgebrochen. Aber bevor Heinrich zu seinem geplanten Feldzug aufbrechen konnte, wurde er von einem geistesverwirrten katholischen Fanatiker ermordet. Noch einmal findet man einen Kompromiss: Die Herzogtümer werden geteilt.

Zur Explosion kommt es vier Jahre später in Böhmen. Dort, auf dem Prager Hradschin, residierte, nachdem Ferdinand I. die österreichischen Erblande unter seine drei Söhne aufgeteilt hatte, von 1575 bis 1612 Rudolf II., der auch König von Ungarn und seit 1576 Römisch-Deutscher Kaiser war. Manche Historiker bezeichnen ihn als geisteskrank, andere nur als Sonderling. Er kümmerte sich wenig um die Regierungsgeschäfte, versammelte bedeutende Wissenschaftler wie Tycho de Brahe und Johannes Kepler an seinem Hof, die er allerdings auch zur Erstellung von Horoskopen heranzog, und widmete sich am liebsten seinen Sammlungen von Kunstgegenständen und Kuriositäten, wobei er eine Vorliebe für das Ausgefallene und Groteske zeigte. Sein Lieblingsmaler war der Manierist Giuseppe Arcimboldo, der berühmt ist durch seine nahezu surrealistischen Porträts menschlicher Gestalten, welche sich aus Früchten, Gemüse, Blumen, Tieren, Büchern und anderen Gegenständen zusammensetzen (u. a. in der Alten Pinakothek, München). Dass Rudolfs Entschlusslosigkeit in Wirklichkeit ein Zeichen tieferer Einsicht war, so wie das Franz Grillparzer, dieser unbeirrbare Paladin habsburgischer Größe, in seinem Drama ›Ein Bruderzwist in Habsburg‹ darstellt, scheint dagegen unwahrscheinlich. Jedenfalls zwangen ihn seine Brüder 1608 für Österreich und Ungarn, 1611 auch für Böhmen zum Rücktritt.

Vorher aber hatte er den Protestanten, die im böhmischen Adel und in den böhmischen Ständen besonders stark vertreten waren, weitgehende Zugeständnisse gemacht. Unter anderem räumte er ihnen im so genannten »Majestätsbrief« von 1609 das Recht ein, Kirchen auf königlichem Boden zu errichten. Die Frage war, ob als königlicher Boden auch der Landbesitz der katholischen Kirche gelten sollte, der von der Krone gestiftet worden war. Die Protestanten sahen das jedenfalls so.

Rudolfs Bruder Matthias, der ihm als Kaiser und auch als König von Böhmen nachgefolgt war, regierte von 1612–1619, war aber kränklich, so dass schon vorher sein Vetter Ferdinand II. entscheidenden Einfluss gewann. Der wurde 1617 zum Römischen und auch zum böhmischen König gewählt und schickte sich an, mit protestantischen Kirchen in Böhmen ebenso zu verfahren wie schon vorher in Kärnten, der Steiermark und in Krain: Dort hatte er etliche einfach niederreißen lassen.

Die Stände reagierten mit wütendem Protest. Eine Gruppe hoher protestantischer Adeliger deutscher wie tschechischer Nationalität drang in die böhmische Kanzlei auf dem Hradschin vor, traf dort auf die beiden kaiserlichen Statthalter, die Grafen Slavata und Martinitz. Nach einem Wortwechsel, der von Seiten der Protestanten vornehmlich aus Beschimpfungen bestand, wurden die beiden Grafen sowie ihr Sekretär gepackt und aus dem Fenster geworfen. (Eine in Prag nicht unbeliebte Methode, mit politischen Gegnern umzugehen. Man erinnert sich: Auch die Hussitenkriege begannen mit einem Fenstersturz. Und im 20. Jahrhundert fiel der Außenminister der ČSSR, Jan Masaryk, aus einem Fenster in den Innenhof des Hradschins. Wahrscheinlich war von Seiten der kommunistischen Regierungspartei nachgeholfen worden.)

Slavata, Martinitz und ihr Sekretär kamen vergleichsweise glimpflich davon, nämlich mit dem Leben. Hartnäckig hält sich die Legende, sie seien auf einen Misthaufen gefallen, der den Aufprall abgefedert habe. Das scheint angesichts der Geländeverhältnisse unter dem Fenster der böhmischen Kanzlei, die man heute noch besichtigen kann, eher unwahrscheinlich. Dort befindet sich eine steil abfallende Böschung. Die Defenestrierten dürften sich, wenn auch unfreiwillig, abgerollt haben und kamen so mit einigen Prellungen davon.

Mit diesem zweiten Prager Fenstersturz lässt die Geschichtsschreibung den Dreißigjährigen Krieg beginnen, obwohl es zu Kampfhandlungen erst zwei Jahre später kam. Zunächst beriefen sich die böhmischen Stände auf ihr altes Wahlrecht, das sie seit 1526 nur mehr formell ausgeübt hatten, erklärten Ferdinand II. als böhmischen König für abgesetzt und wählten sich (1619), nachdem einige Kandidaten dankend abgelehnt hatten, einen neuen Herrn: den calvinistischen Kurfürsten Friedrich V. von der Pfalz. Somit wird der böhmische Konflikt zu einer Reichsangelegenheit. Die Stände meinten wohl, eine besonders schlaue Wahl getroffen zu haben. Friedrich war Anführer der protestantischen Union, außerdem der Schwiegersohn des Königs von England, ein Neffe des niederländischen Statthalters Moritz von Oranien und Verwandter König Gustav Adolfs von Schweden. Eine gewaltige protestantische Macht schien hinter ihm zu stehen. Auch die böhmischen Stände stellten jetzt ein Heer auf.

Wenn sie allerdings mit Unterstützung von außen gerechnet hatten, so hatten sie sich getäuscht. England war weit weg, die Niederlande mussten sich der Spanier erwehren, König Gustav Adolf von Schweden führte seinen eigenen Krieg in Polen. Die Mitglieder der protestantischen Union, in ihrer Mehrzahl Lutheraner, hegten nur gedämpfte Sympathien für den calvinistischen Pfälzer in seiner neuen Rolle als König von Böhmen. Auch war ihnen, die sich als Territorialherren wie richtige Monarchen auf ihr Gottesgnadentum beriefen, der Gedanke unheimlich, dass Untertanen einen Herrscher absetzten und sich einen neuen suchten.

Die Haltung der Reichsfürsten, auch der katholischen und

sogar die des strenggläubigen Bayernherzogs, war ja auch gegenüber dem Kaiser durchaus zwiespältig. Einerseits war man eifersüchtig auf die eigene Unabhängigkeit oder, wie es im Sprachgebrauch der Zeit hieß, auf die eigene »Libertät« bedacht, wollte den Kaiser, die Zentralmacht nicht zu mächtig werden lassen. Andererseits waren sich besonders die kleineren Reichsstände, aber im Grunde auch die größeren, bewusst, dass es ganz ohne eine solche Zentralmacht nicht ging, dass man irgendwo doch einen »gnädigen Kaiser« brauchte. Wenn im Spätmittelalter und in der frühen Neuzeit die Rede von »Kaiser und Reich« ist, so darf man sich darunter nicht etwa eine Einheit vorstellen, in der der Kaiser das Reich repräsentiert und beherrscht, sozusagen den Mittelpunkt eines politischen Kreises darstellt. Unter dem »Reich« versteht die damalige Zeit nicht so sehr einen alle Territorien überwölbenden Gesamtstaat, als vielmehr das Kollektiv aller »Reichsstände«, also der großen und kleinen Territorialherren und freien Städte. »Kaiser und Reich« sind eher die zwei Pole eines dualen Systems oder die zwei Brennpunkte einer Ellipse: ihrem Wesen nach getrennt, oft auseinander strebend, aber doch zusammengehörig.

Über den zweiten Prager Fenstersturz schrieb Graf Slavata einen Report an Kaiser Ferdinand, in dem sich Todesangst, katholische Frömmigkeit, barockes Standesbewusstsein und der sozusagen vorausgeahnte Erzählstil des braven Soldaten Schwejk auf unnachahmliche Weise mischen. Einige Auszüge:

> Es will sich gebühren, daß ich hier etwas weitläufiger beschreibe, wie die Auswerfung aus dem Fenster geschehen und wie Gott der Allmächtige diese zwei Grafen wunderbarer Weise beschützet hat. Im ganzen römischen Reich, in allen Königreichen und Fürstentümern der Christen ist es für übel und strafwürdig gehalten worden, daß Personen böhmischen Herkommens und aus den zwei höheren Ständen eine so schändliche, in keiner Chronik der Welt erzählte Untat vorgenommen und zwei Statthalter ihrer Majestät und oberste Landoffiziere von Böhmen aus dem Fenster in ein tiefes Tal ohne Erbarmen gestürzt haben … Erstlich haben vier vom Herrenstand und eine Rittersperson, nämlich Wilhelm von Lobkowitz, Albrecht Smiřicky, Ulrich Kinsky, Litwin von Řičan und Paul Kaplíř, den Grafen von Martinitz mit Gewalt ergriffen … und ihn zu den schon offenen Fenstern geführt, indem sie schrieen: »Nun wollen wir uns wi-

der unsere Religionsfeinde rechtschaffen verhalten.« … als jedoch Martinitz die Weise seines bevorstehenden Todes erkannte, rief er mit lauter Stimme: »Weil ich nun für Gott, seinen heiligen katholischen Glauben und I.K. Maj. sterben muß, so will ich alles gerne dulden, nur vergönnt mir bald meinen Beichtvater, damit ich meine Sünden beichten kann.« Allein die anwesenden Herren gaben ihm Bescheid: »Jetzt werden wir dir noch einen schelmischen Jesuiten zuführen!« Indem sich Graf Martinitz darüber höchst betrübet und, seine Sünden herzlich bereuend, zu beten anfing: »Jesu, du Sohn des lebendigen Gottes, erbarme dich meiner, Mutter Gottes, gedenke mein«, hoben ihn die genannten Personen von der Erde und stürzten ihn samt Rapier und Dolch, doch ohne Hut, welchen ihm einer aus der Hand gerissen, mit dem Kopf voraus aus dem Fenster in die Tiefe des Schloßgrabens. Aber er ist, nachdem er im Herabfliegen unaufhörlich die Namen »Jesus, Maria« gerufen, so leise auf die Erde gesunken, als wenn er sich setzen täte, so daß ihm durch die Fürbitte der Jungfrau Maria und den Schutz Gottes der schreckliche Fall an seiner Gesundheit trotz seines schweren Leibes nichts geschadet hat … Ein Ritter, nämlich Ulrich Kinsky, hatte ihm beim Herauswerfen die Spottworte gesagt: »Wir wollen sehen, ob ihm seine Maria helfen wird«; und dann, wie er aus dem Fenster den Grafen frisch und gesund auf der Erde sitzen sah, ausgerufen: »Ich schwöre zu Gott, daß ihm seine Maria geholfen hat.«

… Und als ihnen der Graf Thurn die Worte in deutscher Sprache gesagt: »Edle Herren, da habt ihr den anderen«, haben sie den Grafen Slavata ergriffen, von der Erde emporgehoben und ihn samt Mantel und Rapier, den Kopf zuvor aus dem Fenster herabgestürzt … Als er mit der rechten Hand das Fenster ergriffen und sich ein wenig angehalten, hat ihm noch einer mit dem Knopf des Dolches auf den Finger geschlagen, so daß er dennoch hinabgestürzt worden. Sein Hut, an welchem eine schöne, mit goldenen Rosen und Diamanten besetzte Schnur war, blieb in der Kanzlei … und weil ihm das Blut in den Mund geronnen, hat er wie ein Erstickender zu rasseln angefangen und ist halb tot gelegen. Graf Martinitz hat sich entschlossen, ihm auf alle mögliche Weise zu Hilfe zu kommen, und weil er fürchten mußte, daß die Leute vom Fenster auf ihn schießen möchten, hat er sich schwächer gestellt, als er gewesen, und sich zu Graf Slavata hinuntergewälzt. … hat er seinem alten Herrn Oheim und Schwager das Haupt aus dem Mantel gewickelt und ihm mit einem Tüchel das Blut, das aus den Wunden in den Mund geflossen, fleißig abgewischt. Aus einem kleinen silbernen Büchsel, das an das Tüchel gebunden war, hat er stracks den Schlagbalsam herausgenommen, den in Ohnmacht liegenden Herrn unter der Nase und auf den Schläfen eingeschmiert und ihn also mit Hilfe Gottes wieder zurecht gebracht. Dabei ermahnte er ihn, die zugefügte Pein mit Geduld zu ertragen und betete mit ihm; Slavata wiederholte andächtig sein früheres Gebet: »Gott sei mir Sünder gnädig.«

Johanna Baronin Herzogenberg: ›Prag‹

In der aktuellen Situation hieß das für den Bayernherzog: Dem Kaiser, der im Moment über kein ausreichendes Heer verfügte, war beizustehen, aber er sollte nicht allzu mächtig werden.

Immerhin gelang es Ferdinand II., auch das protestantische Kursachsen als Verbündeten zu gewinnen. (Er versprach, die zur Krone Böhmen gehörige Lausitz abzutreten.) Seine spanischen Verwandten schickten 20 000 Mann, die die Rheinpfalz besetzen sollten. Die bayerische Armee, verstärkt durch Truppen der katholischen Liga, marschierte nach Böhmen. Am 8. November 1620 kam es am Weißen Berg in der Nähe von Prag zur Schlacht. Sie war innerhalb von zwei Stunden entschieden. Die Truppen der Liga unter dem bayerischen General Johan Tserclaes von Tilly (seine Statue kann man in der Feldherrnhalle auf dem Münchner Odeonsplatz besichtigen) zerschlugen das Heer der böhmischen Stände. König Friedrich musste fliehen. So eilig soll er von der Tafel aufgebrochen sein, dass die Speisen noch warm waren, als die Kaiserlichen in den Saal stürmten. Als »Winterkönig« wurde er verspottet, weil er nur einen Winter lang in Böhmen regiert hatte. Bei der tschechischen Bevölkerung hatte er sich nicht beliebt gemacht: Die calvinistischen Prediger aus seinem Gefolge hatten auch in den hussitischen Kirchen die Bilder zerstört.

Über Böhmen brach ein hartes Strafgericht herein. Achtundzwanzig protestantische »Rädelsführer«, adelige Anführer des Aufstands, wurden auf dem Altstädter Ring in Prag öffentlich enthauptet. Viele andere folgten dem Winterkönig ins Exil. Ihr Besitz wurde enteignet und unter den Anhängern des Kaisers neu verteilt. So entstanden riesige neue Besitztümer, einzelne Familien – die Liechtenstein, die Clary-Aldringen, die Lobkowitz, die Czernin und andere – kamen zu immensem Reichtum. Es entstand eine ganz neue Adelsschicht aus Deutschen, Italienern, Flamen, Kroaten – und aus solchen einheimischen Böhmen, die rechtzeitig die Partei gewechselt hatten.

Unter Letzteren sticht ein Mann besonders hervor: Albrecht (Vojtěch) von Waldstein (Wallenstein hat ihn erst Schiller genannt). Ursprünglich Protestant und ein eher kleiner Adeliger, hatte er reich geheiratet und war Katholik geworden. Jetzt vereinnahmte er im Norden Böhmens an die fünfzig Grundherrschaften und dazu ganze Städte wie Friedland, Reichenberg, Jitschin, Melnik. Daraus formte er später sein Herzogtum Friedland. Wir werden noch von ihm hören.

Nicht nur die adeligen Aufrührer mussten aus dem Land fliehen, sondern auch die Prediger und zahlreiche Anhänger des Protestantismus – Lutheraner wie Calvinisten und Böhmisch-Mährische Brüder, die friedlich gewordenen Nachfahren der hussitischen Calixtiner. Deren letzter Bischof, der große Pädagoge Jan Amos Comenius (Komenský), schrieb seine wichtigsten Werke im Exil und starb 1670 in Amsterdam. Andere Religionsflüchtlinge fanden Aufnahme in Brandenburg. Noch heute heißt ein Teil von Babelsberg Nowawes (Nová Ves: Neues Dorf). Böhmen verlor nicht nur seine politische, sondern auch einen großen Teil seiner kulturellen Elite. Tschechische Historiker bezeichnen die Zeit zwischen der Schlacht am Weißen Berg und der »nationalen Wiedergeburt« im 19. Jahrhundert als »Temno«, Finsternis. Alle Privilegien und Rechte, die den böhmischen Ständen seit der Zeit der Hussiten- und Jagiellonenkönige zugestanden hatten, wurden jetzt widerrufen, eine »Verneuerte Landesordnung« erlassen, das Land fortan von Wien aus regiert, durch einen kaiserlichen Statthalter verwaltet, auf eine zentralistische, beinahe schon absolutistische Art und Weise.

Die bayerische Waffenhilfe bekam Kaiser Ferdinand natürlich nicht für Gotteslohn. In einem Vertrag war vorher abgemacht worden, dass Herzog Maximilian an Stelle des Winterkönigs fortan Kurfürst des Reiches sein sollte, Bayern statt der Pfalz, der katholische statt des calvinistischen Wittelsbachers. Außerdem wurde ihm zugestanden, die Oberpfalz (für Nichtbayern: das ist die Gegend um Regensburg, Weiden und Amberg) seinem neuen Kurfürstentum einzuverleiben – und natürlich katholisch zu machen. Also zogen das bayerische und das Heer der Liga sowie die entstehende kaiserliche Armee aus Böhmen heraus, durch Franken und Hessen bis an den Rhein. Reichlich verspätet traten ihnen noch einmal zwei protestantische Heere unter den Generälen Christian von Halberstadt und Ernst von Mansfeld entgegen, die aber, mit spanischer Hilfe, geschlagen wurden. Diesen ersten Abschnitt (1618–1625) des Dreißigjährigen Krieges nennt man den böhmisch-pfälzischen Krieg.

Bevor wir weitergehen, halten wir einen Augenblick inne und stellen ein paar Fragen, die uns helfen sollen, all die langwierigen, wechselvollen, erschreckenden Geschehnisse, die jetzt kommen werden, besser zu verstehen. Wer führt eigentlich Krieg gegen wen, worum geht der Kampf, und was ist der Hintergrund dieser Auseinandersetzung? Sehr oft kann man lesen, der Dreißigjährige Krieg habe als Religionskrieg begonnen, sei dann aber immer mehr zum Machtkampf geworden und stelle damit den Übergang dar vom Zeitalter der religiösen Konflikte zu dem reiner Machtpolitik. Das stimmt, aber nur mit Einschränkungen. Um Macht ging es von Anfang an. Und zwar nicht nur um die Macht in Böhmen, auch nicht nur um die Macht im Reich, sondern um die Macht in Europa.

Frankreich war noch immer umgeben, fühlte sich eingekreist von habsburgischen Gebieten – teils der deutschen, teils der spanischen Linie dieses Herrscherhauses zugehörig: die Franche Comté, die spanischen Niederlande, Vorderösterreich (Breisgau und Sundgau im späteren Baden und im Elsass), das Herzogtum Mailand und das Königreich Neapel in Italien. Habsburg seinerseits mochte sich bedrängt, in die Defensive genötigt fühlen: im Osten von den Türken und deren Vasallen, dem Fürsten von Siebenbürgen, im Reich von den Protestanten, im Westen von der Krone Frankreich. 1588 war der Angriff der großen Armada auf England gescheitert. Seither war es vorbei mit der spanisch-habsburgischen Seeherrschaft. Seit 1566 versuchten die Spanier immer wieder vergeblich, den Aufstand in den nördlichen Niederlanden niederzuschlagen, dieses Land für den Katholizismus wiederzugewinnen. Die »Vereinigten Provinzen« unter den selbst gewählten Statthaltern aus dem Haus Nassau-Oranien waren zu einer europäischen Macht und zu einer beachtlichen Seemacht geworden, erhielten Unterstützung von England und Frankreich, waren mit deutschen Fürstenhäusern verwandtschaftlich verbunden. Es liegt auf der Hand, dass Frankreich die

Religionsstreitigkeiten im Reich dazu nutzte, den habsburgischen Gegner zu schwächen, indem es dessen Gegner verdeckt oder offen unterstützte. Eine Ironie der Geschichte ist lediglich, dass der Mann, der als verantwortlicher Minister diese Politik betrieb und der protestantischen Partei zunächst mit Geld und den Mitteln der Diplomatie, dann mit Heeresmacht zu Hilfe kam, ausgerechnet ein Kardinal der katholischen Kirche war, Armand Jean de Richelieu.

Selbstverständlich – jedenfalls im Sinne der Zeit selbstverständlich – war, dass Kaiser Ferdinand meinte, seinen Sieg über den Winterkönig ausnützen zu müssen, um ähnlich wie in Böhmen auch im Reich seine Macht gegenüber den Ständen, den Reichsfürsten, auszubauen und die Protestanten weiter zu schwächen. So blieb die Armee Tillys nicht in der Pfalz stehen, sondern rückte nach Norddeutschland vor. Außerdem stellte der Kaiser jetzt selbst eine Armee auf. Das heißt, eigentlich war es nicht er, der sie aufstellte, sondern sie wurde in seinem Auftrag auf private Kosten von einem Mann organisiert, dessen Namen wir schon erwähnt haben: Albrecht Wenzel Eusebius von Wallenstein, jener böhmische Konvertit und neureiche Emporkömmling, den der Kaiser jetzt zum Herzog von Friedland erhob. Mit ihm und Tilly als Feldherren begann der zweite Abschnitt des Dreißigjährigen Krieges, der niedersächsisch-dänische Krieg (1625–1630).

Wallenstein war nicht, wie Tilly, Mansfeld oder andere Heerführer, einfach ein General. Das war er auch, und zwar ein sehr fähiger. Vor allem aber war er ein Unternehmer in Sachen Krieg. Er warb seine Regimenter auf eigene Kosten an und zahlte ihren Sold aus eigener Kasse, aber das musste sich für ihn rentieren. Er verfuhr nach dem Grundsatz: »Der Krieg ernährt den Krieg.« Überall, wo seine Armee stand, wurden »Kontributionen« eingetrieben. Städte, Dörfer, Herrschaften, Landstände mussten hohe Geldbeträge aufbringen, um sich gegen Übergriffe der Soldateska zu sichern. (Natürlich wurde nebenbei dann doch geplündert.) Mit dem Geld bezahlte Wallenstein seine Soldaten, und die wiederum mussten es für Ausrüstung, Verpflegung und Kleidung ausgeben; Uniformen waren noch nicht üblich. Zur Herstellung dieser Artikel richtete Wallenstein ganze Industrien in seinem Herzogtum Friedland ein, und die Weber, Büchsenmacher und anderen Handwerker dort mussten von ihren Einkünften wiederum Abgaben an den Herzog zahlen. So wurde jedes Land, durch das die Armee marschierte oder in dem sie sich länger aufhielt, ausgesaugt, aber Wallenstein wurde immer reicher, und sein Herzogtum blühte mitten im Kriege auf. Er konnte in Prag ein wunderschönes Palais bauen und in Jitschin eine pompöse Residenz errichten. Die von ihm gegründete nordböhmische Textilindustrie, führend in der Donaumonarchie, existierte bis ins 20. Jahrhundert hinein. (Ganz so einfach wie hier dargestellt funktionierte das System allerdings nicht. Riesige, komplizierte Finanztransaktionen waren notwendig. Wallenstein hielt sich einen eigenen Bankier, einen Niederländer namens de Witte, der dann nach der ersten Absetzung seines Herrn Selbstmord beging. Wallenstein war auch für die Menschen, die ihm anhingen und vertrauten, ein Genie des Verderbens.)

Die Armee marschierte nach Norden. Da militärische Operationen damals sehr langsam vor sich gingen – im Winter bezog man Quartier und bewegte sich möglichst überhaupt nicht –, sind wir jetzt, 1625, schon im siebenten Kriegsjahr. Überall wo die Kaiserlichen hinkommen, wird nach entfremdetem Kirchenbesitz geforscht. Das ruft den ersten ausländischen Potentaten auf den Plan, sich in diesen innerdeutschen Streit zu mischen. König Christian IV. von Dänemark ist gleichzeitig Herzog von Holstein und somit Reichsstand. Auch er und seine Vorgänger haben seit der Reformation kräftig auf Kirchengut zugelangt. Soll er sich das jetzt wieder wegnehmen lassen? Er plant, verbündet mit Ernst von Mansfeld, einen Feldzug, der ihn nach Thüringen und weiter nach Süddeutschland führen soll. Allerdings kommt er nicht weit. Tilly schlägt ihn, Wallenstein seinen Verbündeten Mansfeld. Teile von Jütland werden von den Kaiserlichen besetzt, nur das Fehlen einer Flotte hindert sie daran, auch nach Seeland überzusetzen und Kopenhagen anzugreifen. Alle protestantischen Fürsten fallen eiligst von Christian ab. Er muss Frieden schließen, den er von Wallenstein zu relativ günstigen Bedingungen bekommt. Wallenstein stößt bis an die Ostsee vor, in Gegenden, wo es seit der Stauferzeit niemals direkte kaiserliche Machtausübung gegeben hat. Die Herzöge von Mecklenburg, zwei Brüder, die die Partei nicht rechtzeitig gewechselt haben, werden abgesetzt. Der Kaiser ernennt Wallenstein zum Herzog von Mecklenburg, außerdem zum »Admiral des baltischen und ozeanischen Meeres«. (Die Flotte zu diesem Titel hätte er freilich erst bauen oder kaufen müssen.) Die Sache des Protestantismus in Deutschland scheint verloren. Kaiser Ferdinand erlässt 1629 ein »Restitutionsedikt«. Aller seit 1552 von Protestanten eingezogene Kirchenbesitz soll zurückgegeben werden.

Da ist der Kaiser im Hochgefühl neu erworbener Macht gleich einige Schritte zu weit gegangen. Nicht nur die protestantischen Reichsfürsten fühlen sich in ihrer Substanz bedroht, einmal durch die Restitutionen, zum anderen dadurch, dass der Kaiser zwei aus ihrer Runde einfach entthront und durch einen Homo novus ersetzt, als seien sie beliebige kleine Lehensträger oder Beamte. Auch der mächtigste Verbündete des Kaisers, der erzkatholische, fromme Bayernherzog, ist nicht damit einverstanden, dass ein böhmischer Parvenü zum Herzog, Reichsfürsten, demnächst womöglich zum Kurfürsten gemacht wird. Soll er, Maximilian, im katholischen Lager die zweite Geige spielen, an die Wand gedrückt, auf die Dauer ausgeschaltet werden? Wittelsbacher und Habsburger haben sich als Nachbarn seit jeher misstrauisch beäugt, bei allen verwandtschaftlichen Bindungen und trotz Glaubensbrüderschaft. Auf einem Kurfürstentag in Regensburg (1630) wird Kaiser Ferdinand unter Druck gesetzt: Er soll Wallenstein entlassen und seine Armee verkleinern. Unbegreiflicherweise lässt sich der Kaiser tatsächlich breitschlagen. Und Wallenstein fügt sich – auch das ist schwer verständlich – scheinbar ohne Widerspruch, zieht sich auf seine Besitzungen in Böhmen zurück und führt dort das Leben eines reichen Edelmannes.

Seltsam ist, dass weder der Kaiser noch Maximilian von Bayern, noch die anderen Kurfürsten mit dem gerechnet zu haben scheinen, was jetzt eintrat: dass sich nämlich die beiden ausländischen Mächte einschalteten, die fortan den Gang der Ereignisse entscheidend mitbestimmen sollten und die, aus ganz verschiedenen Gründen, ein Interesse daran hatten, dass der Krieg nicht so schnell und vor allem nicht mit einem Sieg des Habsburger-Kaisers ein Ende nahm.

Frankreich, oder sagen wir lieber Kardinal Richelieu, agierte zunächst noch aus dem Hintergrund. Er vermittelte einen Frieden zwischen Polen und Schweden und sicherte König Gustav Adolf (1594–1632) Subsidien, Hilfsgelder für die Kriegführung zu. Das ermöglichte es diesem, sich neuen Schauplätzen zuzuwenden. Sein großes Ziel war es, die Ostsee zu beherrschen, sie zu einer Art schwedischem Binnenmeer zu machen. Deshalb hatte er Finnland, Karelien, auch Estland erobert und in Polen gekämpft. Jetzt kam es ihm zurecht, dass der Konkurrent Dänemark nach der Niederlage gegen Wallenstein zeitweise ausgeschaltet war. (Russland spielte damals im Kampf um die Macht noch nicht mit, hatte noch kein Fenster nach Europa geöffnet, St. Petersburg war noch nicht erbaut.) Ein kaiserliches Heer an der Südküste dieses schwedischen Meeres, einen katholischen Herzog Wallenstein in Mecklenburg konnte Gustav Adolf nicht dulden. Inwieweit er außerdem ehrlichen Herzens glaubte, für die Religionsfreiheit seiner norddeutschen Glaubensverwandten zu kämpfen, sei dahingestellt. Die protestantische Propaganda hat später, und seltsamerweise gerade im sonst ultranationalistischen wilhelminischen Zeitalter, aus ihm einen »Engel aus dem Norden«, einen Kämpfer und Märtyrer der Glaubensfreiheit gemacht. (Siehe auch C. F. Meyers Novelle ›Gustav Adolfs Page‹.) Ganz sicher war er ein frommer evangelischer Christ. Und der Mensch hängt ja meist mit großer Inbrunst einem Glauben an, der ihm auch zeitlichen Nutzen bringt.

Es beginnt also der dritte Abschnitt, der so genannte Schwedische Krieg (1630–1635), und zwar damit, dass Gustav Adolf mit zehntausend Mann Infanterie und dreitausend Reitern auf der Insel Usedom landete. Diese schwedische Armee war nicht, wie die Heere Tillys, Mansfelds und Wallensteins, ein aus dem Abschaum ganz Europas zusammengewürfelter Heerhaufen. Sie war aus schwedischen Bauernsöhnen rekrutiert, die ihrem König auch emotional verbunden waren. Solange Gustav Adolf lebte, herrschte unter ihnen strenge Disziplin: Der Tag begann mit Gebeten und Chorälen. Es durfte nicht einfach geplündert, vergewaltigt, gebrandschatzt werden. Da der König sich auf seine

Leute verlassen konnte, hatte er eine neue Taktik entwickelt. Statt nach der alten, spanischen Art in tiefen Blöcken stellte er sie in lichteren Reihen auf, rüstete sie verstärkt mit Handfeuerwaffen und leichten Feldgeschützen aus.

Die norddeutschen protestantischen Stände zögerten zunächst, mit dem landfremden Eindringling gemeinsame Sache zu machen, sie wären am liebsten neutral geblieben. Durch Druck zwang Gustav Adolf die zurückgekehrten Mecklenburger Herzöge, den Herzog von Pommern, vor allem aber die zwei stärksten lokalen Stände, Kursachsen und Brandenburg, zu einem Bündnisvertrag. Inzwischen bewegte sich Tillys Armee langsam nordwärts, belagerte Magdeburg, ein Zentrum des Protestantismus. Weil sich Wallenstein weigerte, dieses Heer von Böhmen aus mit Nachschub zu versorgen, erlaubte Tilly seinen Soldaten, die Stadt nach der Erstürmung zu plündern. Dabei kam es nicht nur zu den üblichen Ausschreitungen, es brach auch Feuer aus. Die Stadt brannte bis auf die Grundmauern nieder, an die 20000 Menschen sollen zu Tode gekommen sein. Die Nachricht von der Katastrophe weckte in ganz Deutschland Entsetzen und Empörung, verstärkte den Zulauf zu den Fahnen Gustav Adolfs. Jetzt konnte er sich erst recht als Beschützer des evangelischen Glaubens fühlen.

Im September 1631 trafen die Heere bei Breitenfeld in der Nähe von Leipzig aufeinander. Tillys Armee, immer noch in der alten Schlachtordnung aufgestellt, erlitt eine vernichtende Niederlage. Der Weg über Thüringen nach Süddeutschland war für die Schweden und ihre Verbündeten frei. In Erfurt, in Nürnberg, in Augsburg, in allen protestantischen Städten wurde Gustav Adolf als Befreier begrüßt. Tilly versuchte noch einmal, sich ihm in den Weg zu stellen. Bei Rain am Lech, nördlich von Augsburg, wurde er erneut besiegt und holte sich jene Verwundung, an der er kurz darauf in der Festung Ingolstadt starb. Gustav Adolf zog weiter und besetzte 1632 München. »Ein goldener Sattel auf einer dürren Mähre«, soll er sich über die schöne Stadt inmitten der oberbayerischen Schotterebene geäußert haben. Die Residenz gefiel ihm so gut, dass er sie gern nach Schweden abtransportiert hätte. Er musste sich mit Stücken aus den Kunstsammlungen begnügen. (Auch die Kaiserlichen hatten seinerzeit in Heidelberg etliche Kostbarkeiten mitgenommen und die Universitätsbibliothek dem Papst als Geschenk geschickt.) In seinem Gefolge befand sich übrigens der Winterkönig. Kurfürst Maximilian hatte sich an die Grenze seines Gebiets, nach Burghausen zurückgezogen, fast bis nach Österreich, aber auch da durfte er sich nicht sicher fühlen.

Für Kaiser Ferdinand blieb kein Ausweg, als den Mann um Hilfe zu bitten, den er ein Jahr vorher auf so undankbare Weise seinen hochmögenden Neidern geopfert hatte. Er fand sich sogar bereit, ihm den unumschränkten Oberbefehl und die Vollmacht zu Friedensverhandlungen mit den protestantischen Reichsständen zu übertragen. Tatsächlich brachte es Wallenstein fertig, innerhalb kurzer Zeit wieder ein Heer aufzustellen, das die schwedischen Verbindungslinien bedrohte. So musste Gustav Adolf Süddeutschland aufgeben. Andere kaiserliche Truppen verdrängten die Sachsen aus Böhmen. Schließlich schickte sich Wallenstein an, den Kurfürsten von Sachsen in seinem eigenen Land anzugreifen. Im November 1632 kam es bei Lützen, wieder in der Nähe von Leipzig, zur Schlacht. Die Schweden errangen einen halben Sieg. Wallenstein musste am Abend das Schlachtfeld räumen. Entscheidend war aber, dass in dieser Schlacht König Gustav Adolf fiel. Damit hatte die protestantische Seite ihre charismatische Führungsfigur verloren.

Der Krieg ging trotzdem weiter. In Schweden übernahm ein Regentschaftsrat unter dem Kanzler Axel Oxenstjerna die Regierung im Namen von Gustav Adolfs minderjähriger Tochter, der Königin Christina. Das Kommando über die schwedisch-protestantische Armee in Deutschland bekommt ein deutscher Fürst, Bernhard von Weimar, ein Vorfahr von Goethes Gönner und Freund Karl August. Jetzt nehmen die Kampfhandlungen endgültig jenen Charakter an, der uns vor Augen steht, wenn wir vom »Dreißigjährigen Krieg« reden. Es handelt sich weniger um Schlachten als um eine endlose Reihe von Heereszügen, hin und her und wieder zurück, die immer so lange dauern, bis eine Landschaft völlig ausgesogen ist, bis es nichts mehr zu plündern und zu rauben gibt, die Felder verwüstet, die Dörfer niedergebrannt sind. Die meisten Menschen (Historiker streiten, ob es vierzig oder »nur« zwanzig Prozent der Gesamtbevölkerung waren) starben nicht als Soldaten im Kampf, sondern an Hunger, an Seuchen oder als Opfer bestialischer Ausschreitungen. Hans Jakob Christoffel von Grimmelshausen, der erste wirklich große deutsche Romancier, hat davon in seinen Geschichten vom Simplicius Simplicissimus und der Landstörzerin Courage erzählt, Andreas Gryphius hat es in Sonetten voll düsterer Wucht beklagt, der Lothringer Jacques Callot die »grandes misères de la guerre« in einer Serie von Kupferstichen drastisch vor Augen geführt. Aber die Traumatisierung, die der Krieg für die Menschen bedeutete, hat ihren Niederschlag sogar im Kinderlied gefunden und dort bis ins 20. Jahrhundert überlebt:

Maikäfer flieg!
Dein Vater ist im Krieg,
deine Mutter ist in Pommerland
und Pommerland ist abgebrannt.
Maikäfer flieg!

Bet, Kindl bet!
Morgen kommt der Schwed.
Morgen kommt der Oxenstern.
der wird die Kindl beten lehrn.
Bet, Kindl, bet!

Thränen des Vaterlandes
Anno 1636.

Wir sind doch nunmehr gantz / ja mehr denn gantz verheeret!
Der frechen Völcker Schaar / die rasende Posaun
Das vom Blut fette Schwerdt / die donnernde Carthaun /
Hat aller Schweiß / und Fleiß / und Vorrath auffgezehret.

Die Türme stehn in Glut / die Kirch ist umgekehret.
Das Rathauß ligt im Grauß / die Starcken sind zerhaun /
Die Jungfern sind geschänd't / und wo wir hin nur schaun
Ist Feuer / Pest / und Tod / der Hertz und Geist durchfähret.

Hir durch die Schantz und Stadt / rinnt allzeit frisches Blut.
Dreymal sind schon sechs Jahr / als unser Ströme Flut /
Von Leichen fast verstopfft / sich langsam fort gedrungen

Doch schweig ich noch von dem / was ärger als der Tod /
Was grimmer denn die Pest / und Glut und Hungersnoth
Das auch der Seelen Schatz / so vilen abgezwungen.

Andreas Gryphius: ›Sonette‹

Ungewöhnlich für einen General war das Verhalten Wallensteins. Leute, die noch klassische Dramen lesen oder in ihrer Jugend heilsamerweise dazu gezwungen wurden, wissen es aus Friedrich Schillers dreiteiligem »dramatischen Gedicht«: Der Generalissimus nützte die Unsicherheit, die der Führungswechsel auf schwedischer Seite doch verursachen musste, nicht aus, sondern zog sich nach Böhmen zurück und schlug ein Lager bei Pilsen auf. (Erster Teil von Schillers Trilogie. Historiker haben festgestellt, dass der Dichter in seinem Drama, wie auch in seiner ›Geschichte des Dreißigjährigen Krieges‹ in einfühlender Genialität manche Details verarbeitet hat, die ihm nach dem damaligen Stand der Geschichtswissenschaft noch gar nicht bekannt sein konnten.) Dort blieb er – zum Schaden des ohnehin schon ausgepowerten Landes – auch über das Jahr 1633 hinweg stehen, während Oxenstjerna ein neues Bündnis mit den protestantischen Ständen in Franken, Schwaben und am Rhein abschloss, schwedische Truppen erneut nach Süden vorstießen und Regensburg einnahmen. Wallenstein schickte Sendboten zum Feind, verhandelte nicht nur mit Kursachsen, wozu er bevollmächtigt war, sondern auch mit Schweden und Frankreich.

> Das erste, das diese Reuter taten, war, daß sie ihre Pferd einstellten, hernach hatte jeglicher seine sonderbare Arbeit zu verrichten, deren jede lauter Untergang und Verderben anzeigte, denn obzwar etliche anfingen zu metzgen, zu sieden und zu braten, daß es sah, als sollte ein lustig Bankett gehalten werden, so waren hingegen andere, die durchstürmten das Haus unten und oben, ja das heimlich Gemach war nicht sicher, gleichsam ob wäre das gülden Fell von Kolchis darinnen verborgen; Andere machten von Tuch, Kleidungen und allerlei Hausrat große Päck zusammen, als ob sie irgends ein Krempelmarkt anrichten wollten, was sie aber nicht mitzunehmen gedachten, wurde zerschlagen, etliche durchstachen Heu und Stroh mit ihren Degen, als ob sie nicht Schaf und Schwein genug zu stechen gehabt hätten, etliche schütteten die Federn aus den Betten, und fülleten hingegen Speck, andere dürr Fleisch und sonst Gerät hinein, als ob alsdann besser darauf zu schlafen gewesen wäre; Andere schlugen Ofen und Fenster ein, gleichsam als hätten sie ein ewigen Sommer zu verkündigen, Kupfer und Zinnengeschirr schlugen sie zusammen, und packten die gebogenen und verderbten Stück ein, Bettladen, Tisch, Stühl und Bänk verbrannten sie, da

doch viel Klafter dürr Holz im Hof lag, Hafen und Schüsseln mußte endlich alles entzwei, entweder weil sie lieber Gebraten aßen, oder weil sie bedacht waren, nur ein einzige Mahlzeit allda zu halten; unser Magd ward im Stall dermaßen traktiert, daß sie nicht mehr daraus gehen konnte, welches zwar eine Schand ist zu melden! den Knecht legten sie gebunden auf die Erd, stekketen ihm ein Sperrholz ins Maul, und schütteten ihm einen Melkkübel voll garstig Mistlachenwasser in Leib, das nenneten sie ein Schwedischen Trunk, wodurch sie ihn zwangen, eine Partei anderwärts zu führen, allda sie Menschen und Vieh hinwegnahmen, und in unsern Hof brachten, unter welchen mein Knan, mein Meuder und unser Ursele auch waren.

Da fing man erst an, die Stein von den Pistolen, und hingegen an deren Statt der Bauren Daumen aufzuschrauben, und die armen Schelmen so zu foltern, als wenn man hätt Hexen brennen wollen, maßen sie auch einen von den gefangenen Bauren bereits in Backofen steckten, und mit Feuer hinter ihm her waren, ohnangesehen er noch nichts bekannt hatte; einem andern machten sie ein Seil um den Kopf und reitelten es mit einem Bengel zusammen, daß ihm das Blut zu Mund, Nas und Ohren heraus sprang. In Summa, es hatte jeder seine eigene Invention, die Bauren zu peinigen, und also auch jeder Bauer seine sonderbare Marter. Allein mein Knan war meinem damaligen Bedünken nach der glückseligste, weil er mit lachendem Mund bekennete, was andere mit Schmerzen und jämmerlicher Weheklag sagen mußten, und solche Ehre widerfuhr ihm ohne Zweifel darum, weil er der Hausvater war, denn sie setzten ihn zu einem Feuer, banden ihn, daß er weder Händ noch Füß regen konnte, und rieben seine Fußsohlen mit angefeuchtem Salz, welches ihm unser alte Geiß wieder ablecken, und dadurch also kitzeln mußte, daß er vor Lachen hätte zerbersten mögen; das kam so artlich, dass ich Gesellschaft halber, oder weil ichs nicht besser verstund, von Herzen mitlachen mußte. In solchem Gelächter bekannte er seine Schuldigkeit, und öffnet' den verborgenen Schatz, welcher von Gold, Perlen und Kleinodien viel reicher war, als man hinter Bauren hätte suchen mögen. Von den gefangenen Weibern, Mägden und Töchtern weiß ich sonderlich nichts zu sagen, weil mich die Krieger nicht zusehen ließen, wie sie mit ihnen umgingen: Das weiß ich noch wohl, daß man teils hin und wider in den Winkeln erbärmlich schreien hörte, schätze wohl, es sei meiner Meuder und unserm Ursele nit besser gangen als den andern. Mitten in diesem Elend wendet ich Braten, und half nachmittag die Pferd tränken, durch welches Mittel ich zu unserer Magd in Stall kam, welche wunderwerklich zerstrobelt aussah, ich kennete sie nicht, sie aber sprach zu mir mit kränklicher Stimm: »O Bub lauf weg, sonst werden dich die

Reuter mitnehmen, guck daß du davonkommst, du siehest wohl, wie es so übel«; mehrers konnte sie nicht sagen.

Hans Jakob Christoffel von Grimmelshausen: ›Simplicissimus‹

In Wien begann man misstrauisch zu werden. Dieses Misstrauen wurde eifrig von dem Bayernherzog geschürt, dessen Rivalität mit Wallenstein sich inzwischen zu abgrundtiefem Hass entwickelt hatte. Was plante der General? Wollte er, über die Köpfe des Kaisers, des Bayern, des spanischen Botschafters und der Wiener Jesuiten hinweg, einen Kompromissfrieden auch mit Schweden schließen? Wollte er sich für den Verlust der mecklenburgischen Beute entschädigen und König von Böhmen werden? Mitsamt seinem Heer zum Feind überlaufen, das Kaiserhaus stürzen, ein neues Regime im Reich errichten?

Wir wissen es bis heute nicht. Jedenfalls ließ er bei einem Bankett alle seine Obristen und Generäle ein Papier (»Pilsner Revers«) unterschreiben, mit dem sie ihm unbedingte Gefolgschaft versicherten, allerdings nur insofern, »als er in des Kaisers Dienst verbleiben oder der Kaiser ihn zur Beförderung seines Dienstes gebrauchen werde ...«. Es ist umstritten, ob diese Klausel tatsächlich existierte und erst nachträglich entfernt wurde. Jedenfalls verdächtigte man Wallenstein in Wien, die Offiziere auf sich persönlich und gegen den Kaiser eingeschworen zu haben. Es erging ein Befehl, ihn gefangen zu nehmen und bei Gegenwehr zu töten. Er hatte so lange gezögert und taktiert, dass ihm schließlich nur mehr der Versuch übrig blieb, den Schweden entgegenzumarschieren und sich mit ihnen zu vereinen. Der Großteil seiner Regimenter fiel von ihm ab. Mit einem Rest von 3000 Mann kam er bis Eger. Dort wurden er und seine engsten Anhänger am 26. Februar 1634 ermordet – er in seinem Schlafzimmer, die Offiziere bei einem Bankett, zu dem man sie tückischerweise geladen hatte.

Und wieder ging der Krieg weiter. Das Kommando über die kaiserlichen Truppen übernahm Erzherzog Ferdinand, der älteste Sohn des Kaisers und später als Ferdinand III. dessen Nachfolger. Ein spanischer Vetter und Namensvetter, der Kardinal-Infant Ferdinand, führte ihm frische Truppen aus Italien zu. Zusammen gelang es den beiden Habsburgern, Bernhard von

Weimars Schweden bei Nördlingen eine schwere Niederlage zuzufügen. Kursachsen und der Kaiser schlossen 1635 in Prag einen Frieden, dem sich auch die meisten anderen evangelischen Reichsstände anschlossen. Gemeinsam wollte man jetzt gegen die ausländischen Truppen auf Reichsgebiet vorgehen. Als Stichjahr für den Besitzstand der Konfessionen sollte das Jahr 1627 gelten. Das Restitutionsedikt von 1629 fiel also unter den Tisch. Der Krieg wurde jetzt wirklich nicht mehr um die Religion geführt.

Aber die Aussicht, dass der Kaiser seine Macht, ähnlich wie im dänisch-niedersächsischen Krieg, über ganz Deutschland ausdehnen werde, ließ den Kardinal Richelieu einen Schritt tun, den er bis jetzt vermieden hatte: Frankreich griff jetzt mit Truppen in den Krieg ein. Der Krieg begann von vorn. Eine formelle Kriegserklärung wurde nur gegenüber Spanien abgegeben. Aber französische Armeen stießen bis Böhmen und Bayern vor. Auch sie plünderten, verbrannten, zerstörten. Allerdings war nicht mehr viel da, was sich zu plündern lohnte. Ganze Landstriche (Württemberg, Hessen, die Pfalz) waren nahezu entvölkert, nur wenige hatte der Krieg verschont, so Nordwestdeutschland und Österreich. Auch die Heere waren ausgeblutet. Sogar in Schweden machte sich der Verlust an jungen Männern bemerkbar. Ein Politiker soll dort geäußert haben: »Wir erobern die Länder anderer, aber unser eigenes verkommt.«

1637 starb Kaiser Ferdinand II. Sein Sohn und Nachfolger stand nicht so stark wie er unter dem Einfluss der Jesuiten, war ein erfahrener Heerführer und Politiker und bei aller Frömmigkeit eher zu Kompromissen bereit. Es blieb auch nichts anderes übrig. Bei allem Hin und Her zeichnete sich eine Überlegenheit der unverbrauchteren französischen Truppen ab, die Schlagkraft der kaiserlichen Heere nahm ab, spanische Hilfsgelder blieben aus. Es kam zu einer Reihe von Niederlagen gegen Schweden und Franzosen.

Ab 1640 fand man sich zu Friedensgesprächen bereit. In den westfälischen Städten Münster (katholisch; hier verhandelten Kaiser und Reich mit Frankreich) und Osnabrück (protestantisch; hier wurde mit Schweden verhandelt) trafen sich die Diplomaten. Dort wurde eine entmilitarisierte Zone eingerichtet und freies Geleit für die Delegationen vereinbart. Vertreten waren nicht nur der Kaiser, die Reichsstände, Schweden, Frankreich, Spanien, sondern fast alle europäischen Staaten außer Russland, Polen, der Türkei und England. Intendiert war eine allgemeine Friedensordnung für Europa. Die Verhandlungen gingen schleppend voran, weil man endlos über Fragen des Protokolls und der Etikette stritt, auch darüber, wer denn teilnehmen dürfe. Anfangs wollte der Kaiser die deutsche Seite allein vertreten. Franzosen und Schweden bestanden darauf, dass die Reichsstände ebenfalls zugelassen wurden. Draußen aber ging der Krieg bis zum letzten Tag weiter, und jede Seite glaubte, sobald sie einen kriegerischen Vorteil gewonnen hatte, weitergehende Forderungen stellen zu können.

Zu Verhandlungen über inhaltliche Fragen kam es erst seit 1645. Zu lösen waren drei Fragenkomplexe:

- Territoriale Veränderungen, die Grenzen des Reiches und die Grenzen innerhalb des Reiches
- Die Stellung der Konfessionen
- Die Machtverteilung zwischen Kaiser und Ständen innerhalb des Reiches.

Verhältnismäßig geringfügig waren die Landgewinne Frankreichs: Metz, Toul und Verdun kamen endgültig unter französische Souveränität. Aber damit wurde nur ein praktisch schon seit 1552 bestehender Zustand bestätigt. Ferner trat der Kaiser die habsburgischen Besitzungen im Sundgau und im Elsass ab sowie rechtsrheinisch die Städte und Festungen Breisach und Philippsburg. Größer war die Beute der Schweden: Sie erhielten fünf Millionen Taler »Kriegsentschädigung«, um ihr Heer abzurüsten. Vorpommern und die Stadt Wismar in Mecklenburg gingen an die Krone Schweden, ferner die Bistümer Bremen und Verden. Damit kontrollierte Schweden die Mündungen der drei Ströme Oder, Elbe und Weser. Die schwedisch gewordenen Gebiete blieben im Reichsverband, so dass der König von Schweden Reichsstand wurde, auf den Reichstagen vertreten war und mitstimmen konnte.

Die Schweizer Eidgenossenschaft schied aus dem Reich aus und wurde ein eigenes, völkerrechtlich anerkanntes Gemeinwesen. Auch das formalisierte lediglich einen bereits lange bestehenden Zustand. Seit 1495 hatten die Schweizer die Entscheidungen des Reichskammergerichts für sich nicht mehr als verbindlich anerkannt und keine Vertreter mehr auf die Reichstage geschickt. Ähnlich verhielt es sich mit den Niederlanden, die jetzt ebenfalls als souveräner Staat anerkannt wurden (und mit denen sogar Spanien Frieden schloss). Auch sie hatten ja höchstens noch auf dem Papier zum Reich gehört, aber nichts mehr mit ihm zu tun gehabt, seit Karl V. sie zur spanischen Hälfte seines Erbes geschlagen hatte.

Im Inneren des Reiches wollte man möglichst zu den Grenzen von vor 1618 zurückkehren. Es wurde eine Amnestie verkündet, kein Reichsstand sollte für etwas, was er im Krieg getan hatte, verantwortlich gemacht werden. Es gab allerdings Ausnahmen: Bayern behielt die Oberpfalz und die Kurwürde. Für den Erben des inzwischen verstorbenen Winterkönigs wurde eine achte Kurwürde geschaffen, territorial musste er sich mit der Rheinpfalz begnügen. Brandenburg hätte eigentlich einen Erbanspruch auf ganz Pommern gehabt, dessen Herzogsgeschlecht ausgestorben war. Da aber Vorpommern an Schweden ging, bekam es nur Hinterpommern und wurde deshalb mit einigen ehemals geistlichen Gebieten, unter anderem dem Stift Magdeburg, entschädigt. Auch sonst gab es kleinere Veränderungen.

Was die Religion angeht, so wurde das Restitutionsedikt von 1629 aufgehoben. Als Stichjahr sollte das Jahr 1624 gelten. Der Besitzstand jeder Konfession sollte »auf ewig« so gewahrt werden, wie er in diesem Jahr gewesen war. Auch die Rechte religiöser Minderheiten sollten die gleichen bleiben. Wenn etwa in einem katholischen Territorium den Protestanten 1624 erlaubt gewesen war, sich in Bethäusern unauffällig zu versammeln, nicht aber, diese Bethäuser zu richtigen Kirchen mit Turm und Geläut auszubauen, dann sollte es dort weiterhin bei dieser Art Gottesdienst bleiben. Nur der Kaiser behielt sich das Recht vor, in den habsburgischen Erblanden weiter die katholische Glaubenseinheit durchzusetzen. Untertanen, die aus religiösen Gründen auswanderten, sollten ihren Besitz entweder verkaufen oder durch einen Verwalter bewirtschaften und zur Regelung geschäftlicher Angelegenheiten auch zeitweise zurückkehren dürfen.

Wichtig waren vor allem zwei Bestimmungen: Neben Katholiken und Lutheranern wurden jetzt auch die Reformierten (Calvinisten) in den Religionsfrieden einbezogen, galten als gleichberechtigte Konfession. Der Grundsatz »Cuius regio eius religio« sollte grundsätzlich weitergelten, aber wenn in Zukunft ein Landesherr die Konfession wechselte, waren seine Untertanen nicht mehr verpflichtet, ihm dabei zu folgen. (So konvertierten 1697, als sich August der Starke zum König von Polen wählen ließ, die sächsischen Wettiner zum Katholizismus. Sachsen selbst aber blieb evangelisch, und die Dresdner Bürger stachen mit ihrer Frauenkirche die katholische Hofkirche aus.)

Das Reichskammergericht sollte fortan zu gleichen Teilen mit katholischen und evangelischen Assessoren besetzt sein. Für die Reichstage wurde ein Verfahren (»itio in partes«) festgelegt, das verhindern sollte, dass die Vertreter einer Konfession von denen der anderen majorisiert wurden. Wenn es um Glaubensdinge ging, hatten sich Katholiken und Protestanten getrennt zu beraten und jeder für sich zu entscheiden. Danach mussten sie sich entweder gütlich einigen oder das betreffende Problem vertagen.

Der Westfälische Friede ist ein internationaler Vertrag und zugleich ein Dokument, das die Machtverhältnisse, Zuständigkeiten und Kompetenzen im Inneren des Reiches reguliert und andere Verfassungsdokumente wie die Goldene Bulle von 1356 und den Augsburger Religionsfrieden von 1555 ergänzt und fortschreibt. Der Kaiser, das ist der Grundgedanke, sollte keine eindeutige Dominanz über »das Reich«, also die Reichsstände haben, wie er sie im Prager Frieden von 1635 angestrebt hatte. Andererseits musste ein gewisses Maß an Einheitlichkeit (etwa in der Rechtsprechung) gewahrt bleiben und den Expansionsgelüsten der größeren Reichsstände gegenüber den kleineren ein Riegel vorgeschoben werden. Den Reichsständen wurde zwar keine Souveränität, aber die Territorialhoheit über ihr jeweiliges Gebiet zuerkannt. Sie erhielten das Recht, zum Schutz ihrer Integrität untereinander und mit ausländischen Mächten Bündnisse abzuschließen, unter dem Vorbehalt, dass diese sich nicht gegen Kaiser und Reich richten durften. Jeder Reichsstand hatte das Recht, militärische Rüstung zu betreiben und eine Armee aufzustellen. Sie waren aber verpflichtet, dem Kaiser Kontingente (die genau festgelegt wurden) für die Reichsarmee zur Landesverteidigung zu stellen. Auch mussten sie Beiträge zu Reichssteuern leisten.

Frankreich und Schweden sollten als Garantiemächte fungieren, an die sich ein Reichsstand wenden konnte, wenn er glaubte, es sei von der Seite eines anderen – oder des Kaisers – gegen eine Bestimmung des Vertrags verstoßen worden Dieser Paragraph war es vor allem, der Historiker und öffentliche Meinung im 19. Jahrhundert veranlasste, im Westfälischen Frieden ein Dokument nationaler Schmach zu sehen. Er habe die ausländische Einmischung, besonders die des »Erbfeindes« Frankreich institutionalisiert, die Zerstückelung Deutschlands zum unwiderruflichen Dauerzustand werden lassen, die Zentralgewalt entmachtet, das Land wehrlos gemacht und die Grenzen für fremde – vor allem französische – Aggression weit geöffnet.

Die Menschen im 17. Jahrhundert sahen das offenbar nicht so, und auch wir, die wir aufgehört haben, im nationalen, wehrhaften Zentralstaat das summum bonum und Ziel aller politischen Entwicklung zu sehen, können die positiven Seiten dieses Vertrages und der Konferenz, die ihn aushandelte, wiederentdecken. Er vermied es, die vertragschließenden Parteien eindeutig in Sieger und Besiegte einzuteilen, erlaubte auch den Unterlegenen, ihre Interessen zu wahren, demütigte sie nicht und versuchte, für Europa und seine Mitte – Deutschland – eine Friedensordnung aufzurichten, die den tatsächlichen Machtverhältnissen entsprach und einen ethischen Grundkonsens zumindest postulierte. Diese Friedensordnung funktionierte nicht vollkommen. Auch in der Folgezeit wurden Kriege geführt – von Frankreich, von Preußen, Österreich und anderen Mächten. Aber sie arteten nie in so uferlose Zerstörungswut aus wie der Dreißigjährige Krieg oder später die Kriege des Massenzeitalters, besonders die des 20. Jahrhunderts.

Kapitel 22
Das Reich steht noch

Das alte Reich, so kann man auch heute noch in populären Geschichtsbüchern oder auf Websites lesen, habe praktisch nach dem Dreißigjährigen Krieg und der Unterzeichnung des Westfälischen Friedens zu bestehen aufgehört. Der Kaiser habe fortan einen Ehrentitel getragen, der ihm protokollarischen Vorrang vor anderen Herrschern einbrachte, aber keinerlei politische Bedeutung mehr hatte. Was historisch zählt, nämlich politische Macht, militärische Stärke, wirtschaftliche Dynamik, kulturelle Ausstrahlung, sei nicht in diesem Reich zu finden gewesen, sondern in den Staaten Westeuropas, im meerbeherrschenden England und vor allem in Frankreich, das jetzt, unter Ludwig XIV., sein großes Zeitalter eröffnete, eine Epoche, in der französischer Einfluss, französische Kultur, französische Sprache in ganz Europa dominant werden sollten. Hatte der Kaiser überhaupt noch mitzureden in diesem Europa? Wenn ja, dann nicht als Kaiser, sondern als Herrscher über ein Konglomerat von Ländern zwischen Ostende und Siebenbürgen, Böhmen/Schlesien und der Adria, das man mangels eines passenderen Namens Österreich nannte. Als deutsche Vormacht aber sei dieses Österreich zunehmend vom dynamischeren, fortschrittlicheren Konkurrenten Brandenburg/Preußen verdrängt worden.

Es stimmt allerdings nachdenklich, dass das Reich, altersmorsch und scheinbar überflüssig, wie es war, dennoch weiterexistierte, von 1648 bis 1806. Das sind 158 Jahre, mehr, als das Bismarckreich, die Weimarer Republik, Hitlers Drittes Reich und die Bundesrepublik (bis heute) zusammengerechnet vorweisen können. Es schuf sich, neben seinen bereits bestehenden Verfassungsorganen wie dem Reichskammergericht und der Hofkanzlei, mit dem seit 1663 in Regensburg tagenden »Immerwährenden« Reichstag zusätzlich eine neue Institution. (Schuf ist der falsche Ausdruck. Die Permanenz des Reichstages ergab sich aus einer bestimmten Situation. Aber natürlich konnten die Landesfürsten nicht auf Dauer in Regensburg herumsitzen und diskutieren. Also wurde der Reichstag zu einer ständigen Gesandtenkonferenz, auf der Delegierte der Reichsstände Angelegenheiten von gemeinsamem Interesse besprachen und auch Reichsgesetze beschlossen. An die Gesandten erinnert noch heute der Name einer Straße in Regensburg, und ihren Tagungsort im Alten Rathaus kann man besichtigen.)

Es scheint auch, dass die Deutschen ihre Situation, ihr Leben in diesem Reich mit seinen vielen Einzelstaaten, seinen Fürsten und Fürstchen, nicht als bedrückend oder beschämend empfanden. In der Publizistik der Zeit kommt immer wieder der Begriff des »freyen Teutschen« oder der »teutschen Freyheit« vor. Freiheit wurde nicht als Recht auf politische Mitbestimmung, sondern auf persönliches Eigentum und dessen Sicherheit verstanden. Gegen Übergriffe, seien es die eines mächtigeren Reichsstandes gegenüber einem kleineren, seien es die eines Landesherrn gegenüber einem Untertan, konnte man vor dem Reichskammergericht oder dem Reichshofrat in Wien prozessieren. Auch wenn die Gerichte schleppend arbeiteten, veranlasste doch schon das Aufsehen, das ein solcher Prozess erregte, die Mächtigen zur Vorsicht. Durchaus nicht bewundernd, sondern mit einer Art Mitleid, sah man die Untertanen im absolutistischen Frankreich, die solche Möglichkeiten nicht hatten. Dort gab es auch nicht die – wenn auch eingeschränkte – Religionsfreiheit wie in Deutschland. Als Ludwig XIV. 1685 das Edikt von Nantes aufhob, in dem Heinrich IV. den Protestanten gewisse Rechte eingeräumt hatte, blieb den Hugenotten nichts übrig, als zu konvertieren oder auszuwandern.

Johann Jacob Moser (1701–1785), Staatsrechtler, über die »Staatskunst« des Absolutismus:

1. Der Herr darf tun, was er will, ohne jemand deswegen Red und Antwort zu geben.
2. Der Untertan muß tun, was ihm befohlen wird, ohne sich dagegen im geringsten regen oder eine Vorstellung dagegen tun zu dürfen.
3. Was man dem Untertanen außer dem Leben läßt, ist Gnade: Dann es ist alles des Regenten Eigentum.

Georg Schmidt: ›Geschichte des Alten Reiches‹

Die negative Sicht auf den Westfälischen Frieden und auf das ausgehende Heilige Römische Reich stammt, wie so viele historische Urteile, die bis heute fortleben, aus der zweiten Hälfte des 19. Jahrhunderts. Damals strebte ein zunächst nationalliberal, im Gefolge Bismarcks aber mehr und mehr nationalkonservativ gesinntes, größtenteils protestantisches Bürgertum die Wiederherstellung der deutschen Einheit unter preußischer Führung und unter Ausschluss Österreichs an, die so genannte kleindeutsche Lösung. Um die zu rechtfertigen, brauchte man als Negativfolie das Bild eines Alten Reiches, das unter Führung (oder vielmehr Nichtführung) der Habsburger schmählich versagt hatte. So erschien es dann auch als eine Form geschichtlicher Notwendigkeit, dass der Preußenheros Friedrich II. (der Große) auf Recht und Gesetzen des alten Reiches ungeniert und rüpelhaft herumgetrampelt hatte.

Unleugbar hatte dieses Reich große Schwächen. Es entsprach in keiner Weise dem Bild, welches sich die zweite Hälfte des 19. Jahrhunderts von einem Staat machte. Es war nicht mächtig, konnte sich allenfalls unter großen Mühen und mit begrenztem Erfolg gegen Angriffe von außen verteidigen (so wie in den Raubkriegen Ludwigs XIV. und im Spanischen Erbfolgekrieg). Es besaß aber weder die militärischen noch die finanziellen und organisatorischen Mittel, um selbst Angriffskriege zu führen oder überhaupt nach außen gewandte Politik zu betreiben. Deswegen konnten sich die Deutschen nicht wie andere europäische Nationen – Spanier, Engländer, Franzosen, auch Holländer und Portugiesen – an der »Eroberung der Welt« beteiligen, konnten keine Kolonien gründen. Heute sind wir eher erleichtert, dass dieser Teil des europäischen Erbes an Deutschland vorbeigegangen ist. Unsere Urgroßväter zur Zeit Kaiser Wilhelms aber empfanden das als großen Mangel, ja als Unrecht und Schande.

Auch zum Zeitgeist des späten 17. und des 18. Jahrhunderts lag das Reich quer. Es war das Zeitalter der Aufklärung, des Rationalismus, der an alles, besonders aber an die Formen des menschlichen Zusammenlebens und an die Organisation der Staaten die Maßstäbe der Vernunft, des Verstandes anlegte. Der Staat sollte rational aufgebaut sein wie eine Maschine, die ein

Einzelner (der Herrscher) leicht bedienen kann. Er sollte klar definierte Ziele haben, nämlich die Macht des Souveräns und die Wohlfahrt der Untertanen, welche theoretisch einander bedingen und ergänzen. (Sich in der Praxis allerdings oft nicht miteinander vertragen, wie man am Beispiel des absolutistischen Frankreich studieren kann.)

Am Aufbau des Reiches war überhaupt nichts rational, sondern der stand so, wie er in Jahrhunderten gewachsen war, bedingt durch Erbgänge, Fehden, Kriege, Religionsstreitigkeiten und andere mehr oder weniger zufällige oder willkürliche Ereignisse. Auch die Gliederung der Gesellschaft war eher unvernünftig, und diese Unvernunft spiegelte sich in den Institutionen des Reiches: das Reichskammergericht musste immer paritätisch mit Katholiken und Protestanten, mit Juristen und Vertretern des Adels besetzt sein. Im Immerwährenden Reichstag dagegen gab es von alters her drei Kurien: die der Kurfürsten (das war die kleinste und mächtigste), die der Fürsten und Reichsgrafen, in der es wieder Vertreter mit »Virilstimme«, also einer Stimme pro Mann, und solche auf der »Grafenbank« gab, wo zwanzig oder mehr Vertreter kleiner Territorien zusammen nur eine Stimme hatten. Schließlich gab es noch die Städtekurie. Die Kurien berieten getrennt über die jeweiligen Fragen, stimmten auch getrennt ab und mussten sich dann erst einigen, wobei die ersten beiden Kurien es meist so einrichteten, dass sie untereinander zu einem Kompromiss kamen oder aber die Angelegenheit vertagten. Dass die Vertreter der Städte, der Bürgerkanaille, das letzte, entscheidende Wort haben sollten, war den Vertretern des Hochadels nämlich ein unerträglicher Gedanke. Ging es aber um eine »Glaubenssache«, dann war die »itio in partes« vorgesehen, die katholischen und die protestantischen Vertreter tagten und beschlossen getrennt und mussten nachträglich zu einer Einigung kommen – oder die Sache wiederum vertagen.

Was die Staatsziele angeht: War denn das Reich ein Staat, und hatte es überhaupt Ziele? Möglicherweise eines: dass alles so blieb, wie es war, und niemandem etwas weggenommen wurde, worauf er seit alters ein Anrecht hatte oder zu haben glaubte. Staatliche Strukturen – eine durchorganisierte Verwaltung, regelmäßige Steuern und Zölle, Polizei und – was jetzt immer mehr als Kennzeichen eines souveränen Staates gesehen wurde – stehende Heere existierten nur in den Gliedstaaten des Reiches, vor allem natürlich in den großen (Österreich, Preußen) und mittelgroßen (Bayern, Württemberg, Hessen-Kassel, Kursachsen, später auch Hannover), die sich das leisten und notfalls auch jeder für sich allein bestehen konnten. Nur solche Fragen, die in den Einzelterritorien, besonders in den kleinen und ganz kleinen, nicht gelöst werden konnten, wurden grenzüberschreitend geregelt: Handels- und Gewerbeordnung, Gesindeordnung (also Regelung der Arbeitsbedingungen), Münzordnung. Hätte es da allzu große Verschiedenheit gegeben, wäre der Wirtschaftskreislauf beeinträchtigt worden. Im Verteidigungsfall wurde eine »Reichsarmee« aus den Kontingenten der Einzelstaaten aufgestellt, oder es wurden nur die Kontingente eines oder mehrerer Reichskreise abberufen. Das funktionierte langsam und schwerfällig. Und weil es diesen Truppen an einheitlicher Ausbildung und Ausrüstung fehlte, war ihr militärischer Wert begrenzt.

Am meisten auf die Dienste des Reiches und auf seinen Schutz vor den Begehrlichkeiten ihrer großen Nachbarn angewiesen waren die vielen kleinen Fürstentümer (Reuß-Schleitz-Greitz, Lobenstein, Lippe-Detmold, Anhalt-Köthen, Schwarzburg-Rudolstadt, Hohenlohe-Öttingen usw.), die unzähligen Reichsgrafen, Reichsfreiherrn, Reichsritter, Reichsstädte, geistlichen Fürstentümer, Reichsabteien. Die Frage war auch, von wem die Souveränität im Reich eigentlich ausging. Natürlich nicht vom Volk wie in einer Demokratie. Aber auch der Kaiser war kein absoluter Monarch wie der König von Frankreich, hatte sich an Verfassungsdokumente (Goldene Bulle, Augsburger Religionsfrieden, Westfälischer Frieden), an Beschlüsse des Reichstags und an Wahlabsprachen mit den Kurfürsten und Reichsfürsten zu halten. Seine Aufgabe war wesentlich die, darüber zu wachen, dass sich auch die Reichsfürsten an diese rechtlichen Maßgaben hielten.

Ein höchst mangelhaftes System, wie man sieht. Aber die Deutschen scheinen sich in ihm eingerichtet zu haben, wurstelten sich durch. Der Perfektionswahn gehörte noch nicht zum

Nationalcharakter. Sie überwanden sogar die wirtschaftlichen Nachwirkungen des Dreißigjährigen Krieges verhältnismäßig rasch. Es klingt zynisch, aber in manchen Gegenden waren die Lebensbedingungen besser als vor dem Krieg, weil bei den starken Verlusten an Menschenleben die Überlebenden größere Chancen hatten. In den achtziger Jahren des 17. Jahrhunderts gewann auch das Kaisertum wieder an Popularität und Ansehen im Reich. Das schuldete es einmal der erwähnten Wirtschaftsblüte, dann der Person Leopolds I. (1640–1705), der durch eine geschickte Politik von Titelverleihungen, Standeserhöhungen, Ämtervergaben große Teile des Reichsadels für sich gewann; vor allem aber war es den Feinden des Reiches zu verdanken.

1683 standen die Türken zum zweiten Mal vor Wien. Sie belagerten es von Juli bis September und brachten die Verteidiger in große Bedrängnis. Von den Bergen des Wienerwaldes herab brach dann ein Entsatzheer über die Belagerer herein, unter Führung des Polenkönigs Johann Sobieski. (Eine Kapelle auf dem Kahlenberg erinnert an diesen Sieg. Die Tafeln in ihrem Inneren sind zu Ehren des Verbündeten auch in polnischer Sprache beschriftet.) Es beginnt der Gegenstoß Österreichs, das Heldenzeitalter der Habsburger Monarchie und ihrer Armee, das sich über das erste Drittel des 18. Jahrhunderts erstreckt und mit dem Namen des Prinzen Eugen verbunden ist. Erst jetzt wird das Kernland Ungarns mit der Hauptstadt Pest erobert, dazu Siebenbürgen, die kroatische Adriaküste, Teile des Balkans. Die Menschen dort empfinden Österreich noch nicht als »Völkerkerker«, sondern noch als Schutz und Befreier. Und die Deutschen sind stolz auf diese Siege. (In seinem Schloss in Oberschleißheim hat der bayerische Kurfürst Max Emanuel sämtliche Türkenschlachten, an denen er teilgenommen hatte, an die Wand malen lassen. Über seine weniger rühmliche Rolle als Parteigänger Ludwigs XIV. im Spanischen Erbfolgekrieg lässt er den Besucher dagegen dezent im Unklaren.)

Die Türken hatten einen Verbündeten im Westen. 1661 trat Ludwig XIV. (1638–1715) in Frankreich die Alleinherrschaft an. Er ging anders vor als der Kardinal Richelieu, der als Minister zwar alle diplomatischen und militärischen Mittel angewendet hatte, um die Macht Frankreichs zu mehren und die der Habsburger zu mindern, sich aber mit Annexionen zurückgehalten hatte. Ludwig dagegen scheute vor keiner Aggression zurück, um das Staatsgebiet zu erweitern. Er führte zunächst Krieg um die Spanischen Niederlande (Devolutionskrieg 1667/68), was zwar an einem englisch-niederländisch-schwedischen Bündnis scheiterte, ihm aber immerhin zwölf Festungen in Flandern und im Hennegau einbrachte. Dann zieht er Bayern, Kurköln und Münster auf seine Seite und lässt seine Armeen durch diese deutschen Gebiete gegen Holland marschieren (1672–1678). Die Holländer durchstechen die Deiche, setzen ihr Land unter Wasser. Es kommt zu einer großen Koalition gegen Frankreich (Kaiser, Brandenburg, Holland; später auch Spanien, Dänemark, Lothringen, Sachsen, England). Wieder erreicht er sein eigentliches Ziel nicht, kann aber im Frieden von Nimwegen beträchtlichen Landgewinn einheimsen: die Franche Comté, Freiburg im Breisgau, Grenzfestungen im Nordosten. Bei dieser Gelegenheit verliert Ludwigs Verbündeter Schweden die Gebiete in Vorpommern an den Kurfürsten von Brandenburg.

Jetzt setzt Ludwig Gerichte ein, so genannte Reunionskammern. Sie sollen nachprüfen, welche anderen Gebiete, Städte, Dörfer jemals in einer Lehensverbindung zu den Neuerwerbungen Frankreichs seit 1552 gestanden haben. Lässt sich anhand irgendwelcher, notfalls auch gefälschter Dokumente nachweisen, dass eine solche Verbindung – und sei es tief im Mittelalter – irgendwann bestanden hat, wird das betreffende Gebiet von französischen Truppen besetzt und mit Frankreich »wiedervereinigt«. So im Jahre 1681, mitten im Frieden, die Stadt Straßburg. Die Karte des Elsass sieht bald aus wie ein Schweizer Käse. Auch rechtsrheinisch und in den Spanischen Niederlanden bedient sich Ludwig XIV.

Schließlich, als in Heidelberg die wittelsbachische Linie Pfalz-Simmern ausstirbt, erhebt Ludwig Anspruch auf die Rheinpfalz im Namen seiner Schwägerin. (Das war die berühmte Lieselotte von der Pfalz, unglücklich verheiratet mit »Monsieur«, Ludwigs Bruder Philipp, der homosexuell war. Ihr verdanken wir Briefe in einem unnachahmlich deftigen Barockdeutsch, die uns Aufschluss über das Leben am Hof von Versailles geben. Man kann sich vorstellen, wie sie unter dem

Krieg gelitten haben muss.) Der Krieg dauert von 1688 bis 1697. Ludwig ist auch mit den Türken verbündet, will sie nach ihrer Niederlage vor Wien entlasten. Die Pfalz und Württemberg werden wiederholt verwüstet, das Heidelberger Schloss abgefackelt. (Es steht bekanntlich bis heute als Ruine.) Wieder bildet sich eine europäische Koalition gegen Frankreich. Ludwig plant eine Invasion Englands, aber seine Flotte wird 1692 bei La Hogue vernichtet. In den Verhandlungen um den Frieden von Rijswijk (1697) taucht zum ersten Mal der Begriff »Balance of Power« auf.

Kein Wunder, dass sich in Deutschland wie auch in anderen Ländern eine antifranzösische Stimmung ausbreitet. Man wettert gegen die französische Mode, Sprachgesellschaften bilden sich, die gegen die »Fremdwörterei« polemisieren. Die Franzosen spielen im damaligen Europa eine ähnliche Rolle wie heute in vielen Teilen der Welt die US-Amerikaner: Sie sind die politische, militärische, vor allem aber die kulturelle Vormacht. Man bewundert sie, beneidet sie, ahmt sie – meist recht unbeholfen – nach. Kein deutscher Duodezfürst, der sich nicht sein Schrumpf-Versailles baut, nicht zu reden von Schönbrunn, Charlottenburg, Nymphenburg, der Solitude. Man kleidet und frisiert sich nach ihrer Mode, parliert (nicht immer fehlerfrei) in ihrer Sprache, die jetzt das Latein als Medium der Diplomatie verdrängt, erbaut sich an französischer Literatur und Philosophie, tanzt Menuett und Sarabande. Und bei alldem hat man wohl nicht selten das Gefühl, dass man sich zum Affen macht, dass diese übermäßige Orientierung an einem fremden Vorbild ein Zeichen der eigenen Inferiorität ist. Es entsteht, vor allem unter Intellektuellen, eine Art Franzosenkomplex, der das ganze 18. Jahrhundert verpestet. Sogar ein so großer und heller Geist wie Gotthold Ephraim Lessing zeigt Symptome davon, wenn er auf höchst ungerechte Weise Corneille und Racine, die Klassiker der französischen Tragödie, aburteilt.

Der letzte, längste und verlustreichste Krieg Ludwigs XIV., der Spanische Erbfolgekrieg (1701–1714), war ein europäischer Konflikt, ja eigentlich schon ein Weltkrieg. Gekämpft wurde nicht nur in Deutschland, Flandern, Nordfrankreich, Italien, Spanien, Portugal und im Mittelmeer, sondern auch in Nordamerika, wo englische und französische Siedler nebst verbündeten Indianerstämmen aneinander gerieten. Anlass war das Aussterben der spanischen Linie der Habsburger. Der Letzte dieses Hauses, Karl II., war kinderlos, ein kränklicher Mensch, mit dessen Ableben schon lange vorher gerechnet wurde. Da sowohl Ludwig XIV. wie auch Kaiser Leopold I. mit spanischen Prinzessinnen verheiratet waren, beanspruchten beide Karls Erbe (Spanien, die südamerikanischen Kolonien, Neapel, Sizilien, Sardinien, Mailand) für ihr Haus. Teilungspläne wurden verhandelt, aber dagegen wehrte sich die öffentliche Meinung in Spanien. Zeitweise einigte man sich darauf, dass ein kleiner Prinz, Josef Ferdinand, der Sohn des bayerischen Kurfürsten Max Emanuel, Haupterbe sein sollte. Aber der Sechsjährige starb noch vor dem kranken König.

In Wirklichkeit ging es darum, dass eine Vereinigung Spaniens mit Frankreich das Gleichgewicht der Kräfte in Europa zerstört, Frankreich ein bedrohliches Übergewicht verliehen, die englische Seeherrschaft gefährdet und voraussichtlich die südamerikanischen Märkte für den englischen und niederländischen Handel verschlossen hätte. Als also Karl II. kurz vor seinem Tod (1700) einen Enkel Ludwigs XIV., Philipp von Anjou, zum Alleinerben bestimmte, kam es zu einer großen Koalition zwischen England, den Vereinigten Niederlanden, dem Kaiser und den meisten deutschen Reichsständen. Nur Bayern und der wittelsbachische Erzbischof und Kurfürst von Köln schlugen sich auf die Seite Ludwigs – was gegen den Westfälischen Friedensvertrag verstieß und Max Emanuel die Reichsacht, seinem Land die Besetzung durch österreichische Truppen einbrachte. Aber er meinte, nur auf diese Weise etwas vom spanischen Erbe abbekommen zu können.

Der Krieg dauerte dreizehn Jahre, von seinen Schlachten ist die von Höchstadt, 1704, die berühmteste, in der 26 000 Mann zu Tode kamen und die vereinigten Österreicher und Engländer 13 000 Gefangene machten. Ludwigs Pech war, dass er zwei der begabtesten Militärs seiner Zeit gegen sich hatte: den Prinzen Eugen von Savoyen (der hatte sich als junger Mann um Aufnahme in französische Dienste beworben, aber sein Äußeres war Ludwig XIV. zu mickrig gewesen; da war er weitergereist nach

Wien und hatte dort Karriere gemacht) und den Herzog von Marlborough (der ein Vorfahr Winston Churchills war). Glück hatte Ludwig dagegen im Jahre 1711. Da starb Kaiser Josef I., der 1705 seinem Vater Leopold im Reich und in Österreich nachgefolgt war. Erbe war sein Bruder, der als Kandidat für den spanischen Thron nur bis Barcelona gekommen war und sich dort Karl III. nannte. Als Kaiser hieß er Karl VI. (1685–1740). Hätte er jetzt ganz Spanien, die Kolonien und die Nebenländer gewonnen, wäre das Reich Karls V. wieder auferstanden. Daran war niemand interessiert, am wenigsten die Seemächte England und Holland. Außerdem wurde im englischen Parlament die Partei gestürzt, auf die sich Marlborough gestützt hatte. England schied aus dem Krieg aus, schloss den Frieden von Utrecht. Der brachte ihm große Vorteile, unter anderem den Besitz von Gibraltar, mit dem es den Zugang zum Mittelmeer kontrollierte. Die Bourbonen mussten zusichern, dass Frankreich und Spanien niemals in einer Hand vereinigt werden durften. Dafür wurde Philipp von Anjou (Philipp V.) der spanische Thron zugestanden. (Einer seiner Nachfahren ist dort – nach dem Zwischenspiel von Republik und Diktatur – heute wieder König.)

Allein hatten Kaiser und Reich gegen Frankreich keine Chance. Also wurden 1714 die Friedensverträge von Rastatt und Baden geschlossen. Spanien und die Kolonien kamen an Philipp V., Mailand, Neapel, Sizilien, Sardinien und die spanischen Niederlande an Österreich. Max Emanuel durfte nach Bayern zurückkehren. Frankreich behielt das Elsass samt Straßburg und bekam dazu noch die Festung Landau in der Pfalz. Allerdings war das Land durch die langen Kriege Ludwigs XIV. und durch die Wirtschaftskrise, die Inflation, den Verfall der Währung, Hungersnöte und die Verarmung breiter Bevölkerungsschichten so geschwächt, dass es sich bis zur großen Revolution am Ende des Jahrhunderts nicht mehr erholte.

Der Westfälische Friede galt im Reich formell weiter, aber die Kriege Ludwigs XIV. hatten gezeigt, dass der Friedenszustand in Europa nicht auf einem Vertrag, sondern auf dem Gleichgewicht der Mächte beruhte und dass das Reich wesentliche Komponente dieses Gleichgewichts war. Wer das Reich angriff und das Gleichgewicht gefährdete, wie es Ludwig getan hatte, musste damit rechnen, einer Front von Verteidigern gegenüberzustehen.

Im Inneren war das Reich bis jetzt vor allem dadurch zusammengehalten worden, dass die vielen kleinen Territorien es brauchten. Deshalb hatten die Kurfürsten auch immer wieder Habsburger zu Kaisern gewählt: Österreich war mächtig genug, eine Schiedsrichterrolle zu übernehmen, ein überkommenes Gefüge (Ordnung kann man das ja nicht nennen) zu sichern, aber nicht stark genug, als dass es dieses Gefüge hätte umstürzen und neu aufbauen können, so wie es die Krone in Frankreich getan hatte.

> Wien hat zu Einwohnern nicht etwa nur Deutsche, sondern auch Hungaren, Italiener, Spanier, Niederländer, Lothringer, Savoyarden, Schweizer, Raitzen (Serben), Griechen, Armenier, Türken und Juden …
>
> *Briefschreiber im 18. Jahrhundert*

Jetzt aber war Österreich selbst groß geworden: im Südosten, in Ungarn, auf dem Balkan, in Italien und in Belgien, wo es auch im Interesse Englands und der Niederlande Posten an der Kanalküste stand, gegen ein eventuelles Wiedererwachen französischer Aggression. Es war jetzt mehr mit europäischer als mit deutscher Politik befasst. Damals entstand das imperiale Wien – Schönbrunn, das Belvedere, die Adelspaläste im »Kaisergelb« – und zum ersten Mal eine multikulturelle Gesellschaft, auch wenn man das Wort noch nicht kannte.

Auch andere Fürsten griffen über die Grenzen ihrer Territorien, über die Grenzen des Reiches hinaus. 1697 wurde der sächsische Kurfürst August II. (»der Starke«) zum König von Polen gewählt, verstrickte sich zwar in den großen Nordischen Krieg gegen Schweden und wurde aus Warschau vertrieben, kehrte aber nach einigen Jahren zurück und eröffnete die Reihe der »sächsischen« Polenkönige. Ihm und seinen Nachfolgern verdankten Warschau und Dresden die barocke Pracht, die von der Barbarei des 20. Jahrhunderts vernichtet werden sollte.

Der Niederlage der Schweden gegen Russland und Polen im Nordischen Krieg verdankte es auch der Welfenherzog Georg von Braunschweig-Lüneburg, dass er die Stifte Bremen (nicht die Hansestadt!) und Verden erwerben konnte, die im Westfälischen Frieden schwedisch geworden waren. Der Kaiser verlieh ihm die Kurwürde, und er nannte sich fortan Kurfürst von Hannover. 1714 erbte er, als Urenkel Jakobs I., den englischen Königsthron, weil die eigentlich berechtigten Prätendenten aus dem Hause Stuart als Katholiken von der Thronfolge ausgeschlossen waren. Er sprach kaum Englisch und fühlte sich in London nie recht zu Hause, was dazu führte, dass er sich wenig um die Regierungsgeschäfte kümmerte und der Einfluss des Parlaments zunahm. Den Namen »Hanover« führte die Königsfamilie zweihundert Jahre lang. Erst seit dem Ersten Weltkrieg nennen sie sich »Windsor«, um nicht an ihre deutsche Herkunft zu erinnern.

Wo zwei seiner Standesgenossen zu Königen avancierten, mochte der Kurfürst von Brandenburg nicht zurückstehen. Die Schwierigkeit war nur, dass es außer Polen und dem Reich in Europa kein Wahlkönigtum mehr gab und dass der Hohenzoller mit keinem Herrscherhaus verwandt war, das er hätte beerben können. Aber er fand einen Ausweg: Ostpreußen, oder wie man damals noch sagte, Preußen, ursprünglich dem Deutschen Orden gehörig, 1525 im Zuge der Reformation in ein weltliches Herzogtum umgewandelt, 1618 an das Haus Brandenburg gefallen und seit 1660 aus der polnischen Lehenshoheit entlassen, lag rechtlich außerhalb der Grenzen des Römisch-Deutschen Reiches. Dort also war Kurfürst Friedrich III. souverän und konnte sich selbst zum König ernennen. Das tat er denn auch im Januar 1701 mit Zustimmung Kaiser Leopolds, stülpte sich im Dom von Königsberg eigenhändig eine Krone aufs Haupt und nannte sich fortan Friedrich I., König in Preußen. »In« Preußen, weil er eben nur dort König war, in seinen zum Reich gehörigen Gebieten aber weiter Kurfürst. Erst allmählich bürgerte sich der Name Preußen für das ganze Staatsgebilde ein, und seit Friedrich dem Großen (1712–1786) nannten sich seine Herrscher dann Könige »von« Preußen. (In Bayern dagegen bezeichnet man bis heute jeden Menschen, der verständliches Deutsch redet, als Preußen, wenn nicht gar als Saupreiß'n.)

Über diesen ersten preußischen Friedrich (1657–1713) liest man wenig Beifälliges. Es heißt, er sei eitel und verschwendungssüchtig gewesen. Immerhin gründete er in Berlin eine Akademie der Wissenschaften, in Halle die nachmals berühmte Universität, wo der Aufklärer Christian Thomasius sich gegen den Hexenglauben wandte und als Erster Vorlesungen auf Deutsch hielt. Nach Halle berief er auch den Pietisten August Hermann Francke, der dort sein berühmtes Waisenhaus gründete, nach Berlin wiederum den großen Barockarchitekten und Bildhauer Andreas Schlüter. Und noch als Kurfürst hat er angefangen, das Schloss Charlottenburg zu bauen und seinen wunderbaren Park anzulegen.

Mit diesem mäzenatischen Gehabe räumte dann sein Nachfolger Friedrich Wilhelm I. (1688–1740) gründlich auf. Auch er genießt keinen guten Ruf, gilt als kulturloser Grobian, Tyrann, Karikatur eines absolutistischen Patriarchen und Begründer des preußischen Militarismus. Nach seinem Regierungsantritt (1713) entließ er als Erstes alle Musiker und anderen Künstler, überhaupt den ganzen pompösen Hofstaat seines Vaters. Statt prächtig barocker Gewänder trug er stets eine Uniform aus rauem heimischem Tuch, statt der Allongeperücke das Haar glatt nach hinten gekämmt, zum Zopf gebunden und in einen Haarbeutel gesteckt. Den Ständen in seinen Einzelterritorien machte er klar, dass sie nichts mehr zu sagen hatten. Stattdessen baute er eine straffe Verwaltung für den Gesamtstaat auf, dekretierte die Unteilbarkeit und Unveräußerlichkeit aller seiner Gebiete, war unermüdlich – und erfolgreich – bemüht, Landwirtschaft, Gewerbe und Handel (und dadurch die Steuereinnahmen) zu fördern, wobei er sich nicht scheute, Faulheit und Schlendrian seinen Untertanen, wie er sagte, »auf gut Russisch« auszutreiben, indem er höchstpersönlich die Karbatsche handhabte. Das Heer brachte er von 38 000 auf 83 000 Mann Friedensstärke (bei zweieinhalb Millionen Einwohnern) und ersparte trotzdem in seiner Regierungszeit einen Schatz von fünf Millionen Talern, die er im Keller seines Schlosses sackweise speicherte. Das Land wurde in Rekrutierungsbezirke (Kantone) eingeteilt, von denen jeder eine bestimmte Anzahl Soldaten zu stellen hatte. Die Dienstzeit betrug zwölf Jahre, die Disziplin war barbarisch streng. Auf Desertion oder Ungehorsam stand die Strafe des Spießrutenlaufens. (Der Delinquent wurde zwischen zwei Reihen von Kameraden hindurchgejagt, die verpflichtet waren, mit ihren Ladestöcken auf ihn einzuprügeln.) Als »Soldatenkönig« haben ihn sowohl seine Sympathisanten als auch die bezeichnet, die ihn verabscheuten. Ein besonderer Tick des Königs war es, sich eine Garde von sehr hoch gewachsenen Soldaten zu halten. Wer als junger Mann »Gardemaß« erreichte, wurde erbarmungslos zur Fahne der »Langen Kerls« gepresst. Johann Christoph Gottsched, gebürtiger Ostpreuße und nachmals bekannter Gelehrter und Literaturpapst seines Zeitalters, entging diesem Schicksal nur durch die Flucht nach Sachsen.

Zur Erholung pflegte sich Friedrich Wilhelm am Abend mit einigen Vertrauten bei Bier und Pfeifenrauch zu versammeln. In diesem »Tabakkollegium« war dann stets einer aus der Runde, meist ein Jurist oder anderer Intellektueller, Zielscheibe des königlichen und des allgemeinen Spotts.

Das Bild ist so abstoßend, dass man unwillkürlich nach Entschuldigungsgründen sucht. Vielleicht spielte bei seinem Verhalten etwas wie Trotz oder Opposition gegen seinen Vater mit. Vielleicht hatte er es lächerlich gefunden, wie der versuchte, auf märkischem Sand den Hof von Versailles nachzuäffen. Seine eigenen Erziehungsmethoden waren ganz in seinem sonstigen Stil. Dem ältesten Sohn, Friedrich, ließ er die modisch gedrehten Seitenlocken abschneiden, verbot ihm das Flötespielen, das Lesen französischer Romane oder Philosophen, das Tragen anderer Kleidung als der Uniform. Ein hugenottischer Erzieher, der dem Prinzen solche Dinge nahe gebracht hatte, wurde verhaftet. Der Kronprinz hatte pietistische Erbauungsschriften zu lesen und Kameralistik (Volkswirtschaft) zu studieren. Als er meinte, es nicht mehr auszuhalten, und einen Fluchtversuch mit dem Ziel England unternahm, wollte ihn der König als Deserteur erschießen lassen. Nur die dringenden Proteste und die Befehlsverweigerung seiner höchsten Militärs brachten ihn davon ab. Stattdessen musste Friedrich bei der Hinrichtung des Leutnants von Katte zuschauen, jenes Freundes, der ihn auf seiner Flucht begleitet hatte. Friedrich wurde auf die Festung Küstrin verbannt, musste dort Verwaltungsdienst leisten, bis er nach zwei Jahren vor dem Vater zu Kreuze kroch.

Eines allerdings kann man diesem Monsterkönig nicht nachsagen: Er hat nie einen Vertrag gebrochen, hat sich nie gegen Kaiser und Reich gewandt, auch als die Hofkanzlei ihn in einer Erbsache (es ging um die Herzogtümer Jülich und Berg) schnöde ausmanövrierte, und er hat sein riesiges Heer, seinen aufgehäuften Schatz niemals leichtsinnig, mutwillig verwendet oder aufs Spiel gesetzt.

Das tat dann allerdings sein Sohn, der zum Helden seiner Zeit und zum Idol der Deutschen werden sollte.

Kapitel 23
Der König und die Kaiserin – und ein ruhmloses Ende

Im selben Jahr wie der Soldatenkönig, 1740, starb in Wien Kaiser Karl VI. Damit war das Haus Habsburg im Mannesstamm erloschen. Für diesen Fall hatte der Kaiser – so meinte er – schon seit 1713 vorgesorgt, indem er eine Urkunde vorlegte, die für seine Staaten die weibliche Erbfolge zuließ. Die Landtage in den habsburgischen Ländern, der ungarische Reichstag, die meisten deutschen Reichsstände und auch die europäischen Großmächte hatten dieses »Pragmatische Sanktion« benannte Papier nach langen Verhandlungen anerkannt. Davon wollten etliche von ihnen jetzt nichts mehr wissen. Die Kurfürsten von Sachsen und Bayern erhoben ihrerseits Erbansprüche, weil sie gleichfalls über die weibliche Linie mit Habsburg verwandt waren, und der junge Preußenkönig zog einen zweihundert Jahre alten Vertrag aus der Trickkiste, nach dem das Haus Brandenburg Anspruch auf drei schlesische Herzogtümer habe, was seinerzeit nicht beachtet worden sei. Frankreich sah die Gelegenheit gekommen, mit dem alten Feind Habsburg fertig zu werden. Man hatte schon detaillierte Teilungspläne entworfen: Bayern sollte Böhmen und Oberösterreich bekommen, Sachsen Mähren und Niederösterreich.

Die Preußen marschierten noch im Jahre 1740 in Schlesien ein, mit ihrem König an der Spitze, und stießen kaum auf Widerstand. Bayern, Frankreich und Spanien schlossen im Jahr darauf einen Bündnisvertrag, dem Sachsen, Preußen, Schweden, Kurpfalz und Köln beitraten. Bayerische und französische Truppen besetzten Böhmen, wo sich Kurfürst Karl Albrecht von Bayern (1697–1745) zum König krönen und von den Ständen huldigen ließ. Dann stießen sie nach Oberösterreich vor. Auch dort leisteten die Stände Karl Albrecht den Treueid. Im Februar 1742 wurde er in Frankfurt mit Glanz und Gloria zum Kaiser gekrönt und nannte sich fortan Karl VII.

Die Gelegenheit schien günstig. Die Nachfolgerin Karls VI., Maria Theresia (1717–1780), war eine unerfahrene junge Frau. Ihr Vater hatte sie, wie sie später beklagte, nie in die Regierungsgeschäfte eingeweiht. Auch hatte der Kaiser den Rat des alten Prinzen Eugen in den Wind geschlagen, sein Vermächtnis nicht nur durch ein Stück Papier, sondern auch durch solide militärische Rüstung abzusichern. Das Heer, das Maria Theresia verteidigen sollte, musste erst noch aufgestellt werden.

Auf die kriegerischen Ereignisse der nächsten zweieinhalb Jahrzehnte einzugehen, ist hier nicht möglich. Das würde ein eigenes, mehrbändiges Werk erfordern und die Kompetenz des Verfassers überbeanspruchen. Es handelt sich nämlich nicht um *einen* Krieg, auch nicht um drei (den Ersten Schlesischen Krieg 1740–1742, den Zweiten Schlesischen Krieg 1744–1745 und den Siebenjährigen Krieg 1756–1763), sondern um drei komplexe militärische Auseinandersetzungen, die einander bedingen und überlagern und bei denen es weit auseinander liegende Schauplätze, mehrere kleine und einen ganz großen Frontwechsel gibt.

Da ist einmal der Österreichische Erbfolgekrieg 1740–1748. Maria Theresia kämpft um ihr Erbe, um den Bestand ihres Staates. Wir haben gesehen, wer alles sich gegen sie verbündete. Auf ihrer Seite stehen nur England und die Niederlande, von denen sie aber lediglich mit Geld unterstützt wird. Trotzdem hat sie diesen Kampf gewonnen. Als Karl Albrecht sich zum Kaiser krönen ließ, war seine Hauptstadt München schon von österreichischen Truppen besetzt. Er durfte von Glück sagen, dass er 1745 noch einmal dorthin zurückkehren konnte – zum Sterben. Sein Sohn und Nachfolger Max III. Josef verzichtete klugerweise auf alle hochfliegenden Ambitionen, widmete sich dem Wiederaufbau seines geschundenen Bayern und gab seine Kurstimme bei der Kaiserwahl für Maria Theresias Mann Franz Stephan von Lothringen (Franz I.) ab. Für den stimmte auch König Friedrich als Kurfürst von Brandenburg, nachdem er sich im Zweiten Schlesischen Krieg den Besitz des 1740 eroberten Schlesien gesichert hatte. Die ersten zwei Schlesischen Kriege sind Teil des Österreichischen Erbfolgekriegs. Das Erstaunliche am jüngeren Friedrich II. ist die kühle Unbedenklichkeit, mit der er Kriege beginnt, sie aber auch, ohne Rücksicht auf seine Verbündeten, wieder beendet, sobald er seine Ziele erreicht hat

Durch die Wahl Franz Stephans wird Maria Theresia zur Kaiserin, als die sie in die Geschichte eingegangen ist. (Natürlich wäre Franz Stephan ohne sie niemals gewählt worden. Er interessierte sich wenig für Politik, obwohl seine Frau ihn zum Mitregenten in Österreich machte. Als er einmal ein Truppenkommando übernehmen musste, erlitt er einen Nervenzusammenbruch. Lieber beschäftigte er sich mit Geldgeschäften. Darin war er sehr geschickt und erspekulierte ein Riesenvermögen.) »Kaiserin von Österreich« war Maria Theresia nie. Diesen Titel gab es zu ihren Lebzeiten noch nicht.

In den elf Friedensjahren zwischen 1745 und 1756 brachte Maria Theresias Kanzler, Wenzel Anton Graf Kaunitz (1711–1794), eine diplomatische Meisterleistung zustande, einen »Umsturz der Bündnisse« (renversement des coalitions) in Europa. Jetzt war Österreich mit dem alten Feind Frankreich verbündet, auch mit Russland, Schweden, Sachsen und den meisten anderen deutschen Staaten. England dagegen schloss einen Vertrag mit Preußen ab. Der Siebenjährige Krieg ist wiederum Teil eines größeren Konflikts, des Kampfes zwischen Frankreich und England um die Vorherrschaft in den amerikanischen Kolonien, in Kanada, dem Mississippibecken, in Indien, der Karibik und auf den Weltmeeren. In der amerikanischen Geschichtsschreibung spricht man vom »French and Indian War«, weil sich dort wiederum beide Seiten die Unterstützung durch Indianerstämme erkauften. Diesen Kampf entschieden die Engländer für sich. Viel Gewinn hatten sie nicht davon. Fünfzehn Jahre später erhoben sich die selbstbewusst gewordenen Kolonisten, das erste britische Kolonialreich nahm sein Ende.

In Deutschland dagegen kam Friedrich – jetzt hieß er schon »der Große« oder »der alte Fritz« – gerade noch einmal davon. Sehr knapp. Eigentlich war die Lage im Jahre 1762 trotz vorausgegangener Siege aussichtslos. Die Übermacht war einfach zu groß. Die Schweden standen in Pommern, die Russen in Ostpreußen und zeitweise in Berlin, die Österreicher schickten sich an, Schlesien wiederzuerobern, und die Engländer hatten die Zahlungen an Friedrich eingestellt. Da geschah, was man später »das Wunder des Hauses Brandenburg« nannte: In Petersburg starb die Zarin Elisabeth, eine geschworene Feindin Friedrichs, der sie durch Pasquille, durch Spottschriften, beleidigt hatte. Ihr Nachfolger, Peter III., war ein Bewunderer des Preußenkönigs und schloss einen Separatfrieden. Peter wurde bald darauf unter Beihilfe seiner deutschen Frau Katharina II. – auch sie trägt den Beinamen »die Große« – von einer Offiziersverschwörung ermordet. Aber Friedrich war aus dem Schneider. Maria Theresia gab auf. Auf Anraten von Kaunitz schloss sie 1763 den Frieden von Hubertusburg. Schlesien blieb preußisch. Preußen war jetzt die fünfte Großmacht in Europa und die zweite – oder schon die erste? – in Deutschland.

Dass wir vor allem an Friedrich den Großen denken, wenn von den Kriegen des 18. Jahrhunderts die Rede ist, liegt ebenfalls an der auf Preußen zentrierten Sicht der deutschen Geschichtsschreibung des 19. Jahrhunderts. Vielleicht auch daran, dass eben am meisten interessiert, was sich vor der eigenen Haustür abspielt. Und im Zusammenhang mit unserem Thema ist es auch sinnvoll. Es stellt sich jetzt nämlich die Frage: Was wird aus dem Reich? Gibt es das Reich noch? »Kaiser und Reich«, das war seit dem späten Mittelalter ein Spannungsverhältnis zwischen zwei zusammengehörigen Komponenten. Jetzt heißt der Dualismus Preußen-Österreich. Wenn im späten 18. Jahrhundert vom Reich die Rede ist, sind meist die Gebiete gemeint, die zu keinem der beiden Großen, auch nicht zu Sachsen, Bayern, Württemberg, Hannover gehören. Diese Großen und Mittelgroßen entwickeln jeder für sich einen eigenen Landespatriotismus, fast ein separates Nationalgefühl. Und zugleich erwacht ein deutscher Nationalstolz, der nicht auf das Reich, sondern »fritzisch« orientiert ist.

> Mein Großvater, der als Schöff von Frankfurt über Franz dem Ersten den Krönungshimmel getragen, und von der Kaiserin eine gewichtige goldene Kette mit ihrem Bildnis erhalten hatte, war mit einigen Schwiegersöhnen und Töchtern auf östreichischer Seite. Mein Vater, von Karl dem Siebenten zum kaiserlichen Rat ernannt, und an dem Schicksale dieses unglücklichen Monarchen gemütlich teilnehmend, neigte sich mit der kleinen Familienhälfte gegen Preußen. Gar bald wurden unsere Zusammenkünfte, die man seit mehrern Jahren Sonntags ununterbrochen

fortgesetzt hatte, gestört. Die unter Verschwägerten gewöhnlichen Mißhelligkeiten fanden nun erst eine Form, in der sie sich aussprechen konnten. Man stritt, man überwarf sich, man schwieg, man brach los. Der Großvater, sonst ein heitrer, ruhiger und bequemer Mann, ward ungeduldig. Die Frauen suchten vergebens das Feuer zu tüschen, und nach einigen unangenehmen Szenen blieb mein Vater zuerst aus der Gesellschaft. Nun freuten wir uns ungestört zu Hause der preußischen Siege, welche gewöhnlich durch jene leidenschaftliche Tante mit großem Jubel verkündigt wurden. Alles andere Interesse mußte diesem weichen und wir brachten den Überrest des Jahres in beständiger Agitation zu. Die Besitznahme von Dresden, die anfängliche Mäßigung des Königs, die zwar langsamen aber sichern Fortschritte, der Sieg bei Lowositz, die Gefangennehmung der Sachsen waren für unsere Partei ebenso viele Triumphe. Alles, was zum Vorteil der Gegner angeführt werden konnte, wurde geleugnet oder verkleinert; und da die entgegengesetzten Familienglieder das gleiche taten, so konnten sie einander nicht auf der Straße begegnen, ohne daß es Händel setzte, wie in ›Romeo und Julie‹.

Und so war ich denn auch preußisch oder, um richtiger zu reden, fritzisch gesinnt: denn was ging uns Preußen an. Es war die Persönlichkeit des großen Königs, die auf alle Gemüter wirkte. Ich freute mich mit dem Vater unserer Siege, schrieb sehr gern die Siegeslieder ab, und fast noch lieber die Spottlieder auf die Gegenpartei, so platt die Reime auch sein mochten.

Johann Wolfgang von Goethe: ›Aus meinem Leben. Dichtung und Wahrheit‹

Die »fritzische« Gesinnung dürfte im preußisch dominierten Norddeutschland weniger umstritten gewesen sein als in der Reichsstadt Frankfurt. Auch galt Friedrich als »Philosoph« und Aufklärer, hatte dadurch bei den Intellektuellen und Meinungsmultiplikatoren seiner Zeit ein besseres Image als die fromme Katholikin Maria Theresia. Er scheute sich auch nicht, konfessionelle Ressentiments zu bedienen, stilisierte sich, wenn sich die Gelegenheit ergab, zum Vorkämpfer des Protestantismus, obwohl er im Kreise von Vertrauten für Religiöses nur Spott übrig hatte. Oft ist es ja so, dass die Bewunderung in solche Leitfiguren das hineinprojiziert, was sich ein Zeitalter ersehnt. Der patriotische Dichter Johann Wilhelm Ludwig Gleim (1719–1803) nennt Friedrich in seinen ›Kriegsliedern von einem preußischen Grenadier‹ permanent »Friederich der Menschenfreund«. Ausgerechnet! »Seit ich die Menschen kenne, liebe ich die Hunde«, ist eines der bekanntesten Bonmots des Philosophenkönigs. Und ein Häuflein Grenadiere, die Deckung in einem Hohlweg suchten, jagte er mit den Worten »Hunde, wollt ihr ewig leben?« zurück ins Feuer. Aber abgesehen davon war Friedrichs Pragmatismus eben zeitgemäßer als die in traditionellen Vorstellungen von herrscherlicher Gerechtigkeit verwurzelte Moral der Kaiserin. Und auch sein Staat, effizient, dynamisch und fast nur von Menschen deutscher Sprache bewohnt, lag mehr als der schwerfällige habsburgische Vielvölkerstaat im Trend einer Epoche, in der sich zunächst in Literatur und Kunst, aber unterschwellig auch schon im politischen Empfinden, das Nationalgefühl des nächsten Jahrhunderts ankündigte. (Von dem der König, das ist das Paradoxe, persönlich völlig unbeleckt blieb.) Einen starken Schub erhielt seine Popularität, als das preußische Heer 1757 bei Roßbach nicht nur die Reichsarmee, sondern auch die Franzosen besiegte.

Einen Bewunderer hatte Friedrich der Große sogar in Maria Theresias engstem Familienkreis: Josef II. (1741–1790), seit Franz Stephans Tod 1765 Römisch-Deutscher Kaiser und Mitregent seiner Mutter in den habsburgischen Erblanden. Auch er war ein Verstandesmensch, sah sich als Aufklärer und machte sich daran, sein Länderkonglomerat zu einem zentral verwalteten, wirtschaftlich effizienten Einheitsstaat nach preußischem Vorbild umzugestalten. Solange seine Mutter lebte, musste er sich mäßigen, aber nach ihrem Tod 1780 ging er richtig ans Werk. Deutsch sollte überall als Verwaltungssprache gelten. Die Leibeigenschaft wurde aufgehoben, die Sonderrechte des Adels und vor allem die der Kirche wurden eingeschränkt, vierhundert Klöster aufgehoben, aufwendige kirchliche Feiern, überhaupt aller kirchliche Prunk verboten, ein großer Teil der arbeitsfreien Feiertage abgeschafft. Stattdessen wurden Manufakturen errichtet, die Landwirtschaft gefördert, Verwaltung und Heeresorganisation gestrafft.

Leider stießen die wenigsten von Josefs fortschrittlichen Neuerungen bei den Betroffenen auf gebührende Dankbarkeit. Die Adeligen fühlten sich durch die Bauernbefreiung enteignet, die Bauern stöhnten unter den Abfindungen, die sie den Grundherren zahlen mussten. Vor allem aber nahmen es die Leute übel, dass ihre alten Bräuche abgeschafft, ihre nationalen Besonderheiten eingeebnet wurden und sie auf die althergebrachte Frömmigkeit, auch auf die Feste verzichten sollten, die zur katholischen Lebensfreude gehörten. Und vor allem an ihren Sprachen wollten die nichtdeutschen Untertanen festhalten. In Ungarn und den Österreichischen Niederlanden kam es zu Aufständen. Anderswo wurden Josefs Reformen unterlaufen. Ein schönes Beispiel dafür ist die so genannte Kaiserkirchweih. Den Kaiser ärgerte es, dass jedes Dorf mit aufwendigem Hochamt und anschließendem Besäufnis das Fest seines Kirchenpatrons feierte, zu dem auch die Bauern aus der Umgebung herbeiströmten, so dass an diesem wie am nächsten Tage (an dem die Räusche ausgeschlafen werden mussten) in einer ganzen Gegend die Arbeit ausfiel. Er ordnete an, dass alle Kirchweihen im Land an einem einheitlichen Termin im Spätherbst zu feiern seien, wenn in der Landwirtschaft ohnehin nicht viel zu tun war. Fortan feierten die Bauern diese »Kaiserkirchweih« *und* die Feste der jeweiligen Schutzheiligen jeder Kirche. Vor seinem Tod (1790) musste Josef II. die meisten seiner Reformen zurücknehmen.

Mit Friedrich dem Großen war Josef zweimal (1769 und 1770) zusammengetroffen und hatte ihm seine Verehrung bezeugt. Das hinderte Friedrich nicht, dem Kaiser acht Jahre später einen dicken Strich durch seine schönste Rechnung zu machen. In München war wieder einmal eine Linie des Hauses Wittelsbach ausgestorben, und das Erbe stand jetzt dem Kurfürsten Karl Theodor von der Pfalz zu, welcher in Mannheim residierte und wenig Neigung verspürte, vom Rhein auf die bayerische Schotterebene zu übersiedeln. Er vereinbarte mit Josef II. ein Tauschgeschäft: Bayern sollte an Österreich kommen, Karl Theodor dafür die Österreichischen Niederlande erhalten.

Österreichische Truppen rückten schon einmal in Niederbayern und der Oberpfalz ein. Da erhob der König von Preußen sein Veto und ließ seinerseits in Böhmen einmarschieren. Es kam zu keinen größeren Kampfhandlungen. Die preußischen Soldaten nannten diesen Feldzug den »Kartoffelkrieg«, die Österreicher sprachen vom »Zwetschgenrummel«. 1779 wurde Frieden geschlossen, zu dem auch Maria Theresia gedrängt hatte. Die Österreicher räumten Bayern, durften aber, um das Gesicht zu wahren, das Innviertel behalten. (Deswegen wurde hundertzehn Jahre später ein gewisser Adolf H. dort, in Braunau, als Österreicher geboren.) Friedrich von Preußen hatte bewiesen, dass er eine Machtverschiebung zu Gunsten des Kaisers oder Österreichs innerhalb des Reiches nicht tolerierte. Noch ein Jahr vor seinem Tode, 1785, gründete Friedrich zusammen mit Sachsen, Hannover und vierzehn weiteren Reichsständen einen »Fürstenbund« mit dem ausdrücklichen Ziel, jedem habsburgischen Vormachtstreben einen Riegel vorzuschieben.

Davor allerdings, im Jahre 1772, hatten der alte König und der junge Kaiser durchaus noch zusammengearbeitet – bei einem reichlich anrüchigen Unternehmen: der ersten Teilung Polens. Damit wollte Friedrich vermeiden, dass ganz Polen an Russland kam. Also schnitt jede der drei Mächte sich ein Stück ab. Preußen bekam Westpreußen und das Ermland, Österreich Galizien, und Russland Gebiete jenseits von Düna und Dnjepr. Der polnische Reichstag wurde zum Teil bestochen, zum Teil erpresst, in diese Abtretungen einzuwilligen. Maria Theresia versuchte vergeblich, ihren Sohn von dem schmutzigen Geschäft abzubringen. Sie war trostlos, beinahe verzweifelt, dass Josef sich an einer Aktion beteiligte, in der sie nur nackte Gewalt und himmelschreiendes Unrecht sah. (»Sie hat geweint, aber sie hat genommen«, kommentierte Friedrich spöttisch.) Und sie hatte wohl Recht. Es war etwas anderes, ob ein Machiavellist wie Friedrich und eine Gewaltherrscherin wie die Zarin Katharina II. so skrupellos vorgingen, oder ob das *der Kaiser* tat. Wenn ihm gegenüber einem Nachbarn das Gefühl für Recht und Unrecht nichts bedeutete, wie dann im Inneren des Reiches? Es war ja das Daseinsprinzip dieses Reiches gewesen, dass eben nicht der Große den Kleinen, der Starke den Schwachen einfach vereinnahmen konnte. Dass Josef II. sich daran nicht mehr hielt, dass es ihm nicht bewusst war oder nichts bedeutete, zeigt, dass das Heilige Römische Reich Deutscher Nation am Ende war, noch nicht von außen zerstört, aber von innen sinnentleert.

Wie man weiß, hat es zwanzig Jahre später (1792 und 1795) noch zwei weitere Teilungen Polens gegeben, wobei nach der dritten Teilung das Land als Staat von der Landkarte verschwand. Da lebte von den dreien – Maria Theresia, Friedrich und Josef –

schon keiner mehr. Wir brauchen uns nicht damit aufzuhalten, aufzuzählen, wer da was bekam (Preußen reichte zeitweise bis Warschau), weil diese Erwerbungen den Preußen und Österreichern von Napoleon ohnehin wieder abgenommen und dann vom Wiener Kongress (1815) dem Zarenreich zugeschlagen wurden.

Erwähnenswert ist dagegen die Tatsache, dass die dritte Teilung Polens einer der Gründe war, warum Preußen 1795 mit dem revolutionären Frankreich den Frieden von Basel schloss und sich für zehn Jahre aus dem Kampf im Westen ausklinkte. Man wollte die neuen Provinzen im Osten sichern, dafür gestand man den Franzosen die Rheingrenze zu und vereinbarte, dass im Fall eines allgemeinen Friedensschlusses jene Reichsstände, die linksrheinisch etwas verloren, rechts des Rheins entschädigt werden sollten. Womit? Mit dem, was anderen gehörte, den vielen kleinen Fürsten und Herren, den Bischöfen und Äbten, den Reichsstädten und Reichsrittern. Das verstieß erst recht gegen die Verfassung und die Daseinsgrundlagen des Reiches. Trotzdem schloss sich Österreich im Frieden von Lunéville (1801) dieser Regelung an. Es kam zu dem, was wir im Anfangskapitel dieses Buches angedeutet haben. Das linke Rheinufer wurde französisch. In Regensburg wurde die »Reichsdeputation« eingesetzt. Es begannen die Säkularisierung und die Mediatisierung. Das heißt, die kleinen und vor allem die geistlichen Territorien, die Germania Sacra, wurden jeweils einem der großen Landesherrn unterstellt. Hundertundzwölf Reichsstände wurden so beseitigt. Aus der Vielzahl der freien Reichsstädte blieb nur eine Hand voll: Hamburg, Bremen, Lübeck, Frankfurt, Nürnberg und Augsburg. Auch im Inneren der einzelnen Territorien, etwa in Bayern, wurde die Kirche enteignet. Wer sich gut mit den Franzosen stellte, konnte viel gewinnen. Bayern und Württemberg erhielten ein Vielfaches von dem, was sie abgaben, Preußen wenig, Österreich nichts. Da die drei geistlichen Kurfürsten abgesetzt waren, ernannte man neue, weltliche, änderte auch sonst einiges am Aufbau des Reiches. Aber damit brauchen wir uns nicht abzugeben. Es hatte ohnehin keine Dauer. Die neuen Kurfürsten haben niemanden mehr gewählt. Drei Jahre nach dem Reichsdeputationshauptschluss, nach Napoleons Sieg bei Austerlitz und dem Frieden von Pressburg, 1806, war alles zu Ende. Napoleon gründete den Rheinbund, ernannte Könige, Großherzöge, später dehnte er Frankreich bis an die Ostsee aus.

Die Herrschenden in Deutschland hatten nicht begriffen, dass mit der Revolution in Paris ein neues Zeitalter angebrochen war. Man glaubte zuerst, leicht mit den Sansculotten fertig zu werden, schickte einen alten friderizianischen General mit einem preußisch-österreichischen Heer nach Frankreich, wollte den gestürzten König Ludwig XVI. wieder einsetzen und begriff nur langsam, dass die zerlumpten Revolutionäre für ihre Idee, ihre Freiheit, ihr Land und ihre Nation kämpften, anders als die eigenen Leute, die der Feldwebel in die Reihe prügeln musste, und dass die bürgerlichen Generäle Frankreichs den adeligen Kommissköpfen einiges an geistiger Beweglichkeit voraus hatten. Bekannt ist Goethes Ausspruch, nach dem in der Kanonade von Valmy der Vormarsch auf Paris gescheitert war. Hat er das wirklich so gesagt? Aufgeschrieben hat er es erst viel später. Und wer hat ihn gehört? War ihm selbst bewusst, was das für eine neue Epoche war, über die er redete?

> Von hier und heute geht eine neue Epoche der Weltgeschichte aus, und ihr könnt sagen, ihr seid dabei gewesen.

Im Jahr nach diesem missglückten Feldzug starben Ludwig XVI. und seine Frau, eine Tochter Maria Theresias, unter der Guillotine. Und nicht nur sie. In Deutschland war man entsetzt. Trotzdem fing man mit den Franzosen zu verhandeln, zu paktieren an. Zuerst mit den Vertretern der Republik, dann des Directoire, des Ersten Konsuls, ab 1804 mit denen des selbst ernannten Kaisers Napoleon. Wer konnte, versuchte sich bei ihm lieb Kind zu machen. Den deutschen Fürsten ging es noch immer darum, wer was und wie viel bekam. Auch die beiden Mächtigsten unter ihnen, der Kaiser und der König von Preußen, hofften nur mehr, irgendwie davonzukommen. Und wenn sie doch versuchten, sich zu wehren, wie Preußen 1806 und Österreich 1809, scheiterten sie ruhmlos.

Das Alte Reich ist in Kleinlichkeit, Gefeilsche und Unfähigkeit untergegangen.

Was blieb?

Wir Deutsche haben es nicht leicht mit unserer Geschichte. Der naive Stolz, mit dem andere sich an die Vergangenheit ihres Landes, ihrer Nation erinnern dürfen, die Unbekümmertheit, mit der sie über weniger rühmliche, dunklere Seiten solcher Vergangenheit hinwegsehen können, ist uns nicht mehr möglich. Wenn wir zurückschauen, schiebt sich immer einer dazwischen, stellt sich lästig und beschämend in den Vordergrund. Ein Mann mit Stirnlocke und Oberlippenbart, mit Schirmmütze und einer hässlichen, senfgelben Uniform. Versuche ich, darüber nachzudenken, wann die Geschichte der Deutschen anfing, die Geschichte des Heiligen Römischen Reiches, dann höre ich seine schnarrende, grollende, sich überschlagende Stimme vom tausendjährigen Reich faseln. Will ich von Heinrich, dem ersten König, erzählen, stoße ich auf Heinrich Himmler, den spießigsten aller Massenmörder, der sich einbildete, die Wiedergeburt des Voglers zu sein. Stehe ich vor der Schönheit des Bamberger Reiters oder der Uta von Naumburg, fällt mir die nordische »Rasse« ein und gleich darauf, unweigerlich, die Gaskammer von Auschwitz.

Manchmal verstehe ich jene Deutschen, die von ihrer Geschichte nichts mehr wissen wollen. Die sich weigern, auf die Frage einzugehen, ob die Barbarei der zwölf Jahre ein Unglück war, ein verabscheuungswürdiger Irrweg, ein Verderben oder doch ein Verhängnis, das sich aus allem, was ihm voranging, ergeben hat – nicht mit Notwendigkeit, aber doch folgerichtig. Ist denn nicht alles lange vorbei und das meiste, was von der Vergangenheit übrig war, ohnehin zerstört – in den Kriegen oder einfach durch die Zeit, die zwischen dem Einst und dem Jetzt verflossen ist?

Aber kann man so leben, ohne Gedächtnis, ohne Geschichte? Augenscheinlich nicht. Dieselben Menschen, denen man nachsagt, sie seien geschichtsvergessen und hätten kaum mehr einen Begriff von den vergangenen Wirklichkeiten, in denen die Gegenwart doch wurzelt, bevölkern als Touristen die Schauplätze dieser Vergangenheit, soweit sie noch erhalten und zugänglich sind. Ob in Regensburg oder Mainz, in Bamberg vor dem Dom oder in Bremen vor dem Rathaus und dem Roland, auf der Nürnberger Burg und vor dem Schönen Brunnen, in Erfurt, Weimar, Lübeck oder Rostock und wo sonst noch – überall trifft man sie zu Tausenden, nicht nur Rentnerehepaare, die sonst nichts zu tun haben, auch junge Leute oder solche in den so genannten besten Jahren. Manche von ihnen sind laut und lästig und bieten in ihrer Freizeitkleidung ein – sagen wir vorsichtig – ästhetisch nicht sehr anmutendes Bild. Anzunehmen ist, dass viele von ihnen wenig von dem begreifen, was sie da bestaunen. Aber nur ein intellektueller Snob wird ihnen das vorwerfen. Sie zeigen, dass sie willens sind, die Zeugnisse der Geschichte auf sich einwirken zu lassen, dass sich ihr Interesse, ihr Lebensgefühl nicht auf die enge Gegenwart beschränkt. Es gibt Städte wie Rothenburg ob der Tauber, Wolfenbüttel oder – im Westen weniger bekannt – Tangermünde in der Altmark, deren gegenwärtiges Wirtschaftsleben nicht zum geringsten Teil von diesem historisch orientierten Fremdenverkehr profitiert. Ausstellungen mit historischer Thematik wie die über die Staufer (Stuttgart 1977), über Karl IV. (Nürnberg und Köln 1978/79), die Salier (Speyer 1992), Europas Juden im Mittelalter (Berlin 2003) oder über den Augsburger Religionsfrieden (Augsburg 2005) erweisen sich regelmäßig als Publikumsrenner. Ebenso historische Spektakel wie die Landshuter Hochzeit, der Rothenburger Meistertrunk, die Dinkelsbühler Kinderzeche und andere. (Unter dem Stichwort »Historische Veranstaltungen« finden sich bei Google über 700 000 Links.) Die deutschen Museen haben, wenn man alles zusammenzählt, wesentlich höhere Besucherzahlen aufzuweisen als die deutschen Fußballstadien.

Geschichte ist also unter uns durchaus lebendig, auch wenn das immer wieder bezweifelt oder gar geleugnet wird. Was heißt überhaupt Geschichte? In diesem Buch ging es um die des Heiligen Römischen Reiches Deutscher Nation, um sein Auf und Ab, zum Schluss um sein Ende, das, wie wir zugeben mussten, unrühmlich und kleinkariert daherkam. Als Zeitzeugen haben wir wiederholt Johann Wolfgang Goethe zitiert. Dieser Goethe veröffentlichte ein Jahr nach der Abdankung Franz' II., ein Jahr nach der Niederlage Preußens bei Jena und Auerstädt den ersten Teil seines ›Faust‹. Im Jahr 1806 selbst ließen die Romantiker Achim von Arnim und Clemens Brentano ihre Volksliedsammlung ›Des Knaben Wunderhorn‹ erscheinen. Beethoven komponierte seine Vierte Symphonie und das Violinkonzert in D-Dur sowie etliche Streichquartette. Der alte Joseph Haydn lebte noch, hatte 1801 mit den ›Jahreszeiten‹ sein letztes bedeutendes Werk geschrieben. Carl Maria von Weber dagegen, erst zwanzig Jahre alt, hatte schon seine erste Oper (›Das stumme Waldmädchen‹) komponiert. Kant war 1804 gestorben, Schiller 1805, aber ihre Werke wirkten in die Zeit hinein. Hegel schrieb 1806 die ›Phänomenologie des Geistes‹, Schleiermacher war Prediger in Berlin. Es lebten und wirkten um diese Zeit der Mathematiker Carl Friedrich Gauß, der Optiker und Physiker Joseph von Fraunhofer, die Juristen Friedrich Carl von Savigny und Paul Johann Anselm von Feuerbach, der Universalgelehrte Alexander von Humboldt (nur Napoleon war zu seiner Zeit berühmter als er) und sein Bruder Wilhelm, der Erneuerer der deutschen Universität und des humanistischen Bildungsbegriffs; die Brüder Grimm arbeiteten an ihrem Wörterbuch und an ihrer Märchensammlung und begründeten, zusammen mit Franz Bopp, die deutsche Sprachwissenschaft; Matthias Claudius und Johann Peter Hebel bewiesen, dass Dichtung volkstümlich und dennoch große Kunst sein kann. Heinrich von Kleist, Eichendorff, Görres, Adam Müller, die Brüder Schlegel, E. T. A. Hoffmann schrieben. Shakespeare und Homer wurden übersetzt und zum Bestandteil der deutschen Geisteswelt gemacht. Caspar David Friedrich und Otto Philipp Runge malten. Rahel Varnhagen von Ense, die Jüdin, zeigte in ihrem Salon, wie Gesellschaft den Geist zu fördern und zu beflügeln vermag.

Man könnte seitenlang fortfahren, Namen aufzuzählen. Namen von Genies oder doch sehr bedeutenden, klugen und beeindruckenden, über ihre Zeit hinaus wirkenden Menschen. Nie vorher und nie nachher waren die Deutschen – oder sagen wir bescheidener, die Besten unter ihnen – so gut, so groß, so nahe daran, alle ihre Möglichkeiten zu verwirklichen, wie in diesen Jahren der Niederlage und der angeblichen nationalen Schmach. Sogar bedeutende Politiker und Militärs wirkten. Der Freiherr vom Stein entwarf eine Gemeindeordnung, die in den Grundzügen bis heute fortwirkt, die Leibeigenschaft wurde aufgehoben, der Staat reformiert. Scharnhorst und Gneisenau machten aus dem Heer der prügelnden Feldwebel eine Volksarmee. Wären die meisten ihrer Neuerungen nicht nach dem Sieg über Napoleon von der Reaktion der Junker wieder beseitigt worden, Preußen und mit ihm Deutschland hätte sich im 19. Jahrhundert zu einem liberalen Land, einer freiheitlichen Gesellschaft entwickeln können, ein Bismarck wäre nicht nötig, ein Wilhelm II. nicht möglich geworden. Wenn Preußen als Staat jemals Sympathie verdient hat, dann in jenen Jahren nach der Auflösung des Reiches, nach der Katastrophe von Jena und Auerstädt, nach dem Zusammenbruch der friderizianischen Tradition. Gerade in der Niederlage lag die Chance des Neubeginns. Die Menschen damals haben sie ergriffen, erst Spätere sie wieder verspielt.

Die großen Geister wirken fort, auch wenn der eine oder der andere von ihnen zeitweise ins Abseits gerät und vergessen zu sein scheint. Aber was ist vom Alten Reich geblieben – nicht im Museum und nicht als Baudenkmal, sondern in unserem Leben, unserem Alltag, unserem Staat? Nicht viel, will uns zunächst scheinen. Dennoch: Der Regierungschef heißt bei uns nicht Ministerpräsident oder Premier, sondern Bundes*kanzler.* Weil das immer so war. Seit Karl dem Großen. Das heißt, bei dem war der Kanzler eigentlich mehr eine Art Bürochef, der die Urkunden ausfertigte, die Regierung führte der König selbst. Aber später wurde das Amt des Kanzlers immer wichtiger. 1867 und 1871, bei Gründung des Norddeutschen Bundes und des Bismarckreiches, hat man die Bezeichnung wiederbelebt, um anzudeuten, dass man an die Tradition des alten Imperiums anzuknüpfen gedachte. Sie klingt ja auch imponierend. Niemand hat daran gedacht, sie abzuschaffen, selbst als Hitler (»der Führer und Reichskanzler«) sie wie alles andere in den Dreck gezogen hatte. Nur dass wir, seit 1949, jetzt vom *Bundes*kanzler reden. Ein bisschen Tradition kann nicht schaden, gerade wenn das meiste andere in Scherben gefallen ist. Deshalb hat man bei Gründung der Bundesrepublik die erste Kammer des Parlaments auch wieder Bundestag genannt, und die Länderparlamente nennen wir Landtage, obwohl der Reichstag und die Landtage im Heiligen Reich wenig Ähnlichkeit mit einer frei gewählten Volksvertretung aufwiesen.

Und die Bundesrepublik führt noch immer den Adler im Wappen, auch wenn manche Leute behaupten, er gleiche designmäßig eher einem überernährten Legehuhn als dem König der Lüfte. Wer will, kann in den Farben Schwarz-Rot-Gold eine Erinnerung an die kaiserliche Flagge sehen, die einen schwarzen Adler mit rot gefärbten Fängen und rotem Schnabel auf goldenem Feld zeigte. (Diese Ableitung ist allerdings nicht belegt. Allgemein nimmt man an, die Studenten der Deutschen Burschenschaft hätten die Uniformfarben der Lützower Jäger im Vormärz, also der Zeit zwischen 1815 und 1848, als Zeichen gewählt, unter dem sie für ein freies und geeintes Deutschland demonstrierten.)

Aber sonst? Im Mai 1945 war alles zerschlagen, was an Staatlichkeit je in Deutschland existiert hatte. Die Sieger teilten das Land in Zonen auf, die zunächst von Militärregierungen verwaltet wurden. Die Länder, die heute die Bundesrepublik bilden, haben mit den Reichsständen und Fürstentümern von einst kaum etwas zu tun, auch nicht mit den Teilstaaten des Bismarckreiches und der Weimarer Republik. Sachsen und Bayern (abzüglich der Rheinpfalz) erstanden zwar wieder in den Grenzen von 1933. Aber sie stammen in dieser Form ja auch nicht aus dem Alten Reich, sondern aus dem Reichsdeputationshauptschluss von 1803 und aus Napoleons Rheinbund. Allenfalls die zwei Stadtstaaten Hamburg und Bremen können an eine ältere Tradition anschließen. Andere Bundesländer spielen mit ihren Namen auf historische Vorgänger an, die es auf ihrem Gebiet vormals gab (Sachsen-Anhalt, Mecklenburg-Vorpommern, Schleswig-Holstein, Brandenburg), aber sie decken sich nicht mit diesen Vorgängern. Die in diesen und anderen Namen (Rheinland-Pfalz, Nordrhein-Westfalen, Baden-Württemberg) abundanten Bindestriche geben Zeugnis davon, dass man nicht zu der Kleinteiligkeit der früheren deutschen Landkarte zurückkehren wollte und konnte. Die meisten der nördlichen Bundesländer bestehen aus Provinzen des 1945 von den Alliierten aufgelösten Staates Preußen, die man dann zu lebensfähigen Einheiten zusammengefasst hat. Mit dem Alten Reich hat das nichts zu tun.

Oder doch? Warum halten wir überhaupt an der Gliederung in Bundesländer fest? Es ist doch umständlich und teuer, statt einer Regierung deren siebzehn zu haben, siebzehn Parlamente (einen Bundes- und sechzehn Landtage), dazu noch einen Bundesrat, der die Entscheidungen des Bundestags blockieren kann, eigene Ländervertretungen in Berlin und sogar in Brüssel, ewige Streitereien darüber, welche Gesetzgebungskompetenzen (etwa in der Bildungspolitik) nun wem zustehen. Trotzdem hat niemand jemals im Ernst daran gedacht, an diesem föderalistischen System etwas zu ändern. Baden und Württemberg sind 1952 durch Volksabstimmung vereinigt worden, aber ansonsten sind alle Vorschläge, das Bundesgebiet neu und großzügiger zu gliedern, regelmäßig versackt. Sogar das Saarland, nicht größer als ein halber Regierungsbezirk, darf weiter Staat spielen, und das Bundesland Berlin sitzt inmitten von Brandenburg wie das Dotter in einem Spiegelei. Auch dort hat man abgestimmt, aber die Brandenburger wollten Berlin einfach nicht haben.

Offenbar haben wir eine mentale Affinität zu dieser Art Kleinstaaterei. Das kann nicht nur daran liegen, dass ein paar hundert Regionalpolitiker um ihre Pöstchen bangen. Das muss historisch bedingt sein, denn vernünftig ist es nicht. Die »eine und unteilbare Republik«, so wie sie in Frankreich seit über zweihundert Jahren funktioniert, hat bei uns keine Lobby und keine Anhängerschaft. Nur Hitler und, in seinem Herrschaftsgebiet, Ulbricht haben versucht, einen Zentralstaat einzuführen. Diese Einheitlichkeit ging in beiden Fällen zusammen mit der jeweiligen Diktatur unter. Zwar besingen wir in unserer Nationalhymne die Einigkeit noch vor dem Recht und der Freiheit. Aber allzu einig wollen wir, bitte schön, auch wieder nicht sein.

Man kann das, was früher als deutsche Zwietracht und Zerrissenheit so oft beklagt und angeprangert wurde, ja auch positiv sehen: als Vielfalt und Vielgestaltigkeit. Dem Reich fehlte die längste Zeit über eine Hauptstadt. Wien, wo seit dem 17. Jahrhundert fast alle Kaiser residierten, war eher die Kapitale des Habsburger- als des Deutschen Reiches. Dadurch bildete sich eine Vielzahl lokaler Zentren aus. Verglichen mit so genannten Weltstädten wie London, Paris oder selbst Madrid und Lissabon mögen sie verschlafen und provinziell gewirkt haben. Aber es hatte doch eine jede von diesen Städten ihr Profil, ihre Eigenart, ihren Stolz, ihren individuellen Klang in der allen gemeinsamen Sprache, manche auch ihren eigenen Charme: nicht nur Berlin, Dresden, München und Stuttgart, auch Städte wie Mannheim, Kassel, Mainz oder selbst Fulda. Das Weimar Karl Augusts und der Anna Amalia bewies, dass auch in einem Nest von neuntausend Einwohnern zeitweise der Weltgeist logieren kann.

> Denn bis heute zehrt dieses Land davon, dass seine kleinteiligen politischen Strukturen im größeren Rahmen des Heiligen Römischen Reiches Deutscher Nation und darüber hinaus bis zur Gründung des Klein-Deutschen Reiches von 1871 in den glücklicheren Phasen eine Konkurrenz auch um kulturelle Einrichtungen nach sich zogen. Die Kunstsammlungen kleinerer und größerer Fürstentümer, von den Königen ganz zu schweigen, bilden den Nukleus einer Residenzkultur, von dem die Kommunen, die Länder und der Bund bis heute zehren.
>
> *Julian Nida-Rümelin, ehemaliger Staatsminister für Kultur und Medien*

Ja, wir zehren noch davon. Und dabei geht es nicht nur und nicht in erster Linie um Theater, Museen, alte Schlösser, Parks, Symphonieorchester und andere »kulturelle Einrichtungen«. Es geht um die Verbundenheit der Menschen mit ihrer engeren Umgebung. In gewissem Sinne haben wir ja noch immer keine Hauptstadt. Gewiss: Sie liegt dort, wo der Reichstag steht und der Bundestag tagt, die Regierung sitzt und der Potsdamer Platz nun langsam fertig gebaut wird. Aber es ist bei uns nicht so wie zum Beispiel in Frankreich, wo sich nicht nur das politische, sondern das gesamte geistige Leben in Paris konzentriert und der Rest des Landes mehr oder weniger als Provinz gilt. Alle diese Städte, aber auch viele kleinere Orte haben ihre eigene Geschichte, ihre eigene Atmosphäre, ihre kulturelle und gesellschaftliche Szene (oder glauben sie doch zu haben) und haben jedenfalls den Ehrgeiz, mit ihrer Eigenart zum Gesamtbild beizutragen. Berchtesgaden ist sicher sehr viel anders als Husum, Rostock anders als Freiburg im Breisgau, aber alle sind zweifellos deutsche Städte. Man muss sie und möglichst viele andere kennengelernt haben, um etwas von diesem Land zu begreifen. Möglich ist, dass die wachsende Mobilität, die immer häufigere Integration von Menschen nichtdeutscher Herkunft, die einheitlichen Lebensbedingungen und der Einfluss zentral gelenkter, überall gleichförmig rezipierter Medien diese Unterschiede in zwei bis drei Generationen einebnen werden. Das auffälligste Merkmal lokaler Eigenart, der Dialekt, ist in den Großstädten – sogar in München und Stuttgart – heute schon fast verschwunden. Aber ein Rest von partikularem Eigensinn wird wohl bleiben. Hoffentlich!

Andererseits wäre darüber nachzudenken, ob nicht auch die deutsche Einheit, das Zusammengehörigkeitsgefühl der Menschen zwischen Oder und Rhein, zwischen Eider und Bodensee wenigstens zum Teil ein Erbe des Heiligen Reiches ist. Die Schwäche dieses Reiches, später auch die hochfahrend großmäulige Art, mit der sich viele Deutsche in den kurzen Zeiträumen zu geben pflegten, in denen sie sich als Sieger fühlten, haben dazu geführt, dass sich viele Gebiete, deren Bewohner einstmals zur deutschen Nation gezählt wurden, von ihr emanzipiert oder anderen Nationalstaaten angeschlossen haben. Zuerst die Schweiz, im 16. Jahrhundert die Niederlande, im 17. und 18. das Elsass, im 19. Luxemburg. Österreich wurde von Bismarck mit Gewalt aus der Gemeinschaft hinausgedrängt, nach der Erfahrung von sieben Jahren unter Hitler fand es dann zu seinem eigenen Nationalgefühl.

Erstaunlich sind nicht diese Verluste und die Vielfalt im Inneren, sondern die Tatsache, dass es überhaupt so etwas wie eine deutsche Einheit gibt. Nationen sind ja nichts Naturwüchsiges, sondern etwas, was im Lauf der Geschichte entsteht und wieder vergeht. Am Anfang der Geschichte des Heiligen Reiches existierte, das haben wir gesehen, nicht einmal ein gemeinsamer Name für dessen Bewohner. Man muss sich vor Augen halten, dass im ganzen Mittelalter, bis zu Luther, in Ober- und Niederdeutschland zwei verschiedene Sprachen gesprochen wurden, nämlich Hochdeutsch (im ursprünglichen Sinne) und Plattdeutsch (das durchaus nicht nur ein Dialekt war, sondern eine vollwertige Sprache, in der zum Beispiel auch der Schriftverkehr der Hanse geführt wurde). Luther hat die Deutschen zwar sprachlich geeint, mit der Glaubensspaltung fügte er allerdings ein weiteres trennendes Element hinzu. Trotzdem hatte sich offenbar in der Zwischenzeit das Bewusstsein herausgebildet, dass man irgendwie doch zusammengehöre. Dieses Bewusstsein hielt sich auch über den Dreißigjährigen Krieg und über den deutschen Dualismus des 18. Jahrhunderts hinweg, obwohl dessen Bruderkriege beweisen, dass Preußen und Österreicher, aber auch Bayern, Württemberger, Hannoveraner und Hessen sich in der Mehrzahl als treue Untertanen ihrer jeweiligen Dynastie und nur in einer vage kulturellen Art als Deutsche fühlten. Dieses Bewusstsein von Gemeinsamkeit lebte fort, als durch Napoleon und den Wiener Kongress die deutschen Teilstaaten tatsächlich völkerrechtlich souverän wurden. Im Gegenteil, es nahm trotzig pathetische (uns heute manchmal teils erschreckend, teils ridikül anmutende) Formen an, wie sie sich in den Ritualen deutschnationaler Studentenverbindungen, nach der zweiten Reichsgründung in wilhelminischer Großmäuligkeit und schnarrendem Militarismus manifestierten und heute noch spurenweise an verbliebenen Inschriften auf Kriegerdenkmälern, am Deutschen Eck in Koblenz und dem Niederwalddenkmal studiert werden können. Es hat sogar die Schrecken von zwei Weltkriegen, die Nazi- und die Besatzungszeit überdauert, obwohl es doch zeitweise weder angenehm noch ehrenvoll war, wenn man sagen musste, man sei Deutscher.

Das ist wahrhaftig seltsam. Andere Völker, die einander sprachlich und kulturell sehr nahe stehen, näher als Ostfriesen und Oberbayern, Mecklenburger und Breisgauer, haben sich ihre gemeinsamen Staaten nicht bewahren können: Tschechen und Slowaken; Serben, Kroaten und Slowenen; nicht einmal Russen, Ukrainer und Weißrussen, deren Staat doch auf einer langen Tradition beruhte, sehr viel älter als die siebzig Jahre Sowjetunion.

Der Versuch Honeckers und seiner Bonzen dagegen, den Ostdeutschen ein eigenes DDR-Nationalbewusstsein einzureden, scheiterte. Nicht, dass der Ruf »Wir sind ein Volk« etwas mit

Überlieferungen aus dem Alten Reich zu tun gehabt hätte. Die meisten, die diese Parole skandierten, hatten wahrscheinlich wenig oder gar nichts über dieses Reich erfahren. Sie waren eher vom Westfernsehen inspiriert, wollten die gleiche Freiheit, vor allem den gleichen Wohlstand, den relativen Reichtum genießen wie die Leute jenseits der Mauer. Aber allein die Tatsache, dass sie meinten, ein Recht auf diesen Wohlstand, diese Freiheit zu haben, weil sie im Grunde doch nichts anderes waren als die da drüben, weil sie zu denen gehörten, gehören wollten, zeigt, dass es mit solchen materialistischen Erklärungen nicht getan ist, dass sich da etwas aus der Tiefe der Geschichte Bahn brach, was nicht durchwegs rational war. Trotzdem hat es das Gesicht nicht nur Deutschlands, sondern Europas und der Welt verändert.

Solche Gefühle und Erwartungen sind seither nicht selten enttäuscht und frustriert worden. Werden wir lernen, in Zukunft besser mit ihnen umzugehen?

Literaturverzeichnis
(Auswahl)

Althoff, Gerd: *Otto III.*, Darmstadt 1997.
Barth, Reinhard: *Taschenlexikon Kreuzzüge*, München/Zürich 1999.
Barz, Paul: *Heinrich der Löwe*, Bonn 1977.
Bayer, Erich/Frank Wende: *Wörterbuch zur Geschichte*, Stuttgart 1995.
Bedürftig, Friedemann: *Taschenlexikon Karl V.*, München/Zürich 1999.
Beumann, Helmut: *Die Ottonen*, Stuttgart ^{5}2000.
Biegel, Gerd: *Heinrich der Löwe*, Braunschweig 1995.
Blickle, Peter: *Der Bauernkrieg*, München 1998.
Brandi, Karl: *Deutsche Geschichte im Zeitalter der Reformation und Gegenreformation*, Leipzig 1927.
Brandi, Karl: *Kaiser Karl V.*, Frankfurt 1979.
Brockhaus Redaktion (Hg.): *Meilensteine der Menschheit*, Leipzig 2003.
Bußmann, Hadumod: *Lexikon der Sprachwissenschaft*, Stuttgart 1990.
Cardini, Franco: *Friedrich I. Barbarossa*, Graz 1990.
Cartellieri, Alexander: *Das Zeitalter Friedrich Barbarossas 1150–1190*, Aalen 1972.
Crankshaw, Edward: *Maria Theresia*, München 1994.
Dülmen, Richard van: *Das Täuferreich zu Münster*, München 1974.
Engel, Evamaria/Eberhard Holtz (Hg.): *Deutsche Könige und Kaiser des Mittelalters*, Köln 1989.
Engels, Odilo: *Die Staufer*, Stuttgart 1998.
Fink, Humbert: *Joseph II.*, Düsseldorf 1990.
Fuhrmann, Horst: *Einladung ins Mittelalter*, München ^{5}1997.
Fuhrmann, Horst: *Deutsche Geschichte im hohen Mittelalter*, Göttingen ^{4}2003.
Fuhrmann, Horst: *Die Päpste*, München 1998.
Fuhrmann, Horst: *Überall ist Mittelalter*, München 2002.
Giesebrecht, Wilhelm von: *Geschichte des deutschen Kaisertums*, 4 Bde., Neuauflage Berlin 1997.
Goertz, Hans-Jürgen: *Thomas Müntzer*, München 1989.
Gotthard, Axel: *Das Alte Reich*, Darmstadt 2003.
Hampe, Karl: *Deutsche Kaisergeschichte in der Zeit der Salier und Staufer*, Heidelberg ^{12}1968.
Hartmann, Peter: *Das Heilige Römische Reich deutscher Nation in der Neuzeit 1486–1806*, Stuttgart 2005.
Hausherr, Reiner: *Die Zeit der Staufer*, Katalog d. Ausstellung, Stuttgart 1977.
Heinisch, Klaus J. (Hg.): *Kaiser Friedrich II. Sein Leben in zeitgenössischen Berichten*, München 1977.
Herm, Gerhard: *Glanz und Niedergang des Hauses Habsburg*, Düsseldorf 1989.
Herzogenberg, Johanna Baronin: *Prag*, München ^{8}1990.
Hiller, Helmut: *Friedrich Barbarossa und seine Zeit*, München 1977.

Hoensch, Jörg K.: *Přemysl Ottokar von Böhmen*, Graz 1989.
Hoensch, Jörg K.: *Kaiser Sigismund*, München 1996.
Hoffmann, Carl A. et al.: *Als Frieden möglich war*, Katalog zur Ausstellung im Maximiliansmuseum Augsburg, Regensburg 2005.
Hunke, Sigrid: *Kamele auf dem Kaisermantel*, Frankfurt/Main 1978.
Hunke, Sigrid: *Allahs Sonne über dem Abendland*, Frankfurt/ Main 2001.
Kelly, J. N. D.: *Reclams Lexikon der Päpste*, Stuttgart ²2005.
Krieger, Karl-Friedrich: *Die Habsburger im Mittelalter*, Stuttgart 1994.
Kühner, Hans: *Lexikon der Päpste*, Frankfurt/Main 1960.
Kunisch, Johannes: *Friedrich der Große*, München 2004.
Mann, Golo: *Wallenstein*, Frankfurt/Main 1971.
Mann, Golo/Alfred Heuss (Hg.): *Propyläen Weltgeschichte*, 11 Bde. in 22 Halbbänden, Frankfurt/Berlin 1961.
Masson, Georgina: *Das Staunen der Welt. Friedrich II. von Hohenstaufen*, Tübingen 1958.
Moser, Hugo: *Deutsche Sprachgeschichte*, Tübingen ⁶1969.
Müller, Michael: *Die Teilungen Polens*, München 1984.
Nette, Herbert: *Friedrich II. von Hohenstaufen in Selbstzeugnissen und Bilddokumenten*, Reinbek 1975.
Norwich, John Julius: *Die Wikinger im Mittelmeer*, Wiesbaden 1968.
Oestreich, Gerhard: *Friedrich Wilhelm I.*, Göttingen 1977.
Putzger Historischer Weltatlas, erw. Ausgabe, Berlin 2002.
Reinhard, Wolfgang: *Lebensformen Europas*, München 2004.
Reinhold, Peter: *Maria Theresia*, Frankfurt/Main 1978.
Rosendorfer, Herbert: *Deutsche Geschichte*, 3 Bde., München 2004.
Rovan, Joseph: *Geschichte der Deutschen*, München 1995.
Ruffié, Jacques/Jean-Charles Sournia: *Die Seuchen in der Geschichte der Menschheit*, München 1992.
Runciman, Steven: *Geschichte der Kreuzzüge*, München 1957.
Schieder, Theodor: *Friedrich der Große – ein Königtum der Widersprüche*, Berlin 1998.
Schmidt, Georg: *Geschichte des Alten Reiches*, München 1999.
Schmidt, Georg: *Der Dreißigjährige Krieg*, München 2003.
Schneidmüller, Bernd/Stefan Weinfurter (Hg.): *Die deutschen Herrscher des Mittelalters*, München 2003,
Seibt, Ferdinand: *Karl IV.*, München 1994.
Seibt, Ferdinand: *Karl V.*, Berlin 1990.
Simek, Rudolf: *Die Wikinger*, München 1998.
Sprenger, Bernd: *Das Geld der Deutschen*, Paderborn 2002.
Stoob, Heinz: *Kaiser Karl IV.*, Graz 1990.
Tapié, Victor Lucien: *Maria Theresia*, Graz 1989.
Vogt, Martin (Hg.): *Deutsche Geschichte von den Anfängen bis zur Wiedervereinigung*, Stuttgart 1991.
Volkert, Wilhelm: *Adel bis Zunft. Ein Lexikon des Mittelalters*, München 1991.
Weimer, Wolfram: *Geschichte des Geldes*, Frankfurt/M. 1992.
Werner, Ernst: *Jan Hus*, Weimar 1991.

CD-ROM

Gutenberg-DE. Das Literaturarchiv, abc.de Internet-Dienste Hille & Partner GbR, Hamburg [7]2003.
Johann Wolfgang von Goethe, *Werke,* Textauswahl Mathias Bertram Digitale Bibliothek Nr. 4, Directmedia Publishing, Berlin 2004.
Johann Wolfgang von Goethe, *Briefe, Tagebücher, Gespräche,* Eingerichtet von Mathias Bertram, Digitale Bibliothek Nr. 10, Directmedia Publishing, Berlin 2004.
Propyläen Weltgeschichte, Hg. v. Golo Mann, Alfred Heuß u. August Nitschke. Digitale Bibliothek Nr. 14, Directmedia Publishing, Berlin 1999.

Weblinks

www.aeiou.at
www.angelfire.com
www.bautz.de/bbkl
www.bildungsservice.at
www.boardy.de
www.diegeschichteberlins.de
www.enzyklopaedie-der-neuzeit.de
www.ex-oriente-lux.de
www.fh-augsburg.de
www.furor-normannicus.de
www.genealogie-mittelalter.de
www.geschichte.uni-freiburg.de
www.gstue.tue.bw.schule.de
www.heiligenlexikon.de/Biographien
www.hochsschulstellenmarkt.de/info
http://home.t-online.de
www.ib.hu-berlin.de
www.infobitte.de
http://infos.aus-germanien.de
www.joerg-sieger.de/gesch
www.khm.at
www.lehnswesen.de/page/html-gesellschaft.html
www.lexikon-definition.de
http://lexikon.freenet.de
www.lieder-archiv.de
www.luther.de
www.martinschlu.de
www.merkendorf.de
www.merkur.de
www.mittelalter-server.de
www.rewi.hu-berlin.de
www.ruppin.de
www.schule.tmr.net
www.schulphysik.de
www.spiegel.de
www.students.uni-marburg.de
www.tegernheim.de/geschichte
www.welfen.de
www.weltchronik.de
http://wikipedia.org
www.zeit.de/archiv

Register

Bildnachweis

Nr. 1, Nr. 3, Nr. 4, Nr. 5, Nr. 6, Nr. 7, Nr. 11, Nr. 17, Nr. 18, Nr. 19
akg-images

Nr. 2 Otto I. und seine Gattin Edith
akg-images / Erik Bohr

Nr. 8 Heinrich Merz ›Friedrich Barbarossa im Kyffhäuser‹
Münchner Stadtmuseum, Sammlung Graphik und Gemälde,
Inv. Nr. M II / 2678

Nr. 9 Karte der Kreuzfahrerstaaten
Hermann Kinder / Werner Hilgemann: dtv-Atlas Weltgeschichte, Bd. 1.
Grafische Gestaltung der Abbildungen Harald und Ruth Bukor.
© 1964 Deutscher Taschenbuch Verlag

Nr. 10, Nr. 12, Nr. 14, Nr. 16
akg-images / Erich Lessing

Nr. 13 Jan Hus
Rosgartenmuseum Konstanz

Nr. 14 Albrecht Altdorfer ›Laubwald mit dem Drachenkampf des hl. Georg‹
Foto: © Joachim Blauel - ARTOTHEK München, Alte Pinakothek

Nr. 20 Martin van Meytens ›Maria Theresia‹
akg-images / Cameraphoto

Deutschlandkarte / 10. Jh.
Hermann Kinder / Werner Hilgemann: dtv-Atlas Weltgeschichte, Bd. 1.
Grafische Gestaltung der Abbildungen Harald und Ruth Bukor.
© 1964 Deutscher Taschenbuch Verlag

Deutschlandkarte / 1789
© Bildungshaus Schulbuchverlage Westermann Schroedel Diesterweg
Schöningh Winklers GmbH

Deutschland im 10. Jahrhundert

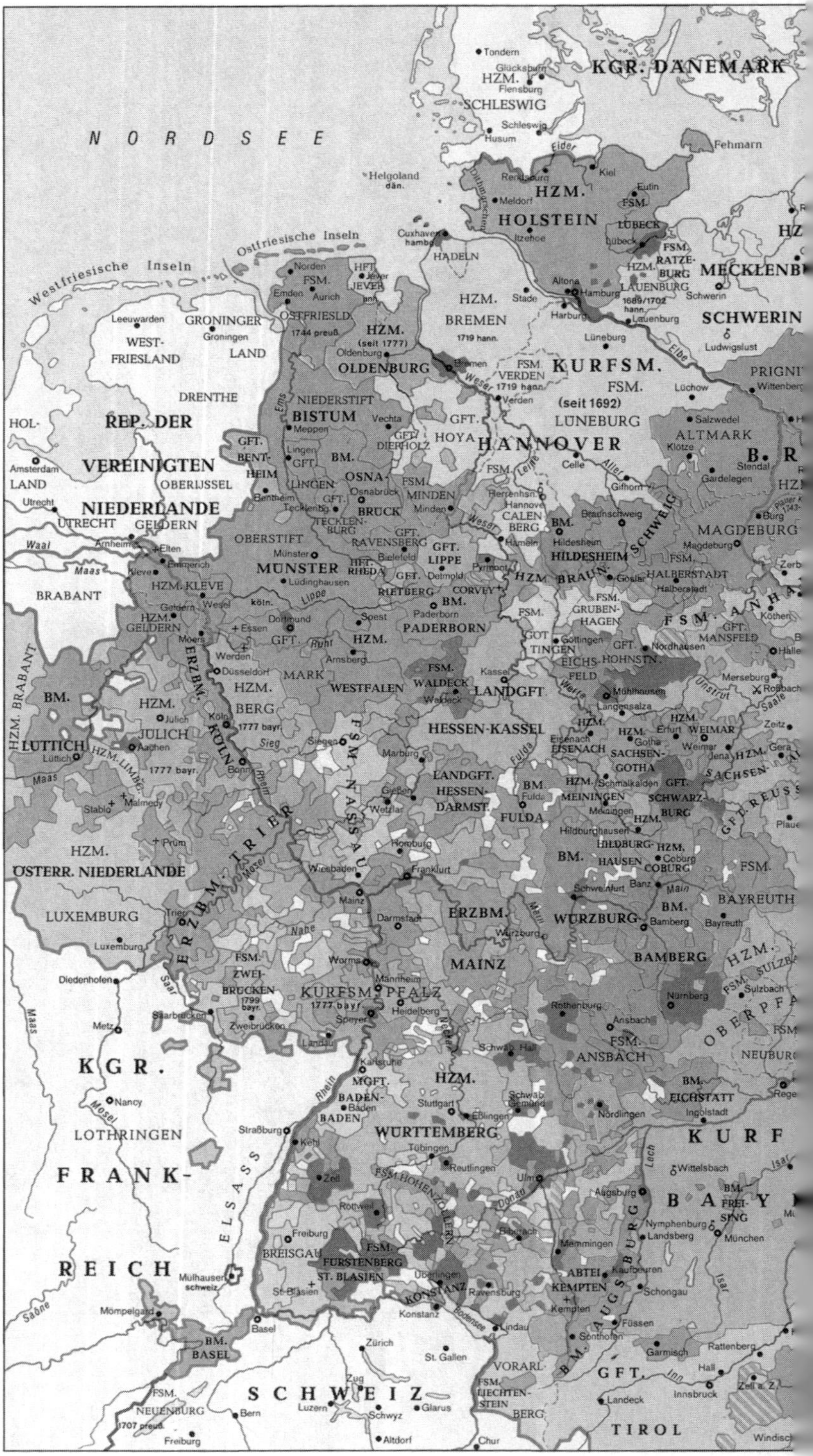

Deutschland 1789

STSEE
Rügen
Greifswald
Peene
Demmin
Swinemünde
Usedom
Wollin
Kammin
Kolberg
Köslin
Belgard
Rügenwalde
Stolp
Lauenburg
Hela
Danzig
1793 preuß.
HINTERPOMMERN
POMMERN
1720 preuß.
HZM.
MECKLENBURG-STRELITZ
Neustrelitz
Prenzlau
Stettin
Stargard
Greifenhagen
UCKERMARK
Schwedt
Oder
Arnswalde
NEUMARK
Finow-Kan. 1744–46
Oderbruch
Zorndorf
Landsberg
Küstrin
Berlin
Köpenick
Spree
Potsdam
Königs-Wusterhausen
Frankfurt
Fr.-W.-Kan.
Kunersdorf
Schwiebus
Meseritz
Warthe
Posen
Gnesen
Wreschen
MGFT. NIEDERLAUSITZ
Guben
Forst
Neiße
Dahme
Cottbus
Grünberg
Lissa
Kalisch
Ostrowo
Lodz
Petrikau
KGR. POLEN
Glogau
Trebnitz
Oels
Breslau
Spremberg
Torgau
Muskau
MGFT. OBERLAUSITZ
Riesa
Kamenz
Bautzen
Hochkirch
Görlitz
Bunzlau
Löwenberg
Liegnitz
Leuthen
Ohlau
Brieg
Rosenberg
Meißen
Dresden
Pillnitz
Kesselsdorf
Pirna
Zittau
Friedland
Hohenfriedberg
Hirschberg
Bunzelwitz
Burkersdorf
Mollwitz
Landeshut
Reichenbach
HZM. SCHLESIEN 1742 preuß.
Oppeln
Tschenstochau
Tetschen
Reichenberg
Aussig
Leitmeritz
Lobositz
Melnik
Silberberg
Glatz
Neisse
Beuthen
Kosel
Krakau
Weichsel
Eger
Saaz
Nimburg
Königgrätz
Jägerndorf
Ratibor
ÖSTERR. SCHLESIEN
Troppau
Bielitz
Teschen
KGR. GALIZIEN
Prag
Kolin
Elbe
Schönberg
Mähr.-Neustadt
Mähr.-Trübau
Olmütz
Oder
Pilsen
Beneschau
KGR. BÖHMEN
Deutsch-Brod
MGFT. MÄHREN
Tabor
Moldau
Iglau
Kremsier
Neuhaus
Trebitsch
Brünn
Budweis
March
Gmünd
Nikolsburg
BM. PASSAU
Passau
Freistadt
ERZHZM. ÖSTERREICH
Krems
Tulln
Wien
Schönbrunn
Preßburg
Inn
Ried
Linz
Donau
Melk
Enns
UNTER DER ENNS
Steyr
Baden
OB DER ENNS
Waidhofen
Hollenstein
Wiener Neustadt
Eisenstadt
BM.
Salzburg
Ischl
Semmering
Enns
HZM. STEIERMARK
KGR. UNGARN
Friedberg
Leoben
Badgastein
Murau
Judenburg
Graz
Mur
Raab
HZM. KÄRNTEN
Friesach
KGR. PREUSSEN
WESTPREUSSEN 1772 preuß.
Preuß.-Stargard
Königsberg
Pillau
Pregel
Frisches Haff
Braunsberg
Heilsberg
OSTPREUSSEN
ERMLAND
Elbing
Nogat
Marienburg
Allenstein
Marienwerder
Weichsel
Löbau
Schwetz
Graudenz
Neidenburg
Kamin
KULMERLAND
Kulm
NETZE-DISTRIKT 1772 preuß.
Deutsch-Krone
Schneidemühl
N.-W.-Kan. 1773/74
Bromberg
Thorn
Netze
Inowraclaw (Hohensalza)
Plozk
Habsburgische Gebiete
Hohenzollernsche Gebiete
Wettinische Gebiete
Wittelsbachische Gebiete
Geistliche Gebiete
Reichsstädte und ihre Territorien
Territorien der „Grafenbank"
Gebiete der Reichsritterschaft
Gebiete mit geteilten Hoheitsrechten
Abkürzungen:
BM. = Bistum
ERZBM. = Erzbistum
FSM. = Fürstentum
GFT. = Grafschaft
HFT. = Herrschaft
HZM. = Herzogtum
KGR. = Königreich
KURFSM. = Kurfürstentum
MGFT. = Markgrafschaft
REP. = Republik
Städte
Schlacht
Schloß
Kloster
Reichsgrenze
Territoriengrenze
sonstige Verwaltungsgrenzen
0
50
100 km

Jahr	Herrscher	Haus	Eckdaten Reich	Daten außerh. des Reichs
900	Heinrich I. 919–936	Sächsische (ottonische) Kaiser	Ungarneinfälle Schlacht an der Unstrut 933	Normannen an der Seine-Mündung
950	Otto I. 936–973 Otto II. 973–983 Otto III. 983–1002		Schlacht auf d. Lechfeld 955 Kaiserkrönung 962 Niederlage gg. Sarazenen 982, Erhebung d. Slawen u. Dänen 983 »Renovatio Imperii«	Erzbistum Gnesen (1000)
1000	Heinrich II. 1002–1024 Konrad II. 1024–1039 Heinrich III. 1039–1056	Salische (fränkische) Kaiser	Bau d. Bamberger Doms (ab 1003) Burgund kommt zum Reich. Erblichkeit d. Lehen eingeführt Böhmen lehenspflichtig	Ungarn wird christl. Königreich 1001. Normannen in Unteritalien (ab 1020 Staatsgründung) Anfänge d. Cluniacenser
1050	Heinrich IV. 1056–1106		Sachsenaufstand 1075 Papst Gregor VII.: Investiturstreit. Canossa 1077 Hzgt. Schwaben an Staufer	Reform Papstwahldekret (1059) Normannen in England Hastings 1066 Normannen erobern Sizilien. Erster Kreuzzug 1096
1100	Heinrich V. 1106–1125 Lothar v. Supplinburg 1125–1137 Konrad III. 1138–1152	Staufische (schwäbische) Kaiser	Wormser Konkordat 1122 Heinrich d. Stolze Herzog v. Sachsen u. Bayern 1126. Konflikt m. Staufern Heinrich d. Löwe 1129–95	Konkordat v. Canterbury 1007. Roger II. König beider Sizilien 1130. Franz. Troubadourlyrik Zweiter Kreuzzug 1147–49
1150	Friedrich I. Barbarossa 1152–1190 Heinrich VI. 1190–1197 Philipp v. Schwaben 1198–1208		Herzog v. Bayern u. Sachsen Zerstörung Mailands 1162 Schlacht v. Legnano 1176 Ende d. Macht Heinrichs d. Löwen. Friede v. Konstanz 1184 Thronstreit mit Otto IV.	Universität Paris ~1150 Heirat Heinrich VI. – Konstanze v. Sizilien 1186. Dritter Kreuzzug Tod Barbarossas
1200	Otto IV. (Welfe, zeitweise Gegenkönig) 1198–1218 Friedrich II. 1211–1250		Walther v. d. Vogelweide Erbliche Königswürde für Böhmen. Confoederatio cum principibus ecclesiasticis 1220 Statutum in favorem principum 1232 Fünfter Kreuzzug 1228/29 Landfriedensgesetz 1235	Vierter Kreuzzug 1204. Eroberung v. Konstantinopel. Lateinisches Kaisertum Magna Charta in England 1215. Zentralstaat in Sizilien Mongoleneinfall in Ungarn, Polen, Schlesien 1241. Sechster Kreuzzug 1248–54
1250	Konrad IV. 1250–1254 Interregnum 1254–1273 Rudolf v. Habsburg 1273–1291 Adolf v. Nassau 1292–1298		Ottokar Przemysl erwirbt Österreich, Steiermark, Kärnten (ab 1251). Schlacht auf d. Marchfeld 1278. Habsburg in Österreich Gründung d. Hanse 1294	Paläologen in Byzanz Ende des lateinischen Kaisertums 1261 Neapel an Haus Anjou Hinrichtung Konradins 1268 Sizilianische Vesper 1282
1300	Albrecht I. (Habsburg) 1298–1308 Heinrich VII. (Luxemburg) 1308–1313		»Rütlischwur« 1307, gegen Habsburg (Sage) Schlacht v. Morgarten 1315	Osmanen in Kleinasien Anfänge der Renaissance: Petrarca, Boccacio, Giotto.

Jahr	Herrscher	Haus	Eckdaten Reich	Daten außerh. des Reichs
	Ludwig d. Bayer 1314–1347	Luxemburger Kaiser (außer Ruprecht)	Thronstreit m. Friedrich dem Schönen v. Österreich. Schlacht v. Mühldorf 1322 Kurverein v. Rhense 1338	Papst Johannes XXII. geht nach Avignon 1316. Hundertj. Krieg (ab 1339) Schlacht bei Crécy 1346 (Sieg Engl. über Frankreich)
1350	Karl IV. 1346–1378 Wenzel 1378–1400		Goldene Bulle 1356 über Kaiserwahl. Universität Prag 1356 Verschiedene Städte- und Ritterbünde. Schlacht bei Sempach 1386. Schweizer besiegen Österreich	Teilung d. engl. Parlaments in Ober- u. Unterhaus 1350. Ausbildung d. neuburgundischen Herzogtums (seit 1482)
1400	Ruprecht v. d. Pfalz 1400–1410 Sigismund 1410–1437 Albrecht II. 1438–1439		Wenzel abgesetzt Konzil v. Konstanz 1414–18 Hus wird verbrannt 1415. 1. Prager Fenstersturz 1419 Hussitenkriege bis 1436 Konzil v. Basel 1431–1449	Feuerwaffen kommen auf Union Polen-Litauen 1402 Jeanne d'Arc vor Orleans 1429. Hingerichtet 1431
1450	Friedrich III. 1440–1493 Maximilian I. 1493–1519	Habsburger Kaiser	Gutenberg druckt erste Bibel 1455. erbt Burgund Wormser Reichstag 1495 – Reichsreform	Türken erobern Konstantinopel 1453. Rosenkriege in Engl. 1455–1485. Tod Karls d. Kühnen v. Burgund 1477. Erste Fahrt d. Kolumbus 1492
1500	Karl V. 1519–1556		erbt Spanien u. Kolonien Luthers Thesenanschlag 1517, Beginn d. Reformation Wormser Reichstag 1521 Bauernkrieg 1525 Sacco di Roma 1527 Erste Türkenbelagerung Wiens 1529 Schmalkaldischer Krieg 1546. »Fürstenverschwörung« 1552	Schlacht v. Mohacs: Sieg der Türken über Ungarn. Böhmen u. Ungarn an Habsburg 1526. Portugiesen in Brasilien 1532. Pizarro in Peru 1533. Philipp II. König v. Spanien 1555.
1550	Ferdinand I. 1556–1564 Maximilian II. 1564–1576 Rudolf II. 1576–1612		Augsburger Religionsfriede 1555. Abdankung Karls V. 1556	Elisabeth I. v. England 1558–1603. Hinrichtung Maria Stuarts 1587 Hugenottenkriege 1562–98 Aufstand d. Niederlande ab 1568. Untergang d. Armada 1588.
1600	Matthias 1612–1619 Ferdinand II. 1619–1637 Ferdinand III. 1637-1657		Protestantische Union 1608 Katholische Liga 1609 2. Prager Fenstersturz 1618 Dreißigjähriger Krieg 1618–1648. Westfälischer Friede 1648	Jesuitenstaat in Paraguay ab 1608 Schwedisch-Polnischer Krieg 1621–1629 Bürgerkrieg in England 1541–1547. Hinrichtung Karls I. 1649
1650	Leopold I. 1658–1705		Immerwährender Reichstag in Regensburg (bis 1806) 1668–97 Eroberungskriege Ludwigs XIV. »Reunionen« am Rhein. 1681 Besetzung v. Straßburg 1683 Zweite Türkenbelagerung v. Wien 1689 Pfälz. Erbfolgekrieg	Restauration in England seit 1660. »Glorious Revolution« 1689 Ludwig XIV. König v. Frankreich (1661–1715) Eroberungskriege ab 1667 In Russland: Peter d. Große 1689–1725

Jahr	Herrscher	Haus	Eckdaten Reich	Daten außerh. des Reichs
1700	Joseph I. 1705–1711 Karl VI. 1711–1740 Karl VII. Albrecht (Wittelsbacher)1742–1745		Spanischer Erbfolgekrieg 1701–1713 Preußen Königreich 1701 Österreichischer Erbfolgekrieg 1740–1748. Schlesien wird preußisch	Nordischer Krieg 1700–1721 Haus »Hanover« (Georg I.) in England ab 1714. Kämpfe zw. Franzosen und Engländern in Indien u. Nordamerika
1750	Franz I. Stephan 1745–1765 (Gatte Maria Theresias) Joseph II. 1765–1790 Leopold II. 1790–1792	Haus Habsburg-Lothringen	Siebenjähriger Krieg 1756–1763. Bayer. Erbfolgekrieg (»Kartoffelkrieg«) 1778. 1792–97 Erster Koalitionskrieg Österreich u. Preußen gg. Frankreich. 1795 Friede von Basel Preußen verlässt Koalition Dritte Teilung Polens. Friede v. Campo Formio 1797: linkes Rheinufer an Frankreich	Kanada, Louisiana, Florida und frz. Gebiete in Indien an England. 1766: Lothringen an Frankreich. 1775–1783 Amerikanischer Unabhängigkeitskrieg 1788 US-Verfassung 1789 Einberufung d. Generalstände. Beginn d. Franz. Revolution. 1792 Frankreich: Republik 1793 »Terreur«: Ludwig XVI. und Marie Antoinette hingerichtet 1793/95 Zweite u. dritte polnische Teilung 1795 Sturz Robbespierres. »Directoire« 1796–97 Napoleons Feldzug in Oberitalien. Bildung v. »Tochterrepubliken« 1798/99 Napoleon in Ägypten. Brit. Seesieg bei Aboukir 1799 Staatsstreich Napoleons, »18. Brumaire« Konsulatsverfassung.
1800	Franz II. 1792–1808		1799–1802 Zweiter Koalitionskrieg (Russland, Engl., Österreich gg. Frankreich), Niederlage Österreichs. Reichsdeputationshauptschluss 1803 1805 Dritter Koalitionskrieg Schlacht bei Austerlitz: Sieg Napoleons über Österreich und Russland Friede v. Pressburg Bayern, Württemberg u. andere deutsche Staaten verbünden sich mit Napoleon, erklären ihren Austritt aus dem Reich. Bildung des Rheinbunds 12. Juli 1806. 6. August 1806: Thronverzicht Franz' II. Ende des Heiligen Römischen Reiches Deutscher Nation	1802 Napoleon: Konsul auf Lebenszeit Napoleon krönt sich zum Kaiser der Franzosen 1804. Seeschlacht bei Trafalgar: Sieg Englands über Frankreich und Spanien